法人犯罪与刑事治理

[日]甲斐克则——著
刘建利　江　溯　张梓弦—译

法律出版社
LAW PRESS·CHINA
北京

企業犯罪と刑事コンプライアンス：「企業刑法」構築に向けて 甲斐克則 著

著作权合同登记号
图字：01–2023–0651

本书系国家社会科学基金重大招标项目（20&ZD189）、
江苏高校哲学社会科学研究重大项目（2021SJZDA142）、
江苏高校区域法治发展协同创新中心和东南大学重罪检察研究基地资助成果。

中文版序言

本书《法人犯罪与刑事治理》以法人犯罪与刑事适法的关系为研究重点，旨在构建“企业刑法”理论体系，共包括三编，即第一编“法人犯罪理论”、第二编“企业适法程序与刑事规制”以及第三编“资料”。东南大学刘建利副教授、北京大学江溯研究员、北京大学张梓弦助理教授共同将本书翻译为中文并由法律出版社出版，这让多年来致力于中日刑事法研究学术交流的我感到十分欣喜。此前，我的著作《责任原理与过失犯论》（谢佳君译，中国政法大学出版社）以及《医疗事故与刑法》（谢佳君译，法律出版社）已经译为中文，本书是第三本。在此对本书具体内容不作展开，仅就要点介绍如下：

第一编“法人犯罪理论”主要从现行刑法解释论角度探讨法人犯罪责任追究。第一章“制造、销售缺陷产品与刑事过失”以药害艾滋病事件中关于绿十字制药公司（以下简称绿十字公司）的诉讼为素材，探讨了产品刑事责任中如何处理过失犯的基础理论。第二章“法人犯罪与公务员的刑事责任——以最高裁判所针对药害艾滋病事件中厚生省案的决定为例”，以药害艾滋病事件中最高裁判所关于厚生省（现为厚生劳动省，以下同）诉讼的判决为例，以过失不作为犯为中心，从理论上考察了法人犯罪和公务员的刑事责任。第三章“缺陷车辆的制造与刑事过失——以最高裁判所关于三菱自工卡车轮胎脱落事故的决定为例”，对关于产品刑事责任的最高裁判所重要判例进行了仔细分析，并阐述了本书第二编将适法程序和犯罪理论相结合的重要性，是第一编与第二编的过渡性章节。第四章“串谋”，是关于《反垄断法》修改的研究成果，以判例分析为中心，也是十分重要的内容。

第二编“企业适法程序与刑事规制”共有九章，是本书的主体部分。第五章“企业的社会责任与新(刑事)法律体系的构筑——基于问卷调查、专题研讨和访问调查”阐释了对于 2004 年企业问卷调查结果的总体态度和思考，也是我在早稻田大学开展的共同研究的一部分。之后，第六章“适法程序与企业的刑事责任”，对 2007 年的适法程序和企业的刑事责任提出了自己的见解。第七章“公司治理与刑事规制”和第八章“企业的适法程序与刑事制裁”，可以视为对到目前为止本人(全部)研究的总结。第九章“澳大利亚企业活动的规制系统”由内阁府经济社会综合研究所和早稻田大学在 2006 年共同开展的“各国为构建高质量市场经济的法律规制和企业适法状况调查研究”的成果汇总而成。作为该课题的负责人，在课题组成员的协助下，我按照调查对象国之不同分为“英国、美国调查小组”、“德国调查小组”和“其他发达国家”三类，再加上欧盟地区，分别调查其企业活动与刑事规制的实际情况及规制体系。第十章“德国的法人犯罪与刑事适法”对德国的法人犯罪和刑事适法进行了分析探讨，是我和时任德国马克斯·普朗克外国和国际刑法研究所所长乌尔里希·齐白(Ulrich Sieber)教授和该研究所主任研究员马克·恩格尔哈特(Marc Engelhart)博士长年共同研究的成果。之后，第十一章“樋口亮介著《法人处罚与刑法理论》”是对积极推动法人处罚的研究著作的书评。第十二章“日本企业适法的现状与课题——2010 年问卷调查分析结果”，是前述大学内部研究项目的一部分，既是对 2010 年第二次企业问卷调查的分析，也是与后述六国国际调查报告并列的日方报告。与 2004 年第一次调查时相比，企业适法已深入各类企业，但能基于数据分析对已出现苗头的法人犯罪刑事规制的具体问题进行探讨，还是令人引以为傲的。第十三章“刑事适法的国际比较与未来展望”，是对《刑事适法的国际动向》所收录的海外调查报告的总结，对德国、意大利、英国、澳大利亚、美国、中国的各调研报告要点进行了简要分析,虽不充分但多少进行了比较研究。现在回忆起来,当时中国社会科学院所作调查是十分有益的。

第三编“资料”收录了德国、意大利、芬兰关于法人犯罪的四篇论文的译稿。希望读者能够通过这些资料,从国际视野加深对于法人犯罪与刑事适法的理解。

将包含以上内容的本书翻译为中文,在希冀读者通过译本深化对于日本法人犯罪与刑事适法了解的同时,也祝愿企业适法促进企业稳定经营的意义能在中国进一步实现。

甲斐克则

2024 年 2 月

前　言

大隈重信铜像是早稻田大学的象征之一。随着法律硕士学院的创立，2004 年 4 月从广岛大学转到早稻田大学时，我全方位审视了这个铜像。其艺术性和象征性自不必多言，我审视这个铜像其实还有一个原因，制作这个铜像的是我的家乡大分县大野郡（现丰后大野市）朝地町出身的雕刻家朝仓文夫（1883—1964 年）。朝仓文夫被称为“东洋罗丹”，留下了许多名作，曾荣获文化勋章，被选为文化功臣。我清楚地记得，在我上小学一年级的时候，当地为此在町立大恩寺小学举行了全城庆祝凯旋的仪式。另外，我还记得父亲生前担任朝地町行政副官时，曾为朝地町和台东区缔结“姊妹关系”竭尽全力。朝地町设有朝仓文夫纪念馆，台东区谷中有朝仓雕塑馆，分别收录了朝仓文夫的名作。“望着家乡老前辈制作的大隈重信铜像，我立志在剩下的人生中，在这所以‘进取精神’和‘学术独立’为理念的早稻田大学里全身心致力于科研与教育工作。”

在我以这种特别的心境转到早稻田大学时，作为文部科学省的大型研究资助计划“21 世纪 COE（Center of Excellence）项目”的一环，早稻田大学在 2003 年度获得了以“企业社会的变化和法律系统创造”为研究课题的 COE 研究基地。以此为契机，早稻田大学设立了“企业法制与法律创造”综合研究所（所长为上村达男教授），下设 8 个研究部门，其中“刑事法研究部门”研究小组(以下简称刑事法小组)以田口守一教授和曾根威彦教授为核心,开展了“企业和市场相关的刑事法制研究”课题研究。我刚开始持旁观者立场,但2004年正式入职后立即被该课题组吸纳,更准确地说是主动参与其中。我认为这主要得益于早稻田大学刑事法学科的宽松氛围,即使是对之前和早稻田大学毫无关系的新人也给予相同机会。而且,我最早的研究领域就是过失犯,学生时代在九州大学法学部井上祐司先生的刑法学专题课上,在年度主题“过失犯”的研讨中,在研读、汇报板仓宏教授的《法人犯罪的理论和实务》(1975年·有斐阁)的过程中对法人犯罪产生了兴趣,并且发现其与医事刑法研究存在共通的方法论。这也是促使我积极参与以适法程序和刑事法关系为重心的科研项目的原因之一。5年后,上述“21世纪COE项目”的成果获得高度评价,早稻田大学再度获得2008—2012年度的5年期“21世纪COE项目”资助。在“成熟市民社会型企业法制的创造——企业、金融、资本市场法制的再构筑与亚洲的挑战”(代表上村达男教授)课题下,我得以继续参与研究。在共计10年的共同研究中,我与田口守一教授共同担任项目实际负责人,拓宽了自身的研究领域。这首先要感谢尽职尽责的“企业法制与法律创造”综合研究所所长上村达男教授、刑事法小组代表田口守一教授和曾根威彦教授。

本书《法人犯罪与刑事治理》总结了上述10年间(包括成果公布在内共15年)的共同研究成果。如本书正标题所示,本书的重点是研究法人犯罪和刑事适法的关系;如副标题所示,本书以构建“企业刑法”为目标,由第一编“法人犯罪理论”、第二编“企业适法程序与刑事规制”以及第三编“资料”组成。

第一编“法人犯罪理论”由四章构成,主要从现行刑法解释论角度探讨法人犯罪责任追究理论。

第一章“制造、销售缺陷产品与刑事过失”是载于神山敏雄先生祝贺古稀论文集第1卷《过失犯论·不作为犯论·共犯论》(齐藤丰治、日高义博、甲斐克则、大冢裕史编,2006年·成文堂)上的论文,我也是本书的主编之一。本章以药害艾滋病事件中关于绿十字公司的诉讼为素材，探讨了制造物刑事责任中如何处理过失犯的基础理论。这篇论文同时包含了我迄今为止对过失犯的思考和在参与早稻田大学共同研究的部分成果，以报答神山敏雄先生在创立“濑户内刑事法研究会”之际所给予的谆谆教诲之恩。

第二章“法人犯罪与公务员的刑事责任——以最高裁判所针对药害艾滋病事件中厚生省案的决定为例”，是刊登于《早稻田法学》85卷1号（2009年）上的论文。本章以药害艾滋病事件中最高裁判所关于厚生省诉讼的决定为例，以过失不作为犯为中心，从理论上考察了法人犯罪和公务员的刑事责任。这篇论文在某种程度上总结了我对包括管理、监督过失在内的过失不作为犯的相关思考。

第三章“缺陷车辆的制造与刑事过失——以最高裁判所关于三菱自工卡车轮胎脱落事故的决定为例”，是刊登于纪念学长吉村弘教授退休的《北九州大学法政论集》40卷4号（2013年）上的论文，对关于产品刑事责任的最高裁判所重要判例进行了仔细分析，并阐述了本书第二编适法程序和犯罪理论结合的重要性，是第一编与第二编的过渡性章节。

第四章“串谋”刊登于作为“21世纪COE项目”的COE丛书第5卷《企业活动与刑事规制》（甲斐克则编著，2008年·日本评论社）。这篇论文在本书中貌似有些违和，但实际上这是在第二编企业适法程序的共同研究期间，我与公平交易委员会的诹访园贞明先生等人召开研讨会研究《反垄断法》修改的成果，虽说以案例分析为主，但对我来说却尤为珍贵。曾经有一段时间，“串谋体质”在日本企业中逐渐消失，但最近围绕磁悬浮开发的串谋事件等历历在目，让人觉得这一“体质”并未得到完全改变。

第二编“企业适法程序与刑事规制”由第五章到第十三章组成，正是前述合作研究的成果。

第五章“企业的社会责任与新（刑事）法律体系的构筑——基于问卷调查、专题研讨和访问调查”，初载于《法人犯罪与适法程序》（田口守一、甲斐克则、今井猛嘉、白石贤编,2007 年 · 商事法务)。与其说是论文,不如说是作为共同研究方式的首次尝试,阐述了 2004 年第一次企业问卷调查的基本情况及相关思考。

另外,第六章"适法程序与企业的刑事责任"原刊载于同书,对 2007 年当时的适法程序和企业的刑事责任提出了自己的见解。这令我回忆起多次前往茅场町对商事法务进行调研的难忘经历。当时参与共同研究的同僚以及商事法务的冰室昭彦先生给予了我很大帮助,内阁府经济社会综合研究所的香西泰先生及相关人员给予了我经费支援,在此再次表示感谢。第七章"公司治理与刑事规制"原编入前述《企业活动与刑事规制》,内容与第六章有一些重复之处,可将其视为"21 世纪 COE 项目"共同研究的收尾成果。第八章"企业的适法程序与刑事制裁"原刊登于《刑法应介入企业活动吗?》(田口守一、松泽伸、今井猛嘉、细田孝一、池边吉博、甲斐克则著,2010 年 · 成文堂),以早稻田大学于 2009 年举办的横川敏雄纪念公开讲座上的演讲内容为基础,具有对当时为止的课题研究予以总结的性质。由于其与第七章有部分重复之处,在收录本书时有些犹豫,但考虑到其增加了比较法的研究内容且很好地总结了个人观点,最终还是将其特意收录进本书。

第九章"澳大利亚企业活动的规制系统"原刊登于《企业活动与刑事规制的国际动向》(甲斐克则、田口守一编著,2008 年 · 信山社)。此书由 2006 年度内阁府经济社会综合研究所和早稻田大学共同进行的"各国为构建高质量市场经济的法律规制和企业适法状况调查研究"成果汇总而成。作为该课题的负责人,在课题组成员的协助下,我将调查对象国分为"英国、美国调查小组"、"德国调查小组"和"其他发达国家"三类,再加上欧盟地区,分别调查其企业活动与刑事规制的实际情况及规制体系。作为澳大利亚调研负责人,我曾去悉尼进行过调研,且取得了预想之外的成果。另外,需要强调的是,通过这个共同研究,我得以与校外的法人犯罪专家今井猛嘉教授(法政大学)、川崎友巳教授(同志社大学)、樋口亮介教授(东京大学)等进行学术交流，这成为令我加深思考的重要契机。

第十章“德国的法人犯罪与刑事适法”原刊登于高桥则夫、川上拓一、寺崎嘉博、甲斐克则、松原芳博、小川佳树编著的《曾根威彦先生、田口守一先生祝贺古稀论文集（下卷）》（2015 年 · 成文堂），对德国的法人犯罪和刑事适法进行了分析探讨。这篇论文也可被称为是我和德国马克斯 · 普朗克外国和国际刑法研究所所长乌尔里希 · 齐白教授和该研究所主任研究员马克 · 恩格尔哈特博士长年共同研究的成果。特别是齐白教授，他对我的多次访学提供了极大便利，还多次来访早稻田大学，与我就适法程序的刑法意义进行深入交流。可以说，正是这样的学术积累结出了本书的成果。

第十一章“樋口亮介著《法人处罚与刑法理论》”虽是短文，却是刊登在《法律家》1379 号（2009 年）上的书评。赞成与否暂且不论，今后研究法人犯罪的人大概将无法回避与大胆而精致的“樋口说”的对决。在本书收录这篇书评，希望以此作为我自己进一步深入研究的契机。

第十二章“日本企业适法的现状与课题——2010 年问卷调查分析结果”初刊登于《早稻田大学季刊 · 企业与法创造》9 卷 2 号（2013 年），后被收录于《刑事适法的国际动向》（甲斐克则、田口守一编，2015 年 · 信山社）。该论文是上述“21 世纪 COE 计划”中“成熟市民社会型企业法制的创造——企业、金融、资本市场法制的再构筑和亚洲的挑战”项目的成果之一，是 2010 年实施的第二次企业问卷调查分析，同时也是与后述六国国际调查报告并列的日方报告的核心部分。与 2004 年第一次调查时相比，企业适法已深入各类企业，能基于数据分析对已出现苗头的法人犯罪刑事规制的具体问题进行探讨，还是令人引以为傲的。在这次调查中，商事法务的冰室昭彦先生和许多企业法务人士给予了我很多帮助，特此致谢。同时，也要感谢与我一起辛勤工作的同事田口守一教授和松泽伸教授。

第十三章“刑事适法的国际比较与未来展望”是对上述《刑事适法的国际动向》所收录的海外调查报告的分析与总结，在变更标题（原题：甲斐克则、芥川未洋、福山好典《企业适法与刑法的国际动向比较分析》)的同时增补了部分内容,可称为本书的总结。本章对德国、意大利、英国、澳大利亚、美国、中国的各调研报告要点进行了简要分析,虽不充分但多少进行了比较研究。原本想做进一步的比较分析,但十分遗憾的是,由于我后来较长期限内担任法科大学院院长,无法确保时间。以此形式将这篇论文收录于本书,得向当时的项目科研助手福山好典君(现姬路独协大学准教授)和芥川正洋君(现早稻田大学助理教授)表达谢意。另外,我还想借此机会向在一系列的共同研究中做出贡献的早稻田大学出身的青年才俊致谢。

第三编"资料"由四篇译稿组成,每一篇都是本书希望进一步探讨的内容。希望读者能够通过这些资料,从国际视野加深对于法人犯罪与刑事适法的理解。

第十四章"企业违反安全保障义务的刑事责任",是与我交往密切的德国拜罗伊特大学名誉教授哈罗·奥托(Harro Otto)博士在庆祝弗里德里希-克里斯汀·施罗德(Friedrich-Christian Schroeder)博士七十周岁论文集中发表的一篇论文(Harro Otto, Die strafrechtliche Verantwortung für Die Verletzung vom Sicherungpflichten in Unternehmen, in:Festschrift für Friedrich-Christian Schroeder zum 70. Geburtstag, 2006 C. F. Müller Verlag. S. 339-356)。在征得奥托博士同意的基础上,由冈部雅人(现为爱媛大学教授)和新谷一朗(现海上保安大学副教授)共同翻译,原刊登于《早稻田法学》83卷1号(2007年)。尽管对于企业活动的刑事规制问题,在传统上以个人责任为基调的德国和日本已发生重大变化,但本论文从传统刑法理论视角出发剖析企业责任与安全保障义务的关系,是很有奥托博士个人特色的宝贵论文,有助于理解本书第一编,因而收录于此。

第十五章"企业交易行为的伦理、法律框架及刑事制裁"是奥托博士在庆祝沃克·克雷(Volker Krey)古稀论文集中发表的论文(Harro Otto, Ethik, rechtlicher Rahmen und strafrechtliche Sanktion beim Unternehmerischen Handeln, in: Festschrift für Volker Krey, Zum 70. Geburtstag, 2010, Verlag

W. Kohlhammer, S. 375 – 405）。在征得奥托博士同意后，由我与辻本淳史（现富山大学副教授）共同翻译，刊载于《早稻田法学》87 卷 4 号（2012 年）。奥托博士应早稻田大学“21 世纪 COE 项目”“企业法制与法律创造”刑事法小组邀请，于 2009 年 10 月末至 11 月第二次访日。2009 年 10 月 31 日，在早稻田大学做了讲座，本文即由该讲座的内容加以修改而成。其与第二编的内容紧密相关，有利于了解德国法人犯罪实际情况，其对企业伦理的重视具有深刻启示意义。

第十六章“意大利法中的法人责任”是意大利博洛尼亚大学法学院阿蒂利奥·尼斯科（Attilio Nisco）教授在德国弗赖堡的马克斯·普朗克外国和国际刑法研究所留学期间，于德国的刑法学术期刊上发表的一篇德文论文（Attilio Nisco, Verantwortlichkeit juristischer Personen im italienischen Recht, Goltdammer's Archiv für Strafrecht 2010, S. 525 – 534）。经作者同意，由我和福山好典君共同翻译，刊登于《早稻田法学》90 卷 1 号（2014 年）。尼斯科先生是我在 2010 年 3 月访问马克斯·普朗克外国和国际刑法研究所时，在齐白所长的关照下做关于法人犯罪的演讲时相识的。他在我的演讲结束后表示出对讲座内容的强烈兴趣，为此我们还特地与该研究所研究员乔安娜·瑞萨娜（Johanna Rinceanu）一同额外约定时间进行了深入交流。我表示不仅对德国法人犯罪感兴趣，还对意大利的企业刑法很感兴趣，交流十分愉快。随后他给了我三篇关于意大利法人犯罪的论文，本文即其中之一，对独树一帜的意大利企业刑法精要进行了准确介绍。该法虽名为“企业刑法”，但其制裁却不是刑事制裁，而是行政制裁。不过，程序却是依据《刑事诉讼法》。正如作者在文中所说，“法人责任制度在意大利几乎都是试验性地采用”。虽然对其合理性必须慎重探讨，但是意大利“企业刑法”仍是在历史性的逐步创新中形成的独特制度，值得加大关注。

第十七章“芬兰法人刑事责任的规定”，源于芬兰赫尔辛基大学法学院雷莫·拉赫蒂（Raimd Lahti）教授于 2014 年 4 月 18 日在比较法研究所主办

（早稻田大学北欧法制研究会共同举办）讲座中的演讲稿（Raimo Lahti, Über die Regelung der strafrechtlichen Verantwortung juristischer Personen in Finnland）。经作者同意，由福山好典、天田悠（现为早稻田大学助教）、北尾仁宏（现为早稻田大学研究生院博士在读）共同翻译，原发表于《比较法学》48卷3号（2015年）。拉赫蒂教授是芬兰代表性刑法学家，应关西大学邀请访问日本。本文对芬兰法人刑事责任的规定进行了详细介绍与分析，涉及立法的经过、存在的不足以及具体的事件分析，从中可以学到许多东西。拉赫蒂教授不仅是法人犯罪方面的专家，还是医事刑法方面的专家，与我十分投缘。2014年8月，我还有幸亲自访问了赫尔辛基大学法学院。通过本文，我们可以了解到北欧国家芬兰对法人犯罪的具体应对措施和面临的课题。

涵盖以上内容的本书仍有不足和重复之处，特此付梓，希望能对今后日本法人犯罪和刑事法律适法的研究有所启发，助力于推动构筑"企业刑法"。并希望能得到法律实务部门、企业法务部门等相关人员的广泛阅读，希望企业适法的意旨能在日本切实落地并帮助企业实现稳定经营。另外，还要特别感谢下面五位老师。

首先是神山敏雄老师（冈山大学名誉教授），从我年轻时筹建濑户内刑事法研究会开始，多年来与我进行真挚交流，帮助我成长。经济刑法是神山敏雄老师特别关注的领域，本书与此密切相关。田口守一老师（早稻田大学名誉教授）作为我的同事，亲身参与、与我共同推进早稻田大学"21世纪COE项目"刑事法小组活动。曾根威彦老师（早稻田大学名誉教授）也默默而温暖地推动共同研究（特别是召开研讨会），给予了我宝贵的协助。如果没有这两位老师的宽宏大度，当时尚为新人的我不可能参与这么多学术活动。此外，德国的乌尔里希·齐白教授跨越国界，和我一起共同推进上述企业刑事适法的理论与实践性研究，我从其身上获得颇多启发，弥足珍贵。如本书第三编所收的两份资料所示，同样来自德国的哈罗·奥托博士也不时给予我宝贵的知识启迪。没有与以上五位老师的合作，就不会有本书的问世。特此致谢,谨将本书献给五位老师。

最后,本书出版得到了成文堂社长阿部成一的大力支持和编辑部社长篠崎雄彦的细心关照,特此表达谢意。

甲斐克则

书斋行文　雪色可见

2018 年 1 月

目　录

第一编　法人犯罪理论

第二编　企业适法程序与刑事规制

第三编　资　料

第一编　法人犯罪理论

第一章　制造、销售缺陷产品与刑事过失*

一、序——存在的问题 3

最近在日本，消费者因为使用了某些企业制造并销售的缺陷产品而发生人身事故时，对于该企业或相关人员是否可以追究刑事责任的争议不断增加。后文中将要提到的药害艾滋病事件中针对绿十字制药公司的系列判例，就此问题提供了有趣的观点。理论上，这个问题主要与刑事过失责任中的监督过失论有密切的关系，但它也有着与典型的监督过失论不同的一面，即从业人员直接过失行为并不是这一理论的必要要件。但是，行为人有时并不是典型的直接过失责任者，对实行行为性质和预见可能性等认定比较困难，这些问题与监督过失论之间又具有相通之处。

关于产品的刑事责任问题，德国主要围绕 1990 年的“皮革喷雾剂案”的联邦普通法院判决（BGH St 37，106）进行了讨论。在日本，有关争议的展开也是通过介绍这个案例而开始的。[1] 在案发国德国，一般认为“关于企业回

---

* 「欠陥製品の製造・販売と刑事過失」斉藤豊治＝日高義博＝甲斐克則＝大塚裕史編『神山敏雄先生古稀祝賀論文集 第 1 巻 過失犯論・不作為犯論・共犯論』（2006・成文堂）。

[1] 岩間康夫「刑法上の製造物責任と先行行為に基づく保障人的義務——近時のドイツにおける判例及び学説から——」愛媛法学会雑誌 18 巻 4 号（1992）41 頁以下，同「欠に製造物を回収すべき刑法的義務の発生根拠について——ブラムゼン説の検討——」愛媛法学会雑誌 20 巻 3＝4 号

收缺陷产品义务的根据……现状是肯定或否定的理论基本上都存在。但是,这些理论各自也都存在一定的问题”,“自从舒曼对其学说进行修正之后……肯定说认为企业对于已经处在流通之中,并且在流通当时未能意识到存在危险的产品具有部分回收义务。如今,肯定说将此作为当然的前提,已经发展到探讨缺陷产品回收义务的具体要件阶段”。“如果说20世纪90年代是解决刑事制造责任理论问题的时代,那么21世纪则是以制造业者对
4 于缺陷产品具有回收义务为前提,探讨如何将各种要件具体化的时代”。换

(1994)201頁以下,同「製造物責任の事例における取締役の刑事責任——集団的決定に関与した者の答責——」愛媛法学会雑誌22巻1号(1995)45頁以下,同「刑法上の製造物責任に関するヤコブスの見解について」愛媛法学会雑誌23巻2号(1996)55頁以下,同「刑法上の製造物責任に関するホイヤーの見解——因果関係と先行行為に基づく保障人的義務に関して——」愛媛法学会雑誌23巻4号(1997)57頁以下,同「製造物責任と不作為犯論」現代刑事法4巻9号(2002)26頁以下[これらの論文は、岩間康夫『製造物責任と不作為犯論』(2010・成文堂)に収められている。]堀内捷三「製造物の欠に刑事責任——その序論的考察——」研修546号(1994)3頁以下;ヴァルター・ベロン(高橋則夫訳訳)「ドイツにおける製造物責任——ドイツ連邦通常裁判所『皮革用スプレー判決』をめぐって——」比較法(東洋大学)31号(1994)1頁以下,松宮孝明「ドイツにおける『管理・監督責任』論」中山研一=米田泰邦編著『火災と刑事責任——管理者の過失処罰を中心に——』(1993・成文堂)167頁以下,[現代『過失犯論の現代的課題』(2004・成文堂)1頁以下所収];北川佳世子「製造物責任をめぐる刑法上の問題点——ドイツ連邦通常裁判所の皮革用スプレー判決をめぐる議論を手掛かりに——」早稲田法学71巻2号(1996)171頁以下,同「欠陥製品による事故と製造者の刑事責任——刑法における製品回収義務の発生根拠をめぐるオットーの分析——」『宮澤浩一先生古稀祝賀論文集第3巻現代社会と刑事法』(2000・成文堂)41頁以下,同「薬害エイズミドリ十字ルート第一審判決について——薬害企業の型事責任——」海保大研究報告47巻1号(2002)51頁以下;山中敬一=前鳴匠「〔紹介〕ヴィンフリート・ハッセマー著・現代刑法における製造物責任」関西大学法院论集47巻4号(1997)118頁以下;鎮目征樹「刑事製造物責任における不作為犯論の意義と展開」本郷法政紀要8号(1999)343頁以下;田寺さおり「製造物責任領域における刑事責任の可能性」明治学院大学大学院ジャーナル16号(2001)57頁以下;ハロー・オットー(甲斐克則=日山恵美訳)「危険な製造物の引き渡しについての刑法上の帰責(1)(2・完)」広島法学25巻1号(2001)265頁以下;日山恵美「刑事製造物責任と取締役の行為主体性」広島法学26巻4号(2003)161頁以下;甲斐克則『医事刑法への旅Ⅰ』(2004・現代法律出版)165頁以下,同「薬害と製薬会社幹部の刑事責任——薬害エイズ事件ミドリ十字ルート判決にせて——」広島法学27巻2号(2003)239頁以下,[同『医療事故と刑法　医事刑法研究第6巻』(2012・成文堂)154頁以下],ローター・クーレン(神例康博訳)「刑法上の製造物責任の必要性と限界」松山大学論集14巻5号(2002)79頁以下;神例康博「ドイツにおける刑事製造物責任」松山大学論集15巻5号(2003)141頁以下;同「欠陥製造物の回収とその限界に関する覚書——いわゆる薬害エイズ・ミドリ十字事件刑事判決を契機として——」板倉宏博士古稀祝賀論文集『現代社会型犯罪の諸問題』(2004・頸草書房)183頁以下;平山幹子『不作為犯と正犯原理』(2005・成文堂)55頁以下。

言之，理论的发展已经进入站在事前判断的立场对制造商、销售商的义务进行特定乃至具体化的时代。[2] 因此，本章将尽量避免提及德国的争论，而将重点放在对日本有关理论争议的分析上。近来，在日本围绕法人犯罪的争论日益深化的情况下，各企业在制造、销售缺陷产品的过程中究竟经过了怎样的决策过程、销售后的产品回收系统如何运作等问题，必须与适法程序相结合进行探讨。[3] 总而言之，一般认为在确认适法程序的意义的同时，还要与认定该事故的因果过程、具体的预见可能性以及是否违反注意义务相结合。[4] 即使适法程序做得再好也不可能完全避免事故的发生，因此在认定过失责任时，适法程序仅能作为参考，而不一定起决定性作用，更关键的还是在于适法程序如何运用。同时还需要注意的是，人为错误是由组织的存在方式引起的。关于这一点，正如我在研究因组织的缺陷而导致的医疗事故时所指出的那样，[5]美国医疗质量委员会坚持认为“任何人都会犯错”（To Err is Human），[6]专门研究人类错误的心理学家詹姆斯・里森（James Reason）以“组织模型”为基础，用“瑞士奶酪模型”来探讨组织事故，

[2] 神例・前注1「ドイツにおける刑事製造物責任」148頁。神例的这篇论文以及クーレン（神例訳）・前注1「刑法上の製造物責任の必要性と限界」介绍了德国关于这个问题的最新动向。

[3] 川崎友巳『企業の刑事責任』（2004・成文堂）一书，正面论述了适法程序在刑事法上的意义，并正式论及了法人犯罪的最近研究。同「アメリカ合衆国におけるコンプライアンス・プログラムの新動向」同志社法学56巻7号（2005）1頁以下；浜辺陽一郎『コンプライアンス・プログラムの考え方——信頼される企業経営のために——』（2005・中公新書），今井猛嘉「基調報告：企業活動とコンプライアンス——アンケート調査を踏まえた法的責任のあり方について——」季刊・企業と法創造1巻4号（2005）243頁以下；甲斐克則「企業の社会的責任と新たな（刑事）法システムの構築——刑事法的観点から見た企業活動とコンプライアンス等の実態調査を踏まえて——」同誌305頁以下，同「コンプライアンス・プログラムと企業の刑事責任」田口守一＝甲斐克則＝今井猛嘉＝白石賢編著『企業犯罪とコンプライアンス・プログラム』（2006・商事法務）（本書第6章）。

[4] 甲斐・前注3『コンプライアンス・プログラムと企業の刑事責任』（本書第6章）。

[5] 甲斐・前注1『医事刑法への旅Ⅰ』128頁以下，甲斐・前注1『医療事故と刑法』1頁以下。

[6] L.コーン/J.コリガン/M.ドナルドソン編・米国医療の質委員会/医学研究所著（医学ジャーナリスト協会訳）『人は誰でも間違える——より安全な医療システムを目指して——』（2000・日本評論社）。

这些有必要加以考虑。[7] 当然,不管怎样,在这个问题上考虑刑事责任,最终都有必要立足于责任原理加以探讨。[8]

本章将基于以上问题,围绕缺陷产品的制造、销售和刑事过失的问题论述:第一,特定的实行行为主体以及实行行为的性质,同时还将涉及共犯关系;第二,因果关系;第三,注意义务的内容和预见可能性,[9] 并且还将对适法程序和企业的刑事责任进行若干分析。神山敏雄教授在研究不作为犯、
5 共犯、过失犯等刑法基本问题的同时,也长年研究经济刑法,而本章的主题正与上述所有问题相关。本文特别适合祝贺与我有多年交情的神山教授岁入古稀,所以我想把本文献给神山教授。[10]

二、实行行为主体与实行行为性质

首先,实行行为的特定主体和实行行为的性质是一个问题,虽然根据企

[7] ジェームズ・リーズン著(塩見弘監訳:高野研一=佐相邦英訳)『組織事故』(1999・日科技連)。与此相关还可小松原明哲『ヒューマンエラー』(2003・丸善)[およびシドニー・デッカー(芳賀繁監訳)『ヒューマンエラーは裁けるか——安全で公正な文化を築くには』(2009・東京大学出版会)]。另外,最近日本学术会议上,人类与工学研究联络委员会的安全工学专门委员会《事故应然调查机制相关的建议》的报告也与本问题颇有关系。

[8] 甲斐克則『責任原理と過失犯論』(2005・成文堂)。

[9] 以上几点实际上与我(本书中的"我"指原作者。——译者注)在探讨火灾事故和监督过失争议时所尝试的分析视角有共通性。甲斐克則「火災死傷事故と過失犯論——管理・監督者の過失を中心に——(1)~(7)」広島法学16巻4号(1993)131頁以下,17巻4号(1994)115頁以下,18巻3号(1995)1頁以下,19巻2号(1995)61頁以下,19巻4号(1996)129頁以下,20巻3号(1997)49頁以下,21巻1号(1997)27頁以下(未完),同「ビル火災死傷事故と管理・監督者の刑事過失——千日デパートビル火災事件上告審決定」『平成2度重要判例解説』ジュリスト980号(1991)149頁以下,同「ホテル火災と経営者の過失責任——ホテルニュージャパン火災事故上告審決定」法学教室166号(1994)126頁,甲斐・前注8,95頁以下。

[10] 2003年9月20日,在广岛大学举行的中・四国法政学会第44回大会刑事法部会上,我作为组织者,主持了"围绕刑事制品责任——刑法与民法的对话"的研讨会。会上,日山惠美(当时广岛大学博士后在读,现广岛大学法学院教授)以"刑事制造物责任和董事的行为主体性"为题,神例康博教授(当时松山大学法学部助理教授,现为冈山大学法科大学院教授)以"德国的刑事制造物责任"为题,手岛丰教授(神户大学法学院研究科教授)以"从民法的观点出发看刑事制造物责任"为题做了报告,大冢裕史教授(当时神户大学法院研究科教授,现任明治大学法科大学院教授)做了发言,以及神山敏雄教授也进行了提问等。本章总结了当时的讨论和后来早稻田大学"21世纪COE项目""企业法制和法律创造"中"与企业和市场相关的刑事法制研究"中的一部分。

业、公司的经营体制及规模,该问题不能一概而论。企业事故可分为两种主要情形:一种是由董事会合议决定的企业活动引起的事故;另一种是由一人经营体制未经合议决定的企业活动引起的事故。在后者的情况下,关于实施行为的主体,可以通过集中考虑经营者来确定,所以比较容易。例如,在萨摩扬*中毒案发回重审的一审判决(仙台地方裁判所 1981 年 7 月 2 日判决,仙台地方裁判所判例集 469 号 161 页)中,对因老鼠进入工厂内使萨摩扬上附着了沙门氏菌而造成的制造、销售被污染食品的事故,判决认为这个约有 20 名员工的公司的代表董事对工厂建筑、制造机器、器具等负有管理职责,这是认定实行行为主体的根据。根据《食品卫生法》等认定其违反了使用清洁卫生的设备和方法制造食品的义务(特别是采取防鼠措施的义务),具备实行行为性质。又如,在桑拿浴房火灾案的最高裁判所决定(最高裁判所 1979 年 11 月 19 日判决,最高裁判所刑事判例集 33 卷 7 号 728 页,第一审:东京地方裁判所 1974 年 6 月 25 日判决,东京地方裁判所刑事判例集 33 卷 7 号 734 页;第二审:东京高等裁判所 1978 年 3 月 28 日判决,东京高等裁判所刑事判例集 33 卷 7 号 748 页)中,桑拿浴房产销公司的董事们对作为起火原因的桑拿浴房的生产进行了讨论、试制及实验,并参与了对其结构的决定,因此法院认定他们犯有业务过失致死罪以及业务失火罪。以上两案都说明,由于组织中具有实际权限的人支配着从危险源到结果发生的因果流程,可以认定其具有作为或不作为的刑事责任。

与此相对,前者存在的问题更加复杂。即使是前一种情况,也有经董事决定和未经董事决定的情况。[11] 因此,接下来将就这一点作进一步探讨。 6

关于前者的案例,有森永奶粉砒霜中毒案(发回重审:德岛地方裁判所 1973 年 11 月 28 日判决 721 号 7 页,判决 302 号 123 页)。如果从刑事产品责任的观点重新研究本案,其实际上包含着非常有趣的问题,可以说是关于

* 一种鱼糜加工的油炸食物。——译者注

[11] 日山·前注 1,163 頁以下,将董事在业务负责领域处于最高地位的情况分为:(1)有董事决定的情况和(2)没有董事决定的情况,并通过案例分析进行了有趣的考察。

本主题最早的典型案例。案情的概要如下：1955 年夏季，以冈山县为中心的西日本一带，摄入人工营养牛奶的婴儿中集中暴发了一种以腹泻、呕吐、发热、腹胀、贫血、皮肤异常等为主要症状的怪病。患病者超过 1 万人，死亡人数达到 110 余人。调查结果表明，这种病是某工厂生产的婴儿配方奶粉中含有大量砒霜而导致的砒霜中毒。该厂在 1953 年 4 月以后从协和产业公司购入二磷酸钠（无规格品）作为乳粉的镇静剂使用。1955 年 4 月至 7 月，该工厂进货的药剂容器上虽标为“二磷酸钠”，但实际上却是含有大量砒霜的特殊化合物（又称松野制剂）。砒霜混入的途径是，协和产业公司从其他企业购买了制造氧化铝时产生的工业废弃物，将其脱色再结晶，因其结晶的外观与二磷酸钠相似，就将该产品以“二磷酸钠”为名进行出售。由于该工厂在生产奶粉时添加了松野制剂，导致该奶粉中含有大量对婴儿身体有害的砒霜。众所周知，本案的争点在于，对特定的实行行为人以及实行行为性质没有进行充分探讨的情况下，仅凭危惧感是否足以判断工厂厂长和制造科科长的预见可能性（本案中只有制造科科长被定罪）。从结论上看，工厂厂长对于二磷酸钠的进货并没有实际权限，只要研究制造科科长的过失行为就足够了，因此这一点在当时应该并无特别的不妥。但是从当下的视角和企业的现状来看，作为决策负责人的厂长，其实行行为性质可能会成为问题。

与此相对，在金米油症案（福冈地方裁判所 1988 年 3 月 24 日判决 885 号 17 页）中，由于在米糠油的制造过程中混入了工业用热介质多氯联苯（PCB，kane Chlor），摄取了该物质的消费者因此患上了油症。虽然关于工厂厂长 M 和董事长 K 的刑事责任出现了争议，但是最终只有前者被判有罪而
7 后者无罪。后者无罪的理由是“其在技术性的具体业务上不具有职责。而且，其对于在上述诸点上负有直接责任的被告人 M 而言，实际上也不存在应该履行的具体的、个别的监督指示，或者鼓励其执行的监督立场”。换言之，“被告 K 作为整个公司或炼油部的总负责人，对于整个业务从一般的、抽象统一管理这一宽泛的职责来说，对上述诸点负有一般的、抽象的监督责任即概括责任。不过本案的结果是由工厂中众多部门中的一个部门的一个除臭

装置导致的,因此无论如何也不能认定董事长 K 具有应该采取回避措施的立场。”

最近提到这个问题的日山惠美讲师(现为教授)指出,该逻辑与前述的森永奶粉砒霜中毒案发回重审判决的逻辑相同,且将其与之后的旅馆、宾馆等一系列火灾事故中监督过失论的扩张趋势对比来看,“在产品事故的案件中,判例基于案件中企业内部的管辖权限,将监督过失的认定范围限定于对直接行为者具有具体指示监督权限的人;而对整个业务具有一般性、抽象性的监督权限的人,则持否定或保留的态度”。[12] 确实,该意见是贴切的,方向性也是妥当的。这是刑事产品责任中特定实行行为主体问题的关键之处。只有确定了这一点,才能接着讨论这个行为是作为还是不作为。

此后,在众所周知的药害艾滋病事件针对绿十字公司的诉讼中,裁判所直接对绿十字公司干部的刑事责任进行了深入分析,并作出了一系列的判决(一审:大阪地方裁判所 2000 年 2 月 24 日 1042 号判决 94 页;二审:大阪高等裁判所 2002 年 8 月 21 日 1804 号判决 146 页;上诉审:最高裁判所 2005 年 6 月 27 日判决,判例集未登载)。因进口、销售受污染的血液制剂而致使患者死亡的,对制药公司干部究竟该以怎样的依据追究怎样的刑事责任?
关于产品刑事责任的问题以这种形式在日本被重新聚焦。[13] 8

如何确定主体处于实行行为人的地位。一审和二审的判决均认定,首先,对于以制造销售血液制剂等医药品为业的绿十字公司的社长甲而言,其负责与协商和决定该公司全局业务等重要事项有关的常务经营会议,听取下属关于营业方针、副作用发生后的对策等公司整体业务报告等,并统领公司的全部业务。因此认定甲具有实行行为主体资格(主体适格性)。其次,对于该公司代表董事副社长兼研究本部的部长乙,其作为常务会的组成人员参与公司的议事决定,在协助甲统括该公司全部业务的同时,还负责与医

[12] 日山・前注 1,166 頁。

[13] 甲斐・前注 1『医事刑法への旅 I 』166 頁以下,同・前注 1 広島法学 27 巻 2 号 241 頁以下,同・前注 1『医療事故と刑法』156 頁以下。

药品研究相关的全部业务,包括调查收集关于艾滋病与血液制品之间关系的信息等。因此也认为乙具有实行行为主体资格(主体适格性)。最后,对于作为该公司的代表董事专务兼制造本部部长的丙,由于其在一审后死亡,而只有一审的判决。丙在作为常务会成员参与该公司决策的同时,还统括了整个医药品的制造业务。因此也认定丙具备实行行为主体资格。也就是说,他们均负有防止该公司生产销售的药品发生危险的义务。以这些状况为前提,可认为该三人具备实行行为主体的适格性,关于这一点应该没有异议。特别是第二审判决,强调甲“主持常务会和经营会议(协商和决定与该公司整体业务相关的重要事项),听取下属营业方针等,统领公司的全部业务”,同时强调乙“组成常务会等参与该公司的决策,协助被告人甲参与该公司的全部业务,同时负责医药研究相关业务,包括调查收集艾滋病与血液制品关系的信息等”,这两点很重要。也就是说,认定实行行为人的主体资格不是仅以公司干部这一身份作为形式依据,更为重要的是审查其是否具体参与了实际决策。

那么,实行行为的内容又是什么呢?一审和二审均认定该公司在继续销售非加热 Christmassin 制剂*的同时,未对已销售的非加热 Christmassin 制剂采取回收措施存在过失。也就是说,其实行行为具有由作为和不作为两种过失行为构成之特征。但是,从判决认定的“在继续销售的同时”“存在没
9 有采取回收措施的过失”的论理出发,本案中这些干部的行为是作为还是不作为其实并不明确。因此,“如果着眼于‘继续销售’而将其认定为作为犯,则有必要说明将非直接行为人的董事们认定为作为正犯的根据;如果着眼于‘不实施回收措施’,董事们将作为不作为犯而受到追究,则有必要提供其具有作为义务者地位的依据”,[14]这就触及了问题的本质。本案中,甲、乙、丙三人是常务会的核心成员,在已经明知注射非加热制剂存在危险性之后,仍根据实际权限作出了“继续销售”的意思决策,所以本案更应明确采用作

* 日本血液制剂机构生产的一种静脉注射用人体血液凝固第Ⅸ因子。——译者注

[14] 日山・前注1,167頁。

为的理论构成。当然,第一审及第二审判决将“未实施回收措施”这一不作为视为过失行为,不能完全否定其也有可能采取的是过失并存或过失竞合的逻辑,此点应予以明示。

在产品刑事责任的领域中,与监督过失的问题一样,具有合格资格的实行行为人应当是对该缺陷产品的制造、销售具有实际支配权限的人。而且,实行行为是与此相关的行为,即在自己的支配范围内决定制造缺陷产品并将其予以销售的作为行为,或者产品上市流通之后被发现存在缺陷但却未对该产品进行回收的不作为行为。但是这里的问题是要想将后者的不作为认定构成犯罪究竟需要什么样的理论论据。

众所周知,在前述的“皮革喷雾剂案”中,德国联邦普通法院认定产品的生产、销售者具有回收缺陷产品的义务,因此在学说上支持成立不作为犯的观点也有所增加。[15] 问题在于作为义务的来源依据是什么？根据北川佳世子教授的研究,肯定作为义务的学说可分为三种:第一种见解是以民法上的义务和条理作为根据;第二种见解是基于销售这一先行行为;第三种见解是以对危险产品的支配为根据。[16] 日本的学说基本上也可以这样分类。[17]

就第一种学说而言,民法上的义务(维护安全的义务以及向上司进言的义务等)和条理(社会生活上的义务)不能成为刑法上注意义务的直接根据,这在过失犯的讨论中已经被指出了。[18] 在德国,将民法中的制造者责任直

[15] Vgl. auch *Harro Otto*, Die strafrechtliche Haftung für Die Auslieferug gefährlicher Produkte, in Festschrift für Hans Joachin Hirsch zum 70. Geburtstag, 1999, S. 291ff. 邦訳として,オットー(甲斐＝日山訳)・前注 1。另外,有关德国的文献有很多,详细内容请参考前注 1 中岩间教授的一系列介绍。本章除了哈罗・奥托这一篇论文外,还包括 *Lothar Kuhlen*, Fragen einer strafrechtlichen Produkhaftung, 1989; Die Pflicht zum Rückruf in der strafrechtlichen Produkthaftung, in Festschrift für Albin Eser zum 70. Geburtstag, 2005, S. 359ff. ; Winfried Hassemer, Produkthaftung im modernen Strafrecht, 1994 等。

[16] 北川佳世子「薬害エイズ3 判決における刑事過失論」法学教室 258 号(2002)48 頁,同・前注 1「製造物責任をめぐる刑法上の問題点」190 頁以下,日山・前注 1,173 頁以下。

[17] 塩見淳「瑕疵ある製造物を回収する義務について」刑法雑誌 42 巻 3 号(2003)85 頁以下。

[18] 米田泰邦「刑事過失論の今日的課題——大洋デパート事件最高裁判決の残したもの——(一)」警察研究 63 巻 6 号(1992)22 頁,松宮孝明「『進言義務』と過失不作為犯——大洋デパート控訴審判決を素材に——」南山法学 13 巻 1 号(1989)93 頁以下,同・前注 1『過失犯論の現代的課題』201 頁以下,甲斐・前注 9「火災死傷事故と過失犯論(四)」広島法学 19 巻 2 号 79-82 頁。

10 接转用于刑法上的做法也引起了人们的强烈质疑。[19]

就第二种学说而言，其仅考虑先行行为也会引发各种矛盾。北川教授恰当地梳理出了这些矛盾，“如果将先行行为作为违反义务的必要条件，那么在销售后发现产品的隐性瑕疵时，就不能以此作为回收义务的基础。相反，如果先行行为不需以违反义务为前提，则设定结果发生条件的人通常能被认定为具有作为义务。此外，由于通过先行行为追究不作为责任针对的是企业而非个人，对于那些在产品制造、销售当初并未介入的人则无法建立令其承担责任的基础。这对于那些人员安排变化较多的企业就会出现无法认定责任的情形。另外，本说也与现实不符，在现实中因个人职责而被追究回收责任的往往是在产品的缺陷、危险性出现后收到召回报告等的质量管理部门等的负责人”。[20] 另外，关于不作为犯与作为犯的等价性，盐见淳教授就本案指出，先行行为说的成立标准在于“不作为者在做出不作为行为之前，通过自己的故意或过失行为设定了侵害法益的因果进程”。依照此标准，“在‘绿十字’案中，如果将决定制造、销售非加热制剂作为先行行为，那么在当时由于无法预见因混入 HIV 引起的艾滋病的发病和死亡，不能认定存在过失。如果将向医药品销售公司——日本商事批发销售非加热制剂认定为先行行为，由于其发生的时间是加热制剂首卖日 1986 年 1 月 10 日的 3 天后，被告人是否能够停止批发销售的判断就比较微妙了”。[21] 这几点直指问题的本质。因此，如果要认定回收义务成立，基本上只能采用上述第三种学说。

但是，即使立足于第三种学说，对于“对危险产品的支配”的实质究竟如何理解，结论也不尽相同。一方面，以事实支配为根据的学说（事实支配说）

---

[19] Vgl. *Otto*, a. a. O. (Anm. 15) 292ff. オットー・前注 1（甲斐＝日山訳）「（一）」126 頁以下。

[20] 北川・前注 16，48 頁。Vgl. auch *Harro Otto*, Ingerenz und Verantwortlichkeit, Festschrift für Karl Heinz Gössel zum 70. Geburtstag, 2002, S. 99ff.; *ders.*, a. a. O. (Anm. 15), S. 301ff. オットー・前注 1（甲斐＝日山訳）「（2・完）」265 頁以下。

[21] 塩見・前注 17，86 頁。

认为，产品出厂后脱离了制造企业的支配，因此回收义务从事实上被否定。另一方面，从规范角度理解支配概念的学说（规范支配说）认为，从产品到了消费者手中那一刻开始，企业可能具有回收义务的担忧就已出现。[22] 与此相对，将产品视为危险源，从是否具有危险源保障人义务的视角来否定回收 11
义务的观点，[23] 以及强调“排他性支配”而否定回收义务的观点也同样具有说服力。[24] “排他性支配说”对仅将先行行为视作作为义务的基础提出了疑问，其着眼于行为人是否排他性地支配了危险源。换言之，就是将“在不作为的时刻，不作为者掌握因果流程的情况”[25] 视为排他性支配。但是这里必须注意的是，这些否定说并不是把回收义务的问题作为注意义务的内容，而是将其作为作为义务的内容。

但是，对于此观点也存在批判的声音，一种是“排他性支配这一标准根据使用者的不同，其实质内容可能并无不同”[26]；另一种是“如果用对危险源的支配来说明，就需要将支配领域性的概念扩展到规范层面。但是，对于缺乏事实支配的危害结果来说，如果仅从被告人的地位和权限等规范性要素来肯定其具有支配性，就会导致不作为行为受到与作为行为并不等价的处罚，有不当扩大过失不作为犯处罚范围之虞”[27]。另外，从重视“影响可能性”的立场出发，“‘支配’要件也不能起到填补作为与不作为之间因果关

[22] 北川・前注 16，48 頁。

[23] 神山敏雄「保障人義務の類型」岡山法学会雑誌 44 巻 1 号（1994）24 頁，同「保障人義務の理論的根拯」森下忠先生古稀祝賀『変動期の刑事法学（上）』（1995・成文堂）215 頁。

[24] 掘内・前注 1，8 頁。山口厚教授（现最高裁判所法官）认为，在故意作为犯的情况下，正犯性的要件中出现了排他性支配关系，“在故意不作为犯中，由于禁止溯及而产生的正犯性的要件发生了变化，可以认为排他性支配是保障人地位的要件。而对于过失犯，无论是作为犯还是不作为犯，禁止溯及本来就不妥当，在本案这种监督过失成为问题的情况下，排他性支配就不能成为问题”。［山口厚「薬害エイズ三判決と刑事過失論」ジュリスト1216 号（2002）17-18 頁］。其观点在一定情况下可以肯定作为义务。

[25] 佐伯仁志「保障人的地位の発生根挺について」，香川達夫博士古稀祝賀論文集『刑事法学の課題と展望』（1996・成文堂）110 頁以下。

[26] 鎮目・前注 1，351 頁。关于“排他性支配”的概念，作为对“支配”标准和“排他性”标准进行根本性、批判性考察的论稿，见平山・前注 1，199 頁以下。

[27] 大塚裕史「薬害エイズ厚生省ルート第一審判決について」現代刑事法 4 巻 3 号（2002）73 頁。

系差异的功能。而且,鉴于刑法的法益保护功能,是否存在场所性的、领域意义上的‘支配’并不是核心问题,即使是已经脱离‘支配’的缺陷产品,只要其存在避免该缺陷产品侵害法益或使其危殆化的可能,就能够讨论避免该结果发生或防止其危殆化的回避义务”。[28] 这些批评一针见血。说到底,如果要回避这些批判,就不得不将其限定为事实上的排他性支配。但从这一立场来看,以药害艾滋病事件为例,可能难以对引起争议的日本厚生劳动省“官员不作为”[29]追究刑事责任。限于篇幅,对于“官员不作为”的问题[30]不作详细论述。仅限于与正题的关系而言,可以将制造、销售危险物品且支配了制造、销售的相关渠道的危险物品制造业者定位为保障人。以此为前提,无论是从制度上还是实际上,即使危险物作为产品已脱离了生产
12 者,只要其对该路径具有事实上的支配,就可以将缺陷产品的回收义务认定为刑法上的作为义务。北川教授认为“应当将不作为的实行行为作为处罚的依据”,具体来说就是“在现实中已经发生了致使法益侵害结果发生的因果流程,或者说已处于可与已发生因果流程相提并论的危险阶段,明明对法益侵害的因果流程具有事实上排他性的支配,却不采取预防措施从而导致危害结果发生的行为(不作为),应该被认为与实质上有侵害法益危险的作为具有同等价值的不作为的实行行为”。[31] 从此脉络来理解的话,北川教授的见解是值得赞同的。但这仅限于能够确定向谁销售以及消费者是谁的情形。因为如果商品交付给了不特定的多数人后才发现存在缺陷,则事实上很难采取全面回收措施。虽说这些人是企业的干部,但在任何情况下都

[28] 神例・前注 1「欠陥製造物の回収とその限界に関する覚書」187 頁。

[29] 林幹人「国家公務員の作為義務」現代刑事法 4 巻 9 号(2002)20 頁以下;山口・前注 24,10 頁以下,前田雅英「エイズ禍と刑事過失」判例 1076 号(2002)3 頁以下;大塚・前注 27,69 頁以下,甲斐克則「企業犯罪と公務員の刑事責任——薬害エイズ事件厚生省ルート最高裁決定を契機として——」早稲田法学 85 巻 1 号(2009)8-9 頁,本書第 2 章,同・前注 1『医療事故と刑法』169 頁以下。

[30] 甲斐・前注 1『医事刑法への旅 I』177 頁以下。

[31] 北川・前注 1「製造物責任をめぐる刑法上の問題点」200 頁。

要其个人承担刑事责任未免过于苛责。因此,具有外在因素的“社会期待”[32]以及容易被规范性操作的“影响可能性”[33]等相对模糊的标准,反倒可以应对这类案件。

三、因果关系

其次,让我们简略地提一下刑事产品责任问题中的因果关系问题。在有多名公司董事进行集体决策的情况下,除了全员意见一致的情况,董事们意见不一致时,其各自的立场决定与该损害结果之间是否存在因果关系是个值得研究的问题。关于此问题,北川佳世子教授以德国的研究为素材,从“集体决策中的因果关系——特别是存在多人过失不作为竞合时的因果关系”的观点进行了整理和探讨。[34] 一般的肯定性理论有以下几种,(1)危险增加论:如果行为人的态度提高了结果发生的危险,就可认定结果的客观归属——德国联邦普通法院;(2)条件说公式的例外认定说:择一去除多个条件中的一个会导致结果的产生,但如果将这些条件全部去除则结果就不会 13
发生,那么每个条件与结果都存在因果关系——迈耶、库伦;(3)主张适用合法法则条件公式的学说:如果后发生事实的结果是由先发生事实的行为所产生,并且是符合经验法则的,则认为二者之间具备合法法则的关系——希尔根多夫;(4)采用新公式说:采用合法法则条件关系说的同时,作为因果关系的特殊归因方法,将结果附加了过多条件的多重因果关系说——普佩;(5)认可过失共同正犯说——布拉姆森、奥托;(6)个别化说:认为没有必要履行不存在结果回避可能性的作为义务——扎木松等。[35]

正如北川教授所指出的那样,第一种学说的问题是“即使不能防止结果的发生,也会通过接近于确定性的盖然性而认定存在因果关系,因而违反了

[32] 塩見・前注 17,90 頁,伯・前注 25,101 頁。
[33] 神例・前注 1「欠陥製造物の回収とその限界に関する覚書」187 頁。
[34] 北川・前注 1「製造物責任をめぐる刑法上の問題点」205 頁以下。
[35] 北川・前注 1「製造物責任をめぐる刑法上の問題点」209-217 頁。

‘存疑有利于被告人’的原则”。第二种学说则“仅仅是强烈主张结论的正当性”，而“没有对于这个修正公式的众所周知的异议进行回应，即在判断是否存在非共犯的同时犯的因果关系时，为什么可以把每个人的行为合在一起进行排除”。[36] 另外，第三种学说“忽视了因果关系论或条件关系论所具有的，尽可能地对作为违法、责任阶段的事实基础框架予以实质性明确限定的机能”，这是因为“合法法则关系的标准不限于自然法则，如果广泛地承认经验法则，并且只把焦点放在合法规则关系存在与否上，那么几乎所有的条件关系都会被予以肯定”。[37] 不得不说，第四种学说“也是一种舍弃因果关系的事实属性，而偏重逻辑判断的见解”。[38]

但是，就第五种学说还需要进行一些深入探讨。的确，无论是布拉姆森[39]还是奥托[40]的观点，问题都在于过于重视规范性。但如果除却这一点，在某种情况下，认可成立过失的共同正犯也未尝不可。也就是说在企业决策时，在掌握某产品具体危险性信息的情况下，如果其参与了继续生产或销售该产品的决策，其作为或不作为的行为本身就被纳入了与损害结果具有因果关联的系统之中，那么对该企业决策的参加者而言，从行为共同说立场出发，其就获得了过失（当然，如果存在故意则是故意犯）共同正犯的地
14 位。[41] 当然，这实际上要根据个别情况来进行判断，所以其实质上有可能就是北川教授所支持的个别化学说。

另外，在过失不作为犯成立的情况下，正如千成饭店火灾案上诉审判决［大阪高等裁判所 1984 年 3 月 13 日判决，特殊过失刑事事件裁判案例

［36］ 北川・前注 1「製造物責任をめぐる刑法上の問題点」209-210 頁。

［37］ 北川・前注 1「製造物責任をめぐる刑法上の問題点」211 頁。

［38］ 北川・前注 1「製造物責任をめぐる刑法上の問題点」211 頁。

［39］ *Joerg Bramsen*, Kausalitäts-und Täterschaftsfragen bei Produktfragen, Jura 1991, S. 533ff., bes. S. 537; Vgl. auch *Bramsen*, Strafrechtliche Rückrufpflichten bei fehlerhaften Produkten?, GA 1993, S. 97ff.

［40］ *Harro Otto*, Täterschaft und Teilnahme im Fahrlässigkeitsbereich, in Festschrift für Günter Spendel, 1992, S. 271ff., bes. S. 285.

［41］ 甲斐・前注 8，181 頁以下。

集(二)691页]所指出的那样,应当通过"接近于确实性的盖然性"来确定因果关系。[42] 具体来说,该判决采用了以下方式进行论证,"为了论证过失行为与结果之间存在因果关系,如果没有过失行为,即只要行为人履行了注意义务就不会发生该结果,这种条件关系的存在需要用接近于确实性的盖然性来确定。在认定时,必须以现实存在的具体事实为基础。在此基础上,如果该注意义务已经履行,那么应该考虑的是由该事实引起的事态变化是否可以避免结果的发生。在这种意义上,那些与该注意义务的履行没有因果关系的假设性事实,例如第三者为了避免结果而采取了更适当的行为,不应加上这样的假设性事实来讨论结果的回避可能性"。如此,在设定"对受害人最不利的条件"的基础上,将避免结果发生的可能性"证明到排除合理怀疑的程度"作为实质性的因果判断标准,无论是在火灾事故中,还是在追究缺陷产品的刑事责任时都应该加以考虑。正如前述的德国"皮革喷雾剂案"判决所探讨的那样,"第一阶段,必要的回收活动是否已经实现;第二阶段,回收命令是否已在适当时机到达零售商处;第三阶段,零售商是否遵守回收命令",这三个阶段是判断因果关系是否存在的关键。[43]

需要补充的是,在药害艾滋病事件针对绿十字公司的判决中,虽然裁判所没有正面争论因果关系,但是根据上述"继续销售"的决定——由日本商事公司销售非加热制剂,并由大阪医科大学附属医院的医生给患者注射,最终患者感染 HIV 并发病死亡,通过套用这个公式也足以肯定存在因果关系的连锁反应。 15

四、注意义务的内容以及预见可能性

最后,探讨一下在刑事产品责任中,应该如何考虑注意义务内容及预见

[42] 甲斐・前注9「三」16頁以下,「製造物責任をめぐる刑法上の問題点」218-219頁。
[43] 北川・前注1「製造物責任をめぐる刑法上の問題点」185頁。

可能性的问题。

众所周知,前面提到的森永奶粉砒霜中毒案发回重审判决(前述,德岛地方裁判所 1973 年 11 月 28 日判决)中提及,“预见可能性并不要求必须是能看清具体因果关系的可能性,有时这样的因果关系虽然不能完全确定,但是只要其存在难以忽视的一定程度的危险或危惧感就足够了”。但是这个逻辑很快就被北大电气手术案上诉审判决(札幌高等裁判所 1976 年 3 月 18 日判决,札幌高等裁判所刑事判例集 29 卷 1 号 78 页)予以了否定,“只要具有某种内容不特定的一般抽象性的危惧感或不安感,就赋予行为人以预见、回避危害结果的注意义务,那么可能会无限制地扩大过失犯成立的范围,从责任主义的角度来看这是不妥当的”。所谓预见结果的发生指“预见到特定构成要件的结果以及对于该结果发生的因果关系的基本部分”。之后的熊本水俣病案上诉审判决(福冈高等裁判所 1982 年 9 月 6 日判决,福冈高等裁判所刑事判例集 35 卷 2 号 85 页)也采取了此立场。判决关于预见对象的这种方向性立场是基本合理的,但更准确地说,正如已经定式化的那样,“在立即出现构成要件结果的情形下,所谓预见对象就是该结果本身。在只有经过多个因果链才能使结果出现的情况下,预见可能性是指与最终结果的法益侵害(有时是法益危殆化)具有经验上的较高盖然性、紧密联系在一起的具有因果力的认识”。[44] 为了确定具体的预见可能性,根据责任原理,作为行为人的企业管理者必须能认识到具体危险的预兆。[45]

立足于以上基本视点,在研究刑事产品责任中的注意义务内容以及预见可能性问题时有两个判决是值得参考的。第一个是前述的金米油症案的判决。该案中厂长 M 有罪,而董事长 K 无罪。正如井上祐司教授已经指出
16 的那样,“本事故的因果关系的本质部分在于防过热装置的过热条件被擅自改造过,加之违规操作导致水管局部过热,从而使工业用 PCB 分解,由此产生的氯化氢气体与循环路径中的水分结合成为氯,致使水管内壁受到腐蚀

[44] 甲斐・前注 8,104 頁。
[45] 甲斐・前注 8,105 頁。

形成孔洞，进而导致管道破裂使工业用 PCB 漏出并混进了油中”。[46] 而且，该案预见可能性本身也是争论点，特别是关于厂长有罪的逻辑，具体如下。

关于工业用 PCB 毒性的预见可能性，“认识到这是一种由化学合成的、对人体不适宜的异物，如果口服摄入可能会对人体带来某种影响。换言之，虽然这种化合物的具体理化原理、制备过程、状态等并不明确，但对于一般人来说，认识到其可能对人的健康状态造成不良影响，或者对人的生理机能造成障碍应该是比较容易的。也就是说，一般人无法否定危害后果的发生是不可预见的，从以上立场出发，结合其自身经历、知识及经验等，被告人 M 应该能认识到工业用 PCB 对人体并非无害，该物质对人体健康的安全性并没有得到保障，被告人 M 存在怀疑该物质与其他有毒芳香族含氯化合物一样对人体具有毒害作用的可能性是非常大的”。以此为基础，关于工业用 PCB 混入米糠油中的预见可能性，判决对从除臭罐水管的腐蚀贯通孔中发生工业用 PCB 泄漏的预见可能性和因除臭罐水管受到所谓的“机械性损伤”而引起工业用 PCB 泄漏的预见可能性进行了深入分析，认定“在除臭装置的安全性没有得到可靠保障的情况下，被告人 M 对其进行了擅自改装，该装置的运行方式也受到了改变，进而导致工业用 PCB 的加热条件发生了相当大的变化。被告人 M 应当认识到工业用 PCB 有一定概率发生过热分解，进而导致水管受到腐蚀，或者因装置操作不当导致水管等产生缺陷，更应当能预见到伴随修理而出现水管缺陷及缺陷的进一步扩大的可能性等”。

综上所述，本案的判决以具体的预见可能性为基础，对结果回避义务采 17
取了新过失论的理论构成进行论证。需要指出的是，“使行为人承担客观结果回避义务的前提，是对结果的出现及其因果关系的预见可能性。抛开具体事实不谈而仅用一般抽象的预见可能性，则不能作为认定具有结果回避义务的前提”，本案以此思考为基本理念，这一点应该值得更多地肯定。[47]

[46]　井上祐司「監督者の刑事過失判例について」井上正治博士還暦祝賀『刑事法学の諸相(上)』(1981・有斐閣)285 頁[同著『刑事判例の研究 その二』(2003・九州大学出版会)340 頁]。

[47]　井上・前注 46，286 頁[同著『刑事判例の研究 その二』341 頁]。

第二个则是前述的药害艾滋病事件针对绿十字公司的一审及其二审判决。一审判决对被告人的过错进行了如下论述。

其一，作为前提，法院确认的事实是，“在 1986 年 1 月 10 日开始销售加热 Christmassin 制剂时，HIV 的基本性质已经相当明确了，即 HIV 可以通过血液制品等接触发生感染，发病前的潜伏期很长，一旦发病死亡率很高”，“另外，在美国，使用了以受 HIV 污染的血液为原料制作的非加热血液制剂，会使血友病患者的艾滋病发病病例有所增加。在日本，医学研究者们也指出血友病患者中存在大量的 HIV 感染者。日本厚生劳动省艾滋病调查委员会在 1985 年 5 月认定并公布了 3 名日本血友病人为艾滋病患者。同年末，该委员会又将 5 名血友病人认定并公布为艾滋病患者，这些艾滋病患者都使用了以美国采集的血液为原料的非加热血液制剂。对此，厚生省通过使用进口加热处理过的凝固因子制剂作为防止感染的对策，先后有第Ⅳ因子制剂和第Ⅹ因子制剂都较快地获得了批准”。

其二，关于结果发生危险性的认识可能性，法院认为“被告人能够认识到注射过非加热制剂的患者们存在感染 HIV 的可能性。但在开始销售加热制剂的同时，他们仍然继续将非加热的制剂出售给消费者。显然，被告人能
18 够认识到如对已销售的非加热制剂置之不理，患者注射后会有感染 HIV 并因艾滋病发病而死亡的危险性”，从而肯定了本案的预见可能性。法院接着认定，“从被告人的个别情况来看，被告乙在 1983 年撰写了题为‘AIDS’的文件。该文件内容显示，艾滋病很有可能是由病毒感染引起的，美国的艾滋病患者包括血友病患者，其感染途径可能是来自艾滋病患者的血液及血液制品，该病毒的潜伏期长达 2 个月到 2 年不等。这证明该公司内部已较早地意识到使用以从美国进口的血液为原料制作的非加热制剂存在感染 HIV 的危险性。另外，关于被告人甲和被告人丙，通过他们在常务会议等场合对于该话题的反复提及，以及阅读包括有关报告和文件在内的公司内部资料，可以认定二人在加热制剂开始销售之前就能够认识到使用非加热制剂存在使患者感染 HIV 的危险性”。

更重要的一点是,法院认为“被告人在销售加热制剂后如果及时停止销售非加热制剂并对已销售的产品进行回收,显然可以避免之后发生的 HIV 感染结果。换言之,作为公司董事长的被告人甲,如果他在常务会上授权停止销售及实施回收措施,或者作为副总经理兼研究部部长的被告人乙,如果他在常务会上向被告人甲进言建议采取停止销售等措施,又或者作为代表董事兼制造部部长的被告人丙,如果他也能够提出采取停止销售等措施的建议,那么根据他们各自在公司内的地位和职责,实现停止销售并回收有害产品的可能性是极高的。因此,能够认定本案的危害结果可以防患于未然。显而易见,本案被告人均存在怠于履行业务上注意义务的过失”。本案将停止销售有害产品和及时采取回收措施视为刑法上的注意义务。但是,以进言和建议义务为根据提出这种注意义务,在逻辑上是有问题的。

其三,关于本案的量刑部分,判决认为“医药品具有对人体产生有害作用的危险性,因此药品的制造、销售者有义务在治疗效果以外最大限度地确 19
保医药品的安全性。无论是在生产销售开始之时还是在生产销售之后,都不允许制造、销售者忽视关于产品安全性以及相关前沿学术的最新信息”。法院以上述严厉的论调作为量刑理由,判处甲禁锢 2 年,判处乙禁锢 1 年 6 个月,判处丙禁锢 1 年 4 个月。三被告人则均以量刑不当为由提出上诉。

二审以量刑过重为由撤销了原判决,改判甲禁锢 1 年 6 个月,改判乙禁锢 1 年 2 个月,由于丙在一审判决后死亡,故驳回上诉。二审判决对于预见可能性及注意义务的认定逻辑如下。

二审判决认为,“在开始销售加热 Christmassin 制剂时,被告们在知晓加热会使浓缩凝血Ⅸ因子制剂发生变化,从而对于预防感染 HIV 具有极其重要意义的情况下,仍然继续贩卖非加热 Christmassin 制剂。被告们能够预见到不及时回收那些已经出售给医疗机构的非加热制剂,存在被注射到患者体内后导致患者因艾滋病发病而死亡的危险性。而且被告也清楚没有必要为了治疗血友病等疾病而继续销售和保留已经销售的非加热制剂,所以应当立即停止销售非加热制剂,并对已销售的非加热制剂采取回收措施。被告们对此具有业务上的注意义务”。“被告甲作为公司董事长,负有在常务会上认可并执行停止销售及回收措施的义务;被告乙作为公司副总经理兼研究部部长,负有在常务会上向被告甲进言建议采取停止销售等措施的义务。但是二被告却都没有履行上述义务,而是在常务会等会议上同意了在销售加热制剂的同时继续销售非加热制剂的营业方针。被告们在继续销售非加热制剂的同时,对于已销售的非加热制剂没有采取回收措施的行为成立过失犯罪”。这与一审判决的逻辑相同。之后,最高裁判所也驳回上诉而维持了有罪的结论,且以生产销售有害产品而给公司高层判处实刑(最高裁判所 2005 年 6 月 27 日判决,判例集未收录)。本案给制药企业提出了一个
20 巨大的课题。

关于本案的预见可能性,根据上述事实,被告人在普遍认识到注射非加热制剂存在具体危险的时点之后,仍决定“继续销售”,由此就能充分肯定行为人对结果发生具有的具体预见可能性。更重要的是,一审判决和二审判决关于注意义务的内容认为制药公司不仅有停止销售的义务,还有回收已销售产品的义务(最高裁判所在结论上支持了这一点)。本案中,对于事前已判明是具有高度危险之药剂的情形(所谓“有认识的过失”的情况),企业管理者对决定继续销售的作为行为有可能需要承担过失责任。即使在其法定义务认定困难的情况下,也可通过其掌握危险源的流通渠道这一点予以认定。因此,如前所述,通过过失不作为犯将回收义务认定为作为义务的方式是妥当的。当然需要注意的是,这并不等于一般性地肯定回收义务。

最近也有人在讨论适法程序是否也与企业的刑事过失认定有关。[48]其详细内容需要另行讨论,总的来说,各企业通过什么样的决策过程生产、销售缺陷产品,销售后的回收系统如何发挥作用,需要将这些与适法程序相结合来认定该案中的因果关系、具体的预见可能性以及注意义务。因为即使适法程序做得再好也仍有可能发生事故,所以在过失责任的认定上,适法

[48] 特に川崎・前注 3『企業の刑事責任』265 頁以下。

程序可以作为参考，但不一定起决定性作用，关键在于如何运用。

五、结语

以上探讨了缺陷产品的制造、销售和刑事过失的问题。作为结论，我本人认为在尽可能地坚持责任原理的同时，在传统过失论的框架下处理这个问题是可能的。心理学家詹姆斯·里森关于“人类错误”的阐述对于思考这 21
个问题具有参考价值。

“实施了愚蠢或不小心的行为，并不意味着这个人一定是愚蠢或不小心的人。每一个人，有时会做出极具创造性的行为，有时又会做出愚蠢的行为。错误管理的基本原则之一就是最好的人有时也会犯最坏的错误。”[49]“人类的易错性是不能完全消除的，但是可以在一定程度上进行改善。”“每一种错误类型都具有不同的心理机制，发生在组织各部分的不同错误需要用不同的管理方法。”“不是只有一线员工才会犯错，安全上的重大错误可能会发生在组织系统的所有层面。”“制裁、威胁、制造恐惧等对策只能带来非常有限的效果。而且在大多数情况下，这些对策非但不能产生正面效果，反而会伤害人的道德、自尊心和正义感。”“根据许多事故调查结果，与其说事故是容易出错的人所为，不如说事故是容易出错的状况和容易出错的工作相结合的结果。”[50]

重要的是，“我们不能改变人的状态。人在任何时候都可能犯错，可能违反规则。但是，可以通过改变人的工作条件来减少不安全行为的发生”。“责备犯错误的人虽然能使人在感情上得到满足，但却对那个人将来的易犯错误性没有任何效果。”[51]如果是这样，那么刑法能处罚的，除了故意犯以外，只能以“有认识的过失”为界限，不能对“无认识的过失”进行刑事制

[49] リーズン(盐见监訳)·前注7,181頁。
[50] リーズン(盐见监訳)·前注7,183頁。
[51] リーズン(盐见监訳)·前注7,2183頁。

裁。[52] 在产品刑事责任中也有必要考虑这些。如此,在这个问题上用刑事惩罚来应对的场景就会受到限制。

更进一步而言,若要防止危害结果的发生,刑法未必是最好的手段,应该考虑与行政法控制进行有效衔接。例如,2002 年修正的《药事法》新增第 74 条之四,其规定,“医药品、医药附加品、化妆品或医疗器械的制造、销售业者,或取得外国特许经营者,在知道其制造、销售经批准的医药品、医药附加
22 品、化妆品或者医疗器械在使用中存在发生保健卫生危害或者存在危害扩大的可能时,为防止危害发生,应当采取废弃、回收、提供销售等必要措施”。该条文虽没有罚则,但在强调企业伦理的今天,这一规定对制药企业来说是很有分量的。有关部门可以根据具体情况,有限定地对这种规定设置行政制裁规定乃至刑事制裁规定。

[52] 甲斐·前注 8,127 頁以下。

第二章　法人犯罪与公务员的刑事责任

——以最高裁判所针对药害艾滋病事件中厚生省案的决定为例*

一、序

对于法人犯罪，在主管政府机构的公务员怠于履行管理监督责任的情况下，能否让相应的公务员承担刑事责任？如果可以，根据哪些理论依据、对哪些公务员、让其承担哪些内容的刑事责任？最近，关于此问题的药害艾滋病事件（旧）针对厚生省案的最高裁判所的决定（最高裁判所 2008 年 3 月 3 日决定，最高裁判所刑事判例集 62 卷 4 号 567 页[1]）出炉，因此无论是在刑法理论还是实务上，都有必要认真地研究这个问题。在药害艾滋病事件

* 「企業犯罪と公務員の刑事責任——薬害エイズ事件厚生省ルート最高裁決定を契機として——」早稲田法学 85 巻 1 号（2009）。

[1] 林幹人「国家公務員の刑法上の作為義務」法曹時報 60 巻 7 号（2008）57 頁以下，岡部雅人「公務員の過失不作為犯について——薬害エイズ事件厚生省ルート最高裁決定をめぐって——」姫路法学 49 号（2009）316 頁以下，鎮目征樹「公務員の刑法上の作為義務」研修 730 号（2009）3 頁以下。关于本决定的评论，北川佳世子「判批」刑事法ジャーナル14 号（2009）73 頁以下，家合和典「判批」ジュリスト1361 号（2008）166 頁以下，岡部雅人「判批」判例セレクト2008（2009 年）27 頁，松宮孝明「判批」判例評論 602 号（2009）41 頁以下（判例時報 2030 号 187 頁以下），齊藤彰子「判批」平成 20 年度重要判例解説（2009）172 頁以下，稲垣悠一「判批」専修法研論集 44 号（2009）147 頁以下，甲斐克則『医療事故と刑法』（2012・成文堂）169 頁以下。

中，有针对帝京大学、绿十字公司以及本章要讨论的厚生省的3个刑事案件。关于前两者，早就有了结果，但关于厚生省，有2个与前两者相关的起诉理由，且关于第1个起诉理由，因帝京大学案的被告人在上诉阶段死亡而确定无罪，故最后最高裁判所只对第2个起诉理由进行了判断。本决定仅限于案例判断，射程范围受到限制，但由于这是最高裁判所首次认定国家公务员刑事责任的判例，可以预想到其对解释论将产生相当大的影响。本章以本决定为例，如上所述，就法人犯罪和公务员刑事责任进行一些探讨。

接下来，在本章中，首先分析最高裁判所针对药害艾滋病事件厚生省案的决定的逻辑，探讨其意义和射程范围，其次将分三种形态对法人犯罪和公
28 务员刑事责任进行论述。

二、最高裁判所针对药害艾滋病事件厚生省案的决定的逻辑

作为前提问题，先来确认一下在药害艾滋病事件厚生省案中，作为公务员的被告人在厚生省具体拥有什么样的地位与权限，以及为何被追究了刑事责任。

关于被告人的地位与权限。被告人在1984年7月16日至1986年6月29日，在厚生省药监局生物制剂科任科长，任务是负责公共卫生水平的提高，负责管理该科管辖的生物制剂制造业、进口销售业的许可，制造与进口的批准、检定及检验等相关的全部事务，负责确保血液制剂等生物制剂的安全性，以及在上述制剂被使用时，应当防止其对公众产生危害，这一点是很重要的。

关于被告人的刑事责任。（根据第一审判决和第二审判决的认定）被告人在1985年年末就能够预见到若今后继续在我国医疗设施中使用本案非加热制剂，会使接种这些非加热制剂的未感染HIV的患者有可能感染HIV，当时已认识到或能够轻易认识到有替换加热制剂的可能性，这一点也很重要。对被告人而言，在切工和绿十字两家公司能够供应加热Ⅸ因子制剂时，如有

必要自行立案,应与厚生省相关部门进行协商并敦促行使权限,直接让其中止出售非加热Ⅸ因子制剂,同时以替换本公司加热Ⅸ因子制剂的形式迅速回收已出库而未使用的非加热Ⅸ因子制剂。进而,对打算使用Ⅸ因子制剂的医生而言,他在本案非加热制剂使用上负有应极力防止 HIV 感染及由此引起的艾滋病发病、死亡的注意义务,但其怠于履职,将本案非加热制剂的处理委托给制药公司,对其销售、注射等情形存在放任的过失,导致受害人死亡,因而被追究了责任。一审(东京地方裁判所 2001 年 9 月 28 日判决,东京地方裁判所判例时报 1799 号 21 页)判处被告人禁锢 1 年,缓期 2 年执行, 29
二审(东京高等裁判所 2005 年 3 月 25 日判决,东京高等裁判所刑事判例集 62 卷 4 号 1187 页)[2]也支持了原判。

最高裁判所虽然也支持原判,但其决定的逻辑是:第一,“行政指导本身是促进任意措施的事实性措施,其并不是法律上的义务,另外,防止药害发生首先是制药公司和医生的责任,国家监督权限是第二位、后置的,其启动是公共权力的介入,需要考虑各种因素。从这一点看,相关措施的不作为是公务员履职上的责任,也是国家的赔偿责任产生的情况,不应该认为公务员直接负有刑法上的责任”,以此来限制行政指导和刑法问题的关系。第二,关于医药行政上的义务和刑法上的义务的关系,如下所述。

“本案的非加热制剂在当时被广泛使用,该制剂中含有相当数量被 HIV 污染的物质,部分在医学上尚未查明,若使用这种制剂,会因感染 HIV 而患上艾滋病。而且,当时人们普遍认为,由于没有有效的治疗方法,一旦患上艾滋病,多数人死亡就具有高度的盖然性,这是可以预料的必然结果。相关人员未必对该制剂的危险性有共同认识,而且医生和患者在使用该制剂时也无法分辨其是否被 HIV 污染,不能期待医生或者患者能够回避被 HIV 污染的结果。虽然该制剂是国家批准的,但考虑到其危险性,其本来应该被停止销售或中止使用。尽管如此,只要国家不提出明确的方针,恐怕就会继续

[2]　第 2 審までについては,甲斐克則「判批」宇都木伸＝町野朔＝平林勝政＝甲斐克則編『医事法判例百選』(2006 年)62 頁以下,『医事刑法への旅Ⅰ(新版)』(2006・イウス出版)182 頁以下。

存在轻易地或趁机进行销售和使用的风险,且从过去的情况来看,如果将处理委托给制药公司等,就存在让该风险变成现实的具体危险。

在这种情况下,为了防止药品危害的发生,《药事法》第69条之二的紧
30 急命令等规定,当发生重大危险时,厚生大臣有权行使《药事法》所赋予的各种强制性监督权。在药事行政上,为了防止其发生,产生了必须采取必要且充分的措施的具体义务,在刑事法上,负责本案非加热制剂的制造、使用以及确保安全的药品行政人员,作为负有防止社会生活中药品危害发生义务的从业人员,应当负有注意义务。而且,在防止措施中,不一定只有法律上的强制监督措施,当可以合理地期待通过促进任意性措施来达到防止目的时,是否称为行政指导暂且不论,这样的措施也应当包括在内。在本案中,如果是厚生大臣对具有监督权限的制药公司等采取的措施,那这种措施作为防止措施也具有合理性。"

于是,"与艾滋病有关的非加热制剂由被告人任科长的生物制剂科所管辖,(该科)在厚生省的艾滋病应对策略中处于中心地位,被告人处于应当辅佐厚生大臣、一体执行防止药品危害这一医药行政的立场。因此,对被告人而言,包括根据需要与其他部门协商并督促其采取所需措施在内,采取医药行政上必要充分的应对措施的义务是非常明确的,且不存在所谓使原判所指出的措施变得不可为或难以为之的重大法律上或事实上的障碍。本案被害者的死亡,虽然不能完全归咎于被告人,但是被告人也不能免除责任",如此得出结论。

上述逻辑中应该探讨的是,正如本案辩护人在上诉审阶段中指出的那样,本来在防止药害方面处于"第二位、监护"立场的国家公务员[3]为什么要承担因不作为而造成的刑事过失责任。另外,认可该点的最高裁判所的
31 作为义务论的逻辑根据及射程范围究竟为何。

[3] 作为针对国家公务员的(具有)代表性的药害诉讼案例,氯喹药害诉讼的最高裁判所1996年6月23日判决,最高裁判所民事判例集49卷6号1600頁。本决定也被认为基本上沿袭了这一立场(北川·前注1,76頁)。

三、公务员的作为义务

众所周知，关于不真正不作为犯的作为义务论，长期以来一直存在争议，但在此无暇概述。我们将重点放在与本案有关的争议点上，讨论公务员的作为义务[4]。

第一，正如本案的第一审、第二审以及本决定都认定的，无论是在《药事法》上，还是在（尽管存在组织的复杂性）掌管事务的实际情况上，当时的厚生省生物制剂科都负有确保制剂安全性的责任。本案被告人作为主要责任人，在刑法上处于业务过失致死罪（《日本刑法典》第 211 条）的实行行为者的地位是毫无疑问的。

第二，以此为前提，问题在于像本案被告人这种具有权限的人根据什么负有刑法上的作为义务。若是直接从法规中寻求作为义务的根据，虽然在确认前提的时候法规是有力根据，但（对于认定为作为义务的根据来说）仍然不能说具有决定性。另外，从先行行为中寻求作为义务的根据也不可行，因为本案不存在先行行为。

因此，在如本案这种不能充分保障回避危险的情况下，有观点认为"作为'最后的堡垒'，法律上期待行政机构和行政官员积极介入。对于这样的不作为，存在将其和作为引起结果一视同仁的余地"[5]，还有观点认为"本案中，自国家批准非加热制剂以来，掌管实务的行政官通过实施负责事务来管理国内制剂，因此，作为管理者和监督者，通过制药公司和医生等将国内

[4]　鎮目征樹「刑事製造物責任における不作為犯論」本郷法政紀要 8 号（1999）343 頁以下，島田一郎「国家賠償と過失犯——道路等管理担当公務員の罪責を中心として——」上智法学論集 48 巻 1 号（2004）1 頁以下，林幹人「国家公務員の作為義務」現代刑事法 4 巻 9 号（2002）20 頁以下，塩見淳「公務員の瑕疵ある職務行為と刑事責任」現代刑事法 6 巻 3 号（2004）74 頁以下，「瑕疵ある製造物を回収する義務について」刑法雑誌 42 巻 3 号（2003）81 頁以下，齋藤彰子「公務員の職務違反の不作為と刑事責任」金沢法学 49 巻 1 号（2006）45 頁以下，「公務員の職務違反の不作為と刑事責任」刑法雑誌 47 巻 2 号（2007）60 頁以下，常岡孝好「行政の不作為による刑事責任——行政法学からの一考察——」ジュリスト 1216 号（2002）19 頁以下。

[5]　山口厚「薬害エイズ三判決と刑事過失論」ジュリスト1216 号（2002）18 頁。

流通的非加热制剂置于自己的支配和管理之下，其就产生了其监视自身支配领域内的危险源的义务”[6]，更有甚者，也有观点强调规范而强力主张在本案这种状况下，“如果能够认为个别而具体的小的排他性支配在概括性而一般的情况中得到增强，就可以肯定被告人的作为义务”。[7] 这些观点的共同之处在于，对以法规或先行行为为作为义务的基础提出了疑问，因此被
32 称为“排他性支配说”。此外，“在不作为的时间节点，不作为者掌握着因果之流”[8]被定位为“排他性支配”观点的基础，我在大方向上基本支持这个观点[9]，但围绕“排他性支配”这一概念的批评也很多。

最主要的批评是，“排他性支配这一标准根据使用者的不同，其实质内容可能会有所差异”[10]，或者认为“如果用危险源的支配来说明，则有必要将支配领域性的概念扩展到规范层面。但是，对于事实上支配不足的结果，如果仅从被告人的地位和权限等规范性要素来确定其支配性，对不具有与作为等同价值的不作为进行处罚，存在将过失不作为犯的处罚范围不当扩大之虞，有失妥当”[11]，以及，“对于‘排他支配’的标准，有必要注意到‘排他性’和‘支配’这两种截然不同的概念”的指摘[12]也陆续出现，这都是直指问题核心的批评。

为了回应这些批评，争论至今还在继续。例如，林干人教授先从“国家公务员并非存在固有的作为义务”，“问题在于，在适用作为义务一般论的情况下，本案被告人是否有作为义务”这一适当性视角出发，对于“排他性”进行阐述，“本案的情况是，国家已经批准了该药物的使用，在这种背景下，临

[6] 北川佳世子「薬害エイズ3判決における刑事過失論」法学教室258号(2002)47頁。

[7] 林・前注4,25頁。

[8] 佐伯仁志「保障人的地位の発生根拠について」『香川達夫博士古希祝賀論文集・刑事法学の課題と展望』(1996・成文堂)110頁以下。

[9] 甲斐・前注2「判批」64頁以及『医事刑法への旅Ⅰ(新版)』193頁。

[10] 鎮目・前注4,351頁。

[11] 大塚裕史「薬害エイズ厚生省ルート第一審判決について」現代刑事法4巻3号(2002)73頁。

[12] 平山幹子『不作為犯と正犯原理』(2005・成文堂)199-200頁。

床医生不了解非加热制剂危险性的信息，制药公司为了追求利益而不回收非加热制剂。由此，除了被告人以外，可能没有人能够避免从危险源产生结果的危险”，进而对于“支配”阐述道，“以法律上的权限为基础，被告人和制药公司以及临床医生之间存在只要被告人提出一定的要求，对方事实上就会遵从的高度盖然性。从这个意义上说，尽管是弱的，但也可以认为被告人通过制药公司和临床医生对非加热制剂进行支配”。[13] 而且，他认为“仅从被告人与实际使用的非加热制剂之间个别的、具体的关系来看，无论是‘排他性’还是‘支配性’，二者都不强”，“全国范围内都有非加热制剂被投用的危险性，且被告人作为相应管辖的国家公务员，对于这种全国危险状态…… 33
具有排他支配……的情况，国家公务员的作为义务就具备了固有性（事实上的）特征”，对“在这种状况下，如果能够认为个别的、具体的、小的排他支配在整体上、一般情况下得到了增强，就可以肯定被告人的作为义务了”[14]这一观点进行了说明。

我对这个见解有同感，但也曾对“强支配”和“弱支配”概念的使用方法提出过疑问。[15] 如果规范地理解“排他支配”，似乎难免受到“伸缩自如、缺乏标准”的批评，还是有必要尽可能不脱离事实基础，从事实上把握“排他支配”。如果对“排他”这一要件的反应过于强烈，或许将其替换为“因果支配”更为合适。

因此，在本案的这种情况下，大冢裕史教授提出的“危险信息的掌握”这一观点加入了之后的讨论。大冢教授说：“如果承认作为义务，就有必要注意到，由于制药公司、厚生省独占了非加热制剂危险的相关‘信息’，几乎完全剥夺了他人进行法益救助可能性”，“如果采用以掌握信息为根据的法益保护的效率性和行为选择的事前保障（减少他人介入可能性的意思决定）这

[13] 林·前注4，24-25頁。

[14] 林·前注4，25頁。

[15] 甲斐·前注2『医事刑法への旅Ⅰ（新版）』192頁。

一框架,那么肯定被告人的作为义务也不是不可能的。"[16]确实,信息掌握这一视角是重要的,但是仅凭以此为根据的法律利益保护的效率性和行为选择的事前保障当作作为义务的基础,也是很困难的。即使相关人员掌握了信息,但能运用它行使多大的实际权限,如果没有排他性或支配性就无从谈起,也无法判断因果性,这是我已经指出的,理论上应当将排他支配限定在事实层面,同时在其中加入具有因果力的信息掌握的视角。[17] 与此相关,林教授在围绕此次最高裁判所决定的论文中,也着眼于这一点,"被告人被认定有作为义务,是因为他同时拥有权限和信息。厚生大臣和药务局局长虽然有权限,但没有对信息有如此具体的掌握。部下和其他课长虽然可
34 能掌握一定程度的信息,但没有权限",[18]这一观点再次肯定了规范的、事实的支配关系的存在。[19] 这与我个人观点比较接近。与国民的生命、健康密切相关的职务,兼具实质上的权限和信息掌握(特别是风险信息以及通过企业或从业者掌握药剂等流通渠道的信息)两方面,只有具备了这些条件,才能认定相应职责者的"排他支配"或"因果支配"。

一直提倡更重视事实的排他支配说的北川佳世子教授,在评论这次的最高裁判所决定时也坚持此说,其明确表示,"确实,生物制剂科科长既没有在物理上占有非加热制剂,又没有保护受害者,但是对于国家批准的非加热制剂,负责实务的行政官员在批准后为了确保其安全性会进行调查和收集信息,承担着安全管理事务。从普通国民依赖国家确保非加热制剂的安全性这一实际情况来看,可以认为存在排他支配,比起法律期待和特别义务概念,可以作为表明非加热制剂与被告人的事实关联的明确标准"。[20] 国家给予的事实"可以看作是排除其他的法益救助可能性的事实",[21]这种批判

[16] 大塚・前注11,73-74頁。
[17] 甲斐・前注2「判批」64頁。
[18] 林・前注1,58頁。
[19] 林・前注1,66頁。
[20] 北川・前注1,78頁。
[21] 北川・前注1,79頁。

比起规范支配更重视事实支配，确实击中要害。

尽管如此，批判仍然根深蒂固。例如，松宫孝明教授就认为，就本案被告人而言，排他支配说[以及先行行为说乃至具体依赖说（事实上的接管说）]不能作为作为义务的根据。“因为，对于被告人而言，(1)厚生省批准了在前任者时期尚未被 HIV 污染的非加热制剂，只存在所谓的作为义务根据的先行行为。(2)不存在被告人和厚生省通过事实行为避免受害者死亡的事实。更何况，(3)虽然存在‘绿十字’相关人员伪造国产原料持续销售的情况，但是没有证据证明被告人知道该信息，因此不能说被告人具有控制本案非加热制剂危险性的‘排他’支配。当然，‘支配’这个词如果按照字面理解的话，对于已经销售出去的商品，就连厂商也没有‘支配’，即便‘支配’是指基于信息功能意义上的‘支配’，如上所述，本案中‘绿十字’的——国产原料 35
被伪造——非加热制剂危险性的相关信息由‘绿十字’相关人员独占。同时，对于仅要求‘绿十字’停止销售和回收的厚生省来说，(4)在避免结果有效性方面尚不如‘绿十字’，观点(4)‘也就是：着眼于有效回避结果的见解’，不能推导出被告人的正犯责任。”[22]（引注略）在此基础上，“厚生省的作为义务，基于旧《厚生省设置法》（现《厚生劳动省设置法》）第 3 条第 1 款的为了国民‘提升公共卫生’的任务和该法第 4 条第 1 款第 31 项书证事务‘确保医疗品、医疗衍生品、化妆品，医疗器械等其他卫生用品的品质、有效性及安全性’，以及根据当时的《药事法》第 69 条之二（现《药事法》第 69 条之三）规定，从厚生（劳动）大臣被赋予关于医药品等的紧急命令权限导出的，从医药品等危险中保护国民安全的特别义务。从这个意义上讲，厚生省的作为义务并非来自先行行为或实际上的接管等事实，而是与监护权者对未成年人的监护义务（《民法》第 820 条）一样，来自厚生省据以设立的制度与规范关系的根据”。[23]

这确实是尖锐的意见。但是，正如镇目征树教授批判的那样，“这种‘从

[22]　松宫・前注 1，45 頁。

[23]　松宫・前注 1，45 頁。

医药品等危险中保护国民安全的义务’，即使在行政法上是国家的责任和义务，在理论上将其作为刑法上的作为义务的基础也并非易事。即使能够做到，也无法回避为什么要将‘厚生省的作为义务’归属于只不过是行政组织一员的被告人这种问题”，[24]这种批判意见在所难免。制度依据只是奠定保障人员地位的初步依据，而不是作为义务的决定性基础。另外，在针对排他支配说的批判中，以绿十字公司案同时存在支配为根据认为没有排他性的批判，由于绿十字公司案和本案被告人的权限不同，即使因果关系的方向性相同，但其“关系”本身也是不同的。

对此，镇目教授本人在关注排他支配说的同时，认为“那种情况下的问
36 题是……作为公务员的被告人和被认为是危险源的非加热制剂之间也存在空间距离，与危险源之间不存在设置、运用危险装置时所认可的物理上支配关系”，他提出“如果根据某种理论根据，将对危险物在物理、空间意义上的事实支配作为作为义务的必要条件则另当别论，所谓‘能消除危险源的可能性’的‘支配’，简言之，无非就是能够避免危险现实化之结果发生的地位”的批评意见。[25] 也就是说，“因为法律不能强求不可能，所以这种意义上的‘支配’要想成为作为义务的来源，通过行使包括行政指导在内的权限来回

---

[24] 鎮目・前注1,11頁。另外，镇目教授指出，“国家为了弥补医生和制药公司不能充分回避危险以致产生‘国民的无保护性’，而设置了有权限的机关承担阻止危险发生的任务，此为国家作为义务的基础”（齋藤・前注4，金沢法学49卷1号94頁以下），“总而言之，仅阐述‘从医药品的危险中守护国民安全的义务’这一国家制度的理由”，与松宫教授的观点面临同样的问题，并因此遭到批评。（鎮目・前注1,12頁）。另外，也遭遇如下批判。对于“为应对‘国民的无保护性’而接受危险阻止任务的说明”，“这是着眼于在无法期待首位责任主体的回避措施时产生保护措施的必要性，但不能单独成为刑法上的作为义务的基础。也就是说，这种见解认为，为了承认作为义务，国家还需要通过额外设置具有权限的公共机关，来创设出国民依赖国家保护法益的关系。也就是说，与造成交通事故后把被害者暂时拉进自己车里的事例一样，公共机关的设置造成国民对它的依赖性，排除其他保护可能性。【原文换行】但是，在厚生省案的情况下，是否可以认定制造了与在汽车事故中拉入汽车相当的危险的无保护性行为，是存在疑问的。因为，厚生省这一公共机构的设立是为了双重保护国民的安全，而非与原本的制度设计相反成为对国民而言危险的存在，所谓‘危险阻却的依赖’即普通国民自始期待厚生省会恰当地履行其任务。把这当作‘社会期待’的另一种说法有些言过其实，但我认为不能将其等同于事实上把人引入他人无法插手的封闭空间。将其评价为‘国家创设的无保护性’是有问题的”（鎮目・前注1,12頁）。我认为这是中肯的批评。

[25] 鎮目・前注1,14頁。

收非加热制剂和出具医生信函是必要的要件。如果没有包括行政指导在内的权限,不能回收或出具医生信函,则缺乏结果回避可能性的前提。总之,如果在能够左右结果的层面‘支配’是必要的,那么物理上、空间上掌握本案危险源制剂就不是必要的。另外,重要的是能够左右结果的发生,因此‘危险源的支配’和‘法益的支配’只是决定应当执行回避措施内容的线索,也可以考虑两者并存的情况”。[26]

因此,镇目教授转向“排他性”的实质分析,着眼于与制药公司的关系。在本案中,“在制药公司和厚生省的医药行政相关人员、能够左右结果发生的人员中,有必要特别甄别具有‘排他性’的人员,理论界在默默进行着这样的工作”,批评指出“归根结底,因为与不具备与本案制剂危险性相关的情报和知识以及回避手段的普通国民之间存在差距和不同,事实上能够采取结果回避措施的人非常有限,这是决定性因素”。[27] 有作为义务的人的范围被缩小,镇目教授进而着眼于信息和权限,“如果探讨情报和权限的所在,在厚生省这个组织体中,兼备这两种情况的人(姑且不论是否只有一个被告)一定是相当有限的”,得出“本决定,被告人在厚生省关于非加热制剂的艾滋病对策方面处于‘中心立场’,其负有辅助厚生大臣,统一履行防止药品危害 37
的医药行政职责,对于这个‘中心立场’的内容,从信息和权限这两个线索来验证是妥当的”的结论。[28]

镇目教授的上述见解基本指出了妥当的方向,似乎与排他支配说划清了界限,实质上,其见解接近前述的个人见解和林教授的见解。

另外,最近有观点认为,应该多元地认识作为义务的发生根据,并以此规范地理解包括信息掌握在内的排他支配。[29] 但归根结底,考虑到“该公务员的‘职责’及‘履行职务的实际状态’等因素,该公务员实际履行了何种

[26]　鎮目・前注 1,14 頁。

[27]　鎮目・前注 1,15 頁。

[28]　鎮目・前注 1,17-18 頁。“但是,对于组织内部的作为义务人的业务行为能否仅通过信息和权限的所在就完成判断,这是个问题。”(同・18 頁)

[29]　岡部・前注 1「公務員の過失不作為犯について」299 頁以下。

职务,掌握了多少信息,基于这些资料对该业务作出具体判断,可以评价为刑法上的作为义务,可以追究不作为犯刑事责任”。[30] 这正是事实的排他支配说所主张的内容。因此,我认为没有必要进一步提出规范的观点,因为如此反而会吸收不明确的因素。可见,这次最高裁判所的决定之所以没有使用规范框架,而是根据被告人所处的地位、职责以及具体管理权限的实际情况来认定不作为的过失责任,正是因为其将事实的排他支配说作为根据。

四、法人犯罪与公务员的刑事责任

那么,换个角度来看药害艾滋病事件厚生省一案,也可以将其定位为有关法人犯罪的公务员被追究刑事责任的案例。关于法人犯罪,处于监督立场的公务员会在什么范围内以什么形式被追究刑事责任呢?这是一个问题。因此,我想把上述的分析及逻辑扩展到法人犯罪和公务员的普通刑事责任,继而做一些探讨。

关于法人犯罪和公务员的刑事责任,可以考虑几种形式。首先,考虑公
38 务员对法人犯罪的监督过失责任。具体而言,业务过失致死伤罪(《日本刑法典》第 211 条第 1 款)是否成立。这种情况下的重点是:(1)该公务员的职务权限、行为主体的确定及因果关系(特别是在不作为犯的情况下);(2)具体预见可能性和注意义务;(3)对企业的业务委托和信赖原则。

其实,对此问题,本人在 10 多年前的广岛市桥梁坠落案(广岛地方裁判所 1996 年 3 月 28 日判决,判例集未收录)中就曾探讨过,只是至今为止没有公开发表关于该案件的观点。由于其与正题相关,虽然有些晚了,但还是想在此略作提及。

案件情况是这样的,在广岛市新交通系统的桥梁架设工程中,因 3 名原承包商和 1 名转包商的过失竞合,(当时在)将桥墩北侧支架上的桥梁横向移动后,用千斤顶进行将桥梁架设到桥墩南侧的下降作业,由于千斤顶和支

[30] 岡部・前注1「公務員の過失不作為犯について」288-287 頁以下。

架的设置位置及设置方法不当，导致千斤顶支架弯曲、倒塌，同时因为没有设置防倒线，导致桥桁以及吊架处作业的工作人员向桥墩南侧路边滚落，工作人员和当时在路上停车等信号灯以及正在通行的汽车中的普通市民都被压在桥桁下面，造成 15 人（其中普通市民 10 人）死亡，8 人（其中普通市民 5 人）受伤，上述 3 名原承包商被判有罪（另外，被起诉的 4 人中有 1 名承包商被判无罪）。这一结论本身是合理的，但是作为项目委托方的广岛市相关人员是否有刑事责任，这是问题所在。

广岛市的相关公务员虽然没有被起诉，但是关于这种可能性，本人（当时住在广岛市，也曾在该地方通行）当时在当地接受了来自媒体等各方面的各种提问，进行了讨论，并发表了评论（《读卖新闻》1996 年 3 月 29 日早刊，《中国新闻》1996 年 3 月 29 日早刊）。从结论上来说，市政府的职员将业务委托给了确有业绩的企业，我认为很难追究其刑法上的监督过失责任。实际上，这可能属于“信赖原则”发挥作用的结果。但是，事实上，原承包者在保障人员的问题上存在困难，对于处于实质监督地位的公务员来说，在对结果发生的具体危险有认识的情况下，也存在追究该公务员的刑事责任的可能性。但是，其一，本案当时关于公务员监督过失的讨论并不成熟，有关这 39
一点的调查也没有充分展开，这是不得已的。其二，本案民事诉讼中（广岛地方裁判所 1997 年 7 月 1 日 4 号判决，判例集未收录）原承包商、转承包商以及广岛市被认定有损害赔偿责任。这种案件中，对于具有实际权限（包括掌握信息）的公务员而言，根据情况也有追究其监督过失责任的空间，但这仅限于将工作分包给几乎不值得实际信赖的企业的情况。

其次，管理过失的类型。我认为药害艾滋病事件与厚生省案的情况与其说是监督过失，不如说是管理过失。[31] 因此，在这种类型中，与企业干部的过失不同，其问题在于具有实际权限（包括掌握信息）的公务员的管理过失。如果药品管理和食品管理，或者在某些情况下与之相当的管理实质上

[31] 北川·前注 1，78 頁，指出本案存在管理过失的事实。

是由国家进行的,那么除了企业的刑事责任之外,还存在追究具有实质权限的公务员的刑事责任的空间。

再次,有可能出现公务员的过失与企业的过失竞合的情况。这指的正是由公共经营物管理引起事故的情况。例如,在埼玉县藤见野市发生的大井游泳池案(琦玉地方裁判所 2008 年 5 月 2 日判决,判例集未收录)中,一名女童(7 岁)在市营游泳池游泳时因防护措施不到位而被吸入吸水口死亡,原市职员(市教委体育科科长)和同科管理股长以业务过失致死罪被判有罪。此外,当初没有被起诉的管理人也在检察审查会作出不起诉不当的决定后被起诉,虽是概略的指令,但也被判有罪。[32] 本案中,该游泳池的市政日常管理体制的过失和被委托的管理人的过失被纳入同一因果序列,结果正是在这一因果流过程中发生的。

只是需要注意的是,在上述三种形式中,一般情况下,假定公务员的过失形式多是不作为,所以运用时需要慎重。在不作为犯的情况下,除非作为命令有相当的根据,否则不能追究刑事责任,即使是公务员也是如此。[33]

最后,特别刑法上的犯罪(管辖监督厅公务员的监督不充分),行政领域
40 犯罪(管辖监督厅公务员的监督不充分),食品事故、药品事故、金融、航空器及铁路车辆检查等领域犯罪,也具有认定的空间。今后,也应从解释论上对此进行总体讨论,法律中有必要完善的领域也值得考虑。

另外,尽管考虑到公务员对法人犯罪的共同责任(故意犯),但其可以通过既有的犯罪类型和共犯论来对应。例如,关于串谋、受贿、其他(伪造文书、欺诈、业务贪污等),可以考虑(适用追究共同责任)。

---

[32] 另外,与法人犯罪无关,但作为公务员单独管理过失被否定的事例还有:在人工沙滩陷落导致被活埋女孩死亡案中,否定了负责管理海岸的 4 名国家或市的职员对发生事故的预见可能性,进而否定了成立业务上过失致死罪,见神户地方裁判所 2006 年 7 月 7 日判决,《判例时报》1254 号 322 页。对该案的评述,见岡部雅人「判批」早稲田法学 84 卷 1 号(2008)205 頁以下。

[33] 萩野貴史「刑法における『禁止』と『命令』の自由制約の程度差」早稲田大学大学院法研論集 127 号(2008)121 頁以下。

五、结语

以上围绕法人犯罪和公务员的刑事责任，以药害艾滋病厚生省案最高裁判所决定为例，以作为义务论为中心进行了理论分析，探寻了其框架。作为延伸，增加了关于法人犯罪和公务员的刑事责任五种形态的考察。近年来，日本对法人犯罪的研究热情高涨，[34]法人犯罪与作为管理、监督者的公务员的刑事责任有何关系，今后也会继续讨论下去。不能只因为是公务员就轻率地处罚，希望今后能看到根据刑法基本原理，特别是基于责任原理建立一定框架并予以适当处罚的发展方向。

---

[34]　川崎友巳『企業の刑事責任』(2004・成文堂)，田口守一＝甲斐克則＝今井猛嘉＝白石賢編『企業犯罪とコンプライアンス・プログラム』(2007・商事法務)，甲斐克則＝田口守一編『企業活動と刑事規制の国際動向』(2008・信山社)，甲斐克則編『企業活動と刑事規制』(2008・日本評論社)，樋口亮介『法人処罰と刑法理論』(2009・東京大学出版社)，「法人処罰の系譜的考察——『法人処罰と刑法理論』補遺」季刊・企業と法創造(早稲田大学)15 号(2009)175 頁以下，<特集>「法人処罰の現代的課題」刑事法ジャーナル17 号(2009)2 頁以下等。*Hans Achenbach*, Das Strafrecht als Mittel der Wirtschaftslenkung, ZStW 119(2007), S. 789ff. アッヘンバッハ(甲斐克則(監訳)：辻本淳史＝伊藤嘉亮(訳))「経済統制としての刑法」季刊・企業と法創造(早稲田大学)15 号(2009)156 頁以下。*Ulvich Sieber*, Compliance-Programme in Unternehmensstrafrecht. Ein neues Konzept zur Kontrolle von Wirtschaftskriminarität, in Festschrift für Klaus Tiedemann zum 70. Geburtstag, 2008. S. 449ff. ウルリッヒ・ズィ＝パ＝(甲斐克則＝小野上真也＝萩野貴史訳)「企業刑法におけるコンプライアンス・プログラム——経済犯の統制のための新構想——」季刊・企業と法創造 18 号所収(2009)120 頁以下[甲斐克則＝田口守一編『企業活動と刑事規制の国際動向』(2008・信山社)409 頁以下，ウルリッヒ・ズィ＝バ＝(甲斐克則＝田口守一監訳)『21 世紀刑法学への挑戦——グローバル化情報社会とリスク社会の中で——』(2012・成文堂)309 頁以下]，マルク・エンゲルハルト(武藤眞朗訳)「コンプライアンス・プログラムを特に顧慮したドイツおよびアメリカ合衆国における企業の制裁」(同号 148 頁以下)。

第三章 缺陷车辆的制造与刑事过失

——以最高裁判所关于三菱自工卡车轮胎脱落事故的决定为例*

45 ## 一、序

作为制造缺陷汽车的结果,当消费者在车辆行驶过程中因该缺陷造成的事故而死伤时,能够对谁、以何种依据追究刑事过失责任?为了解决此问题,2012年2月8日最高裁判所第三小法庭作出了重要判断(最高裁判所2012年2月8日判决,刑事判例集66卷4号200页,以下简称该决定)。对于这起因三菱汽车工业股份有限公司(以下简称三菱自工)所制前轮轮毂(front wheel hub)破损引起的事故,最高裁判所第三小法庭认定,该公司质检部的负责人和该部门负责客车车体底盘的组长构成业务上过失致死伤罪。** 我很久以前就开始关注产品刑事责任,在读到这个决定后,深感有必

* 「欠陥車両の製造と刑事過失——三菱自工トラック・タイヤ脱落事故最高裁決定を契機として——」北九州大学法政論集40巻4号(2013)。

** 《日本刑法典》第211条规定,懈怠业务上必要之注意,因而致人死伤的,处5年以下惩役、禁锢或者100万日元以下罚金。因重大过失致人死伤的,也按照上述规定处理。——译者注

要对此进行深入的分析和探讨。[1] 最高裁判所对本案展开了前所未有详细、全面的分析,包含了若干个我们在研究产品刑事责任时需要探讨的重要论点。此问题也是我个人对于企业活动与刑事规制研究[2]领域的延伸,因此,对于该决定的分析、探讨无法回避。而且,我认为该案及该决定包含了许多单纯的判例评析所不能解决的内容。

因此,本章将首先阐述三菱自工卡车轮胎脱落事故的概要、第一审及第二审判决要旨,其次阐明该决定的论理,对该案件及该决定就缺陷车辆制造与刑事过失责任提出的重要论点进行探讨,最后以此为例,针对企业适法以及防范缺陷产品的法律政策,引用早稻田大学“21 世纪 COE 项目”“企业法 46
制与法律创造”综合研究所刑事法小组的部分调查结果进行论述。

二、三菱自工卡车轮胎脱落事故的概要

本文将根据该决定认可的原判决和原判决认可的第一审判决认定的事实,以及最高裁判所独立认定的事实,述明三菱自工卡车轮胎脱落事故概要(对部分表述进行了修正)。如后所述,关于被最高裁判所视作前提的事实认定,有必要留意田原睦夫法官的反对意见。

---

[1] 甲斐克則「欠陥製品の製造・販売と刑事過失」『神山敏雄先生古稀祝賀論文集第1巻』(2010・成文堂)157頁以下(本書第1章),「薬害と製薬会社幹部の刑事責任——薬害エイズ事件ミドリ十字ルート判決に寄せて——」広島法学27巻2号(2003)239頁以下,甲斐克則『医療事故と刑法』(2012・成文堂)154頁以下。*Harro Otto*, Die strafrechtliche Haftungfür die Auflieferung gefährlicher Produkte, in Festschrift für Hans Joachim Hirsch zum 70. Geburtstag, 1999, S. 291ff. ハロー・オットー著,甲斐克則、日山惠美訳「危険な製造物の引き渡しについての刑法上の帰責(1)(2・完)」広島法学25巻1号(2001)125頁以下,2号(2001)265頁以下。北川佳世子「欠に製品回収義務と刑事責任—市販後の製品回収義務の根処をめぐるわが国の議論—」前注『神山古稀第1巻』181頁以下,岩間康夫『製造物責任と不作為犯論』(2010・成文堂)。

[2] 田口守一、甲斐克則、今井猛嘉、白石贤編著『企業犯罪とコンプライアンス・プログラム』(2006・商事法務),甲斐克則編『企業活動と刑事規制』(2008・日本評論社),甲斐克則、田口守一編『企業活動と刑事規制の国際動向』(2008・信山社),田口守一等『刑法は企業活動に介入すべきか』(2010・成文堂)。

(一)两名被告人的职位与职责

三菱自工质检部,是该公司内负责应对和处置与市场质量(问题)相关的事项之部门。其具体职责是:对销售公司等寄送的格式联络文书上记载的本公司所产乘用车、卡车、客车等相关质量信息进行分析,在此基础上根据故障部位、内容等作出重要度及处理的不同区分,并传达给相关负责部门。除提出应对及改善指令外,还可依故障信息的重要度,召开投诉对策会议或者召回检讨会(以下关联会议),判断是否应当采取召回等改善措施,并将汇总的结果报告至对此享有最终决定权的负责人。

被告人X在日本国铁客车在广岛县*发生事故(以下简称广岛事故)时,任三菱自工质检部部长,统领该公司所产汽车质检业务,当该公司所产汽车的构造、装置或性能可能不符合《道路运输车辆法》所要求的技术水准——“道路运输车辆安全基准”,以及出现其他涉及安全性的重要故障时,由其主持召开关联会议,是质检部的负责人。

被告人Y在广岛事故发生时,任该公司质检部负责客车车体底盘的组
47 长,辅助被告人X从事质检业务。

(二)三菱自工前轮轮毂的研发经过

前轮轮毂是卡车、客车等大型车辆共同使用的部件,使前轮轮胎、罩胎轮等与车轴相结合,属于《道路运输车辆法》第41条第2项规定的“行驶装置”。根据该条的规定,其应当符合运输省法令确定的技术基准。根据《道路运输车辆安全基准》第9条第1项的规定,“行驶装置应当足够坚固,必须足以确保安全运行”。在汽车公司和运输事业从业人员看来,在车辆使用者报废车辆前前轮轮毂都不会损坏,其历来被视为“终身物品”,是基本上无法预料到会发生损坏的重要安全部件,因而未被纳入车辆等的检查对象之列。

---

* 原文为“中国JRバス事故”,此处的“中国”意为“中国地方”,是日本的区域概念,指日本本州岛西部的山阳道、山阴道地区,此处采意译。——译者注

三菱自工将前轮轮毂作为卡车、客车共同使用的部件进行设计、开发和制造，至濑谷事故发生时，按照开发年代顺序共有 A、B、C、D、D'、E、F 等 7 种前轮轮毂。无论哪种，如果其凸缘部出现龟裂，且当损坏进一步发展成为圆轮形的切口（以下简称轮切破损）时，都会导致前轮轮胎连同罩胎轮、刹车鼓一同脱落。作为前轮轮毂一般性的强度耐久性评价试验方法，三菱自工于 1990 年 6 月施行的内部规定中，规定了前轮轮毂实际行驶中真实应力试验。但是，该规定施行前开发的 A 至 C 种前轮轮毂在开发时未进行该试验，该规定实施后开发的 D 种前轮轮毂亦未进行该试验，故无法基于客观数据确认其强度。

（三）轮切破损事故的发生及处理情况

1992 年 6 月 21 日，高知山秀有限公司使用的三菱自工所制卡车左前轮轮毂在行驶中发生轮切破损，致使前轮轮胎连同罩胎轮、刹车鼓一同脱落发生事故（以下简称为山秀事故）。当时，被告人 Y 作为质检部负责卡车底盘的组长，负责处理该事故，按照重要度将其列为最重要的 S1 级别（特别安全信息）。长期以来，三菱自工为了避免采取召回等正式的改善措施，根据质 *48* 检部的判断，将质量信息分为在运输省进行检查时公开的“公开信息”和隐藏的“隐匿信息”，据此进行双重管理。被告人 Y 将山秀事故信息作为“隐匿信息”处理。对于该事故，虽然三菱自工随后召开了投诉对策会议，同时对前轮轮毂强度进行了调查，但是直到事故发生一年后，在对轮切破损原因未得出结论的情况下，关联会议就草草结束了。在事故处理过程中，由于三菱自工被要求向事故车辆使用者进行说明，按照该公司设计研发部提出的一种假说，认为轮切破损来自前轮轮毂磨损，而磨损则源自使用者维护不良等因素（以下简称磨损原因说）。其据此进行了内部处理，但未采取召回等改善措施。

此后直到广岛事故发生，其间累计又发生了 14 起三菱自工卡车前轮轮毂轮切破损事故。其中，有 7 起事故与 1993 年 3 月左右开始在三菱自工所产卡车等装配的 D 种前轮轮毂有关。在这些后续事故中,有因事故发生后前轮轮毂遭废弃而无法确认磨损量的,也有像 1994 年 6 月 21 日发生的第 2 起事故那样报告磨损量仅为 0.05mm~0.10mm 的案例(金八运输有限公司使用的三菱自工所产卡车右前轮轮毂在行驶中发生轮切破损,以下简称金八事故),但无论哪一起事故,都未召开关联会议或者对前轮轮毂强度进行调查,和之前一样按照磨损原因说进行内部处置,未采取召回等改善措施,将事故相关信息按照“隐匿信息”进行处理。

(四)广岛事故(第 16 起轮切破损事故)的发生及其处理

1999 年 6 月 27 日,三菱自工制造、日本国铁有限公司所属的客车在广岛县内高速公路载客行驶过程中,其右前轮轮毂(D 种)发生轮切破损,导致右前轮轮胎连同罩胎轮、刹车鼓一同脱落,车体大幅度右倾且部分触及地面
49 造成事故,在此情况下,驾驶员好不容易才控制住汽车并使之停止。同月 28 日,具有召回劝告权* 的交通部负责人要求三菱自工查明事故原因并予以上报。

被告人 Y 作为本事故的处理负责人,在把事故信息认定为“隐匿信息”的基础上,将其按照重要度列为 S1 级别,召开组长会议探讨应对方案等。被告人 Y 曾亲自负责山秀事故及金八事故的处理,了解事故的详细情况,还在会议上听取了相关报告,明确认识到三菱自工所产卡车之后连续发生轮切破损事故。但是,该被告人未对广岛事故原因进行彻底调查,仅按照磨损原因说进行处理,也没有向被告人 X 提出召开关联会议等建议或者采取其他措施。而且,同年 9 月中旬,被告人 Y 编写完成拟发送至交通部负责人的事故报告书中有“因没有发生其他同类故障、不具有多发性、认为不需要处理”之类的内容,在向被告人 X 说明并征得其同意后将报告提交至交通部负责人。此后,对于装配 D 种前轮轮毂的车辆,也没有再采取任何旨在实行召

* 劝告是日本政府行政指导的一种常见手段,即劝告对方采取适当措施达到某种要求、事项。根据日本《道路运输车辆法》第 63 条之二的规定,对结构、装置或者性能可能不符合安全基准车辆的生产者,国土交通大臣(日本国土交通省负责人)有权劝告其采取必要的改善措施。——译者注

回等改善措施的举措。

广岛事故发生后不久,被告人 X 听取了被告人 Y 关于该事故的概要报告,同时被告知过去也发生过三菱自工所产卡车的轮切破损事故。但是,被告人 X 没有要求被告人 Y 提供更加具体的报告,也未作出具体指令,在听取被告人 Y 的说明后同意将上述拟发送至运输省负责人的报告书原封不动地提交,对于装配 D 种前轮轮毂的车辆,也没有再采取任何旨在实行召回等改善措施的举措。

(五)本次濑谷事故(第 40 起轮切破损事故)发生情况

本事故发生于 2002 年 1 月 10 日下午 3 点 45 分左右,在横滨市濑谷区内某单侧双车道的道路上,一辆三菱自工所产大型卡车在第二车道以时速 50 公里行驶时,其左前轮的轮毂(D 种)发生轮切破损,导致左前轮轮胎连同 50
罩胎轮、刹车鼓一同脱落,左前方人行道上一名 29 岁女性被脱落的左前轮从背后猛烈撞击,在路上跌倒后因颅底骨折等原因死亡,同时,同行的 2 名儿童也因冲击而跌倒负伤,经 7 天治疗后分别痊愈(以下简称濑谷事故)。从广岛事故发生到濑谷事故为止,三菱自工所产卡车或客车的轮切破损事故接连发生,本次濑谷事故是自山秀事故起的第 40 起,也是与 D 种前轮轮毂有关的第 19 起。

三、第一审、第二审判决论理及上诉意见

(一)一审判决论理之一:预见可能性

根据上述事实,横滨地方裁判所在 2007 年 12 月 13 日所作判决(判夕[*] 1285 号 300 页)认定被告人 X 及 Y 因过失竞合构成业务上过失致死伤罪。就认定过失的论理,首先对预见可能性作出了如下的判断(在判决书中,对于 X 与 Y 的认定顺序是相反的):

---

* 判夕既是日本裁判文书的一种分类,也是一种检索方法。以其检索出的案例为收录进日本《判例时报》(判例 times)的案例。——译者注

关于被告人 X。“如上所述，被告人 X 明知因前轮轮毂轮切破损，导致行驶中的客车前轮轮胎脱落这样的高度危险事故发生，而且，其也知晓过去在卡车上也发生过同样的事故等情况。所以根据该案件性质，以及其作为质检部部长，负有质量信息处理职责，理应采取要求被告人 Y 提交报告等措施，努力掌握当前案件(广岛事故)内容和处理情况，乃至于以往同种案例等有关情况(此外，被告人 X 自己使用‘新商连图书系统’，对以往发生的轮切破损故障等质量信息进行检索也是可能的)。如果这样做，一方面，会产生三菱自工所产前轮轮毂强度不足的怀疑，另一方面，也有可能认识到三菱自工在处理山秀事故等时所依据的磨损理论，只不过是用于向使用者说明的
51 假说。更进一步，如果不采取召回等改善措施，随意将装配 D 种前轮轮毂的卡车或者客车置于社会交通环境之中，将会发生和广岛事故相同的轮胎脱落事故，形成对车辆人员以及交通人员产生危害的危险源，因此，应认定被告人 X 当然能够预见到上述情况”。

关于被告人 Y。“如果不采取召回等改善措施，随意将装配 D 种前轮轮毂的卡车或者客车置于社会交通环境之中，在行驶过程中这些车辆的前轮轮毂会轮切破损，承受相当大重量的前轮轮胎将因此而脱落，除给车辆人员带来重大危险之外，对其他交通人员也会产生如与脱落轮胎接触、撞击等危害，被告人 Y 当然能够预测到上述情况。特别是对于像被告人 Y 这样长期就职于三菱自工、从事质量信息工作的人来说，这更是理所应当的事情。”

(二)一审判决论理之二：注意义务的内容与结果回避可能性

对于注意义务的内容与结果回避可能性，第一审判决指出，“以前述第 1 项下详细讨论的预见可能性之存在为前提，两名被告人在三菱自工内部负责质量信息，根据其职责，应当对该公司所产车辆的故障事件进行妥当处理，对装配 D 种前轮轮毂的卡车、客车，显然负有采取为实行召回等改善措施所必需之举措，以及对事故发生防患于未然的业务上的注意义务”，并分别对两名被告人具体的注意义务作如下认定(在判决书中，对于 X 与 Y 的认

定顺序是相反的)。

关于被告人 X 的注意义务。“不言自明的是,就三菱自工的质量信息处理而言,该被告人居于应当负有最主要责任的部长位置。在处理广岛事故时,因为其已经从被告人 Y 处知悉,三菱自工所产卡车曾发生过同类故障,所以其应当采取的措施是,合理要求被告人 Y 等下属人员就广岛事故内容、处理情况等进行汇报,掌握 D 种前轮轮毂存在强度不足的质疑等事项。通过对设计开发部作出指令等方式,对事故原因进行彻底调查。既然对前述
前轮轮毂存在强度不足的质疑,就应当召开关联会议,以主管部长的身份汇 52
总会议意见并进行妥善处理,推进召回等改善措施落地实施。作为主管部长,既然具有劝告权的运输省负责人要求其就该事件作出报告,那么就应该坦率公开对于判断是否应实施召回等改善措施具有重要意义的相关事实,这是召回等改善措施落地实施的(必要)一环”。

关于被告人 Y 的注意义务。“具体来说,从被告人 Y 的角度来看,应采取的措施是,在三菱自工就广岛事故一案进行内部处理时,由于存在 D 种前轮轮毂强度不足的质疑,作为质检部的负责组长,应当通过指令设计开发部等方式对事故原因进行彻底调查。既然存在前述前轮轮毂强度不足的质疑,就应当向作为上司的被告人 X 进行汇报,同时就召开关联会议、启动召回等改善措施的实施程序等提出建议。既然具有劝告权的运输省负责人要求就该事件作出报告,那么就应该采取坦率公开对于判断是否应实施召回等改善措施具有重要意义的事实关系等有关应对举措,这是召回等改善措施落地实施的(必要)一环”。

综上所述,一审对两名被告人分别判处禁锢 1 年 6 个月,缓刑 3 年。

(三)二审判决论理

尽管两名被告人提出了上诉,但二审(东京高等裁判所 2009 年 2 月 2 日判决)仍维持一审判决,驳回上诉。二审判决没有特别提出新的判断,简言之,二审判决确认,在广岛事故处理节点上,有充足的客观依据支持对 D 种

前轮轮毂提出强度不足的质疑。在这一节点上，两名被告人对如果不采取召回等改善措施，放任装配D种前轮轮毂的车辆运行，将可能发生轮切破损
53 事故、造成人身损害的后果具有充分的预见可能性。此外，在这个节点上，如果两名被告基于对D种前轮轮毂强度不足的质疑实施了召回，那么因其轮切破损引起的濑谷事故断然不会发生。因此，即使假定濑谷事故是由于磨损造成的轮切破损，也应承认具有防止事故发生的结果回避可能性，要求两名被告人履行此注意义务并不过分。由此，二审认定存在结果回避义务，也肯定了因果关系。关于二审判决的论理，由于最高裁判所也有论及，故在此不作赘述。

（四）上诉意见

辩护人提出了以下三点诉争意见：(1)在处理广岛事故案件时，两名被告人不可能对D种前轮轮毂产生强度不足的怀疑，不能认定其具有预见可能性；(2)对照两名被告人的实际权限等情况，不能使其负担应当召回D种前轮轮毂这一能构成业务上过失致死伤罪之义务；(3)对照濑谷事故车辆的使用情况等，不能说召回D种前轮轮毂并置换成F种前轮轮毂即可避免事故发生，也没有证据充分证明三菱自工所制前轮轮毂强度不足，而且濑谷事故车辆前轮轮毂轮切破损的原因尚未查清，两名被告人的不作为与濑谷事故之间不存在因果关系。以上三点浓缩了本案理论层面上的争议点。关于这些，最高裁判所作出了怎样的判断？

四、最高裁判所决定要旨

对于前述三个争议点，最高裁判所进行了前所未有的深入、细致的探讨，作出了以下判断。

（一）最高裁判所决定论理之一：预见可能性

在三菱自工所产前轮轮毂研发过程中，其没有基于客观数据确认其强
54 度，前轮轮毂被当作基本上不会发生损坏的重要安全部件，在行驶过程中发

生轮切破损事故可谓意料之外。从山秀事故到广岛事故处理的节点,这样的事故(含本事故)在7年多的时间里发生了多达16次(其中,与D种前轮轮毂有关的为8次)。虽然三菱自工内部将广岛事故之前的事故信息列入可能导致人身事故发生的重要信息,但为避免当时的交通部知悉,三菱自工一直将其作为"隐匿信息"处理。依据这些事实,在广岛事故处理的节点上,客观上显然能够确认该公司所制前轮轮毂存在强度不足的可能。

被告人Y作为质检部的组长,直接负责广岛事故,详细了解了该事故内容等信息,此前也曾负责山秀事故、金八事故两起轮切破损事故,此后还接收了同类事故连续发生的报告。因此,能够认定在广岛事故处理的节点上,其根据上述信息已充分认识到三菱自工所产前轮轮毂存在强度不足的可能。基于包括广岛事故在内的以往轮切破损事故事态的危险程度,可以认为被告人Y能够轻易地预见到,如果不采取召回等改善措施,任由装配存在强度不足可能的D种前轮轮毂的车辆运行,就可能因D种前轮轮毂轮切破损造成人身事故的发生。

被告人X作为质检部部长,在广岛事故处理的节点上,从被告人Y处听取报告,除该事故情况外,也应认定其认识到了同类事故曾多次发生的事实。就被告人X而言,从他的经历及立场来看,在广岛事故处理的节点上,对照该事故事态的危险程度,可以认定其能够轻易地预见到,如果不采取召回等改善措施,任由装配存在强度不足可能的D种前轮轮毂的车辆运行,就可能因D种前轮轮毂轮切破损造成人身事故的发生。

上诉意见认为,在广岛事故中,由于发生轮切破损的D种前轮轮毂被确认存在最大约1.46mm的异常磨损,在此节点上,两名被告人不可能怀疑到D种前轮轮毂强度不足。但是如前所述,由于当时已经连续发生了多起轮切破损事故,即使认定广岛事故中前轮轮毂存在上述意见所指程度的异常磨损,当时在客观上也无法得出否认D种前轮轮毂存在强度不足的可能,或是两名被告人无法认识到这一点的结论。

另外,本次濑谷事故之前,三菱自工内部在处理轮切破损事故时,一直主张采用“轮切破损是前轮轮毂磨损引起,而磨损则源自使用者维护不良”的磨损原因说,但如前所述,磨损原因说原本只是在第一起轮切破损事故——山秀事故处理过程中,在历经长达1年的调查仍未查明轮切破损原因
55 的情况下,为对事故车辆使用者进行说明而由设计开发部提出的一种假说。从内容上看,磨损的原因存在多种应当被予以考虑的因素,但只选取使用者一方的事由即所谓的“维护不良或是使用条件严酷”,随意作为磨损的原因,显然缺乏依据。此外,也有像报告磨损量0.05mm~0.10mm的金八事故那样,在磨损量并不高的情况下仍然发生轮切破损的事例。综上所述,磨损原因说将D种前轮轮毂轮切破损主要归因于维护不良等使用者一方,难言是具有合理性、说服力的观点,不能据此否认D种前轮轮毂强度不足的可能。案件材料中有着D种前轮轮毂设计强度符合汽车技术会(社团法人)设计基准的验证结果,但是在广岛事故处理的节点上,考虑到包含本事故在内已经发生了8起与D种前轮轮毂有关的轮切破损事故等情况,不能因存在这样的验证结果就立即否认D种前轮轮毂强度不足的可能。

(二)最高裁判所决定论理之二:结果回避义务

结合广岛事故处理节点上三菱自工前轮轮毂强度不足的风险强度,与可预测事故的重大性、多发性,同时也考虑到三菱自工将该公司所产前轮轮毂轮切破损事故信息作为“隐匿信息”单独掌握,根据涉及召回制度的《道路运输车辆法》及有关法规,三菱自工不仅应当采取为实施召回等改善措施所必需之举措,还应认定其存在通过采取前述举措、防止因强度不足引起轮切破损事故再次发生的刑法上的注意义务。因此,就被告人Y而言,依其地位、职责、权限等,可以认定其具有采取为实施召回等改善措施所必需之举措,防止因强度不足引起轮切破损事故再次发生的业务上之注意义务。例如,指令有关部门进行彻底的原因调查,考虑到三菱自工所产前轮轮毂存在强度不足的可能,应向被告人X报告并建议通过召开关联会议等方式推动召回等改善措施进入执行程序。此外,妥善处理运输省负责人提出的要求,

正确报告调查结果等。同时,就被告人 X 而言,依其地位、职责、权限等,也可以认为其存在前述采取为实施召回等改善措施所必需之举措,防止因强度不足引起轮切破损事故再次发生的业务上的注意义务。例如,通过要求被告人 Y 提供更加具体的报告等方式,把握三菱自工所制前轮轮毂存在强度不足的可能,指令被告人 Y 等人进行彻底的原因调查,既然三菱自工所制前轮轮毂存在强度不足的可能,应当通过召开关联会议等方式,推动为实施召回等改善措施所需的公司内部程序,同时根据运输省负责人提出的要求,正确报告调查结果等。 56

上诉意见认为,根据当时质检部与设计开发部在三菱自工内部的力量关系以及召回制度的实际情况等,两名被告人无法采取为实施召回等改善措施所必需之举措。但是,根据两名被告人的地位、权限,以及在广岛事故发生时三菱自工对本公司产品实施召回等改善措施的案例并不罕见等事实,无论如何也不能认为两名被告人无法履行上述义务。

(三)最高裁判所决定论理之三:结果回避可能性及因果关系

二审判决立足于"没有客观数据能断定 D 种前轮轮毂轮切破损事故的原因是一般性的强度不足,也没有证据能断定濑谷事故的原因是 D 种前轮轮毂强度不足"的证据评价,并以此为前提,一方面,对一审判决关于"足以推定三菱自工 D 种前轮轮毂存在强度不足缺陷"的事实认定,指出"原判决提出的 D 种前轮轮毂强度不足,从其目的来看,在认定上有所夸大",另一方面,又指出"如果基于 D 种前轮轮毂强度不足的怀疑而进行召回,因其轮切破损而发生的濑谷事故的确可以避免,即使假定濑谷事故的原因是磨损导致的轮切破损,也能有效防止事故发生。因此,能够认定被告在未实施召回上存在过失"。二审据此肯定了结果回避可能性,认定两名被告人存在过失。随后,二审还指出"濑谷事故是因没有采取召回等改善措施、放任存在强度不足可能的 D 种前轮轮毂(使用)而发生的轮切破损事故,可以说,如果不放任就能防止事故。因此,即使假定磨损属实且存在与此相关的车辆使用情况，也不构成问题，更不会对因果关系产生影响。”据此，二审在仅认定D种前轮轮毂存在强度不足的可能，尚未查明濑谷事故是否由此引起的情况下，肯定了两名被告人的过失及因果关系，并将本次濑谷事故的后果归责于两名被告人。

确实，如二审判决所指出的那样，作为D种前轮轮毂的替代品而研发的F种前轮轮毂的强度有所提升，在F种前轮轮毂装配使用期间（1996年6月至2006年10月），仅发生了一起F种前轮轮毂轮切破损事故。从这点来看，在广岛事故案件处理节点上，如果两名被告人尽力履行上述注意义务，对D种前轮轮毂采取召回等改善措施，装配F种前轮轮毂，就濑谷事故车辆而言，这些措施本身就能够避免轮切破损，或者即使发生了轮切破损事故，也
57 会与濑谷事故有所不同，因此能够肯定结果回避可能性。

但是，如前所述，两名被告人负担的注意义务，是应当防止因强度不足引起的前轮轮毂轮切破损再次发生的业务上之注意义务。如果不能认定D种前轮轮毂强度不足，不能确认本次濑谷事故是因此而发生，就无法认定本次事故是因两名被告人违反注意义务而造成的危险现实化产物，就不能认定其违反注意义务与本事故间存在因果关系。由此来说，二审判决就这一点的相关说明不够妥当。

一方面，根据一审、二审判决及案件材料，还有以下三点：（1）虽然前轮轮毂作为重要安全部件，基本上无法预料到会发生损坏，但在不到10年时间里，包括濑谷事故在内共发生了40起轮切破损（D种前轮轮毂在不到6年时间里发生了19起），其中也包括在前轮轮毂磨损并不严重情况下仍然发生的事例；（2）在濑谷事故后进行的D种前轮轮毂实际行驶真实应力实验中，以时速25km驶过半径15m的定常圆时的平均值为633. 2MPa，在大体呈直角的十字路口转弯时的平均值为720. 5MPa，所测应力数值大幅度超过了D种前轮轮毂的疲劳应力（432MPa），这一实验结果足以说明其存在强度不足的缺陷；（3）2004年3月24日，自三菱自工卡车、客车部门独立出来的三菱扶桑卡客车有限公司，根据一系列轮切破损事故情况及检验结果，以装配D

种等前轮轮毂的车辆强度不足为由向国土交通大臣申报召回。在申报书"确认存在故障状态的构造、装置及性能状况和原因"一栏中记载如下,"由于前轮轮毂强度不足,在反复进行高频次的转弯行驶等场合,轮毂凸缘部的根部附近可能发生龟裂。此外,如果叠加维护状况、装载条件等因素,就可能导致此种龟裂提前发生。因此,在这样的状态下继续使用,龟裂将不断加剧,在最坏的情况下存在因该部分断裂导致车轮脱落的可能"。据此可以认为其构成对D种前轮轮毂强度不足的自认。此外,如前(1)、(3)所述,三菱自工内部在处理一系列轮切破损事故时一直采用磨损原因说,将D种前轮轮毂轮切破损的原因完全归于使用者一方维护不良等,难以认为这种观点具有合理性和说服力。

另一方面,从本次事故车辆来看,根据其维护、使用等情况,虽然难以否认其存在紧固扭矩管理欠缺、过载等不应出现的问题,但是从通常应当预想到的市场实际情况来看,不能说在做出D种前轮轮毂设计和制造时,存在超出其预想程度的异常、恶劣维护及使用状况。根据相关记录,第一审判决的这一认定值得肯定。

综上所述,能够认定D种前轮轮毂在设计、制造过程中存在强度不足的缺陷问题,濑谷事故不是因事故车辆使用者一方的问题而被引发的,而是因D种前轮轮毂强度不足而产生的案件。因此,两名被告人因未采取必要举 58
措、推动对装配D种前轮轮毂的车辆实施召回等改善措施而违反了前述义务,并因此导致了危险现实化,能够认定二者之间存在因果关系。

(四)结论

综上所述,由于三菱自工所产前轮轮毂的客观强度在研发时未得到确认,轮切破损事故接连发生也难以想象有其他现实原因,据此,在广岛事故一案处理的节点上,足以认定两名被告人对预见D种前轮轮毂强度不足,以及存在因强度不足导致像濑谷事故这样的人身事故发生的风险,具有充分的预见可能性。基于预期事故的重大性、多发性,再考虑到三菱自工单独掌握事故信息的事实,作为该公司质检部的部长、组长,其负责质检业务,在这一节点上应当履行业务上的注意义务,对装配D种前轮轮毂的车辆采取为实施召回等改善措施所需之必要举措,防止D种前轮轮毂轮切破损事故再度发生。两名被告人对此疏忽大意,未对装配D种前轮轮毂的车辆采取以上措施,任由其运行,存在违反业务上注意义务的过失,结果导致D种前轮轮毂强度不足引起本次濑谷事故发生,成立业务上过失致死伤罪。认定成立该罪的原判决,其结论是正当的。

(五)田原睦夫法官的反对意见

与多数意见相反,田原睦夫法官主张,本案对与前轮轮毂强度、磨损理论、召回、本次濑谷事故车辆等各事实认定有关的审理不够彻底,对各被告人的过失与因果关系认定存有疑问,应当发回重审。特别是对于D种前轮轮毂强度的审理在因果关系认定上不够充分,这一点尤为重要。其反对意见内容较长,从中可以发现此类案件事实认定之困难。考虑到篇幅,本章不作详细介绍,只在田原睦夫法官对该决定进行分析方面略有涉及。

田原法官还提出,“本案虽是追究被告人等个人责任的案件,但就本事
59 故而言,也应追究三菱自工本身的组织责任。可以说,考虑到汽车基本部件破损这一事故将对汽车行业整体造成影响,为防止同类事故再次发生,也为了技术水准的保持、提升,查明事故原因及责任所在,三菱自工作为组织应当采取应对措施”。他还主张,“对于今后还会发生的、具有科学技术层面争论的刑事案件,以及对企业管理者在事故处置中的过失责任存在疑问的案件处理,本案提供了很多反省材料”,这一观点较好地表明了本案的性质。

五、最高裁判所决定的理论分析

(一)实行行为主体的特定与实行行为性

本案的理论争议点可以被划分为若干个问题,首先要探讨的是实行行为者的特定。尽管可以理解田原法官“本应追究三菱自工本身的组织责任”

的反对意见，但从现行法的刑法解释论来看，对组织责任的追究应以追究个人责任为前提，须对自然人的实行行为人予以特定。[3]

在该类过失不作为犯案件中，对实行行为人的特定要求该人必须拥有与该事件处理有关的实质性权限，且掌握着关乎防止结果发生的信息。[4]从本案中两名被告人的权限来看，在广岛事故发生时，被告人X作为质检部部长，统一管理该公司所产汽车的质检业务，即当该公司汽车的构造、装置或性能可能不符合《道路运输车辆法》要求的技术水准——《道路运输车辆安全基准》，以及发生其他涉及安全性的重要故障时，主持召开关联会议，其是质检部的负责人。被告人Y，在广岛事故发生时，任该公司质检部负责客车车体底盘的组长，辅助被告人X从事质检业务。此外，其还负责管理三菱自工内质量信息（含故障信息）。因此，可以说，在该事故发生时，二人拥有对该事件相关的实质性权限且处于信息掌控地位。 60

关于实行行为，就被告人X而言，“依其地位、职责、权限等，应通过要求被告人Y提供更加具体的报告等方式，把握三菱自工所产前轮轮毂强度不足的可能，指令被告人Y等人进行彻底的原因调查。既然三菱自工所产前轮轮毂存在强度不足的可能，在通过召开关联会议等方式推动为实施召回等改善措施所需内部程序的同时，根据运输省负责人提出的要求正确报告调查结果等，其还应采取为实施召回等改善措施所必需之举措，防止因强度不足引起轮切破损事故再次发生”，其存在未尽上述义务之不作为。就被告人Y而言，“依其地位、职责、权限等，应当让有关部门进行彻底的原因调查，且考虑到三菱自工所产前轮轮毂存在强度不足的可能，其应向被告人X报告这一点，并建议通过召开关联会议等方式推动召回等改善措施进入执行程序。此外，妥善处理运输省负责人提出的要求，将调查结果予以正确报

[3]　甲斐・前注1「欠陥製品の製造・販売と刑事過失」159頁（本書第1章）。

[4]　甲斐・前注1『医療事故と刑法』177－178頁，201頁，同「企業犯罪と公務員の刑事責任——薬害エイズ事件厚生省ルート最高裁決定を契機として——」，早稲田法学85巻1号（2009）8-9頁（本書第2章）。

告等,采取为实施召回等改善措施所必需之举措”,因其未采取上述措施,应当认为其构成不作为。因此,两名被告人的行为均构成不作为的实行行为,加之本次事故发生时二人拥有与该事件处理有关的实质性权限,且掌握着信息,可以认为其对危险源具有排他性乃至因果性支配,对于二人而言,召回等改善措施具有充分的实践可能性,最高裁判所这一部分的判断是妥当的。

（二）因果关系与结果回避可能性

本案在因果关系与结果回避可能性上也存在较大争议。正如本案在事故发生机制事实认定上的争论,围绕缺陷产品的刑事责任,过失不作为犯的因果关系认定也相当困难。田原法官之所以提出如此详细的反对意见,也正是因为涉及了这一点。

关于过失不作为犯,正如在其他论文中提到的千成饭店火灾案上诉审判决[大阪高等裁判所 1984 年 3 月 13 日特殊过失刑事判例集(二)691 页]
61 所述的那样,应当根据“接近于确定性的盖然性”来确定因果关系。详言之,“为了能认定过失行为与结果间存在因果关系,即如果不存在过失行为,换言之如果行为人履行了注意义务,就不会发生该结果的条件关系,有必要通过接近于确定性的盖然性予以确定。在认定时,应当以现实存在的具体事实为基础,考察如果履行了该注意义务,将导致事态发生何种变化,能否避免现实发生的结果。在此意义上,不应基于与该注意义务履行不具有因果关系的假定事实,例如由第三人采取对于回避结果更加适当的行动,进而论证是否具有结果回避的可能”。在设定“对于被害人最为不利条件”的基础上,对不发生结果的可能性进行“排除合理怀疑程度的证明”,作为实质性的因果判断标准,这不仅适用于火灾事故,还应在追究缺陷产品的刑事责任的场合予以考虑。[5]

借由此观点观察本案决定,应当注意到其与第二审判决理解的不同之

[5] 甲斐・前注1「欠陥製品の製造・販売と刑事過失」168頁(本書第1章)。

处。第二审判决认定,“濑谷事故是由于没有采取召回等改善措施、放任存在强度不足可能的D种前轮轮毂(使用)而发生的轮切破损事故,可以说如果不放任就能防止事故。因此,即使假定磨损属实且存在与此相关的车辆利用情况,也不构成问题,更不会对因果关系产生影响”。据此,二审在仅认定D种前轮轮毂存在强度不足的可能,尚未查明濑谷事故是否因D种前轮轮毂强度不足而引起的情况下,对两名被告人与濑谷事故的因果关系予以肯定,并将本次事故的后果归责于二人。本决定批判性地提及了这一点。然后,本决定一方面指出,“确实……作为D种前轮轮毂的替代品而被开发出的F种前轮轮毂提升了强度,在F种前轮轮毂装配使用期间(1996年6月至2006年10月),仅发生了一起F种前轮轮毂轮切破损事故,从这点来看,在广岛事故处理的节点上,如果两名被告人尽力履行上述注意义务,对D种前轮轮毂采取召回等改善措施,装配上F种前轮轮毂,那么就濑谷事故车辆 62
而言,这些措施本身就能够避免轮切破损,或者即使发生了轮切破损事故,也会与濑谷事故有所不同,由此能够肯定结果回避可能性本身”。另一方面也提出了批判,“但是,如前所述,让两名被告人负担的注意义务……说到底是应当防止因强度不足引起的前轮轮毂轮切破损再次发生的业务上之注意义务。如果不能认定D种前轮轮毂强度不足,不能确认本次濑谷事故因此而发生,就无法认定本次事故是因两名被告人违反注意义务而造成的危险现实化产物,就不能认定其违反注意义务与本次事故间存在因果关系。由此来说,二审判决在这一点上的说明并不妥当”。由此可见该决定之慎重。简言之,该决定对于濑谷事故的基本态度是,如果不先行确定D种前轮轮毂强度不足,因果关系的认定就不够充分。

对此,最高裁判所进行了补充认定,“在本案中,还有以下三点重要内容:(1)尽管前轮轮毂作为重要安全部件,基本上不会被设想发生损坏,但在不到10年时间里,包括濑谷事故在内共发生了40起轮切破损(D种前轮轮毂在不到6年时间里发生了19起),其中也包括在前轮轮毂磨损并不严重的情况下发生的事例;(2)在濑谷事故后进行的D种前轮轮毂实际行驶真实应

力实验中，以时速 25km 驶过半径 15m 的定常圆时的平均值为 633.2MPa，在
大体呈直角的十字路口转弯时的平均值为 720.5MPa，所测应力数值大幅度
超过了 D 种前轮轮毂的疲劳应力（432MPa），这一实验结果足以说明其强度
不足；(3)2004 年 3 月 24 日，尽管自三菱自工卡车、客车部门独立出来的三
菱扶桑卡客车有限公司，根据一系列轮切破损事故情况及检验结果，以装配
D 种等前轮轮毂的车辆强度不足为由向国土交通大臣申报召回，但在申报
63 书'确认存在故障状态的构造、装置及性能状况和原因'一栏中记载如下，
'由于前轮轮毂强度不足，在反复进行高频次的转弯行驶等场合，轮毂凸缘
部的根部附近可能发生龟裂。此外，如果叠加维护状况、装载条件等因素，
就可能导致此种龟裂提前发生。因此，在这样的状态下若继续使用装配有 D
种前轮轮毂的车辆，龟裂将不断加剧，在最坏的情况下存在因该部分断裂导
致车轮脱落的可能'"。由此，三菱自工公司内部在处理一系列轮切破损事
故中一直使用的磨损原因说也被推翻。而且，最高裁判所还进一步认定，
"从本次濑谷事故车辆来看，根据其维护、使用等情况，虽然难以否认其存在
紧固扭矩管理欠缺、过载等不尽妥当的问题，但从通常应当预想到的市场实
际情况来看，并不能说其已超出设计和制造时所预想到的异常、恶劣的维护
及使用状况。根据相关记录，第一审判决的这一认定值得认同"。最高裁判
所得出了如下结论，"综合上述情况，能够认定 D 种前轮轮毂在设计、制造过
程中存在强度不足的缺陷问题，濑谷事故也不是因事故车辆使用者一方的
问题引发的，而是因 D 种前轮轮毂强度不足而产生的案件。据此，两名被告
人因未采取必要举措、推动对装配 D 种前轮轮毂的车辆实施召回等改善措
施而违反了前述义务，并因此导致了危险现实化，故能够认定二者之间存在
因果关系"。

这一部分尤为重要。在认定过失不作为犯的因果关系时，不应轻易使用假设性判断，而应在总结事实关系的同时，对本次事故根本上是因 D 种前轮轮毂强度不足而导致的进行理论构建。虽然田原法官提出了反对意见，

但总体来说最高裁判所是用"能够排除合理怀疑程度"的"接近于确定性的盖然性"进行的判断。此外,正如案例评论所示,"两名被告人违反前述义务,并因此导致了危险现实化",这说明"本案现实结果的实现过程,正是刑法学立场所设想的结果实现过程之一"[6],这一判断可基本通过上述论证予以说明。在百乐满(Paloma)燃气热水器案(东京地方裁判所2010年5月 64
11日1328号判决241页)中,因其存在"改造"这一显著的介入因素,将其认定为有罪也许过于严苛[7],但本案中不存在这样的介入因素,可以认定存在因果关系。

(三)预见可能性

预见可能性也是重要的争议点,特别是在本案中以何种依据认定结果发生的具体预见可能性?就这一问题,"在与作为构成要件的结果存在直接密切联系的场合下,预见对象即是该结果本身;而在复数因果连锁作用导致最终结果的场合下,预见对象则是该具体案件中与作为最终结果的法律侵害(有时是法益危殆化)存在经验性、盖然性强烈因果力的事项"。[8] 以此为前提,为了肯定像本案这样的缺陷产品刑事责任案件中的具体预见可能性,我历来主张"根据责任原理进行归纳,对作为行为人的企业干部而言,必须存在具体的危险征兆"[9]。

从此观点出发分析本决定的论理。本决定首先对轮切破损事故认定如下:"从山秀事故之后到广岛事故处理的节点止,这样的事故(含本事故)在

[6] 成瀬幸典「判批」刑事法ジャーナル33号(2012)128頁。松宮孝明「批判」立命館法学343号(2012)616頁认为,"本决定的正确之处在于符合客观归责关系的要求,更为重要的是,由于无法认定'因客观义务违反而被搁置的危险现实化乃至义务的保护目的范围内的结果',应当认定否定了结果的客观归属。而且,作为客观归责论长期以来的具体化主张之一,本决定是首次实质上采用这样从保护目的到保护范围的思考范式的最高裁判所判例"。甲斐克則「過失犯と因果関係」早稲田大学法科大学院 Law & Practice 5号(2011)221頁以下。

[7] 神例康博「批判」刑事法ジャーナル28号(2011)102頁以下。对于本判决的结论,应予以肯定。

[8] 甲斐克則『責任原理と過失犯論』(2005・成文堂)104頁。

[9] 甲斐・前注1「欠陥製品の製造・販売と刑事過失」169-170頁(本書第1章),前注8,105頁。

7年多的时间里发生了多达16次(其中,与D种前轮轮毂有关的有8次)。三菱自工内部虽然将广岛事故之前的事故信息列入可能导致人身事故发生的重要信息,但是为避免当时的运输省知悉而一直将其作为'隐匿信息'处理。对照上述事件,在广岛事故一案的处理节点上,客观上显然能够确认该公司所制前轮轮毂存在强度不足的可能。"这一部分对确认截至濑谷事故的风险信息认知有重要意义。在此基础上,本决定分别就两名被告人对具体危险性征兆的认知认定如下:"被告人Y作为质检部的组长,直接负责广岛事故一案,详细了解该事故内容等信息,此前也曾负责山秀事故、金八事故两起前轮轮毂轮切破损事故,此后还接收了同类事故连续发生的报告。因此,能够认定在广岛事故处理的节点上,其根据上述信息已充分认识到三菱
65 自工所产前轮轮毂存在强度不足的可能。基于以往轮切破损事故(包括本事故在内)情态的危险程度,可以认为被告人Y能够轻易地预见到,如果不采取召回等改善措施,任由装配存在强度不足可能的D种前轮轮毂的车辆运行,就可能因D种前轮轮毂轮切破损造成人身事故的发生";"被告人X作为质检部的部长,在广岛事故处理的节点上,其从被告人Y处听取报告,除该事故情况外,也应认定其认识到了同类事故曾在过去相当多次发生的事实。就被告人X而言,从他的经历及立场来看,在广岛事故一案处理节点上,对照该事故事态的危险程度,可以认为其能够轻易地预见到,如果不采取召回等改善措施,任由装配存在强度不足可能的D种前轮轮毂的车辆运行,就可能因D种前轮轮毂轮切破损造成人身事故的发生"。此判断论理结合因果经过,并详细分析过去该公司的事故信息,将具体危险征兆纳入判断之中。相较于以往最高裁判所就酒店、百货商店火灾事故中的管理、监督过失采用的"可能预见到一旦火灾发生,将导致重大结果"的所谓"危惧感说"论理,本案的论证可以说出色得多。

(四)结果回避义务

就结果回避义务,本决定认定,"结合广岛事故处理节点上三菱自工前

轮轮毂强度不足的风险强度，加上被预测事故的重大性、多发性，同时也考虑到三菱自工将该公司所产前轮轮毂轮切破损事故信息作为‘隐匿信息’单独掌握，根据涉及召回制度的《道路运输车辆法》及有关法规，还应当采取为实施召回等改善措施所必需之举措，而且存在通过采取前述举措、防止因强度不足引起轮切破损事故再次发生的刑事法上的注意义务”。就被告人 Y 而言，“依其地位、职责、权限等，可以认为其具有采取为实施召回等改善措施所必需之举措，防止因强度不足引起轮切破损事故再次发生的业务上之注意义务。例如，指令有关部门进行彻底的原因调查；考虑到三菱自工所产前轮轮毂存在强度不足的可能，向被告人 X 报告这一点，并建议通过召开关联会议等方式推动召回等改善措施进入执行程序。此外，妥善处理运输省负责人提出的要求，将调查结果予以正确报告等”。就被告人 X 而言，“依其地位、职责、权限等，也可以认为其存在前述业务上的注意义务。例如，通过向被告人 Y 征集更加具体的报告等方式，把握三菱自工所产前轮轮毂强度不足的可能，指令被告人 Y 等人进行彻底的原因调查。既然三菱自工所产前轮轮毂存在强度不足的可能，通过召开关联会议等方式推动为实施召回等改善措施所需的公司内部程序。同时根据运输省负责人提出的要求，正确报告调查结果等”。 66

此注意义务内容的特色在于，对于在三菱自工从事召回等改善措施关联业务的人员而言，其并不仅限于与召回制度相关的《道路运输车辆法》的关联法规，行政法上的为实施召回等改善措施采取所需之必要举措，还包括产品回收义务，即“在刑事法上，一般认为存在通过采取前述举措、防止因强度不足引起轮切破损事故再次发生的注意义务”。这种论理在以往的药害艾滋病事故中针对绿十字公司的二审判决（大阪高等裁判所 2002 年 8 月 21 日判决，判タ1804 号 146 页）[10]及针对厚生省的上诉审决定（最高裁判所

[10]　甲斐・前注 1『医療事故と刑法』(2012・成文堂) 154 頁以下。

2008 年 3 月 3 日决定,最高裁判所刑事判例集 62 卷 4 号 567 页)[11] 中也可以看到。即使其与作为义务的异同在理论上还存有争议,但在本案中,对此可予以肯定。

此外,虽然两名被告人的过失竞合也被予以肯定,并未被作为特别问题,但是我认为,本案中的过失犯的共同正犯也是应当探讨的问题。[12] 除
67 此之外,我认为本决定在结论上是妥当的。

六、企业适法与防止制造缺陷产品的法律政策

我还想就与前述内容相关的企业适法与防止制造缺陷产品的法律政策等作简要论述。这是因为,处罚的对错固然重要,但考虑到本案这类案件的特征,从防止法人犯罪的角度来说,法律政策同样重要。该内容部分基于早稻田大学"21 世纪 COE 项目""企业法制与法律创造"综合研究所刑事法小组的调查结果,[13] 仅选取与本章相关联的必要部分。

本调查的第一部分直接以"关于适法"为题进行询问。问题 1 是关于"适法的防止对象事项"的内容。回答中最多的五项分别是"转包价款的迟延支付""保密义务的贯彻""缺陷品的制造销售""向监督机关报告义务的

[11] 甲斐・前注 1『医療事故と刑法』(2012・成文堂)169 頁以下,前注 4「企業犯罪と公務員の刑事責任」1 頁以下。

[12] 甲斐克則「過失の競合」刑法杂志 52 卷 2 号(2013)140 頁以下。前注 6 松宫孝明文中也指出,"本案行为人应当构成过失共同正犯"。金子博「合議決定に関する刑事責任についての一考察——三菱自動車欠陥事故最高裁決定を契機として——」立命館法学 345 = 346 号(2013)253 頁以下。

[13] 甲斐克則「日本におけるコンプライアンスの現状と課題——2010 年アンケート調査分析結果——」商事法務 1975 号(2012)28 頁以下。本调查于 2010 年 11 月至 12 月以邮寄方式进行,向 2496 家公司(东证一部上市公司)发送了问卷,得到 448 家公司回答(回收率 17.95%)。此外,收录包含交叉统计的数据解析的罪报报告书,载企業と法創造 34 号(2013)97 頁以下(本書第 12 章)。另外,关于问卷全体及调查结果的单纯统计,见甲斐克則等「早稲田大学 GCOEシンポジウム:コンプライアンスの現状と課題——企業コンプライアンスと法規制のゆくえ」企業と法創造 33 号(2012)95 頁以下,甲斐克則、田口守一編『刑事コンプライアンスの国際動向』(2015・信山社)42 頁以下。

违反”“商品劳务内容等的虚假记载”。[14] 在 2004 年的调查中，最多的五项则分别是“行贿受贿”“转包价款的迟延支付”“特许侵害”“缺陷品的制造销售”“商品劳务内容等的虚假记载”。比较而言，虽然顺序发生了很大变化，但作为适法的防止对象事项，“缺陷品的制造销售”顺位有所提升，反映了其在适法事项中的重要性。

问题 5 是关于“对消费者的告知方法”。与以往的调查结果不同，回答“在一定程度上对消费者进行了告知”的占 36%，即使加上“充分进行了告知”的比例也未达半数。相反，“不太进行告知”和“完全不进行告知”则超过半数。问题由此浮现，如何准确地向消费者提供包括适法在内的信息？这一重要课题有待解决。[15] 在与三菱自工有关的案件中，三菱自工的两名被告人对质量信息采取“公开信息”与“隐匿信息”的双重管理，这一点原本 68
就是问题，当时企业适法制度的粗糙程度可见一斑。

对于问题 7“有无违规行为的察觉、防止系统”，由于大部分企业（98.2%）选择了“有”的回答，当前这一事项本身不存在问题。但问题 7-1“咨询窗口”却是一个问题，即在公司内发生各种各样的负面事件时去哪里咨询。从最多的 3 种回答来看，排在第一的是适法相关部门，共有 273 家公司，占 61.5%。在 2004 年的调查中，还没有这么多公司拥有这样的部门，即使仅从这一点来说，也可以认为过去五六年间有了长足进步。紧随其后排在第二位的是公司外的律师，占 51.4%，这也是预料之中的结果。此外，除法务部门外，也有公司在适法部门内设置法务部的例子，尽管也存在相反的情形，但总体来看还是以单设法务部的情形居多。因此，可以说，在企业中适法部门及法务部相当活跃，公司的律师也扮演了一定的角色。[16]

问题 10 是关于违反法令行为防止系统的构筑方法。对此，71% 的企业的回答是“企业自行构筑”，这一结果可谓“意料之外”。我本以为应当站在

[14] 甲斐・前注 13，商事法務 1975 号 29 頁。
[15] 甲斐・前注 13，商事法務 1975 号 29-30 頁。
[16] 甲斐・前注 13，商事法務 1975 号 30 頁。

业界高度或者更加广泛的层面考虑这一问题,但却有 71%的企业选择“企业自行构筑”这一回答,比例之高令人感慨。换个角度来看,一方面,各企业的自律性仍然较强,这也可被评价为是好的一面。但另一方面,如何进行同行业之间的合作仍然有着讨论的空间。在仅靠公司自己难免存在局限性的情况下,还是应当按照行业共同制定的各种共通规则,或者寻求同行的各种建议或者支持。根据交叉统计,“各企业自行构筑”倾向是本次调查的特点。但是从过去 5 年中违反行政处分的情况来看,大企业发生的违规情况较多,可以说完全交由各企业自己负责存在局限性。[17]

第四部分是关于“制裁制度的式样”。问题 27 的内容是“对于企业的刑事制裁方式”。选择“仅处以罚金刑”的企业占 41%。现行法中也存在罚金
69 刑。然而,作为罚金刑以外的刑事制裁,关于引入“公布企业名称”“企业保护观察”“排除企业投标”等措施的回答为 52%,超过一半,这是刑法学者高度关注的问题。因为,这意味着可以推测现在的刑事制裁系统无法满足半数以上的企业。如果仅从科处罚金的层面来看,相较于之前的罚款,主要就是金额多少的问题,并无明显差异。因此,为达到更加显著的效果,可以推测还是要采取“公布企业名称”之类的制裁。

交叉统计表显示,回答“仅处以罚金刑”的企业中,10,000 人以上规模的企业比例最高,占 65.5%,5000~10,000 人规模的企业为 60%,0~1000 人规模的企业为 40.9%,1000~5000 人规模的企业为 40.6%。如果从资本金规模来看,部分顺位虽有所变动,但大体上也表现出相同的倾向。与此不同,就是否有必要设置新的刑事制裁,1000~5000 人规模的企业比例最高,占 59.4%,0~1000 人规模的企业为 59.1%,5000~10,000 人规模的企业为 40%,10,000 人以上规模的企业为 34.5%。如果从资本金规模来看,50 亿~100 亿日元规模的企业为 60.8%,100 亿~500 亿日元规模的企业为 60.6%,0~50 亿日元规模的企业为 58.7%,1000 亿日元以上规模的企业为 30.3%。

[17] 甲斐・前注 13,商事法務 1975 号 31 頁。

由此可见，越是大企业，可能因资金充裕，越存在缴纳罚金了事的倾向；越是小企业，越存在希望采取新的其他类型的刑事制裁的倾向。从这样的实际情况来看，单凭罚金刑是否够用，对此存在疑问，有必要考虑“公布企业名称”或者“保护观察”等一些新类型刑事制裁[18]。

问题 27-1 是“创设其他的制裁、法人犯罪类型”，以自由填写方式进行询问。提出来的建议有“强制解散等使其退出社会的机制”“亲告罪的排除”“公布企业名称”“排除投标”“网络犯罪”“规制大众传媒不负责的报道”。当然，由于其中包含了刑事制裁与言论自由、报道自由关系的问题，有些内容需要慎重探讨。[19]

问题 28 是“行政制裁与刑事制裁的抑制效果比较”，此前关于罚金和罚款关系的问题与此密切相关。大多数企业（65%）的回答是“罚款效果更 70
好”，超过了“罚金效果更好”的企业（26%）一倍以上，选择罚款的更胜一筹。这种结果恐怕也有罚款金额更大的因素。另外，由于罚金属于刑事制裁，或许企业也害怕被贴上“有罪”标记的“标签效应”。分析交叉统计，在回答“罚款效果更好”的企业中，10,000 人以上规模的企业占 80.0%，较为突出。这种效果比较十分困难，是今后应当探讨的课题。[20]

问题 29 是“法人处罚的形式”。这既是刑法学者十分关注的问题，也是在刑法学会中持续引起讨论的问题。以欧洲和美国为首，发达国家中对法人处罚予以普遍肯定的国家不断增加。尽管也有像德国那样，以违反秩序法之类的法律予以应对的国家，但大部分发达国家已经认可法人通常可以实行犯罪行为，既有国家一般性认可了法人的犯罪能力并将之纳入刑法典之中，又有像意大利这样，单独创设了“企业刑法”这一全新法律的国家。日本今后将何去何从，对此进行探索是重要的课题。根据本次调查，作出回答的企业中，55%的企业的回答为“处罚法人本身更为妥当”，36%的企业则回

[18]　甲斐・前注 13，商事法務 1975 号 38 頁。

[19]　甲斐・前注 13，商事法務 1975 号 38 頁。

[20]　甲斐・前注 13，商事法務 1975 号 38 頁。

答“像现行法那样对个人进行基本处罚更为妥当”。由此可见,半数以上的企业持有的观点是,对法人进行处罚也是适当的。根据交叉统计,在回答“处罚法人本身更为妥当”的企业中,0～1000 人规模的企业比例最高,为 65.4%,5000～10,000 人规模的为 62.9%,1000～5000 人规模的为 59.9%,10,000 人以上规模的降至 32.1%。从资本金规模来看,大体上存在同种倾向。由此,可以理解为,企业规模越大,对引入法人处罚就越消极;企业规模越小,对引入法人处罚就越积极。从行业种类来看,不动产行业比例最高,为 88.9%,电器、燃气行业为 85.7%,服务业为 78.6%。

接下来的课题是在法人处罚中加入什么内容?考虑到前述罚金与罚款
71 的关系,单凭罚金不能解决法人处罚的问题,虽然罚款比罚金有更好的效果,但是如何把握好两者之间的相容性呢?这也在本次的问卷调查中浮现出来。因此,如何建构新的制度,创设“公开企业名称”以及其他新的制裁类型,是今后要讨论的问题。[21] 但是即便如此,从与三菱自工相关的本案来看,对一定责任人追究其个人的刑事过失责任的问题,将在一定范围内继续存在。

最后部分是“其他(自由填写)”,在自由填写栏中收到了相当多的意见。在此无法全部列举,首先,将被反复提及的内容重点归纳如下:(1)“针对销售岗位的适法教育,进行到什么程度比较合适?”(3 件)也就是说,虽知道适法教育十分重要,但部分企业对究竟要实施到何种程度感到苦恼。(2)“对于中小企业,也要启发其认识到适法的重要性,有必要依法予以统一管理”的意见(2 件)。(3)“对于轻微的适法违反行为应当进行何种处罚,令人烦恼”的意见(2 件)。(4)“在公司内外,适法概念容易被理解为遵守法令这一狭小范围,但其本意是回应包括法令在内的广泛社会要求”的意见(2 件)。

此外,还有一些单独的、具有积极意义的意见引人注目,“在日常中启发

[21] 甲斐・前注 13,商事法務 1975 号 38－39 頁,川崎友已『企業の刑事責任』(2004・成文堂),樋口亮介『法人処罰と刑法理論』(2009・有斐閣)<特集>「法人処罰の現代的課題」刑事法ジャーナル17 号(2009)。

全体员工，使其认识到保持积极性和进行健康管理十分重要”“希望通过日本律师联合会和业界团体，推动更进一步的启蒙活动”；“在《公司法》中增加董事在就任时提交不违反适法要求誓约书的义务”“为提升日本企业竞争力，增加来自海外投资者的投资，越来越要求重视适法”“为提升适法水平，应当通过利益相关者的期待、支持、压力、评价等活动，将适法作为企业的基础性要件”“适法评价是企业根据自身特点作出的自律性制度设计，根据这一原则，适法并不是单纯在表面上制定严格的纪律，而是应当基于每个企业的固有情况，从其实效性和妥当性出发，作出判断”。

还有一些持消极态度的观点。“即使进行公司内部教育，其效果也仅限 72
于内部制约，不宜对此抱有过高的期待”“一方面对企业提出的要求标准不断提高，但另一方面构成企业的个人意识的提升是有限的”“由于‘适法’一词在其定义达成社会共识前就已经流行起来，在公司内部能够发现许多‘虽然不知道是怎么回事，但属于适法问题’的事例”“过度加重制裁会导致活力降低”等，这些意见可供参考。除此之外，“日本企业的适法，特别是在垄断、串谋等领域，经营干部、从业人员的表面和内心（为业界共存秩序而不得不存在的必要的恶）相去甚远，且人事方面也是优先后者的企业居多”，这些观点同样值得倾听。

再看那些其他的意见，最终就能理解，很多企业认为通过内部教育启发和提升个人的意识十分重要，但仅是过度强调适法或者法律规制，并不能解决企业的所有负面问题。在这个意义上，自由填写栏的意见表达了企业的真实想法，具有显著的参考价值。也有观点指出，“如果什么都变成了规则、适法，那么就会带来萎缩效果”，因此，辨别“在具体情况下什么样的适法才是重要的”也是今后的课题。[22]

---

[22] 甲斐・前注 1，商事法務 1975 号 39-40 頁。

七、结语

以上,以最高裁判所关于三菱自工卡车轮胎脱落事故的决定为例,讨论了缺陷车辆的制造与刑事过失,然后基于我们所作的调查对今后防止事故的法律政策进行了论述。可以预见,这类问题今后还会发生,在基于责任原理进行适当处罚的同时,还要为防止事故发生而强化企业适法并予以落实。本案所揭示出的这一点十分重要,最后予以再次强调,搁笔本章。

第四章　串　谋*

一、序——串谋的含义 75

当今社会,全球范围内的企业活动都要遵循“公正透明的社会规则”,而“串谋”和卡特尔却尤其与该规则背道而驰。讽刺的是,随着近年来“官方串谋”等大型串谋案件的不断曝光,证明了没有什么比“串谋”更能清晰地揭露出日本经济社会结构性质的冰山一角。在日本,“没有串谋就无法成就一番事业”的传统思想在潜移默化下已在社会中根深蒂固,如今这一点却遭到了国内外的严厉批评。因此刑事法律对串谋的规制必然受到关注。为此,《日本刑法典》和《关于禁止私人垄断及确保公平交易法》(以下简称《反垄断法》)都规定了针对“串谋”的刑事制裁措施,后者也设置了相应的行政制裁措施。

“串谋”作为损害公平交易的行为,于 1941 年被增设为犯罪,位于《日本刑法典》第 5 章“妨害公务执行罪”中。现行《日本刑法典》规定,“以损害公平价格或获得不正当利益为目的进行串谋者”,处 2 年以下有期惩役或 250 万日元以下罚金(第 96 条之六第 2 项)。可见本罪是以“损害公平价格”或“获得不正当利益”为目的而实施的目的犯,关于其罪质虽存在争议,但本罪

---

* 「談合」甲斐克則編『COE 叢書第 5 巻 企業活動と刑事規制』(2008・日本評論社)。

与妨碍拍卖罪(第 96 条之三第 1 项)一样,都被认为是为了确保公开拍卖和投标的公正性而设置的抽象危险犯。[1] 在本罪中,招标方应是公权机关。

就串谋的类型而言,可将其分为收受串谋金并达成约定的类型(获得不正当利益型)和收受串谋金但不达成约定的类型(妨害公平价格型)两
76 种。[2] 围绕本罪的罪质以及“公平价格”的意义等问题存在的争议,将在后文中进行阐述。

《反垄断法》第 1 条规定:“本法旨在通过禁止私人垄断、不正当的交易限制及不公平的交易方式,防止业务支配力的过度集中,排除通过联合、协议等方式对生产、销售、价格、技术等的不正当限制及对其他一切业务活动的不正当拘束,从而促进公平自由竞争,发挥从业者的创意,繁荣业务活动,提高雇佣及国民实际所得水平,进而在确保一般消费者利益的同时,达到促进国民经济民主、健全发展之目标。”从这一目的规定中可以看出,该法旨在保护“自由市场经济和消费者利益”这一经济交易的基本价值。但由于该法“主要作用是直接禁止和排除不正当竞争行为”,需要注意的是,该法“与直接规定犯罪和以刑罚为目的的《日本刑法典》”不同,最重要的特征是“对于违反该法的行为,在科处注意、警告、劝告排除、命令采取排除措施、命令缴纳课征金及行政裁决等行政处罚的同时,还能够直接科处刑罚”。[3] 在这一过程中,公平交易委员会(以下简称公平委)承担着重要职责。

作为这样的一部《反垄断法》,投标串谋罪,更准确地说是“限制不正当交易罪”,自然会在其中有所体现。该法第 89 条第 1 项规定,违反该法第 3

[1] 大谷實『刑法講義各論』(新版第 2 版・2007・成文堂)557 頁。

[2] 西田典之『刑法各論』(第 4 版・2007・弘文堂)408 頁,西田典之「談合罪についての覚書」,载芝原邦爾=西田典之=井上正仁編『松尾浩也先生古稀祝賀論文集・上巻』(1998・有斐閣)426 頁以下。

[3] 神山敏雄『独禁法犯罪の研究』(2002・成文堂)1 頁。なお,独禁法上の入札談合罪については,神山敏雄『日本の経済犯罪——その実情と法的対応』(1996・成文堂)15 頁以下,同神山敏雄『[新版]日本の経済犯罪——その実情と法的対応』(2001・成文堂)45 頁以下,野村稔『経済刑法の論点』(2002 年・現代法律出版)第 31 頁以下,芝原邦爾『経済刑法研究 下』(2005・有斐閣)713 頁以下。

条（“从业者不得进行私人垄断或不正当的交易限制”）的规定进行私人垄断或不正当交易限制者（同项第 1 号），以及违反该法第 8 条第 1 项第 1 号（从业者团体不得“在一定交易领域内进行实质性限制竞争”的行为）的规定在一定交易领域内进行实质限制竞争者，处以 3 年以下有期惩役或 500 万日元以下罚金。前者中的“不正当交易”指“从业者以合同、协议、协定或其他名义，与其他从业者共同决定、维持或提高对价，或以限制数量、技术、产品、设备、限定交易方等方式限制对手方的业务活动，或通过施行上述行为，违反公共利益，在一定交易领域内实质限制竞争”（第 2 条第 6 项）。

此外，《日本刑法典》中的串谋罪仅处罚个人，而《反垄断法》除处罚个人 77
（直接行为人和法定代表人）外，还允许对法人最高处以 5 亿日元以下的罚金，这一点尤其重要（《反垄断法》第 95 条）。

综上所述，本章聚焦于受《日本刑法典》和《反垄断法》双重刑事规制的串谋以及受《反垄断法》行政和刑事双重规制的串谋问题。接下来将简要概述投标串谋罪的实践样态，然后围绕《日本刑法典》上的串谋罪及《反垄断法》上的投标串谋罪的判例动向进行研究，最后阐述针对串谋的对策。

二、投标串谋的实态概观

如前文所述，日本社会的传统中延续着一种“串谋体质”。毫不过分地讲，这已经形成了一种恶劣的“企业风气”。因此，以下首先根据 2006 年《公平交易委员会年度报告书》（以下简称《报告书》）中关于投标串谋的实践样态进行简略概述。

公平委在 2006 年共审查了 159 件涉嫌违反《反垄断法》的案件，其中在该年度内完成审查的有 131 件，共对 13 件案件、73 家从业者采取了法律措施。[4] 在这 13 件案件中，涉及投标串谋的案件有 6 件，[5] 可见其比例之

[4] 平成 18 年度（2006 年度）『公正取引委員会年次報告書』（以下『報告書』という）第 1 部総論第 1 図および第 2 部各論第 1 図。

[5] 『報告書』第 2 部各論第 2 表。此外，关于公平委的排除劝告等的具体案例，见第 2 部各论。

高。顺便一提,从公平委采取法律措施的案件中涉及投标串谋的数量变化来看,2002 年的 37 件中有 30 件,2003 年的 25 件中有 14 件,2004 年的 35 件中有 22 件,2005 年的 19 件中有 13 件。可以说即使进入了 21 世纪,投标串谋案件占比仍居高不下。与此同时,对投标串谋施加课征金的案件比例也很高。[6]

正如《报告书》所记载的那样,《反垄断法》在 2005 年以“摒弃串谋和横向竞争体制,确立适应 21 世纪的竞争政策”为出发点,在修改课征金制度、引入课征金减免制度(leniency)、引入违规调查权以及修改事前手续等方面
78 作出了调整,并于 2006 年开始实施。而新制度的运行状况还有待在今后的发展中进行观察。值得一提的是,对于备受关注的课征金减免制度,在 2006 年共有 79 件案件的从业者因自行申报了违规行为而被减免了课征金。[7] 这也是该制度正在被企业所接受的证据。

法律规定,公平委通过调查获取违规证据时必须向检察总长告发(《反垄断法》第 74 条第 1 项、第 96 条第 1 项)。因此,作为对 1990 年 6 月颁布的《关于违反反垄断法的刑事告发方针》的修订,公平委在 2005 年 10 月颁布了《关于违反反垄断法的刑事告发及关于违规事件的调查方针》。该法以进一步强化抑制违反《反垄断法》的行为为目标,提出了为积极寻求处罚而进行告发的方针。此后在 2006 年就发生了关于粪便处理设施建设工程投标串谋案件的告发和关于名古屋市营地铁土木工程投标串谋案件的刑事告发。[8] 从公平委和检察厅的合作来看,这种积极态度将会持续下去。可能是由于这个原因,也可能是由于企业竞标意识的提升,投标串谋案件在最近一两年呈现下降的趋势。

---

[6] 『報告書』第 1 部総論第 3 図および第 2 部各論第 2 図・第 3 表。此外,关于 1980 年至 2001 年投标串谋案件的行政揭发事例,见神山・前注 3,159 頁以下。

[7] 『報告書』第 2 部各論第 2 章。

[8] 『報告書』第 2 部各論第 7 章。

三、关于串谋罪和投标串谋罪的判例动向

接下来需要探讨的是《日本刑法典》中串谋罪以及《反垄断法》中投标串谋罪的相关判例。[9] 就现行《日本刑法典》中的串谋罪（第96条之六第2项）而言，由于过去鲜有发案，判例数也因此较少。而“损害公平价格的目的”和“获取不正当利益的目的”的含义不明常被认为是导致这种局面的诱因之一。[10]

关于“公平价格”的含义，最高裁判所早在1953年的和木村立中学校舍串谋案中便作出过判例进行解释。在和木村立中学校校舍新建工程的招标过程中，H土木公司常务董事A和K公司顾问B通过所谓“向前突进”的方法，游说其他指定投标公司，使最高投标金额为60万日元的M公司成为中标者。此案中“公平价格”指的“并不是脱离招投标人的意思而客观衡量的公平价格，而是指在该投标过程中，由公平的自由竞争而产生的中标价格”， 79
最高裁判所据此判决被告有罪（最高裁判所1953年12月10日判决，最高裁判所刑事判例集7卷12号241页）。此种立场被称为“竞争价格说”。[11] 此外，就既遂的时间点而言，该判决表明，只要在该条该项所规定的目的的支配下，“为使竞争者相互通谋或使特定人成为契约者，从而与其他人协定将投标价格控制在一定价格以下或以上，又或协商不参与投标的，便足以构成既遂”。这种立场完全将本罪解释为了抽象危险犯。

然而，在与前案类似的神代中学校校舍串谋案中，最高裁判所于1957年作出的裁判则认为，“由于被告一开始就没有实施工程的意思，而是以获得金钱或其他经济利益（本案中的串谋金）为目的，其构成串谋自不必说，从其开始放弃实施工程并与其他从业者达成串谋协定的时刻开始，其所收受的

[9] 芝原邦爾＝西田典之＝佐伯仁志編『ケースブック経済刑法（第2版）』（2002・有斐閣），255頁以下。

[10] 芝原ほか・前注9，285頁。

[11] 芝原ほか・前注9，147頁。

利益就超过了一般社会观念上‘贺礼’的程度。在数额明显偏高的情况下，原审判决将其认定为该条中的‘不正当利益’是正确的”(最高裁判所1957年1月22日判决，最高裁判所刑事判例集11卷1号50页)。本案虽然没有判断“公平价格”，但与和木村立中学校校舍串谋案相比，可以看出本案中最高裁判所存在执着于判断具体利益的倾向。

与和木村立中学校校舍串谋案的立场形成鲜明对比的是草津市水道工程串谋案的判决(大津地方裁判所1968年8月27日判决，大津地方裁判所刑事判例集10卷8号866页)。该案的基本案情是：A等5人为在草津市招标的上水道工程中使A成为中标者，按照A所指示的金额进行投标串谋。但大津地方裁判所却按照以下逻辑展开论述并作出了无罪判决。

首先，该判决将“作为经济交易一环的公开招标中的串谋依照具体情形分为两类，一类是因为违法而需要动用刑罚来禁止的行为；另一类则是合法且不得干涉的经济交易活动”。其次，大津地方裁判所在解释具有“损害公平价格的目的”时认为，“国家或地方公共团体等公权机关的公共事业及其他交易在经济社会交易中所占的比重并不小，本案不仅涉及建筑业的问题，还对经济社会交易的整体有着广泛深远的影响”。因此，“不能仅凭法学家
80 道义上的直觉就急于下结论，这会背离现实社会中经济人的合理常识。从法秩序整体的角度看来，对于不应动用刑法来干涉的交易活动，如果通过刑罚进行介入，则会破坏经济社会交易活动中法的安定性，因此应当避免推导出此类结论”。此外，考虑到实践中与公权机关有关的工程承包交易几乎都采用指定投标的方式进行，从业者为获得指定投标也存在制造业绩的情况，“上述磋商正是为了应对公开招标制度，在确保通常利润和从业者共存的同时，为满足竣工这一招标的最终目的而催生的经济人合理主义的产物”。从上述逻辑出发，裁判所进行了如下论述：

“从这样的角度来看，该条所谓的‘损害公平价格的目的’，需要综合考虑与其他指定从业者相比个人对该工程最有利的特殊情况。例如，在实施该工程的基础工程时，由于配套的食堂、办公室、资材等就在施工场地的附

近可以直接转用,不需要临时搭建或支付搬运费。另外,即使从业者对施工现场的地形地质十分熟悉,或有物资厂家等在采购方面给予了便利,又或是有大资本作为后盾,在公共机关支付费用之前,企业即使通过银行贷款垫付了工程费用也需要长期承受其他负担。各企业正是根据上述情形,计算出了最低廉的成本费用,再加上通常的利润得出了投标价格。各指定企业根据自身的实际情况,在此基础上互相合理地削减成本费用(而非互相削减利润)以此来竞争投标,即所谓的'公平自由竞争',由此形成的最终中标价格自然也就是'公平价格'。应当认识到,只有为了获得不正当利益,通过将'公平价格'进一步提高等,意图给作为投标执行者的公权机关造成损害的行为才属于法条中规定的串谋。在无视利润互相竞标的情况下,有意通过协定将中标价提高到通常利润上,此种协定公权机关当然应该接受。试图通过刑法来介入不应干涉的经济活动是对该条内容的曲解"。

这种立场被称为"适当利润说"。受到本判决的影响,"不存在串谋金的串谋是合法的"这一认识得到了强化,此种情形在检察实务中也变得难以被发觉。[12] 但是,认为串谋可以分为两类的理论很快便不再通行。对于"适当利润说",学界认为其"适当利润价格的概念内容并不明确",从而对其模 81
糊性进行了猛烈地批判。[13] 所以这个立场不久便难以继续维持。

此后,1994 年又发生了导致多家指定投标企业的 10 名从业人员被起诉的密封贴纸串谋案。在该案件的判决(东京地方裁判所 1994 年 3 月 7 日判决,判タ874 号 291 页)中,先前最高裁判所关于"竞争价格说"的立场,即"如果没有该串谋而形成的中标价"是公平价格的见解正式被确立为判例。对此,该判决总结道:"在本起案件中,如果各指定企业没有投标串谋,而是通过自由竞争的方式竞标,那么可以认定每张贴纸的中标价格约为 7 日元,以此作为本起案件的'公平价格'是恰当的。"该判决还提到,"每次投标时,指定企业和日立情报等采用'转包'的方法,即指定企业实际上只进行票据

[12] 芝原ほか・前注 9,285 頁。

[13] 芝原ほか・前注 2『刑法各論』410 頁。

操作而不参与贴纸的印刷和制造，中标企业依次转包给其他串谋企业，各投标串谋企业则将承接的订单价款与转包的订单价款之间的差额作为利润”，“对于本案的串谋体系、交易的实际情况而言，向下‘转包’获得的差额利益就相当于不正当串谋罪中的‘不正当利益’”。这一裁判要旨十分引人注目，“竞争价格说”也在学界得到了有力的支持。[14]

但是，《日本刑法典》上串谋罪的判例在此后（2008 年 3 月之前）并未得到确立，真正发挥作用的反而是前述《反垄断法》上投标串谋罪的判例。[15]在此背景下，随着 1980 年石油垄断生产调整案（东京高等裁判所 1980 年 9 月 26 日判决，东京高等裁判所刑事判例集 33 卷 5 号 359 页）和 1984 年石油垄断价格协定案（最高裁判所 1984 年 2 月 24 日判决，最高裁判所刑事判例集 38 卷 4 号 1287 页）的发生，为进一步防范经济犯罪，公平委的权限不断得到加强，其与检察厅的合作也更加紧密。

实践中，首例因违反《反垄断法》中串谋的规定，同时也被适用《日本刑法典》串谋罪进行处罚的判决，便是对上述 1993 年密封贴纸串谋案作出的判决（东京高等裁判所 1993 年 12 月 14 日判决，东京高等裁判所刑事判例集 46 卷 3 号 322 页）。[16] 自该案以后，串谋便开始以两罪论处。在该案中，日本社会保险厅订购了用于粘贴支付通知书等的贴纸，在该贴纸的印刷和销售方面，从业者特邦 · 摩尔、大日本印刷、小林记录纸和日立情报进行了如下的串谋：特邦 · 摩尔的 A（第三营业本部部长）、B（第三营业本部代理部
82 长），大日本印刷的 C（公共机构营业本部部长）、D（同本部营业第一部部长）、E（同营业第一课课长），小林记录纸的 F（东京支店第一营业部部长），日立情报的 G（OA 事业部第一营业部第二课课长）等人，在 1992 年 4 月下

［14］ 芝原ほか · 前注 2『刑法各論』410 頁。

［15］ 芝原ほか · 前注 9，265 頁以下，神山 · 前注 3『独禁法犯罪の研究』174 頁以下，芝原 · 前注 3，713 頁以下。

［16］ 高橋則夫「判批」判例タイムズ874 号（1995）63 頁以下，山本雅昭「判批」法学 61 卷 4 号（1997）218 頁以下，松浦市郎「判批」『独占禁止法審決 · 判例百選（第 6 版）』（2002）36 頁以下，土佐和生「判批」ジュリスト1046 号（1994）『平成 5 年度重要判例解説』250 頁以下，神山 · 前注 3『独禁法犯罪の研究』174 頁以下。

旬左右就其所属被告公司的业务进行了串谋。众人商议，在社会保险厅订购的贴纸招标时，无论是特邦·摩尔还是大日本印刷，又或是小林记录纸中的任意一家中标，该中标企业都要向日立情报进货。在此期间的投标、中标等价格调整事宜都将在四家公司利益均等的前提下进行协商。由此，法院就社会保险厅在1992年以后关于涉案贴纸的订购、贩卖一事，认定四家公司通过相互约束业务活动的方式实质上限制了涉案贴纸订购、销售相关交易领域的竞争，使公共利益受到了侵害，构成了不正当的交易限制。对此，东京高等裁判所判决如下：

"本案中，四家被告公司员工的串谋协议内容是……将目光投向交易阶段，该串谋协议的内容可以分为两个部分：(1)从社会保险厅中标、接受订单的企业及其价格；(2)从中标企业接受订单的承包企业及其价格。但由于指定招标企业以外的日立情报参与了上述串谋协议，只要不给予日立情报作为供应商而获得利益的机会，则前述第(1)种情况的串谋就不可能成立。另外，为了使四家被告公司的利益均等化，还必须确定中标企业的招标价格(供应商的招标价格)。其结果便是(1)和(2)作为一个不可分割的整体而达成了共识。""如此看来，这种协议的交易对象以及由此限制竞争自由的范围便是……社会保险厅订购的贴纸需要经过中标者、加工者、原材料供应者等制造而成，从社会保险厅到加工者之间发生的所有与订货、销售有关的交易，在本案中都应作为'一定的交易领域'来把握。该交易领域的竞争实质上受到了本案串谋协定的限制。"

有必要注意的是，本案中涉案的个人均被依据《日本刑法典》上的串谋罪定罪处罚，而作为公平委向检察总长告发的结果，四家法人在本案中也被判有罪。自此以后发生的串谋案件总体上有被按照《反垄断法》上的投标串谋罪进行处理的倾向。但是采用这种处理究竟是因为《反垄断法》可以对法人进行处罚，还是为了将公平委对法人的调查最大限度地利用在犯罪调查 83
上，这一点并不明确。恐怕这两方面都是实质性的原因。此外，考虑到《日本刑法典》设立串谋罪时没有考虑到如今这样的大规模串谋，因此可以认为

《反垄断法》中的投标串谋罪正是为了应对大规模的法人犯罪而制定的。

在下水道事业团串谋案(东京高等裁判所1996年5月31日判决,东京高等裁判所刑事判例集49卷2号320页)中,对于日本下水道事业团招标的下水道电气设备工程,九家重型电器制造商决定就“运用顺序”的份额框架、作为对象的工程范围以及确定承揽公司的手续等基本规则达成一致。虽然以上内容每年都会经过重新评估和修订,但在1993年该事业团以指定竞争招标的方法对电气设备工程的新订单进行调整时,九家相关公司及其17名营业负责人就因投标串谋罪被起诉并被判有罪。[17] 当时,东京高等裁判所作出了如下判决:“将调整订购的实施状况分阶段来看,在修订上述规则即‘运用顺序’时,听取下水道事业团公务部次长有关新一年度订购工程的名称、预算金额等指示的过程是必不可少的。围绕规则的修改和工程名称等的指示……各被告公司销售部门和调查部门的各负责人在分工的同时也保持着密切合作。这些人共同为选拔会议的召开进行准备,并在选拔会议上确定接受订购的公司。综合考虑以上规则的修改、修订情况和订单调整的实施情况,本案中可以明确的是,通过调整订单实现的交易限制是在各年度独立进行的。从各年度的规则修订到选拔会议这一系列的行为,都可以被看作是限制交易的实行行为。因此,根据1990年调整订单规则的协议,足以认定犯罪既遂。对于辩护人主张之后的行为是不可罚的事后行为的辩护意见,法庭不予采纳。”

可以说,本判决着眼于“从各年度的规则修订到选拔会议这一系列的行为”,准确把握了投标串谋行为的实行行为性。这种串谋行为是结构性的,
84 因此与之相关的一系列行为都应被认定为实行行为。

另外,在水道计量器案中,从事东京都政府水道计量器销售业务的25家经销商及其员工成为被告。各公司被指控为了维持此前的利润,在会议上

[17] 今井猛嘉「判批」『独占禁止法審決・判例百選(第6版)』(2002)260頁以下,岡田外司博「判批」ジュリスト1111号(1997)230頁以下,川岛富士雄「判批」ジュリスト1113号『平成8年度重要判例解説』(1997)231頁以下,神山・前注3,183頁以下。

协商一致对订单进行调整,以此来应对东京都政府于1994年起全面采用指定竞标和指定谈判的方法订购水道计量器的决定。对此,东京高等裁判所在判决(东京高等裁判所1997年12月24日判决,东京高等裁判所刑事判例集50卷3号181页)中指出:"即使认为1994年的串谋行为会在三年内产生限制交易的效果……包括三年的串谋行为在内,不正当限制交易罪作为继续犯在整体上也仅能构成一罪。因此1995年和1996年的协议应被认定为不可罚的事后行为,并不构成犯罪。"此外,该判决还指出,"由于每年度的串谋行为都产生了新的不正当交易限制且对法益造成侵害,各年度所犯之罪应以并合罪论处",而且"由于本案中的各串谋行为都是基于各被告公司的协议,由各被告公司在各自年度内具体确定订单的调整方法,之后在投标时付诸实施即可,足以认定各个串谋行为都违反了公共利益,实质上对竞争构成限制,成立犯罪既遂"。

2000年,最高裁判所在本案上诉审(最高裁判所2000年9月25日判决,最高裁判所刑事判例集54卷7号68页)的判决中,首次对投标串谋罪作出了明确判断,"从本案协议的目的、内容等来看,该协议完全排除了通过指定竞标来决定承揽公司、承揽价格的可能。该协议的内容也与为了弥补中小企业业务活动的不利影响而制定的《中小企业基本法》、与中小企业团体组织相关的法律等所认可的各种方案相差甚远。因此,该协议并不属于实质上不违法的例外情形,有悖于为确保一般消费者的利益而禁止私人垄断及确保公平交易的法律目的(参见该法第1条),认定其构成该法第2条第6项规定的'违反公共利益'是正确的"。[18] 根据最高裁判所的这一判断,可以认为本罪在实务中的解释方向已经确定。

此外,东京高等裁判所也于2000年对用于水管和煤气管的球墨铸铁管

[18] 芝原邦爾「判批」ジュリスト1167号(1999)101頁以下(同前注3,749頁以下),佐伯仁志「判批」法学教室220号(1999)128頁以下,田中利幸「判批」『独占禁止法審決・判例百選(第6版)』262頁以下,林幹人「判批」判例評論526号(判例時報1797号〔2002〕)54頁以下,以及神山・前注3『独禁法犯罪の研究』187頁以下。

85 的串谋案作出过判决(东京高等裁判所2000年2月23日判决,东高刑时报51卷1,12号23页),认定就份额协议进行串谋的三家关联公司和各公司的10名销售人员构成犯罪。该判决虽没有详细的逻辑论述,但就订单业绩的均衡进行了论述,“为了对应年度分配份额而进行的订单调整,主要将订单的约两成通过‘名义决定’的方式在直需市场上进行处理,在间需市场上也可通过对部分大宗订单进行调整来弥补这一不足”,该案与前述水道计量器案采用了相同的立场。

最后列举的是近来作为“官方串谋”而备受社会关注的2005年防卫厅燃料投标串谋案(最高裁判所2005年11月21日判决,最高裁判所刑事判例集59卷9号1597页)[19]。在本案中,包含9名被告的石油销售商及作为其代理人的被告公司等在内的12家公司(其中一家在起诉前解散,另一家在审判阶段解散)及其员工成为被告。他们被指控在1998年4月至9月针对防卫厅采购执行本部通过指定竞标的方式订购的,供自卫队基地等使用的石油产品进行了4次订单调整,达成协议使预定的公司以能够接受的价格进行招标,本案违反了2002年修正前的《反垄断法》第2条第6项、第3条、第89条第1项第1号、第95条第1项第1号,从而构成不正当的交易限制。

控辩双方围绕采购执行本部是否限制了自由竞争和被告公司等是否存在限制竞争的余地两个主要问题展开了争论。东京高等裁判所驳回了被告方的辩护意见,对10家被告公司分别处以8000万日元、7000万日元、3500万日元、3000万日元、2500万日元、1500万日元、800万日元、700万日元、300万日元(两家)的罚金,分别判处9名被告人:1名有期徒役1年6个月,缓刑3年;2名有期徒役1年,缓刑2年;4名有期徒役8个月,缓刑2年;2名有期徒役6个月,缓刑2年(东京高等裁判所2004年3月24日判决,东京高等裁判所审决集50卷915页)。[20] 由于判决书较长,以下只记述要点:

---

[19] 西田典之「判批」ジュリスト1313号『平成17年度重要判例解説』(2006)179頁以下,川崎友巳「判批」判例評論579号(判例時報1959号〔2006〕)54頁以下。

[20] 島田一郎「判批」ジュリスト1291号『平成16年度重要判例解説』(2004)248頁以下。

(1)“起初在招标及商议时,采购执行本部提出的自由竞争制约没有得到认可。供应商调整订单的行为直接导致了最初的招标及商议难以进展。此后,采购执行本部在商议中提出了最低商议价格(限价),商议权人对此提出了三个投标。因此实际上,采购执行本部和商议权人之间已经达成了类似于协商合同的契约。可以认为,之所以重新招标,是因为受到限制而无法 86
以高于预定的价格签订协商合同。”“本案采用了指定竞标的方式,由供应商首先调整订单,与之对应,采购执行本部提出最低商议价格并作出决定。这种做法并不会造成采购执行本部的采购延迟,由于各油种的单价均为统一价格,利用这一便利便可以轻松地向会计检查院作出说明,从而加快事务处理的进程,如此便能解释这种程序为什么能够一直持续下来。但即便如此,这也并不意味着接受订单者可以认为自由竞争从一开始就被采购执行本部所妨害。”

(2)判决认定,“被告公司等的负责人为了确保被告公司等获得与上一年度业绩持平的订单比例,防止因价格竞争导致中标价格下降,意图通过重新计算预估价格来提高定价,以此对本案涉及的订单进行了调整”。

(3)“关于本案公诉事实中‘一定的交易领域’,从本案中防卫厅采购执行本部订购石油产品的订货期(1998 年第 1 期的订货分为暂定份和补正份)来看,其交易领域应包括该期间同一油种的全部订单。相关证据显示,在上述交易领域中,各油种的指定供应商共有 11~13 家,这些企业向全国各地进货,接受了数百件的货物订单,各期的合计订单金额为 19 亿日元至 110 亿日元,各期油类的合计订单金额为 2200 万日元至 68 亿日元,可见其规模之大。正是因为存在这样的规模,各指定供应商才得以根据油种的不同分别展开各式各样的订单竞争,从而形成活跃的竞争市场。”“考虑到本案的投标串谋行为是在确认基本规则并以此达成协议的前提下持续进行的,因此就本案各石油产品中的 8 个油种的指定竞标而言,认定其属于《反垄断法》第 2 条第 6 项规定的‘一定的交易领域’是毫无争议的。”

(4)“在各调整订单的会议开始时,出席者之间会就该期的订单确认与

以往相同的基本规则一并达成协议。此后各出席者对于个别的订单也会遵
87 循该基本规则……通过确定预定接受订单的公司，各被告公司实际上共同承担了由采购执行本部指定竞标订购的各石油产品，并相互在业务活动上产生了约束，以上行为都属于本罪的实行行为。”

虽然被告人和各公司对该判决提出了上诉，但最高裁判所的法官一致驳回了该上诉申请，并作出了如下论述：

“的确，根据原判决的认定，在最初的招标中所有项目都未能中标。但在经过商议后再次投标时，由于以采购执行本部提出的最低商议价格中标的情况常年持续，指定竞标便沦为了形式化的过程，这一现象是客观存在的。尽管采购执行本部的负责官员中有人察觉到，指定供应商之间可能进行了某种订单调整并通过上述手段中标，但采购执行本部并没有因此修改指定竞标的方式。另外，于负责官员而言，其允许指定供应商在涉嫌违反《会计法》第 29 条之五第 2 项的情况下更换标书，并在多次招投标的抽签中给予便利，又在再次招标中为中标的最低商议价格办理相关手续，事实上等于默许了指定供应商的订单调整行为，有助长这一行为的嫌疑。但即使是以采购执行本部提出的最低商议价格中标，指定竞标制度也已经趋于形式化，这些结果并不是由采购执行本部指示、请求或主导的，所以不能仅凭此认定被告公司妨碍了投标中的自由竞争。然而尽管如此，被告公司等在指定竞标中，为了确保获得与上一年度实际业绩持平的有利订单，在最初招标所有项目都未能中标的情况下，经过商议后协商得出了能够接受的订单价格，并以此调整订单以便进入再招标程序。显然，这样的订单调整行为实质上限制了本案中指定竞标的竞争。”

本裁定从承认“官方串谋”自由竞争性的立场出发，得到了学界的支持[21]，其裁判要旨也被认为是妥当的。根据本裁定，本案以后的“官方串
88 谋”也都被适用了《反垄断法》上的投标串谋罪。从上述内容来看，可以认为

[21] 西田・前注 19,180 頁。

处置串谋行为的司法方向大体上已经确定了。

四、应对串谋行为的对策

针对上述具体案例，我们有必要思考今后应该采取何种措施有效应对串谋行为。要防止串谋案的发生，仅靠刑罚的事后应对以及强化《反垄断法》的惩罚力度是不够的，仅靠高额的课征金亦是如此。通过引入宽恕制度（课征金减免制度），鼓励人们对串谋行为的揭发，并对第一时间向公平委报告的行为给予激励，这在某种意义上可以成为一个重要的手段。

但是，最好的方案是构建事前防止型体系。对此，除了需要改善现有的投标制度外，公平委基于《反垄断法》所采取的排除劝告等强硬的行政指导手段也很有效[22]，因此应该进一步加强公平委的权限。另外，2002 年制定的《防止参与投标串谋法》也很重要。该法规定，“公平交易委员会可以要求采取必要的改善措施，以防止各省厅长官参与投标串谋等行为；对于参与投标串谋等行为的职员，公平委可以提出损害赔偿请求，并就该职员的惩戒事由进行调查；公平委可以与有关行政机关协作，排除和防止投标串谋行为，并在制定措施的同时，可以对职员损害投标公正的行为制定罚则”（第 1 条）。公平委除了提出改善措施（第 3 条）外，还可以对职员提出损害赔偿请求，这样的规定是非常独特的。为提高对修正后的《防止参与投标串谋法》的了解程度，自 2007 年 1 月以来，公平委在国家机关等招标订购机关举办了说明会，还派遣讲师前往地方公共团体等主办的说明会进行宣讲。通过此种方式，尽可能使该法为公众所知，这样的努力也非常重要。

当然，最重要的仍是企业需要主动改变投标串谋的“体质”。为此，实现企业适法是非常重要的。[23] 企业之间自发养成“以投标串谋为恶”的“企业

[22] 神山・前注 3『独禁法犯罪の研究』198 頁以下，详细阐述了强化行政指导比强化刑罚更有效的理论。

[23] 大西一清編『企業のコンプライアンスと独占禁止法』（2006・商事法務），甲斐克則「コーポレート・ガバナンスと刑事規制」，本卷［甲斐克則『企業活動と刑事規制』（2008・日本評論社）］第 12 章（本書第 7 章）。

89 风气"也极为必要。以此为目的的启发活动已经展开,[24]期待其今后能够得到落实。

五、结语

以上内容以日本的动向为中心对串谋问题展开了讨论,在经济活动全球化的背景下,确保市场的开放性是不可避免的,各个发达国家都在致力于解决这个问题。虽说刑事法发挥的作用有限,但其仍然担负着重要的作用,这一点不会改变。对日本来说,为了实现"脱离串谋",其应该建立包括行政指导在内的硬法、软法兼施的体系,多管齐下,齐头并进。

[24] 『報告書』第2部各論第8章「企業コンプライアンス向上のための施策の推進」。

第二编　企业适法程序与刑事规制

第二编“企业适法程序与刑事规制”是甲斐克则教授主持“21世纪COE项目”形成的系列文章，其中第5~8章系同一主题下的接续研究，在内容上有所重复。基于对原作表达的尊重，同时考虑到这种展现方式有利于读者充分了解原作研究深化进路，因此在翻译时未对重复内容进行删减。相较而言，第8章企业的合规程序与刑事制裁是最新的总结性研究成果。——译者注

第五章　企业的社会责任与新(刑事)法律体系的构筑

——基于问卷调查、专题研讨和访问调查*

一、前言 93

21世纪以来,日本的社会结构似乎处于某种转型期。对此,行政组织、大学、医院、企业、体育界等有目共睹。虽然不太容易用简单的图式来进行划分,但是可以认为日本正在朝着构筑"高透明度的公平规则基础上的责任社会结构"的方向发展。特别是随着跨国活动规模的扩大,在与欧美企业的竞争之中,大企业的结构改革不得不朝着这一方向发展。在这样的潮流中,日本的企业结构也被迫从过去所谓的"家长式企业体制"向"高透明度的公平规则基础上的责任企业体制"转变。呼吁适法程序(compliance program)以及企业社会责任(corporate social responsibility,CSR)的必要性也成为必然的趋势。但是,适法程序或企业社会责任的内容及其法律定位应当如何理解呢?从刑事法的角度来看,其中包含诸多不容忽视的问题。

---

* 「企業の社会的責任と新たな(刑事)法システムの構築——アンケート調査・シンポジウム・訪問調査を終えて——」田口守一=甲斐克則=今井猛嘉=白石賢編『企業犯罪とコンプライアンス・プログラム』(2007・商事法務)。

早稻田大学“21 世纪 COE 项目”“企业法制与法律创造”综合研究所刑事法小组与内阁府经济社会综合研究所合作，在社团法人商事法务研究会的协助下，于 2004 年 10 月开展了“关于企业的社会责任、企业适法等的问卷调查”。该调查共计向约 3100 家上市企业发送问卷，有幸得到了 942 家企业的宝贵回答。在对这些回答进行概括性分析的基础上，于 2004 年 11 月 13 日在早稻田大学召开了题为“COE 专题研讨：企业的社会责任——寻求构筑
94 新的法律体系”的研讨会。该研讨会虽未完全公开，但约 200 名研究人员、法律界人士、行政界人士以及 50 多家企业代表等齐聚一堂，就相关主题进行了热烈的讨论。讨论内容非常有益，即使重温翻出的磁带原稿，也能很好地了解该领域当下的问题状况，因此我们决定将其记录下来并收录于此。此后，我们还从上述问卷调查里愿意接受采访的企业中选出 11 家进行了个别的访问调查。

以上的研究之前从未进行过，因此从学术的角度来看，极具价值，其结果在实践中也可进行灵活运用。我们目前正在对上述结果进行全面的分析和研究，并准备提出新的适法程序框架，成果将另行公布。在此，我们以上述企业的问卷调查和访问调查为素材，并根据 2004 年 11 月研讨会的内容记录，同时加入若干理论观点，简要地进行分析和讨论。[1]

二、问卷调查中暴露的现状的课题、措施以及局限

第一，从企业的视角出发，就企业适法程序或企业社会责任的意义、目的、方法和课题而言，一方面，一系列的调查表明，采取先进措施的企业和不采取先进措施的企业之间存在巨大差距。这在大企业和中小企业之间以及不同行业之间也同样存在。但有观点指出，即使是在大企业中，也存在用流

[1] 今井猛嘉「基調報告：企業活動とコンプライアンス——アンケート調査を踏まえた法的責任のあり方について——」，载田口守一＝甲斐克則＝白石賢＝今井猛嘉編『企業犯罪とコンプライアンス・プログラム』（2007・商事法務）11 頁以下。

于表面的企业适法来自我满足[2]的现象。另一方面,在走访调查的企业中,也存在制定了非常细致的适法程序并在全公司范围内实践的企业。值得注意的是,越是与海外企业交易频繁的企业,越能认识到适法程序的重要性。另外,期待高层在意识层面进行变革的呼声也非常强烈,值得特别着墨。 95

第二,从法律界和公平委的角度来看,关于企业适法或企业社会责任的问题,来自法务综合研究所的具有长期检察官经验的乡原信郎先生和来自公平委的参与过《反垄断法》修订工作的诹访园贞明先生,就适法程序的存在方式以及刑事制裁和行政制裁的关系提出了非常深刻的观点,虽属个人见解,但十分有趣。而且,两种观点未必是同一立场。是通过加重刑罚解决,还是通过加重罚款代替刑罚解决?又或是应该变革现行的刑罚制度还是引入新的刑罚制度?这些问题今后还须继续讨论。

第三,还需要指出的是企业组织内部应对的局限性。虽然越来越多的企业设立了热线电话和求助热线等,法律层面也制定了《公益举报人保护法》,但是距离这些措施发挥其应有的作用还差得很远。为了促进真正的企业自律,应在必要的范围内引入外部监督,以保持良好的效果。一些企业已经引入了这类体系。但是否只是流于形式呢?关键在于监督功能能否得到发挥。此时,可以考虑加强企业之间的交流合作,例如,经营法友会*等机构或许就能担当这一重要角色。

三、构筑新的法律体系以及适法程序的路标

那么,为了构筑新的法律体系及适法程序,需要设置什么样的路标呢?

第一,我认为,适法程序的确立可以分为三个阶段。第一阶段,构建一

[2] 借用2004年11月研讨会上加藤瞳先生的话作比喻,“造佛像不入魂”。

* 经营法友会是由日本1200多家本土主要企业法务部门代表组成的日本法务行业组织。——译者注

套不论何种行业、任何企业都应该遵守的适法程序的共同框架。违反《日本刑法典》的行为自不必说，违反《反垄断法》的串谋行为和违反《证券交易法》（现《金融商品交易法》）的内幕交易等行为中情节较为严重的显然也构
96 成犯罪。研讨会上，诹访园先生举出的某电器制造商的社长电视训话的案例（禁止投标串谋）就是一个很好的例子。此外，虽尚不构成犯罪，但被行政机关严格规制的行为以及民事不法行为也应包含在内。

问题在于关联企业的活动，从“预防”的角度来说，越是重视适法程序的作用，就越需要将其进一步细化，但是由于行业和企业规模的不同，构建新的共同框架可想而知会遇到困难。因此，第二阶段就要考虑到行业（或是企业规模）的特殊情况，可以朝着附加具有弹性的、分支性的适法程序的方向发展。但在跨国企业活动国际化、全球化的浪潮中，考虑适法程序时也不能抛开国际视角。[3] 当然，如果交易对象仅限定在国内，便有必要对此予以特别考虑。这种情况下，就应当在设定“有没有可能制定一种适合日本本土企业文化的适法程序”这一问题时特别注意。尽管这一问题设定可能并无不妥，但是需要注意“日本本土企业文化”中应该包含何种内容。这是因为有观点表示担忧，如果过分夸大仅适用于日本的东西并引入“日本本土企业文化”理论，有歪曲适法程序本质之虞。因此，有必要对“日本本土企业文化”进行提炼，归纳出能够融入适法程序的部分。

第三阶段，基于以上几点，还可以在企业内部制定更加细致的个别化的适法程序。

若充分考虑以上三个阶段，便有可能构建出“富有灵魂”的适法程序。

第二，经营者的责任问题，特别是如何检查经营者的越轨行为，这一问题非常重要。当然，经营者的责任是多种多样的。经营者实施犯罪行为时，
97 首先应由司法机关进行事后裁决，但刑法主要承担的是事后检查功能，然而一旦经营者犯罪，其对企业的打击和对员工的影响是无法估量的。对于独

[3] デレク・モーガン（永水裕子＝甲斐克則訳）「バイオエコノミーを規制すること——バイオテクノロジーと法との関係の予備的評価——」法律時報77巻4号（2005）57頁以下。

断体制的企业而言,如果没有恰当的"富有灵魂的"适法程序,就无法进行事前检查。因此,"上层(管理层)意识变革"就是亟待解决的首要事项。

对此,可以考虑由行政机关发挥作用。我在此次对企业的问卷调查及访谈中的一大感触是,主管部门(经济产业省,有时是金融厅)的行政指导或者公平委的劝告等措施实际上发挥了相当大的作用。美国在应对医疗事故的问题上,以"任何人都会犯错"为前提,建立了在大事故发生之前,在小失误阶段就对事故报告进行检查和参考的体系,以此作为风险管理的一环,取得了很好的效果。[4] 日本也正在引进类似的体系。这套体系是否能够完全适用于企业还存在一些疑问,但如果将其与公益举报人保护制度联系起来,并与行政机关联动,那么其前景将十分广阔。就刑法而言,即使不能防止故意犯罪,至少也可以减少过失犯罪的发生,这一点应予考虑。此外,正如諏访园先生所指出的,由行政机关来努力完善法律体系也很重要。但是同时应当考虑到,在规制缓和化的潮流中,必须对过度行政干预保持高度警惕,而且行政机关也对成本的过度增加持消极态度,应当认识到其在人力物力上的局限性。

第三,如果要在考虑这些因素的基础上寻求有效的规制,又应该采用什么样的方法呢?关于这一点,内阁府经济社会综合研究所的白石贤先生(现任首都大学东京教授)"21 世纪 COE 项目"刑事法小组的研讨会(2005 年 3 月 5 日)上所提出的观点可供参考。白石贤先生认为,可以构建一套由行政机关承担检查职能的体系,以此来监督各企业是否完成了自查。这虽然属于间接检查,但比起在小失误阶段就直接由行政机关介入,无论是在尊重企业的自主性上,还是从成本方面来说,都是更为有效的手段。通过此种方式,虽然不能彻底消除企业丑闻,但是却可以尽可能减少较严重的犯罪行为。把这种体系纳入企业适法程序中,期待其能够在一定程度上提升公司 98

[4] 甲斐克則『医事刑法への旅 I〔新版〕』(2006・イウス出版)第8講および第9講,L. コーンほか編・米国医療の質委員会=医学研究所著(医学ジャーナリスト協会訳)『人は誰でも間違える——より安全な医療システムを目指して——』(2000・日本評論社)。

治理也未尝不可。与此同时，企业社会责任也可以一并实现了。

第四，要论述的是刑事规制的作用和界限。适法程序在刑法上的意义，正如我对今井猛嘉教授在前述研讨会上的基调报告所作的点评那样，理论上有三种功能：一是能够实现法律上的正当化（justification）或阻却违法性；二是能够免责（excuse）或阻却责任；三是能够免于追诉或免除刑罚。[5] 如果将这些功能混为一谈，就可能会产生“只要制定适法程序就万事大吉”的错误认识。

就犯罪而言，除故意犯外，还应考虑过失犯。关于过失犯，有观点认为应当部分承认英美法上接近于结果责任的严格责任。但我认为，在考虑企业的刑事责任时，也应当以责任主义和责任原理为根本。而且在故意犯中，高层、董事、中层、员工分别实施了何种违法行为，直接关系到违法性认识的问题。另外，在过失犯中，特别是在违反注意义务的认定问题（包括管理、监督过失的问题）中，也有观点认为应将适法程序作为客观注意义务的内容进行理解（新过失论或恐惧感说），但我认为这仅是一种参考，认定违反注意义务时应进一步考虑个别情况，结合主观内容进行判断。

如前文所述，无论是故意犯还是过失犯，企业中的事故或犯罪都不是突然发生的，必然有具体的危险预兆。事故或犯罪发生前都暗含着某些危险，这些危险日积月累就会酿成大事故，即使是故意犯也是如此。

但不管怎样，刑事规制自有其局限性，与其完全用刑罚来进行应对，更有必要考虑其他替代手段或补充手段。也就是说，规制法人犯罪或企业越轨行
99 为时，必须保持刑事制裁和行政制裁（当然也包括自我规制）的平衡并用。例如，就像在《反垄断法》修订中讨论的宽恕制度*（修订后的《反垄断法》第7条之二第7项、第8项、第9项）那样，引入新制度能够取得更佳的效果。

---

[5] 川崎友巳『企業犯罪の研究』（2004・成文堂）。

* 此处指的是课征金减免制度，2005年4月日本国会通过《反垄断法》修改法案，引入课征金减免制度，对调查开始后的一段时间内主动报告违反事实并全面配合调查的前三个申请人，分别给予100%、50%和30%的课征金减免额。——译者注

应努力推动具有较大社会影响力的媒体对以上几点内容进行报道，以促进充分理解，同时也应要求媒体制定相应的适法程序。

四、结语

以上内容系基于对企业的问卷调查、访问调查及专门研讨会，围绕适法程序框架的基本观点展开的论述。在此基础上，本课题组成员将进一步研究适法程序的框架本身，进而探索适法程序的示范方案。

第六章　适法程序与企业的刑事责任*

101　一、前言

为了有效预防企业丑闻（包括犯罪），适法程序或企业社会责任在当下的日本正越发受到重视，但其法律定位、内容以及实践效果均未得到充分论证。即使是在形式上建立了适法程序的企业，也可能被揭发参与了违反《反垄断法》的行为（特别是投标串谋），也会触犯《证券交易法》（现《金融商品交易法》）（特别是内幕交易），也会因销售缺陷产品而将消费者卷入事故之中。有效的企业适法本应能够防止这种事态发生，但从现实情况来看需要研究的课题还有很多。因此，早稻田大学“21 世纪 COE 项目”“企业法制与法律创造”综合研究所刑事法小组与内阁府经济社会综合研究所合作，于 2004 年 10 月进行了“关于企业的社会责任、企业适法等的问卷调查”。该问卷共计向约 3100 家上市企业发送，并得到了 942 家企业的回答。此外，我们也对其中 11 家愿意接受采访的企业进行了访问调查。在此期间，我们还于 2004 年 11 月 13 日召开了题为“COE 专题研讨：企业的社会责任——寻求构筑新的法律体系”的研讨会，刑事法研究者、活跃在

* 「コンプライアンス・プログラムと企業の刑事責任」田口守一＝甲斐克則＝今井猛嘉＝白石賢編『企業犯罪とコンプライアンス・プログラム』（2007・商事法務）。

企业一线的法务人员、法律界人士以及行政界人士等共聚一堂，就该主题
展开了热烈讨论。[1] 通过对上述内容进行分析，适法程序今后的研究课题 102
更加具体地浮现出来。

本章参考了上述调查结果和最近的研究成果，将重点放在适法程序和企业的刑事责任上，对适法程序的法律意义加以阐明，同时从刑事法的角度进一步推进理论化、制度化的考察。

二、适法程序的刑法意义

有必要先明确适法程序的法律意义。21世纪以来，日本的社会结构似乎处于某种转型期。这种变化在行政组织、大学、医院、企业、体育界等随处可见。虽然不太容易用简单的图式来进行划分，但是可以认为日本正在朝着构筑“高透明度的公平规则基础上的责任社会结构”的方向发展。特别是随着跨国活动规模的扩大，在与欧美企业的竞争之中，大企业的结构改革不得不朝着这一方向发展。在这样的潮流中，日本的企业结构也被迫从过去所谓的“家长式企业体制”向“高透明度的公平规则基础上的责任企业体制”转变。呼吁适法程序以及企业社会责任的必要性也成为必然的趋势。但是，适法程序或企业社会责任的内容及其法律定位应当如何理解呢？从刑事法的角度来看，其中包含着诸多不容忽视的问题。

既有律师实务经验又对适法程序问题颇有造诣的滨边阳一郎教授认

[1] これら一連の研究成果については,「シンポジウム、企業の社会的責任——新たな法システムの構築を求めて——」と題して,第Ⅰ部「企業の社会的責任・コンプライアンス等に関する実態調査」,包括今井猛嘉「基調報告:企業活動とコンプライアンス——アンケート調査を踏まえた法的責任のあり方について——」,寺岡和宣=山本到=白石賢=甲斐克則「基調報告へのコメント」,第Ⅱ部「パネル・ディスカッション:企業活動とコンプライアンス」においては,討論の再現(曽根威彦教授の「総括」含む。)および《資料》「企業の社会的責任・コンプライアンス等に関するアンケート調査」。そして最後に,これらを踏まえた総括的論稿である,甲斐克則「企業の社会的責任と新たな(刑事)法システムの構築——刑事法的観点から見た企業活動とコンプライアンス等の実態調査を踏まえて——」,季刊企業と法創造1巻4号(2005)243頁以下,本書第1部[田口守一、甲斐克則、今井猛嘉、白石贤編『企業犯罪とコンプライアンス・プログラム』編『企業犯罪とコンプライアンス・プログラム』]。

103 为,适法程序通常被简单地翻译为“遵守法令”,但事实并非如此,“适法的核心在于有组织的应对方法”,“企业社会所要求的适法是作为组织自主采取应对措施,而不是个人的课题,不应将其置于个人哲学的定位之中”。[2] 另外他还指出,“如果把适法理解为只需要遵守法令,不仅适法的含义将变得极不充分,而且真正意义上的遵守法令也无法实现。如果只关注法令,那么就会仅追求形式逻辑上的契合,而不会遵循法令本来的目的开展活动,从而就会实施逃避法律规制的行为,更有甚者还会陷入只要不被发现就万事大吉的思维方式”。[3] 总而言之,适法的对象不限于法律,还包括企业伦理、公司内部的各种规定和准则等内容。[4] 的确,法律绝非完美,法律规范仅是伦理规范的最低限度,如果仅将适法当作形式上的遵守法令,那么适法的主要目的将会被抹杀。归根结底,重要的是如何运用规则。从刑事法律角度考虑这个问题时,也要注意这一点。从刑事法律的角度来看,侵害原则(harm principle)固然重要,但更重要的是应当以行为主义、罪刑法定主义、责任主义等基本原理为前提,即必须注意不能单纯地因为行为违反形式上的规则便施加处罚。

另外,川崎友巳助理教授(现任教授)在关于法人犯罪问题的专著中指出,“最初在美国,适法程序也只不过是在限定的法律领域内发展,其效果也没有得到很高的评价。但近年来,随着适法程序被推广到更广泛的法律领

[2] 浜辺陽一郎『コンプライアンスの考え方』(2005・中公新書)5頁。

[3] 浜辺・前注2,5-6頁。

[4] 浜辺・前注2,6頁以下。对此,今井・前注1指出:“一般来说,适法程序包括‘不得行贿’‘不得不当地限制承包商’等内容。这些行为都属于企业的不当行为,对企业来说是违法的,甚至构成犯罪,因此应当予以处罚。从刑事法的角度来看,可以认为适法程序是企业为了防止这些行为而制定的。”其还从“即使发生了法人犯罪,只要该企业制定了完备的适法程序并计划实施,就有可能阻却该企业行为的违法性或责任”的观点出发,指出“通过制定并实施适法程序,企业的治理水平将得到提高,最终就会得到高的企业社会责任评级。如此,如果让适法程序的制定和实施成为基本程序的要求,在此过程中,企业内部的治理能力将得到锻炼,该企业的企业社会责任最终也能达到较高水平,这也是可以理解的”。滨边教授和今井教授对于适法程序的理解存在上述微妙的不同。总的来说,刑法学者更倾向于把适法程序和法人犯罪(防止)联系起来理解。

域，其有效性便被寄予厚望”。[5] 当然，具体来看，20 世纪 60 年代以来，适法程序的法律意义也在不断变迁，特别是以 20 世纪 80 年代的内幕交易案等为契机，适法程序的质和量都取得了很大发展。随着 1991 年《针对组织体的联邦量刑指南》(Federal Sentencing Guidelines for Organizations，以下简称《量刑指南》)的法制化，一方面涉案企业会被处以高额罚款，另一方面企业在正确实施适法程序的情况下，可以获得适当的罚金减轻，这也使适法的法律重要性得到提升。[6] 根据川崎助理教授的分析，在美国，虽然企业适法 104
的具体内容因行业种类、规模、组织架构等各有不同，但是其大体上是在以下三点中完善和细化的：(1)条文化指南的制定及运用；(2)实施项目的责任人和责任部门的设置；(3)发现违规行为时处理程序的完善。[7]

这里主要讨论关于如何正确定位适法程序的刑法意义。川崎助理教授将适法程序与法人刑事责任的关系分为以下四点：(1)“相当注意”的抗辩与适法程序的关系；(2)代位责任的成立要件与适法程序的关系；(3)起诉裁量及量刑与适法程序的关系；(4)民事责任与适法程序的关系。[8] 虽然美国法律和日本法律在体系上存在差异，但是本章仍会由此切入，从刑事法的视角出发，主要聚焦“相当注意”的抗辩与起诉裁量及量刑的问题，探求适法程序的刑法意义。不过正如滨边教授所指出的那样，适法本身就包含超越狭义法律文本的内容，这一点需要注意。

关于“相当注意”的抗辩，其在美国也存在支持和反对两派观点，那么适法程序会成为抗辩的理由吗？就这个问题而言，一方面，一系列的调查表明，对适法程序采取先进措施的企业和不采取先进措施的企业之间存在巨

[5] 川崎友巳『企業の刑事責任』(2004・成文堂)226 頁，「アメリカ合衆国におけるコンプライアンス・プログラムの新動向」同志社法学 56 巻 7 号(2005 年)1 頁以下。

[6] 川崎・前注 5『企業の刑事責任』231 頁以下，特别是 235 頁以下。

[7] 川崎・前注 5『企業の刑事責任』231 頁以下、250 頁以下。顺便一提，这同样存在于与保健相关的企业中。美国『生命倫理事典』中就记载了名为「企業のコンプライアンス(CORPORATE COMPLIANCE)」的项目，适法程序已经渗透到日常生活中。See Stephen G. Post(Ed.), Encyclopedia of Bioethics, 3rd Ed. (2003), Vol. 1, p. 528-533.

[8] 川崎・前注 5『企業の刑事責任』265 頁以下。

大差距。这种差异在大企业和中小企业之间或是在不同行业之间也存在。即使是在大企业中,也存在因为制定了流于表面的适法程序而自我满足的现象。[9] 另一方面,在接受访谈调查的企业中,也有一些企业以具有律师资格的负责人为中心,制定了细致的适法程序并在全公司范围内加以实践。值得注意的是,越是与海外企业交易频繁的企业越能认识到适法程序的重要性。出于环境问题的考虑,这些企业还因为推动适法程序发挥实际作用
105 而引入了监控制度,十分引人关注。此外值得重点着墨的是,为了使这些系统顺利运行,期待高层在意识层面变革的呼声也日益强烈。

无论如何,在这样参差不齐的情况下,难以直接在法律意义层面赋予适法程序“相当注意”抗辩的效力。但是,如果这一点得以确立,将会对过失犯注意义务的标准以及双罚规定下选任、监督义务的讨论产生影响。

因此,今后的问题就是应当制定怎样的适法程序并如何加以确立。我认为,适法程序的确立可以分为以下三个阶段。[10]

第一阶段,需要构建一套不论何种行业、何种企业都应当遵守的适法程序的共同框架。违反《日本刑法典》的行为自不必说,触犯《反垄断法》的串谋行为和触犯《证券交易法》的内幕交易等行为中情节较为严重的显然也构成犯罪。另外,虽尚不构成犯罪,但被行政机关严格规制的行为以及民事不法行为也应包含在内。此外,越是重视适法程序对关联企业活动的“预防”作用,就越需要制定详细的适法程序,因此可以预见的是,构建适法程序的共同框架时会因为行业不同和企业规模大小不同而遇到相应困难。

第二阶段,考虑到行业(有时是企业规模)的特殊情况,可以向附加具有弹性的、分支性的适法程序的方向发展。例如在制造业中,与国民健康密切

---

[9] 借用前注1「パネル・ディスカッション:企業活動とコンプライアンス」中加藤瞳先生的话,有人称其为“造佛像不入魂”(季刊企業と法創造1巻4号276頁〔本書[田口ほか編・前注1]69頁〕)。此外在该小组讨论中,乡原信郎先生引用了美国哈佛大学马克・拉姆塞耶(Mark Ramsey)教授的话,指出,“安然事件发生时,其公司治理体系就当时美国的公司治理水准而言,在形式上是相当完备的”(季刊企業と法創造1巻4号276頁〔本书[田口ほか編・前注1]80頁〕)。有必要认识到,美国也是经历了这样的历程才发展到现在的水平。

[10] 甲斐・前注1,306-307頁,〔本书[田口ほか編・前注1]6-7頁〕。

相关的医药制造企业或食品制造企业等应以确保安全性为中心制定细致的适法程序，而媒体、出版、广播等企业则应制定适法程序，以保障表达自由和名誉、隐私保护之间的平衡。金融、证券、保险等相关企业也可以考虑交易风险和消费者保护而各自形成独特的方案。此外，即使是在所谓的风投企业中，经营时如果不考虑某种风险因素，也可能无法开展活动，因此，有必要为风险因素设置一定的幅度。而且，当这种行为在以往的法律框架中难以明确把握时，就尤其要考虑到这一点。在跨国企业活动国际化、全球化的浪潮中，在一定情况下(以综合商社为典型)也不能抛开国际视角来考虑适法程序。不过，如果交易对象仅限于国内，便有必要对这一点特别予以考虑。[11] 在这种情况下，就应当在设定“有没有可能制定一种适合日本本土企业文化的适法程序”这一问题时特别注意。尽管这一问题设定可能并无不妥，但需要注意“日本本土企业文化”中应当包含何种内容。这是因为如果过分夸大仅适用于日本的东西，坚持“日本本土企业文化”论，会有歪曲适法程序本质之虞。但我认为对于“日本本土企业文化”论没有必要过度担心。重要的是，有必要对“日本本土企业文化”进行提炼，归纳出能够融入适法程序的部分。 106

第三阶段，基于以上几点，还可以进一步在企业内部制定更加细致的、包含个别规则的适法程序。这可以是社风、社训等稳固该企业地位根基的内容，也可能包括员工礼仪、行为准则等内容，但这些内容已经超出了法律框架。

总之，如果充分考虑以上三个阶段，便极有可能构建出具有实质内容的“富有灵魂”的适法程序。因此，适法程序既包括在法律层面具有重要意义的内容，又包括法律层面以外的内容(应交由企业伦理调整)。即使是在具有重要法律意义的内容中，除与防范法人犯罪密切相关的内容外，也包括与之关联并不那么紧密的内容(应交由行政规制及民事规制)。

[11] デレク・モーガン(永水裕子＝甲斐克則訳)「バイオエコノミーを規制すること——バイオテクノロジーと法との関係の予備的評価——」法律時報77巻4号(2005)57頁以下。

在上述内容确定的前提下，起诉裁量及量刑与适法程序之间的关系也
107 在一定意义上得以明确。当然，如果已经像美国的1991年《量刑指南》那样制定了完备的规则，应当承认其积极意义，但即使没有，在特定情况下需要运用时也值得充分考虑。这与前述“相当注意”的问题同样存在联系。在企业已经制定了符合实际的高质量适法程序时，便可以在以后的起诉裁量或量刑中有所反映。日本在最近一次修订《反垄断法》(2005年)时，不仅大幅提高了课征金的数额，还引入了所谓的宽恕(课征金减免)制度(《反垄断法》第7条之二第7项、第8项、第9项)，符合法定要件时(违法经营者主动申报违反事实等)，对于介入调查前主动申报的前三家企业分别完全免除、减免50%、减免30%课征金，对于介入调查后主动申报的企业减免30%课征金。[12] 尽管课征金并非刑罚，但这种制度的引入对今后的起诉裁量及量刑将产生微妙的影响。

三、适法程序与企业的刑事责任

基于以上几点，接下来可以进一步探讨适法程序和企业刑事责任的问题。就适法程序在刑法上的意义而言，理论层面认为其具有以下三种功能：一是能够实现法律上的正当化或阻却违法性；二是能够免责或阻却责任；三是能够免除刑罚或免于追诉。[13] 如果将上述三者混为一谈，就有可能陷入“只要制定适法程序就万事大吉”的形式主义中。

首先要考虑的是适法程序发挥正当化功能的情形。这主要适用于企业活动构成《日本刑法典》第35条正当业务行为的情形。例如，保安公司职员在遵守严格的适法程序的情况下，因保安业务行为造成了物品损坏或人身

[12] 諏訪園貞明ほか「特集 独占禁止法改正」ジュリスト1294号(2005)2頁以下及諏訪園貞明『改正独禁法』(2005・東洋経済新社)等，原田和往「課徵金制度における制裁的不利益処分と手続保障のあり方」早大法研論集117号(2006)172頁以下，神山敏雄「独禁法犯罪の研究」(2002・成文堂)以及芝原邦爾『経済刑法研究 下』(2005・有斐閣)715頁以下。

[13] 甲斐・前注1,308頁〔本书[田口等編・前注1]9頁〕。另有，前注1今井的文章254頁〔本书[田口ほか編・前注1]31-32頁〕。

伤害。又如，航空公司飞行员和海运公司船长在遵守严格的适法程序的情 108
况下，在运行过程中遭遇了难以预测的危难，为避免巨大损失而不得不造成一定的损害结果，如果此种应对措施符合适法程序的要求，便可以适用“补充性原则”，可考虑根据《日本刑法典》第 37 条第 1 项紧急避险的规定将其正当化。[14] 另外，就媒体报道和毁损名誉罪的关系而言，如果该报道符合适法程序的要求并已经过充分调查取材，即使理论结构基础不同，适法程序也有发挥正当化功能的余地。

另外，适法程序也可能对过失犯的成立与否产生影响。特别是在采用违法性阶层考虑过失犯本质的观点时（新过失论），适法程序可能被作为客观注意义务的基准，假设在企业活动中发生了人身损害事故，在遵守了一定适法程序的情况下，正当化机能便存在发挥作用的空间。但如后文所述，笔者主张在责任阶层考虑过失（旧过失论），因此更倾向在免责功能的部分讨论这个问题。

其次要考虑的是适法程序发挥免责功能的情形。在故意犯中，高层、董事、中层、员工各自实施了什么样的违法行为，直接关系到他们是否有违法性认识以及违法性认识可能性的认定问题。例如，综合商社的营业员本以为自己是严格按照适法程序进行的营业活动，但实际上却由于未能及时了解最新信息而给公司造成了损失，在符合违法性认识错误（《日本刑法典》第 38 条第 3 项）中的“相当理由”时，其有可能不被追究责任。如果不存在这种情况，那么当董事会在了解情况的基础上共同作出违法决策时，原则上就应成立共同正犯（包括共谋共同正犯）或教唆犯，有时也会成立间接正犯。[15]
又如，尽管各公司都有“禁止串谋（不正当的交易限制）”的适法要求，但若是 109

[14] 不过，此种情况下可以不考虑适法程序而适用一般的紧急避险规定。但由于在日本紧急避险的适用非常严格，故作这样的考虑。

[15] 川口浩一「組織支配による間接正犯の理論の企業・環境犯罪への適用可能性」姫路法学 27=28 合併号 71 頁（1999）以下，前嶋匠「企業・組織犯罪における合議決定と帰属関係（一）（二・完）——因果関係と共同正犯・共同教唆——」関西大学法学論集 54 巻 4 号（2004）90 頁以下，54 巻 5 号（2005）114 頁以下。

越过公司与关联企业中身居要职者聚会“串谋”,除去“真的不知道该聚会是串谋”这种极端例外情形外,一般而言这种适法程序不能成为抗辩理由,此类行为至少也会构成不正当限制交易罪(《反垄断法》第89条),某些情况下也会被认定为《日本刑法典》串谋罪(《日本刑法典》第96条之三第2项)中的“未必故意”,从而最终有可能构成这些犯罪(包括共犯关系)。

另外在日本,除了适用双罚规定的情形,能否直接认定法人本身的犯罪行为能力并进行处罚仍然存有争议,虽然也有肯定的观点,[16]但从现行法的解释论来说还是行不通的。因此即使发生了由企业活动引起的犯罪行为,最终关键的也还是与个人行为有何关联,故在认定时应重视行为环境,着重判断行为人在组织中是以何种状况和地位参与到因果关系之中的。

就犯罪而言,除故意犯外,还应考虑过失犯的情形。对于过失犯,有观点认为应当部分承认英美法上接近于结果责任的严格责任,但我认为,既然事实上自然人不得不参与到企业活动中去,那么就应当以责任主义、责任原理为根本来考虑企业的刑事责任。[17] 在过失犯中,特别是在监督过失的情形中认定违反注意义务时(包括管理、监督过失),有观点认为应将适法程序作为客观注意义务的内容来进行理解(新过失论或恐惧感说)。例如,在酒店或百货商店等场所发生大规模火灾并造成大量人员伤亡时,如果将疏散引导训练、维护防火设备等《消防法》或《建筑基准法》上的义务视为适法程

[16] 肯定法人犯罪能力的观点,可板倉宏『企業犯罪の理論と現実』(1975・有斐閣)の随所,沼野輝彦「チッソ刑事判決と企業組織体責任論」ジュリスト690号(1979)47頁以下伊東研祐「組織体に係る刑事規制のゆくえ——組織体刑事責任論・再論——」中谷瑾子先生傘寿祝賀『21世紀における刑事規制のゆくえ』(2003・現代法律出版)243頁以下,今井猛嘉「組織体の刑事責任」町野朔編『環境刑法の総合的研究』(2003・信山社)360頁以下,「組織体の処罰——コンプライアンス・プログラムをめぐる議論を踏まえて」本書[田口ほか編・前注1)]後掲146頁以下,吉岡一男「組織の犯罪と刑事責任論」板倉宏博士七十大寿祝賀論文集『現代社会型犯罪の諸問題』1頁以下(2004年・勁草書房),『刑事学各論の研究——企業秘密から企業犯罪まで——』(2000・成文堂)175頁以下,184頁以下,223頁以下,加藤直隆「企業組織体責任論からトライパーティズムへの試論——エージェンシー理論と組織構造論からの展望——」同書45頁以下,クヌート・アメルング編著(山中敬一監訳)『組織内犯罪と個人の刑事責任』(2002・成文堂)。

[17] 甲斐克則『責任原理と過失犯論』1頁以下,95頁以下及155頁以下(2005・成文堂)。

序的一环,那么往往会得出仅凭上述义务是否得到履行,就足以认定经营者等拥有管理权的人或其选任的防火管理者(《消防法》第 8 条第 1 项)是否成立过失犯。[18] 但我认为这只是一种参考,就特定行为主体而言,对于其是否违反注意义务应当深入行为人的主观内容进行个别考察,以具体的预见可能性为基础在责任阶层进行判断(旧过失论或修正的旧过失论)。

当下围绕这一点的讨论集中于所谓的刑事产品责任。最近在日本,以 110
绿十字公司药害艾滋病案的判决[一审:大阪地方法院 2000 年 2 月 24 日判决,判例集 1042 号第 94 页;二审:大阪高级法院 2002 年 8 月 21 日判决,载判例集 1804 号第 146 页。最高裁判所 2005 年 6 月 22 日决定(判例集未收录)]和三菱汽车贩卖缺陷车辆案(公判中,最近的判决为最高裁判所 2012 年 2 月 8 日决定,刑事判例集 66 卷 4 号 200 页,参见本书第三章)为契机,围绕消费者因使用企业制造并销售的缺陷产品而发生的人身事故,能否追究该企业及相关人员刑事责任的讨论日益高涨。理论上,这个问题主要与刑事过失责任中的监督过失论密切相关,但同时又与典型的监督过失论有所区别,即并不一定要求员工的过失行为介入其中。但在行为人不构成直接过失者这一问题上,以及在实行行为性和预见可能性的认定难题上,其又与监督过失论存在共同点。在德国,刑事产品责任问题主要围绕 1990 年联邦普通法院作出的"皮革喷雾剂案"判决展开讨论,日本也通过案情的介绍对该案件进行了讨论[19],详细内容将另行讨论,参见本书第一章。各企业在生

[18] 甲斐克則「火災死傷事故と過失犯論——管理・監督者の過失を中心に——(一)~(七)」広島法学 16 巻 4 号 131 頁以下(1993),17 巻 4 号(1994)115 頁以下,18 巻 3 号(1995)1 頁以下,19 巻 2 号(1996)61 頁以下,19 巻 4 号(1996)129 頁以下,20 巻 3 号(1997)49 頁以下,21 巻(1997)1 号 27 頁以下(未完),平成 2 年重判解(1994)149 頁以下,「ホテル火災と経営者の過失責任——ホテルニュージャパン火災事故上告審決定」法学教室 166 号(1994)126 頁以下。上述内容近期将会汇编为『火災事故と監督過失』一书。

[19] 岩間康夫「刑法上の製造物責任と先行行為に基づく保障人的義務——近時のドイツにおける判例及び学説から——」愛媛法学会雑誌 18 巻 4 号(1992)41 頁以下,「欠陥製造物を回収すべき刑法的義務の発生根拠について——ブラムゼン説の検討——」愛媛法学会雑誌 20 巻 3=4 号(1994)201 頁以下,「製造物責任の事例における取締役の刑事責任——集団的決定に関与した者の答責——」愛媛法学 22 巻 1 号(1995)45 頁以下,「刑法上の製造物責任に関するヤコブスの見解について」愛媛法学会雑誌 23 巻 2 号(1996)55 頁以下,「刑法上の製造物責任に関するホイヤーの

产和销售缺陷产品的过程中经过了什么样的决策流程,售后召回制度又是怎样的等,应将这些内容与适法程序结合在一起,以对具体案件中的因果关系、具体的预见可能性及注意义务的违反等做出认定。即使制定了完善的适法程序,也有可能发生事故,因此在过失责任的认定上,适法程序可以作为参考,但并不一定起决定性作用,关键还在于如何运用。

另外,日本的特别刑法(如《与处罚危害人体健康的公害犯罪相关的法律》第4条)及行政刑法(如《水污染防止法》第34条)都存在双罚规定。在因故意或过失行为构成犯罪时,除处罚作为直接行为人的员工外,还可以处罚法人或法定代表人(企业主)。且根据通说及判例,在判断企业主是否尽到了充分的选任、监督义务时,一般采用过失推定说的观点(最大审院1957

見解——因果関係と先行行為に基づく保障人的義務に関して——」愛媛法学会雑誌23巻4号(1997)57頁以下,「製造物責任と不作為犯論」現代刑事法4巻9号(2002)26頁以下,堀内捷三「製造物の欠陥と刑事責任——その序論的考察——」研修546号(1994)3頁以下,ヴァルター・ペロン(高橋則夫訳)「ドイツにおける製造物責任——ドイツ連邦通常裁判所『皮革用スプレー判決』をめぐって——」比較法(東洋大学)31号(1994)1頁以下,松宮孝明「ドイツにおける『管理・監督責任』論」中山研一=米田泰邦編著『火災と刑事責任——管理者の過失処罰を中心に——』(1993・成文堂)167頁以下〔同著『過失犯論の現代的課題』3頁以下(2004・成文堂)所収〕,北川佳世子「製造物責任をめぐる刑法上の問題点——ドイツ連邦通常裁判所の皮革用スプレー判決をめぐる議論を手掛かりに——」早稲田法学71巻2号(1996)171頁以下,「欠隋製品による事故と製造者の刑事責任——刑法における製品回収義務の発生根据をめぐるオットーの分析——|『宮澤浩一先生吉稀祝賀論文集第3巻規代社会と刑事法』(2000・成文堂)41頁以下。山中敏一=前嶋匠「「紹弁」ウィシフリート・ハッセマー著 現代刑法における製造物責任」関西大学法学論集47巻4号(1997)118頁以下,鎮目征樹「刑事製造物責任における不作為犯論の意義と展開」本郷法政紀要8号(1999年)343頁以下,田寺さおり「製造物責任領域における刑事責任の可能性」明治学院大学大学院ジャーナル16号(2001)57頁以下,ハロー・オットー(甲斐克則=日山恵美訳)|危険な製造物の引き渡しについての刑法上の帰責(一)(二・完)」広島法学25巻1号(2001)125頁以下,2号(2001)265頁以下,日山惠美「刑事製造物責任と取締役の行為主体性|広島法学26巻4号(2003)161頁以下,甲斐克則「薬害と製薬会社幹部の刑事責任——楽害エイズ事件ミドリ十字ルート判決に寄せて——」広島法学27巻2号(2003)239頁以下[甲斐克則『医療事故と刑法』(2012年・成文堂)所収],同「欠降製品の製造・販売と刑事過失」『神山敏雄教授古稀祝賀論文集第1巻——過失犯論・不作為犯論・共犯論』(2006・成文堂)157頁以下〔本書第1章〕,ロータークーレン(神例康博訳)「刑法上の製造物責任の必要性と限界」松山大学論集14巻5号(2002)79頁以下,神例康博『ドイツにおける刑事製造物責任」松山大学論集15巻5号(2003)141頁以下,「欠陥製造物の回収とその限界に関する覚書——いわゆる薬害エイズ・ミドリ十字事件刑事判決を契機として——」前注・16板倉古稀『現代社会型犯罪の諸問題』183頁以下。

年 11 月 27 日判决，刑事判例集 11 卷 12 号 3113 页），即推定企业主对行为人进行选任、监督或为了防止其他违法行为时，未充分履行必要的注意义务，存在相应过失。[20] 也就是说，如果企业主一方不能证明其在选任、监督从业人员时履行了注意义务，就将受到处罚。在判断过程中，如果能够证明精心制定了适法程序并付诸实践，就有可能成为推翻过失推定的反证要素。 111

总之，无论是故意犯还是过失犯，企业事故或法人犯罪都绝非突然发生的，必定存在具体的危险预兆。事故或犯罪发生前都暗含着若干危险，这些危险日积月累便酿成了大事故，即使是故意犯罪，亦是如此。如果在适法程序中充分加入对这些事前风险的应对措施，即使不具有决定性作用，也可成为主张免责的有力判断依据。

再简略地对适法程序的免于追诉、免除刑罚及量刑减轻功能进行论述。滨边教授指出，美国的 1991 年《量刑指南》与适法程序有着密切联系。具体而言，其规定"刑罚加重的要素包括（1）管理层参与，（2）犯罪前科，（3）妨碍侦查。刑罚减轻的要素包括（1）运行有效的抑制违法行为的程序，（2）自首，（3）配合侦查，（4）坦白犯罪行为。其中，减轻刑罚要素的第一项又包含七个步骤，如果认真执行这些步骤并得到认定就可以减轻刑罚。这些步骤被统称为'适法程序'"。[21] 这七个步骤分别是：（1）为防止犯罪，制定了合理的适法标准和程序；（2）选任高管担任该适法标准和程序实施的监督责任人；（3）委托让渡权限时审慎考量；（4）对必要的标准和程序开展培训使其众所周知（communication）；（5）建立监查和报告制度；（6）建立对违规行为进行惩戒等强制制度；（7）为防止类似丑闻再次发生采取必要措施并对程序重新

[20] 沼野輝彦「両罰規定における過失責任説批判——失業保険料不納付事件（最判昭和 31 年 12 月 11 日）を素材として——」前注・16 板倉古稀『現代社会型犯罪の諸問題』17 頁以下，伊東研祐「両罰規定解积論と法人刑事責任論の近時の展開に関する批判的一考察（1）」慶應法学 2 号（2005）1 頁以下。

[21] 浜辺・前注 2，58-59 頁，川崎・前注 5『企業の刑事責任』236 頁、279 頁。

评估。[22] 如果将日本今后的法人犯罪作为企业制度上的犯罪进行考量，
112 并以财产刑为刑罚中心，那么上述观点有很大的参考价值。但是，如果把个人视为法人犯罪下的行为主体，并参考上述观点进行处理，或许就有必要考虑《日本刑法典》第 66 条（酌量减轻）等，对《日本刑法典》进行若干修改。

四、结语

最后需要强调的是，刑事规制自有其局限性，不能完全用刑罚来进行应对，还有必要考虑其他替代手段或补充手段。加重刑罚就能够解决问题吗？还是说，加重作为刑罚替代手段的课征金就能解决？更进一步，是应该改革现行刑罚制度还是引入新型刑罚？这些问题都需要今后继续讨论下去。但目前的结论是，为有效地规制法人犯罪及企业越轨行为，应当坚持刑事制裁和行政制裁（当然也有自主限制）的平衡并双管齐下。也就是说，不是“一边倒”地适用刑罚。正如《反垄断法》修订中引入的“宽恕制度”那样（该法第 7 条之二第 7 项、第 8 项、第 9 项），这种新制度的引入能够更有效地发挥公共监控体系的效果。

另外，还有必要指出企业组织内部应对措施（内部控制）的局限性。虽然越来越多的企业设置了热线电话和求助热线等，立法层面也制定了《公益举报人保护法》，但是距离这些制度发挥其应有的功能还差得很远。为了促进真正意义上的企业自律，应当在必要的范围内引入外部监督，以保持良好的“内外通风”。实际上，已经有企业引入了这种制度。但应注意的是，为避免这种制度流于形式，其关键在于发挥自律的监控功能。对于这一问题，加强企业间的交流合作也不失为一种方案。

另一个重要问题则是经营者的责任问题，特别是应该如何检查经营者的越轨行为。当然，经营者的责任也是多种多样的。经营者实施犯罪行为

---

〔22〕 浜辺・前注 2,59 頁，川崎・前注 5『企業の刑事責任』236 頁。

后，由司法机关事后裁决，但刑事法律主要承担的是事后检查功能，而一旦经营者构成犯罪，其对企业的打击和对员工的影响是无法估量的。对于独断体制的企业而言，如果没有适当的“富有灵魂”的适法程序，就无法进行事前检查。因此，“上层意识变革”是当前悬而未决的最大事项。

对此，可以考虑由行政机关发挥作用。我在对企业的问卷调查及访谈中的一大感触是，主管部门（经济产业省，有时是金融厅）的行政指导或者公平委员的建议等实际上发挥了相当大的作用。以“任何人都会犯错”[23]为前提，不妨建立一套探查制度，在大型事故和大规模犯罪发生前，探查处于小错误阶段的问题，将其与公益举报人保护制度相结合，并与行政机关联动，这样的制度前景将会十分广阔。从刑法上来说，即使不能减少故意犯罪，但至少也可以期待过失犯的减少，从而减少大型事故的发生。

对于完善法律，行政机关的努力固然重要，但在规制趋于缓和的潮流中，也必须对行政的过度干涉保持高度警惕，当然行政机关也对成本的过度增加持消极态度，应当认识到其在人力物力上的局限性。在考虑上述因素的基础上，如果要寻求有效的规制，正如内阁府经济社会综合研究所的白石贤先生（现任首都大学东京教授）所指出的那样，[24]应当导入一套由行政机关承担检查职能的体系，以此来监督各企业是否完成了自查。这虽然属于间接检查，但比起在小失误阶段就直接由行政机关介入，无论是在尊重企业

[23]　L・コニンほか编・米国医療の質委員会＝医学研究所著（医学ジャーナリスト協会訳）『人は誰でも間違える』（2000・日本評論社）。甲斐克則『医事刑法への旅 I〔新版〕』112 頁以下，132 頁以下，147 頁以下（2006・イウス出版），ジュームズ・リーズン著（塩見弘監訳：高野研一＝佐伯邦英訳）『組織事故——起こるべくして起こる事故からの脱出——』（1999・日科技連）、小松原明哲『ヒューマンエラー』（2003・丸善），日本学術会議・人間と工学研究連絡委員会安全工学専門委員会「事故調査体制の在り方に関する提言」（平成 17 年 6 月 23 日）。

[24]　这一观点是在 2005 年 3 月 5 日召开的早稻田大学“21 世纪 COE 项目”“企业法制与法律创造”刑事法小组研究会上，由内阁府经济社会综合研究所的白石贤先生提出的。白石賢「証券取引法への課徴金導入はわが国の法体系を変えるか——証券取引法・独占禁止法の課徴金を巡る法人処罰に関する意義と問題点——」ESRI Discussion Paper Series No. 149（2005・内閣府経済社会総合研究所）。

自主性上,还是从成本方面来看,其都是更为有效的手段。通过这样的方式,虽然不能彻底消除企业丑闻,但由此可以尽可能减少较严重的犯罪行为。如果把这样的体系引入适法程序中,期待其在一定程度上促进企业治理的发展也未尝不可。与此同时,企业社会责任不就也一并实现了吗?[25]

---

[25] 甲斐・前注 1,308 頁〔本書[田口ほか編・前注 1]8-9 頁〕。「証券・金融犯罪とコーポレイト・ガバナンス」,同著『最先端法領域の刑事規制——医療・経済・IT 社会と刑法——』176 頁以下(2003 年・現代法律出版),特に194 頁:"不能仅靠经营责任主体的治理(行政)单极集中管理,需要在企业内部设立发挥'司法'作用的常设监查机构。""而且,为了能够持续监控现代专门的、特殊化的业务内容,必须制定面向外部的适法程序,并确立揭发违规者不当行为的体制。从这个意义上讲,为了让对公司治理承担补充职责的刑事规制发挥应有的作用,应将企业信息的灵活性作为前提。"

第七章　公司治理与刑事规制*

一、前言 119

近年来,日本的证券丑闻、财务造假、制造和销售缺陷产品、食品的造假与销售、投标串谋等企业丑闻接连发生,这使得对于适法程序、公司治理与刑事规制的关注也与日俱增。公司治理指为了确保企业经营的合法性和效率性而进行的企业管理活动。[1] 更简洁些,公司治理就是“企业为防范丑闻所作的努力”,其围绕四方面展开论述:(1)该企业的目的是什么?(2)经营者应当遵守何种行为准则?(3)为确保经营者行为得当应设置何种公司机构、组织?(4)经营者行为不当时有何种救济措施?旨在在公司内部建立一套完善的治理机制。[2] 作为其中的一环,适法(多被翻译为“遵守法令”,但实际上其包含的规范内容较之法令更为广泛)的概念得到倡导,适法程序的重要性也受到重视。[3] 即使是像企业社会责任这样产生于不同历史背

* 「コーポレート・ガバナンスと刑事規制」甲斐克則編『COE 叢書第 5 巻 企業活動と刑事規制』(2008・日本評論社)。

[1] 黒沼悦郎『金融商品取引法入門』(2006・日経新書)69 頁。

[2] 岡本享二『CSR 入門』(2004・日経文庫)41 頁。

[3] 浜辺陽一郎『コンプライアンスの考え方』(2005・中公新書)88 頁。

景中的概念,近年来也因与企业适法的联动而持续受到关注。[4] 尽管人们已经逐渐认识到了上述内容,但企业丑闻仍然接连不断。企业丑闻是多种多样的,一旦构成犯罪就会对国民的生命、健康、财产,乃至对市场经济造成重大损害,从旨在保护这些法益的刑事规制的角度来看,这一点不容忽视。[5] 近年来,随着《金融商品交易法》等的立法,该领域法治体系的完善也正稳步推进。因此,本章将先讨论域外其他国家和地区公司治理与刑事
120 规制的情况,再论述日本国内公司治理与刑事规制的有关问题。

二、域外各国或地区的公司治理与刑事规制

(一)2006 年的共同研究

关于域外各国和地区公司治理与刑事规制的动向,简要介绍如下。[6]

2006 年,早稻田大学和日本内阁府经济社会综合研究所共同开展了一项主题为"关于域外各国和地区高质量市场经济规划的法律规制与企业适法状况的调查研究"的课题(负责人:甲斐克则),调查对象被分为"英美调查组""德国调查组""其他发达国家调查组"三个小组,由各组成员分别进行调查。本调查研究的目的主要如下:"当前由于规制缓和,企业活动的自由领域不断扩大,有必要强化事后规制的作用,而不是再像以前那样依靠国家的事前规制来维持秩序。此种情况下,制裁(sanction)的作用得以凸显。为了确保日本的经济社会成为自由与制裁保持平衡的高质量市场,法治体系的完善不可或缺。防范企业丑闻和法人犯罪的规制措施具体包括企业的自
121 主规制和相关的法律规制(行政规制、民事规制及刑事规制),在设计适合日本经济社会状况的制度时,不仅需要厘清各发达国家中各种规制措施的职能分配情况,而且对作为这种职能分配基础的经济社会构造,以及各种规制

[4] 岡本・前注 2,16 頁以下,浜辺・前注 3,98 頁以下。

[5] 芝原邦爾=西田典之=佐伯仁志『ケースブック経済刑法(第 2 版)』(2005・有斐閣)。

[6] 甲斐克則「企業活動と刑事規制の国際比較」,甲斐克則=田口守一編『企業活動と刑事規制の国際動向』(2008・信山社)321 頁以下。

措施的职能实现状况开展实证调查也是必不可少的。”[7]基于这种问题意识，本调查以证券、金融领域及竞争法领域等的经济犯罪为研究对象，通过调查发达国家或地区各种规制措施的制度层面、运用层面，以及这些制度的社会经济构造层面，旨在为探讨日本经济社会的理想市场制度提供支持。

本项研究的具体内容是，根据作为调查对象的各国或地区的实际情况，对旨在为企业活动提供适当规则的法律制度，尤其是制裁系统的现状进行调查，对防止企业丑闻和法人犯罪的各种规则（如对审计制度、检查制度或者内部、外部规制的机能、运用现状），以及与法人犯罪有关的重要判例进行分析，进而再对各国或地区制裁体系及适法程序制定背后所依存的社会经济状态进行分析。虽然仅靠刑事法研究无法做到这一点，但这仍不失为好的研究契机。

（二）美国

在英美两国间，美国既是经济大国，又是法人犯罪大国，先后发生了以安然（enron）案为代表的10余起不同类型的大规模法人犯罪案件。为了解决这一问题，美国建立了包含刑事规制在内的制裁体系以及适法程序，在世界范围内产生了巨大影响。自20世纪80年代中期以来，在美国联邦层面，法学界关于刑罚观的主流是更加重视罪犯的改过自新，在立场上从实现回归社会（rehabilitation）转向追求适当报应（just desert），对罪犯的待遇从医疗模式（medical model）转向正义模式（justice model）。在此背景下，美国引入了以量刑公正化为主要目的的量刑指南，即1991年《量刑指南》。“量刑准则不仅仅是为了实现对企业等组织体量刑时的统一化，更是要在此基础上，在明确对企业采取刑事制裁的目的的同时，适用若干新型的刑事制裁方法”[8]，例如高额的罚金刑、损害赔偿命令、企业缓刑等。作为企业谋求存

---

[7] 甲斐克則「序論」甲斐＝田口編・前注6，3頁。

[8] 川崎友巳「アメリカ合衆国における企業犯罪の実態と企業犯罪への刑法上の対応」甲斐＝田口編・前注6，5頁以下。

续的一环,美国企业为履行社会责任而建立的适法程序是否得到落实,成为在对其定罪量刑时评价的关键。[9] 值得特别注意的是,以向安然案提供过帮助的会计审计法人安达信案件[10]为契机,针对企业的审计功能也成了关注的重点。

上述制度与被认为极为严格的《萨班斯-奥克斯利法案》(Sarbanes-Oxley Act,以下简称《SOX 法案》)一起,共同对发达国家的公司治理体系产
122 生了巨大影响。[11]

(三)英国

与此相对的英国,自 1987 年自由先驱号(Herald of Free Enterprise)翻船事故(192 人死亡)发生以来,法人过失杀人罪(corporate manslaughter)、法人故意杀人罪(corporate manslaughter or killing)便成了关注的焦点。截至目前已有 34 起案件被起诉,其中 7 起被判决有罪,其刑法对企业活动衍生犯罪的严厉态度可见一斑。然而,正如低下的有罪率所反映的那样,有观点指出,所谓的"同一性理论"(identification theory)存在明显局限性。[12] 暂且不论小规模企业,有理由认为"在现代大企业中,由于不同层级的员工共同参与决策的情况十分常见,难以将某个特定的个人与整个法人等同视之"。此种情形下,便产生了更倾向于适用《劳动安全卫生法》(Health and Safety at Work Act)的趋势。但从实际追诉率来看,其中死亡案件约占 20%,重伤害案件仅占 1%,因此该倾向也被批评未能正确评价企业责任的重大性。于是,1996 年,英国法律委员会(the Law Commission)提交了新设"法人杀人罪"(corporate killing)的议案,此后的 2000 年,英国政府提出了关于"企业过失杀人罪"(involuntary manslaughter)的咨询文件,2005 年英国政府又提交

[9] 川崎友巳『企業の刑事責任』(2004・成文堂)。

[10] 萩野貴史「証拠隠滅等説得罪の主観的要件——Arthur Andersen LLP v. UnitedStates,544 U.S.696(2005)」比較法学 40 巻 2 号(2007)339 頁以下。

[11] 甲斐=田口編・前注 6 第 1 部各篇论文以及该书第 2 部的国际研讨会记录。

[12] 今井猛嘉「イギリスにおける法人処罰——その概観」甲斐=田口編・前注 6,69 頁以下。

了设立“法人过失杀人罪”的议案。[13] 对其今后的动向也有必要持续关注。

另外,也有观点认为,从前述《劳动安全卫生法》的实际适用数据,特别是适用罚金刑的数额来看,尽管其并没有美国那么高,但在2000年以后也呈现了高额化的趋势。[14] 此外,作为企业活动的规制体系,安全卫生局所采取的措施虽存在局限,但却足以确保劳动现场的安全卫生。从这点来看,有必要对其重新评价。

或许是由于英国社会以彻底的自我负责与自我规制为主基调,“英国社会对于威胁个人安全与社会秩序安全的犯罪极其敏感,与此相对,对于白领犯罪及经济犯罪的感受则不是那么强烈”。正是因为刑事法对金融、证券市场的犯罪及其调查、追诉,以及在滥用市场支配地位行为(market abuse)的制 123
裁金上发挥着重要的作用,其所承担的防范和规制不当行为的职能才凸显出重要意义。具体来说,尤其表现在《金融服务及市场法》(Financial Services and Markets Act)在打击金融犯罪的体系中所扮演的核心角色上。另外,金融犯罪打击机关的独特之处在于其侦查和追诉机关并立,虽然根据1985年《犯罪起诉法》的规定,皇家检察署掌握着追诉权,但是金融服务管理局(Financial Services Authority,FSA)仍居于核心地位。[15] 此外,贸易与工业部(DTI)也有权对包括内幕交易在内的公司犯罪进行调查,严重欺诈办公室(Serious Fraud Office)也对严重欺诈及其他金融、证券犯罪享有侦查、追诉权。但上述被作为刑事案件追诉的仅有2004年的AIT案,在《金融服务及市场法》实施前也仅有Sounders案,对其的制裁则以灵活运用罚金和公开披露违法事实为特点。[16]

---

[13] 今井・前注12,71頁以下。

[14] 溢谷洋平「生命・身体に危険を及ぼす企業活動の刑事的規制に関する一考察——イギリスにおける1974年労働安全衛生法を中心として」,甲斐=田口編・前注6,49頁以下(特に57-59頁)。

[15] 田中利彦「イギリスの金融・証券市場における犯罪の規制」甲斐=田口編・前注6,79頁以下。

[16] 田中・前注15,89頁以下。

综上所述,英国规制系统的突出特点是:相较于事后制裁,更加重视由监督部门灵活运用事前预防手段,利用较少的行政资源并对此高效配置,确保金融商品市场及其交易的公正,从而实现对于消费者的保护。这一点与美国差异明显。

（四）德国

接下来把目光转向德国,在20世纪90年代以“施耐德公司案”“巴尔扎姆公司案”“德国金属公司案”等为代表的企业丑闻的背景之下,监事会的审计职能受到了广泛的质疑。近年来,德国关于法人犯罪处罚的讨论不断,涉及企业收购的“曼内斯曼案”更使争论愈演愈烈。[17] 就法人犯罪的制裁体系而言,由于德国不承认法人的一般犯罪能力,虽有《德国刑法典》(对相关人员的背信罪等)及《有价证券法》等特别刑法,但其制裁体系仍以《违反秩序法》(Ordnungwidrigkeitengesetz, OwiG)为中心,实行与固有刑罚不同的、单独的罚款(Geldbuße),该法第130条关于违反监督义务的规定更是颇有意思的议题。此外,在德国,公司治理以2002年8月颁布的《公司治理准则》
124 (Deutscher Corporate Governance Kodex)为中心,由这一软法对公司董事、监事的义务进行具体规定。

《违反秩序法》除其实体部分外,还包括法人犯罪及经济犯罪的侦查在内的程序规定,因此就罚款程序与刑事程序的关系而言其同样值得研究。特别是德国作为起诉法定主义国家,在以刑事制裁为前提的同时,通过起诉便宜主义的运用,为适用刑事程序以外的其他制裁手段(应当实施的事项或应当遵守的事项)处理案件提供了可能,企业若不落实上述事项便会被科处行政处罚(罚款),从这一点中可见德国改革力度之大。[18] 在欧盟各成员国普遍对法人犯罪进行一般性处罚的潮流之中,德国能够坚持自我并采取多

[17] 神例康博「ドイツにおける企業活動の適正ルール形成のための法制度——特に制裁システムの現状」甲斐=田口編・前注6,107頁以下,正井章筰「企業買収における経営者への功労金の支払い——マンネスマン訴訟に見るドイツのコーポレート・ガバナンスと刑事司法制度」早稲田法学82巻3号(2007年)59頁以下。

[18] 田口守一「ドイツにおける企業犯罪と秩序違反法」甲斐=田口編・前注6,157頁以下。

样化的制裁手段，这种“孤军奋战”的姿态反而给人以耳目一新之感。

（五）意大利

意大利作为其他发达国家之一，尽管《意大利宪法》第 27 条明确规定“刑事责任是个人的”，但其 2001 年颁布的“企业刑法”（D. Lgs. 8. 6-2001n. 231）所规定的内容却不容忽视。虽说该法被称为“企业刑法”，但并未像《荷兰刑法》第 51 条或《比利时刑法》第 5 条那样普遍承认法人犯罪并科处刑罚，而是对法人犯罪主要科处行政处罚（除罚款外，还包括禁止营业、暂停或撤销执照许可、禁止与公共行政机关签订合同等），因此便显得有些模糊不清。尽管该法制裁手段的多样性引人深思，但却难言是严格意义上的“刑法”[19]，或许这是为了规避违宪的嫌疑。此外，意大利“企业刑法”深受美国法律的影响，对企业适法程序的要件作出了特别规定（第 6 条第 2 项），这一点同样值得关注。该法规定的要件包括：（1）明确预见犯罪行为发生时的情况（风险评估等）；（2）为防止犯罪行为的发生制定特别程序；（3）明确制定能够避免犯罪行为发生的财务管理制度；（4）制定向监管机构报告的制度；（5）制定未遵守适法程序时，应作为制裁手段适用的惩戒制度。上述内容或许可以成为大陆法系国家将适法程序引入刑法典、企业刑法典的范例之一。 125
不过，对于如何设置监管机关，还有待实践进一步探索[20]，诸如“帕拉玛特案”这样的重大案件以及其他判例也都揭示了这一点。无论如何，意大利关于法人犯罪及其对策的制度框架，对今后的讨论都极具参考价值。

（六）丹麦

作为北欧现实主义的代表，丹麦于 1996 年在《丹麦刑法典》第五章“法人的刑事责任”中引入了针对法人的处罚规定（第 25～27 条），并对应设置了罚金刑。由于丹麦没有发生过大型的法人犯罪案件（但邻国瑞典在 1997

[19]　吉中信人「イタリアにおける企業コンプライアンスおよび企業犯罪規制の状況」甲斐＝田口編・前注 6，181 頁以下本書第 3 部所収のアッティリオ・ニスコ（甲斐克則、福山好典訳）「イタリア法における法人の責任」。

[20]　吉中・前注 19。

年发生了与购买股票有关的“托斯塔案”)，也没有进行新的立法，对于适法程序也未进行讨论。但受美国法律的影响，[21] 2007 年丹麦修改《丹麦反垄断法》时还是引入了宽恕制度。对于经济犯罪的类型，其理论上认为可根据具体社会关系的不同将其分为以下七类：(1)合同关系犯罪(欺诈、数据欺诈、商事行为犯罪、内幕交易等)；(2)信用犯罪(物品侵占、金钱侵占、侵犯担保权、破产犯罪等)；(3)针对公司的犯罪(违反劳动合同、路障封锁、违反保密义务、工作场所内的盗窃侵占、滥用公司内部领导地位)；(4)对劳动环境内雇员的犯罪(关于劳动环境的犯罪、关于休息的犯罪)；(5)危害社会犯罪(环境犯罪)；(6)危害国家及国家经济犯罪(违反税法、违反关税法、违反手续费支付义务、外汇犯罪、欺诈公共机关补助金、会计违规、洗钱)；(7)对于欧盟的犯罪。[22]

(七)澳大利亚

接着把视线投向澳大利亚。该国于 1995 年在其刑法典(2001 年施行)中引入了针对法人的处罚规定，其一大特点是，在刑法典针对法人的处罚规定中(尤其是第 12.3 条)，直接承认了企业文化和法人文化(corporate culture)的独特概念以及组织故意。[23] 对于这一规定在实践中的运用情况，今后有必要持续关注。此外，以在 2001 年发生的堪比美国安然案的 HIH 案为
126 契机，澳大利亚启动了公司治理制度改革，尽管其处于英国法域圈内，但却通过硬法与软法的有机结合，不断构筑独特的规制体系，从而寻求制度改革上对英国的超越，这一点同样引人注目。[24] 特别是其在 2004 年颁布的《企业法经济改革程序法》[The Corporate Law Economic Reform Program (Audit Reform and Corporate Disclosure) Act 2004 (Cth) = CLERP 9 Act]，该法在会

---

[21] 松澤伸「デンマークにおける企業犯罪」甲斐=田口編・前注 6,197 頁以下。

[22] 松澤・前注 21。本書第 3 部所収のライモ・ラハティ「フィンランドにおける法人の刑事責任の規定について」。

[23] 樋口亮介「オーストラリアの法人処罰」甲斐=田口編・前注 6,225 頁以下。

[24] 甲斐克則「オーストラリアにおける企業活動の規制システム」,甲斐=田口編・前注 6,225 頁以下。

计、审计法人的独立与责任、财务报告、信息披露、高管薪酬、安全保证、利害关系人参与和利益冲突管理等方面全面启动改革。此外，由澳大利亚证券交易所（Australian Securities Exchange，ASX）及澳大利亚证券和投资委员会（Australian Securities and Investments Commission，ASIC）为核心主导的职能活动，由澳大利亚竞争与消费者委员会（Australian Competition and Consumer Commission，ACCC）与之联动开展的活动，以及由企业及市场咨询委员会提出的有益意见、建议等，都有一定的参考价值。[25]

（八）欧盟

最后，让我们把目光转向欧盟的制度框架。2003 年，欧盟根据《欧共体条约》第 81～82 条的规定，颁布了行政罚款的计算准则，引起广泛关注。[26] 此后，其又在 2006 年卡特尔案的处理中引入了宽恕制度，可见美国法律的影响已波及欧洲。尤其是随着各国对欧元的引入，欧盟与各成员国国内法在规制企业金融不当行为领域的合作及关系方面正不断完善、加强，特别是促进刑事案件中有罪判决、资格剥夺等有关信息的交换正变得越来越重要。[27] 欧洲金融市场越来越强大、安定的背后，或许正是这些努力在发挥作用。

欧盟未来可能还会进一步强化成员国义务，要求成员国对法人犯罪进行刑事处罚，因此在德国等国，这将可能加剧与传统刑法理论的冲突。对于欧盟的动向，今后还需要继续密切关注。

（九）小结

以上从比较法视野出发，对前述共同研究的成果进行了简要论述。此外也存在像法国等未进行调查的国家。[28] 可以明确的是，许多国家或地区 127

[25] 甲斐・前注 24。

[26] 土田和博「EUの行政制裁金制度について」甲斐＝田口編・前注 6，271 頁以下。

[27] 日山恵美「EU における企業の不正行為に対する取組み」甲斐＝田口編・前注 6，297 頁以下。

[28] ジャン、ポール・セレ（岡上雅美訳）「フランスにおける法人の刑事責任の展開」季刊・企業と法創造 4 巻 1 号（2007）35 頁以下。

为防止企业丑闻及法人犯罪的发生作出了积极努力，并构建了新型公司治理框架。[29] 特别是在刑事规制上，虽然各国或地区刑法理论及刑事法律制度存在差异，难以构建一个统一的框架，但是相互之间仍有诸多共通之处。随着全球化时代的到来，对于这一问题的处理将越来越需要国际视野。

三、日本的公司治理与刑事规制

（一）2005 年的共同研究

在上述国际动向的基础上，以下围绕日本的公司治理与刑事规制的问题进行论述。

2005 年，早稻田大学"21 世纪 COE 项目""企业法制与法律创造"综合研究所刑事法小组与日本内阁府经济社会综合研究所合作，开展了大规模的问卷调查（向约 3100 家主要企业寄送了调查问卷），以此来调查日本国内企业活动的真实情况，最终收到了 942 家企业的回答，并在分析回答结果的基础上进行了课题研究。[30] 研究结果显示，进入 21 世纪以来，日本企业的公司治理意识日益提高，2003 年以来尤为显著。之所以产生这种意识变化，是因为企业亲身经历，在企业丑闻特别是法人犯罪发生时，其会给社会带来巨大不安，有时也会对国民的生命、健康、财产造成具体危害，甚至还会给市场经济带来极大影响。总体而言，无论是国内还是国外，当法律制度无法匹配企业急速成长的步伐，或企业的陈旧体制无法适应法律制度的变化时，就容易发生丑闻。

正如"2003 年是日本企业社会责任的元年"这一论断所说的那样，[31] "企业革命的浪潮"在当下正汹涌奔来，并且还将继续奔涌下去。如前文所述，在当今全球化、国际化的背景下，如何通过公司治理来实现对企业丑闻

[29] 高橋俊夫『コーポレート・ガバナンスの国際比較——米，英，独，仏，日の企業と経営』（2006・中央経済社）。

[30] 田口守一＝甲斐克則＝今井猛嘉＝白石賢編『企業犯罪とコンプライデンス・プログラム』（2007・商事法務）。

[31] 浜辺・前注 3，98 頁。

与法人犯罪的防范和处罚,不仅在当下的日本,在世界范围内也正成为一个 128
重要课题。

(二)公司治理与刑事规制的基本观点

公司治理绝非单凭法律(特别是刑事规制)就能实现。从研究结论来看,效仿澳大利亚采用硬法与软法相结合的模式是比较妥当的。

顺带一提,《商法》大幅修改后,2005 年颁布的《公司法》第 348 条第 3 款第 4 项规定了企业内部治理体系的完善义务,即“为确保董事履行职务符合法律、章程及其他为确保股份公司业务适当所必要的规定”,董事负有“依照法务省法令确立的制度,对企业体系进行完善”的义务。具体来说,根据《公司法施行细则》第 98 条第 1 项的规定,董事应就以下五点对企业体系进行完善:(1)与董事履行职责信息有关的保存及管理制度;(2)损失风险的管理规定及其他制度;(3)确保董事高效履行职责的制度;(4)确保员工履行职责符合法律及公司章程的制度;(5)确保该股份公司及其母公司和子公司组成的企业集团业务适当的制度。由此,公司治理与企业适法得以逐步在日本社会落地。

但是,要实现公司治理的目标,就必须为其配备各类与之关联的完备制度,并确保这些制度的有效性。尤其是作为一种典型的违法犯罪治理对策,刑事法这种硬法必须明确其介入法人犯罪治理的意义所在。在刑法上,关于是否应当普遍肯定法人的犯罪能力,存在很大争议。现行刑法坚持处罚个人的原则,对此问题持否定立场。但诸如法国、英国、荷兰、丹麦等,对此持肯定立场的国家也有很多,且最近学界持肯定立场的学者数量也在持续增加。不过,即使是在现行刑法的解释论下追究企业高管的刑事责任,充其量也只能在涉及特别背信罪(《公司法》第 960~962 条)时运用共犯理论或监督过失理论,或者适用各种行政处罚法规的双罚规定(从业人员发生犯罪行为时,对雇主或者法人进行处罚的规定),才可能实现对个人的追诉。以 129
上框架既是立法论上的课题,又是刑事法介入的意义与界限,有必要在刑法的基本原则——行为主义、罪刑法定主义、责任主义和法益保护的协调中进行探索。就个人观点而言，我认为在普遍肯定法人的犯罪能力并谋求立法化之前，需要再次确认在现行法中承担部分职能的双罚规定的意义，并应当把修正不足之处作为发展方向。

（三）《反垄断法》与《金融商品交易法》

以《反垄断法》及《金融商品交易法》为中心的规制体系，被期待能够发挥行政刑法的作用。

一方面，《反垄断法》以保障公平交易为目标，公平委则为实现该目标而进行各种规制和指导。近年来，作为打击串谋及垄断行为的手段，“课征金”的数额不断被提高，所谓的宽恕制度（课征金减免制度）也被一并引入。[32] 尽管该制度的效果还有待今后评估，但课征金作为一种新型行政规制手段，并非严格意义上的刑罚，其实际运用十分引人关注。此外，公平委的权限强化也是非常重要的问题点。特别是在素来被认为存在“串谋文化”的日本社会，尽管需要进一步探索其治本之策，但现实情况似乎正在发生重大变化。

另一方面，制定于 1948 年并被沿用多年的《证券交易法》，以“西武铁路案”“佳丽宝案”“活力门案”“村上基金案”等一系列大规模有价证券虚假陈述案件及财务造假案件为契机，于 2006 年 6 月依照《证券交易法》的修改草案的规定，正式被修正为《金融商品交易法》，并自 2007 年 9 月起施行。该法加大了处罚力度，修改了公开收购、大额持股的报告制度，并广泛引入了与有价证券报告书的记载内容有关的确认书及内部控制报告书制度、季度报告书制度、强化证券交易所独立性的制度等，堪称日本版的《SOX 法案》。[33] 然而，尽管该法强化信息公开并无不妥，加大处罚力度（该法第 197 条第 1 项第 1 号规定，提交虚假记载重要事项的有价证券申报书的，处 10 年以下有期徒刑或 1000 万日元以下罚金，或并科二者；第 207 条规定，发行者

[32] 原田和往「課徴金減免制度の法的性格」田口ほか編・前注 30,292 頁以下。

[33] 黒沼・前注 1,19 頁。

的代表人等就法人的财产或业务作虚假记载的，可根据双罚规定处 10 亿日元以下罚金）也被普遍认为符合提高控制力的期望，但也有商法学者认为， 130
“这样的处罚对于已经实施犯罪的人，不能给予其中止犯罪的奖励，反而可能会导致其因恐惧而采取隐瞒手段”[34]。此外，该法还根据包括内幕交易（该法第 197 条之二规定，处 5 年以下惩役或 500 万日元以下罚金，或并科二者；第 207 条规定，针对法人财产进行内幕交易的，对法人处 5 亿日元以下罚金）在内的违法行为的程度和样态，引入了课征金制度，从整体上显著提高了惩罚力度。但过度的制裁手段真的能够对整个体系发挥有效作用吗？对于这一点，有必要慎重观察。相反，为了防止过度处罚而建立有效的监测机制更为重要。鉴于此，赋予证券交易监督委员会（第 210 条以下）与公平委同等权限的改革方向更为妥当。

（四）适法程序的一般意义

此外，我还想对近年来因与公司治理关系密切而备受关注的企业适法程序进行论述。

有必要先明确适法程序的法律意义。进入 21 世纪以来，日本的社会结构似乎处于某种转型期。这种变化在行政组织、大学、医院、企业、体育界等随处可见。将这种转型简单归结为某种单纯的图式是困难的，硬要说的话，可以认为其正在向建设“高透明度的公平规则基础上的责任社会结构”的方向前进。特别是在同欧美企业的竞争中，随着全球化、跨国化活动规模不断扩大，大企业的构造改革就必须朝着这个方向前进。在这样的潮流中，日本的企业构造不得不从以往的“家长式企业体制”转向“高透明度的公平规则基础上的责任企业体制”。当前，呼吁更加重视适法程序及企业社会责任的必要性已是大势所趋。但是，究竟应当如何理解适法程序及企业社会责任的内容及其法律地位呢？其又会带来怎样的法律效果呢？从刑事法的角度
来看，其中包含了许多不容忽视的东西。 131

［34］　黑沼・前注 1,51 頁。

对适法程序问题造诣深厚的专家主张,适法程序通常被简单翻译为“遵守法令”,但事实并非如此。“适法的核心在于有组织地应对”“企业社会所要求的适法,指的是组织自主采取应对措施,而不是个人的课题,不应将其置于个人哲学的定位之中。”此外,“如果把适法理解为只需要遵守法令,不仅适法的含义将变得极不充分,而且连真正意义上的遵守法令也无法实现。如果只关注法令,那么就仅会追求形式逻辑上的契合,而不会遵循法令本来的目的开展活动,从而就会实施逃避法律规制的行为,更有甚者便会陷入‘只要不被发现就万事大吉’的思维方式”。总而言之,适法的对象不限于法律,还包括企业伦理、公司内部的各种规定及准则等内容。[35] 的确,法律绝非完美,法律规范仅是伦理规范的最低限度,如果仅将适法当作形式上的遵守法令,那么适法程序的主要目的便会被抹杀。归根结底,重要的是如何运用规则。从刑事法律角度考虑这个问题时,也需要对这一点加以注意。从刑事法律的角度来看,侵害原则固然重要,但更重要的是应当以行为主义、罪刑法定主义、责任主义等基本原理为前提,不能单纯地因为行为违反形式上的规则便施加处罚。[36]

最初在美国,适法程序也只是在限定的法律领域内发展,其效果也没有得到很高的评价,但近年来,随着适法程序被推广到更广泛的法律领域,其有效性便被寄予厚望。[37] 当然,具体来看,20 世纪 60 年代以来适法程序的法律意义也在不断变迁,特别是以 20 世纪 80 年代的内幕交易案等为契机,

132 适法程序的质与量都取得了很大发展。随着 1991 年《量刑指南》的法制化,一方面涉案企业会被处以高额罚金,另一方面企业在正确实施适法程序的情况下可以被适当降低罚金额,这也使适法的法律重要性得到提升。[38] 在

[35] 浜辺·前注 3,5-6 頁。

[36] 甲斐克則「コンプライアンス·プログラムと企業の刑事責任」田口ほか編·前注 30,106-108 頁,今井猛嘉「組織体の処罰——コンプライアンス·プログラムをめぐる議論を踏まえて」163 頁。

[37] 川崎友巳『企業の刑事責任』(2004·成文堂)226 頁。

[38] 川崎·前注 37,231 頁以下,特に235 頁以下。

现在的美国,虽然企业适法的具体内容因行业种类、规模、组织架构等各有不同,但是其大体上是在以下三点中得以完善和细化:(1)条文化指南的制定及运用;(2)实施项目的责任人及责任部门的设置;(3)发现违规行为时处理程序的完善。[39]

(五)适法程序的刑法意义

本问题主要讨论如何正确定位适法程序的刑法意义。适法程序与法人刑事责任的关系可以被分为以下四点:(1)"相当注意"的抗辩与适法程序的关系;(2)代位责任的成立要件与适法程序的关系;(3)起诉裁量及量刑与适法程序的关系;(4)民事责任与适法程序的关系。[40] 尽管美国与日本法律体系存在差异,但我仍会以此切入,从刑事法的视角出发,主要聚焦"相当注意"的抗辩与起诉裁量及量刑的问题,探求适法程序的刑法意义。

首先,对于"相当注意"的抗辩,美国也存在支持与反对两派观点,适法程序会成为抗辩的理由吗?就这个问题而言,一方面,一系列的调查表明,在适法程序上采取先进措施的企业与不采取先进措施的企业间存在巨大差异,这种差异在大小企业间或者是不同行业间也同样存在。即使是在大企业中,也不乏因为制定了流于表面的适法程序而自满的例子。另一方面,在接受调查的企业中,也有制定了细致的适法程序并且予以实施的例子。特别是那些与海外企业频繁交易的企业,其更能充分认识到适法程序的重要性。这些企业还会为推动适法程序发挥实际作用而建立监控系统,这一做 133
法十分引人关注。此外值得注意的是,为了让这些系统顺利运行,期待上层在意识层面改革的呼声也日益强烈。

无论如何,在这样良莠不齐的情况下,难以直接在法律意义层面赋予适法程序"相当注意"抗辩的效力。但是,如果这一点得以确立,那么就尤其会对过失犯注意义务的标准以及双罚规定下选任、监督义务的讨论产生影响。

[39] 川崎・前注 37,250 頁以下。

[40] 川崎・前注 37,265 頁以下。

因此,今后的问题就是应当确立什么样的适法程序。

我认为,适法程序的确立可以分为以下三个阶段[41]:

第一阶段,需要构建一套不论何种行业、任何企业都应当遵守的适法程序的共同框架。违反《日本刑法典》的行为自然不必多言,违反《反垄断法》的串谋行为或者违反《金融商品交易法》的内幕交易、财务造假等行为中情节较为严重的显然也构成犯罪。此外,虽尚不构成犯罪,但被行政机关严格规制的行为以及民事不法行为也应包含在内。另外,越是重视适法程序对关联企业活动的预防作用,就越需要制定详细的适法程序,因此可以预见的是,在构建适法程序的共同框架时,将会因为行业不同和企业规模大小不同而遇到相应困难。

第二阶段,一方面,考虑到企业所属行业、规模大小等特殊情况,可以向附加具有弹性的、分支性的适法程序的方向发展。例如,即使同属制造业,与国民健康深度关联的医药制造企业或健康食品制造企业和其他企业间也或多或少存在一些差异,媒体、出版、广播等企业以及金融、证券、保险相关企业也都有自身的独特之处。此外,即使是在所谓的风投企业中,经营时如果不考虑某种风险因素也可能无法开展活动。而且,当这种行为在以往的
134 法律框架内难以明确把握时,就尤其要考虑到这一点。另一方面,在跨国性企业活动国际化、全球化的浪潮中,不能抛开国际视角来考虑适法程序。不过,如果交易对象仅限于国内,便有必要对这一问题特别考虑。在这种情况下,就应当在设定"有没有可能制定一种适合日本本土企业文化的适法程序"这一问题时特别注意。尽管这一问题设定可能并无不妥,需要注意在"日本本土企业文化"中应当包含何种内容。这是因为有观点担忧"如果过分夸大仅适用于日本的东西,坚持日本本土企业文化理论,那么就会歪曲适法程序的本质",对此,我认为没有必要过分担心。重要的是,有必要对"日本本土企业文化"进行提炼,归纳出能够最大限度融入适法程序的部分。

[41] 甲斐·前注 36,109 頁以下。

第三阶段，基于以上两点，还可以进一步在企业内部构建包含个别规则的、更加细致的适法程序。它可以是“社风”、“社训”或是企业伦理，也可能包括员工礼仪、行为准则等内容，但这些内容已经超出了法律框架。

无论如何，如果充分考虑以上三个阶段，便极有可能构建出具有实质内容的“富有灵魂”的适法程序。因此，适法程序既包括在法律层面具有重要意义的内容，也包括法律层面以外的内容（应交由企业伦理调整）。即使是在具有重要法律意义的内容中，除与防范法人犯罪密切相关的内容外，也还包括与之关联并不那么紧密的内容（应交由行政规制及民事规制调整）。

（六）量刑问题

基于以上前提，起诉裁量及量刑与适法程序的关系也在一定意义上明确了。如果已经像美国 1991 年《量刑指南》那样制定了完备的规则，应当承 135
认其积极意义，但即使没有，在特定情况下需要适用时也应当充分考虑。这与前述“相当注意”的问题同样存在联系。在企业已经制定了符合实质的适法程序时，便可以在对其的起诉裁量或量刑中有所反映。日本最近一次修订《反垄断法》时（2005 年），不仅大幅提高了课征金的数额，还确立了所谓的“宽恕”（课征金减免）制度，在符合法定要件（违法经营者主动申报违法事实等）的情形下，对于介入调查前主动申报的前三家企业分别免除、减免 50%、减免 30%课征金，对于介入调查后主动申报的企业最多减免不超过 30%课征金。尽管课征金并非刑罚，但这种制度的引入对于今后的起诉裁量及量刑将产生微妙的影响。

四、适法程序与企业刑事责任

（一）适法程序的三大功能

基于上述讨论，下面要深入探讨的是适法程序与企业刑事责任的关系问题。理论上认为，适法程序在刑法意义上具有三大功能：一是能够实现法律上的正当化或阻却违法性；二是能够免责或阻却责任；三是能够免于追诉或免除刑罚。如果将这些功能混为一谈,就可能会产生“只要制定适法程序就万事大吉”的错误认识。

(二)适法程序的正当化功能

首先,要考虑的是适法程序发挥正当化功能的情形。这主要适用于企业活动构成《日本刑法典》第 35 条正当业务行为的情形。例如,保安公司员工在遵守严格的适法程序的情况下,因保安业务行为造成财产损失和人身
136 伤害。又如,航空公司飞行员、海运公司船长在遵守严格的适法程序的情况下,在运行过程中遭遇了难以预测的危险,为避免重大损害而不得不造成一定的损害结果,如果此种应对措施符合适法程序的要求,便可以根据《日本刑法典》第 37 条第 1 项紧急避险的规定使之正当化。此外,就大众媒体报道与毁损名誉罪的关系而言,如果该报道是在符合适法程序的基础上而进行充分采访,那么适法程序就有可能会发挥正当化功能。

适法程序还可能对过失犯的成立与否产生影响。特别是在采用违法性阶层考虑过失犯本质的观点(新过失论)时,适法程序可能被作为客观的注意义务基准。假设因企业活动而发生了人身损害事故,在遵守了一定适法程序的情形下,正当化功能便存在发挥作用的空间。但是如后文所述,我主张将过失放在责任阶层考虑(旧过失论),因此将在免责功能部分讨论这个问题。

(三)适法程序的免责功能

其次,要考虑的是适法程序发挥免责功能的情形。

在故意犯的情形下,公司高管、董事、中层及员工分别构成什么违法行为呢？这里涉及的是违法性的认识问题。例如,本以为是遵守严格的适法程序的要求而开展营业活动,结果却因未能及时了解最新信息而给公司造成损害时,在符合“违法性认识错误”(《日本刑法典》第 38 条第 3 项)的“相当理由”时,便可能因此免于追究责任。如果不存在此种情况,那么董事会在了解情况的基础上共同作出决策时,原则上就应成立共同正犯(含共谋共

同正犯)或教唆犯,有时可成立间接正犯。又如,尽管各公司都有"禁止串谋"的适法要求,但如果越过公司与关联企业中担任要职者交流通谋,除极端例外情形,单纯主张"不知道这种交流构成通谋"的一般不能构成有效抗辩,至少也会被认定为存在"未必故意",从而最终可能成立共同正犯。 137

就犯罪而言,除故意犯罪外,还应考虑过失犯罪的情形。对于过失犯罪,有观点认为应当部分承认英美法上接近于"结果责任"的"严格责任"(strict liability),但我认为,既然事实上自然人不得不参与到企业活动中去,那么就应当以责任主义、责任原理为根本来考虑企业的刑事责任。[42] 在过失犯中,特别是在监督过失的情形中认定违反注意义务时(包括管理、监督过失的问题),有观点认为应将适法程序作为客观注意义务的内容进行理解(新过失论或恐惧感说)。例如,在酒店、百货商店等场所发生大规模火灾并造成大量人员伤亡时,如果将疏散指导演练、防火设施整备等《消防法》及《建筑基准法》上的义务作为适法程序的一环,那么往往就会认为仅凭前述义务是否得到履行,就足以认定经营者等具有管理权限的人或其选任的防火管理者(《消防法》第8条)是否构成过失犯罪。但是,我以为这仅是一种参考,在限定行为主体的情况下,应当深入行为人的主观内容对违反注意义务进行个别考察,以具体的预见可能性为基准在责任阶层进行判断。

当下围绕这一点的讨论集中于所谓的刑事产品责任。[43] 最近在日本,消费者因使用企业制造并销售的缺陷产品而发生人身事故时,对于该企业或相关人员能否追究刑事责任的争论日益高涨。理论上,这个问题主要与刑事过失责任中的监督过失论密切相关,但同时也与典型的监督过失论有所区别,即并不一定要求从业人员的过失行为介入其中。但在行为人不能被称为"直接过失者"这一问题上,以及在实行行为性和预见可能性的认定

---

[42] 甲斐克則『責任原理と過失犯論』(2005・成文堂)1頁以下、95頁以下、155頁以下。

[43] 甲斐克則「欠に製品の製造・販売と刑事過失」『神山敏雄先生古稀祝賀論文集第1巻 過失犯論・不作為犯論・共犯論』(2006・成文堂)157頁以下,北川佳世子「欠陥製品回収義務と刑事責任——市販後の製品回収義務の根拠をめぐるわが国の議論」181頁以下,『欠陥製品と企業の刑事責任』甲斐克則編『企業活動と刑事規制』(2008・日本評論社)第10章。

难题上，其又与监督过失论存在共同点。各企业在制造和销售缺陷产品的
138 过程中经过了怎样的决策，售后召回制度又是什么样的等，应将这些内容与适法程序结合在一起反复推敲，以此对具体案件中的因果关系、具体的预见可能性及注意义务的违反等作出认定。即使制定了完善的适法程序，也有可能发生事故。因此在认定过失责任时，适法程序可以作为参考，但并不一定起决定性的作用，关键还在于如何运用。

此外，日本的特别刑法（如《与处罚危害人体健康的公害犯罪相关的法律》第 4 条）及行政刑法（如《水污染防止法》第 34 条）中都有双罚规定。在从业人员因故意或过失行为构成犯罪时，除处罚作为直接行为人的从业人员外，还要对法人或者法定代表人（企业主）进行处罚。此外，根据通说及判例，在判断企业主对从业人员是否尽到了充分的选任、监督义务时，一般采用过失推定说的观点（最高裁判所 1957 年 11 月 27 日判决，刑事判例集 11 卷 12 号 3113 页），即推定企业主对行为人进行选任、监督或为了防止其他违法行为时，未充分履行必要的注意义务，存在相应过失。换言之，如果企业主一方不能证明其在选任、监督从业人员时履行了前述注意义务，就要受到处罚。在这一过程中，如果企业主能够证明其认真制定了适法程序并付诸实施，那么就有可能成为推翻过失推定的证据。

总之，无论是故意犯罪还是过失犯罪，企业事故及法人犯罪都绝非突然发生的，一定存在某种具体的危险征兆。事故或犯罪发生前都暗含着若干危险，这些危险日积月累便酿成了大事故，故意犯罪亦是如此。如果在适法程序中充分反映了对这些事前风险的应对，即使不具有决定性作用，也可作为主张免责时有力的判断依据。

（四）适法程序的免于追诉功能及免除刑罚功能

最后，对适法程序的免于追诉功能、免除刑罚功能以及减轻刑罚功能作简要论述。

139 美国的 1991 年《量刑指南》与适法程序存在紧密联系。具体来说，根据

其规定,“刑罚加重的要素包括(1)管理层参与,(2)犯罪前科,(3)妨碍侦查;刑罚减轻的要素包括(1)运行有效的抑制违法行为的程序,(2)自首,(3)配合侦查,(4)坦白犯罪行为。其中刑罚减轻要素的第一项包含七个步骤,如果认真执行这些步骤并得到认定就可以减轻刑罚。这些步骤被统称为‘适法程序’”。[44] 这七个步骤分别是:(1)为防止犯罪,制定了合理的适法标准与程序;(2)选任高管担任该适法标准与程序实施的监督责任人;(3)委托让渡权限时审慎考量;(4)对必要的标准和程序开展培训使其众所周知;(5)建立监查制度、报告制度;(6)建立对违规行为进行惩戒等的强制制度;(7)为防止类似丑闻再次发生采取必要措施并对程序重新评估。如果将日本今后的法人犯罪也作为企业制度上的犯罪进行考量,并以财产刑为刑罚中心,那么这一规定将具有很大的参考价值。但是,如果要将个人视为法人犯罪下的行为主体,并参考前述规定进行处理,那么或许就有必要考虑《日本刑法典》第66条(酌量减轻)等,对《日本刑法典》进行若干修改。

五、结论

最后值得强调的是,刑事规制天然有其界限,有必要考虑采用替代手段或者补充手段,而不是滥用刑罚应对所有问题。加重刑罚就能够解决问题吗?还是说,加重作为刑罚替代手段的课征金就能解决?更进一步,是否应该改革现行刑罚制度引入新型刑罚?关于这些问题,今后都需要进一步的探讨。但目前的结论是,规制法人犯罪及企业越轨行为,应当坚持刑事制裁与行政制裁(或者自主规制)的平衡并双管齐下。正如在《反垄断法》修改时引入此前广泛讨论的“宽恕制度”那样,新制度的引入能够取得最佳效果。

此外,还有必要指出企业组织内部应对措施的局限。尽管设置热线电话或者咨询电话等的企业在不断增加,《公益举报人保护法》也已经制定,但 *140*

[44] 浜辺·前注3,58-59頁。

想要取得预期成效，还需要下更多功夫。为了促进真正意义上的企业自律，应当在必要范围内引入外部监督，保持良好的“内外通风”。实际上，已有企业引入了此种制度。不过在这种情况下，为避免这种制度流于形式，关键在于发挥自律的监控功能。对于这一问题，加强企业间的交流合作不失为一个好思路。

另一个重要问题则是关于经营者的责任问题，特别是应当如何检查经营者的越界行为。当然，经营者责任多种多样。经营者实施犯罪行为时首先应由司法机关事后裁决，但刑法主要承担的是事后检查功能，而一旦经营者犯罪，其对企业造成的损害以及对公司员工造成的影响将不可估量。对于独断体制的企业而言，如果不采取适当的“富有灵魂”的适法程序，就无法实现事前检查。因此，“上层意识改革”是当前悬而未决的最大事项。

对此，可以考虑由行政机关发挥作用。我在企业问卷调查及采访中的一大感触是，主管部门（经济产业省，有时是金融厅）的行政指导以及公平委的劝告等实际上发挥了相当大的作用。在“任何人都会犯错”的前提下，[45]不妨展望建立一套探查制度，在大型事故或者大规模犯罪发生前，探查处于小错误阶段的问题，将其与公益举报人保护制度相结合，并与行政机关形成联动协作。就刑法而言，即使不能减少故意犯罪，至少也可以期待过失犯罪的减少，从而减少大型事故的发生。

对于完善法律，行政机关的努力固然重要，但在规制趋于缓和的潮流中，也必须对行政干预过度保持高度警惕，当然行政机关也对成本的过度增加持消极态度，反而应当认识到其人力物力上天然的有限性。综合考虑上述原因，如果要寻求额外且有效的规制，应当构建一套由行政机关承担检查
141 职能的体系，以此来监督企业是否完成了自查。[46] 尽管这属于间接的检查，但相较于在小错误阶段就直接由行政机关介入，无论是在尊重企业的自

[45] L. コーン/J. コリガン/M. ドナルドソン编 · 米国医療の質委員会/医学研究所著（医学ジャーナリスト協会訳）『人は誰でも間違える』（2000 · 日本評論社）。

[46] 白石賢『企業犯罪 · 不祥事の法政策』（2007 · 成文堂）。

主性上，还是从行政成本花费来说，其都是更为有效的手段。通过这样的方式，虽然难以杜绝企业丑闻，但是可以尽可能减少犯罪性较强的违法行为。如果能将这样的制度纳入适法程序之中，那么就可以期待公司治理水平实现一定程度的提升。与此同时，企业社会责任就也一并实现了。

第八章　企业的适法程序与刑事制裁*

145 ## 一、前言——迄今为止的研究经过

(一)以企业问卷调查为出发点

本章将对"企业的适法程序与刑事制裁"的有关内容进行论述,在进入正题之前,我想先阐述一下迄今为止的项目研究经过。本章的内容也是源自这个项目的研究。

2003年以早稻田大学"21世纪COE项目""企业社会的变化和法律系统的创造"为基础,所长上村达男创立的"企业法制与法律创造"综合研究所刑事法小组的活动开始了。作为其中的一环,2004年10月,该小组与内阁府经济社会综合研究所联手,在财团法人商事法务的帮助下对企业进行了问卷调查。以"关于企业的社会责任、适法等的问卷调查"为题目的问卷在约3100家上市企业中得到了942家的回答。这个调查在世界上为首次,其回收率已相当高。之后到了2004年11月,在分析上述问卷的基础上,"企业法制与法律创造"综合研究所召开了名为"COE研讨会:企业的社会责任——寻求构筑新的法律系统"的国内研讨会。会上,刑事法学者和企业法

---

* 「企業のコンプライアンス・プログラムと刑事制裁」田口守一=松澤伸=今井猛嘉=細田孝一=池辺吉博=甲斐克則著『刑法は企業活動に介入すべきか』(2010・成文堂)。

务人员作为小组成员进行了坦率的意见交换,会议内容相当丰富,各方进行了激烈的讨论。另外,2004 年 12 月,刑事法小组从参与问卷调查的企业中选定 12 家企业实施了访问访谈调查。这些研究成果作为田口守一、甲斐克则、今井猛嘉、白石贤编的《法人犯罪与适法程序》(2007 年 · 商事法务)得以出版发行,该书获得了很高的评价。 146

(二)法人犯罪国际研讨会与各国或地区调查

在上述调查研究的基础上,2005 年 10 月,题为"企业的法律责任与适法程序"的法人犯罪国际研讨会得以召开。在这个国际研讨会上,德国的马克斯 · 普朗克外国和国际刑法研究所所长乌尔里希 · 齐白(Ulrich Sieber)教授、德国西门子公司副总裁兼律师阿尔布雷希特 · 舍费尔(Albrecht Schafer)、美国律师丹尼尔 · 普莱纳(Daniel Plaine)等人与日本方面的刑事法学者和企业法务人员进行了专题讨论。在这个研讨会上,我们了解了适法程序发源地美国的情况,以及与日本一样受美国深刻影响的德国的发展情况,并且通过各方对企业适法程序与刑事规制理想状态的激烈讨论,找到了一定的方向。

从 2006 年 9 月开始,早稻田大学和内阁府经济社会综合研究所开展了为期约半年的"关于各国和地区高质量经济设计的法律法规和企业适法状况的调查研究"的联合研究(代表:甲斐克则)。这是一个国际调查研究项目,内容包括美国、英国、德国、欧盟、法国、意大利、荷兰、丹麦、瑞典和澳大利亚的法人犯罪、适法程序以及公司治理和刑事法规。这次研究取得了非常有益的成果,包括之前的国际研讨会在内,甲斐克则、田口守一编著的《企业活动与刑事规制的国际动向》(2008 年 · 信山社)得以公开发行,该书同样获得了很高的评价。

另外,包括国内法研究在内,作为整个"21 世纪 COE 项目"刑事法小组的研究成果,甲斐克则编著的《企业活动与刑事规制》(2008 年 · 日本评论社)正式出版。由此,我们对 5 年来的项目研究有了一个大致的总结。 147

（三）新的各国调查

2008年以后，早稻田大学“21世纪COE项目”“成熟市民社会型企业法制的创造”项目中的刑事法小组设立了新的调查研究项目，大体上分为国内法制研究小组和海外调查研究小组进行研究活动。这里首先就海外的调查情况略作阐述。

之前我们开展的关于企业适法的国内调查在海外也引起了关注。德国的马克斯·普朗克外国和国际刑法研究所所长乌尔里希·齐白教授也对此表示了浓厚的兴趣。2008年11月，我访问了位于弗莱堡的该研究所。2009年3月，除齐白教授外，汉斯·格奥尔格科赫博士、马克·恩格尔哈特（Marc Engelhart）博士也来到早稻田大学，就德国的调查等交换了意见。经过几次交涉，双方就对包括德国在内的几个国家的企业适法制度和刑事法规进行调查并开展比较研究建立了合作机制。另外在田口守一教授的关照下，意大利的研究工作也将以罗马第三大学的莫罗·卡特纳奇（Mauro Catenacci）教授为中心开展。

目前关于中国的调查已经完成。最近，取得显著经济增长的中国也对企业的社会责任以及企业适法程序和刑事规制问题非常关注。在内阁府经济社会综合研究所的赞助下，早稻田大学和中国社会科学院共同进行了研究。作为研究的一部分，我们将制作的问卷根据中国的情况进行了一些修改，并由中国社会科学院亚洲法研究中心的田禾教授牵头，实施了首次大规模的企业调查。调查工作于近期刚刚结束，我们将对提交的报告进行进一步的详细分析和提炼，并计划在中国和日本发表分析结果。2009年11月，我访问了位于北京的中国社会科学院，确认了包括实际情况在内的调查成果。正因为是举世瞩目的中国企业动向，这次的调查很有意义。预计之后会对结果进行发表，并与德国和意大利的实际情况调查一起进行比较讨论。

此外，关于英国、美国及澳大利亚的调查也已根据实际情况开展，不幸

的是由于2011年3月11日东日本发生大地震,原定于2011年以这些研究 148
结果为基础召开的国际研讨会未能顺利召开。

基于以上情况,以下我将概述欧美各国关于企业适法程序和刑事规制的发展趋势,并以日本企业适法程序的刑法理论意义和实践意义为中心进行阐述。

二、欧美企业适法程序和刑事管制

(一)美国

先对美国的情况进行概述。美国作为经济大国,先后发生了以安然(enron)案为代表的10余起不同类型的大规模法人犯罪。美国为了克服这一问题,建立了包含刑事规制在内的制裁体系及适法程序,在世界范围内也具有莫大的影响力。据熟知美国法律制度及实际情况的川崎友巳教授介绍,[1]自20世纪80年代中期以来,在美国联邦层面,法学界对于刑罚观的主流是更加重视罪犯的改过自新,在立场上从实现回归社会(rehabilitation)转向追求适当报应(just desert),对罪犯的待遇从医疗模式(medical model)转向正义模式(justice model)。在此背景下,联邦引入了以量刑公正化为主要目的的量刑指南,即1991年《量刑指南》。该量刑指南不仅是为了实现企业等组织体量刑的统一化,还在此基础上增加了企业缓刑等内容。其中,美国企业为履行社会责任而建立的适法程序是否得到实施,在定罪量刑时具有关键作用[2]。 149

最初适法程序在美国只是在限定的法律领域内发展,其效果也没有得到很高的评价,但近年来随着适法程序被推广到更广泛的法律领域,其有效性也被寄予了很高的期望。[3] 当然,具体来看,20世纪60年代以来适法程

[1] 川崎友巳「アメリカ合衆国における企業犯罪の実態と企業犯罪への刑法上の対応」甲斐克則＝田口守一編『企業活動と刑事規制の国際動向』(2008・信山社)31-32頁。

[2] 川崎友巳『企業の刑事責任』(2004・成文堂)225頁以下,特に227頁以下。

[3] 川崎・前注2,226頁。

序的法律意义在不断变迁,特别是20世纪80年代以来以限制内幕交易等为契机,适法程序的质与量都取得了很大发展。随着1991年《量刑指南》的法制化,一方面违规企业被处以高额罚金,另一方面对于正确实施适法程序的企业可以适当降低其罚款额,使适法程序的法律分量得到提升。[4] 在现在的美国,虽然企业适法的具体内容因行业种类、规模、组织架构等各有不同,但是大体可以在以下三点[5]中得以完善和细化:(1)条文化指南的制定及运用;(2)实施项目的责任人及责任部门的设置;(3)发现违规行为时处理程序的完善。

尤其值得注意的是,以2000年曾参与安然案的会计审计法人安达信案[6]为契机,针对企业的审计功能也得到了重视。美国的这些制度以及被认为极为严格的《SOX法案》对发达国家的公司治理产生了巨大影响。[7] 尽管如此,但从2008年年末开始的以雷曼公司倒闭为代表的美国经济危机席卷了整个世界,这使适法程序的真正意义再次被质疑。

另外,上述1991年《量刑指南》的颁布对美国法人犯罪的量刑也产生了影响。对此问题造诣很深的原同事滨边阳一郎律师向我们列举了对法人犯罪加重刑罚的要素,即(1)是否有经营层的参与,(2)此前是否存在犯罪记录,(3)是否存在妨碍调查的行为;又列举了减轻刑罚的要素,即(1)企业是否有效地执行抑制违反法令的程序(7个步骤),(2)是否有自我申告的行为(自首),(3)是否积极配合调查,(4)是否有对于犯罪行为的如实供述。[8] 其中上述"7个步骤"分别是:(1)为防止犯罪而制定合理的适法标准和程
150 序,(2)选任负责监督该标准和程序的高级任职人员,(3)授权时的考虑和注意,(4)对标准和程序进行的必要的研究和彻底告知(沟通),(5)监察和报

[4] 川崎・前注2,231頁以下,特に235頁以下。

[5] 川崎・前注2,250頁以下。

[6] 荻野貴史「証拠隠滅等説得罪の主観的要件——Arthur Andersen LLP v. United States, 544 U.S. 696(2005)」比較法学40巻2号(2007)339頁以下。

[7] 甲斐=田口編・前注1『企業活動と刑事規制の国際動向』第1部の諸論文および同書第2部の国際シンポジウムの記録。

[8] 浜辺陽一郎《『コンプライアンスの考え方』(2005・中央公論新社)58-59頁。

告系统的确立,(6)对违反规则的惩戒等的强制系统,(7)为了防止类似丑闻再次发生的适当应对和对程序的重新审视。[9] 如果将日本今后的法人犯罪作为企业系统上的犯罪,并以财产刑为中心来考虑,这一观点将很有参考价值。

(二)英国

接下来概述一下英国的适法程序和刑事法规。据精通英国此类问题的今井猛嘉教授介绍,在英国,自 1987 年自由先驱号翻船导致 192 人死亡的事故发生后,其法人犯过失杀人罪、故意杀人罪的问题引起广泛关注。截至目前已有 34 起案件被起诉,其中 7 起被认定有罪,其对企业活动衍生犯罪的严厉态度可见一斑。然而,正如低下的有罪率所反映的那样,有观点指出,所谓的"同一性理论"存在明显局限。[10] 换言之,小规模企业暂且不论,有理由认为"在现代大企业中,不同层级的员工共同参与决策的现象十分常见,难以将某一个人与该公司等同视之"。因此,不如倾向于适用 1974 年颁布的《劳动安全卫生法》。但从实际追诉率来看,死亡案件仅有约 20%、重伤害案件仅有约 1%受到追诉,这使该倾向由于未能正确评价企业责任的重大性而受到批评。于是,1996 年英国法律委员会对于"法人杀人罪"的新设提案,2000 年政府关于"企业过失杀人罪"的咨询文件,以及 2005 年政府提出的"法人过失杀人罪"等提案陆续推出。[11]

2007 年 7 月 26 日,《企业过失致死罪法》(Corporate Manslaughter and Corporate Homicide Act 2007)提案获得了通过。[12] 该法规定"本邦将普通法犯罪——重大过失导致的故意杀人罪:重大过失致死罪——与法人之间 151
的关系予以废止,对法人适用新设立的法人故意杀人罪"。[13] 该法的具体

[9] 浜辺·前注 8,59 頁。

[10] 今井猛嘉「イギリスにおける法人処罰——その概観」,甲斐=田口編·前注 1『企業活動と刑事規制の国際動向』69-70 頁。

[11] 今井·前注 10,71 頁以下。

[12] 岡久慶「英国における企業の致死事件における刑事処罰の拡大」外国立法 234 号(2007)237 頁以下,今井猛嘉「イギリスにおける法人処罰——2007 年法人故殺法——」法学志林 106 巻 3 号(2009)145 頁以下。

[13] 今井·前注 10,148 頁。

内容是,组织体违反注意义务(第2~7条规定,与过失引起的故意杀人罪的前提注意义务的内容相同)而致人死亡时,对组织体处以罚款、矫正命令或公布命令等刑罚。这个法案可以说是英国截至目前对于此类问题讨论的总体回应,但该法案(包括实效性在内)是否妥当还有待研究。

另外,英国很早以前就有《劳动安全卫生法》,这一法案一直被灵活运用,但由于其罚款金额相比美国没有那么高而受到了批评。[14] 从提高罚款金额等应对的结果来看,作为针对企业活动的规制系统,安全卫生局所采取的措施虽存在局限,但足以确保劳动现场的安全卫生,从这点来看有必要予以重新评价。

或许是由于英国以彻底的个人责任与自我规制为原则,英国社会对于威胁个人与社会秩序安全的犯罪极其敏感。与此相对,对于白领犯罪及经济犯罪的感受则不是那么强烈。但是,因为对于金融、证券市场的犯罪及其调查、追诉,以及对于滥用市场支配地位行为(market abuse)的制裁金发挥了重要的作用,所以刑法在对不当行为的防止、制裁上具有重要意义。具体来说,《金融服务及市场法》在打击金融犯罪的过程中发挥了核心作用。另外,金融犯罪打击机关的独特之处在于侦查和追诉机关并立。根据1985年《犯罪起诉法》的规定,皇家检察署拥有追诉的权力,但英国金融服务管理局仍起着核心作用。[15] 此外,英国贸易与工业部有权对包括内幕交易在内的公司犯罪进行调查,严重欺诈办公室也对严重欺诈等金融、证券犯罪享有侦查、追诉权。但作为刑事案件,《金融服务及市场法》实施前有 Sounders 案,该法实施后仅有2004年的 AIT 案一起。该法的制裁方式则是以灵活运用
152 罚金和公开披露违法实施为特点。[16]

---

[14] 遠谷洋平「生命・身体に危険を及ぼす企業活動の刑事的規制に関する一考察——イギリスにおける1974年労働安全衛生法を中心として——」,甲斐=田口編・前注1『企業活動と刑事規制の国際動向』(2008・信山社)49頁以下。

[15] 田中利彦「イギリスの金融・証券市場における犯罪の規制」,甲斐=田口編・前注1『企業活動と刑事規制の国際動向』(2008・信山社)79頁以下。

[16] 田中・前注15,99頁以下。

由此可见,英国规制系统的突出特点是,相较于事后制裁,更加重视监督部门灵活运用事前预防手段,高效配置、利用较少的行政资源,确保金融商品市场以及交易的公正,从而实现对消费者的保护,这一点与美国差异明显。

(三)德国

在大陆法系代表国家德国,由于20世纪90年代的施耐德公司案、巴尔扎姆公司案、德国金属公司案等企业丑闻接连发生,公众对于公司监事会计、审计功能的发挥提出了疑问。近年来,德国关于对法人犯罪进行制裁的讨论十分激烈,特别是在与企业并购相关的曼内斯曼案(Mannesmann Fall)和与行贿相关的西门子案(Siemens Fall)发生后。

曼内斯曼案指英国沃达丰手机公司恶意收购德国曼内斯曼公司时,曼内斯曼公司的监事和董事被支付高额的功劳金和退休金,这是一个导致相关人员被追究背信罪(《德国刑法典》第266条)及其从犯的案件。[17] 本案一直诉讼到联邦普通法院,2005年12月21日,联邦普通法院推翻一审无罪判决,发回杜塞尔多夫地方法院审理。之后到2006年11月24日,在辩护方和检方同意支付580万欧元并终止诉讼程序的基础上双方达成和解,案件就此了结。这一案件虽不了了之,但却为围绕德国公司治理和法人犯罪的讨论提供了很大的契机。

此后,德国逐渐引入了企业适法程序,但作为其先锋的德国代表性企业西门子公司却出事了。在全世界约190个国家开展业务的西门子公司为了获得订单,直到2007年,一直向官方机构及合同对方行贿。[18] 德国和美国对此次事件进行了调查,德国方面对西门子公司处以2亿5000万欧元的罚

[17] 神例康博「ドイツにおける企業活動の適正ルール形成のための法制度——特に制裁システムの現状——」甲斐＝田口編・前注1『企業活動と刑事規制の国際動向』107頁以下,正井章筰「企業買収における経営者への功労金の支払い——マンネスマン訴訟に見るドイツのコーポレート・ガバナンスと刑事司法制度——」早稲田法学82巻3号(2007)59頁以下。

[18] 早稲田大学での講演訳であるマルク・エンゲルハルト(武藤貞朗译)「コンプライアンス・プログラムを特に顧慮したドイツおよびアメリカ合衆国における企業の制裁」季刊・企業と法創造6巻1号(2009)148頁以下。

款,该公司还接受了 3 亿 9500 万欧元的罚款。美国也对该公司处以 4 亿
153 5000 万美元的罚款和 3 亿 5000 万美元的证券交易委员会的民事制裁。西门子副总裁兼律师阿尔布雷希特·舍费尔曾在我们的法人犯罪国际研讨会(2005 年)上自信地介绍了西门子公司的适法体系。[19] 我本人也在得知这件事之后感到十分震惊,并逐渐意识到真正落实企业适法制度并非易事。

就针对法人犯罪的制裁体系而言,由于德国不承认法人的一般犯罪能力,因而虽有《德国刑法典》及《有价证券法》等特别刑法,但对于企业的违法行为仍主要以《违反秩序法》为中心实行与固有刑罚不同的、单独的罚款,特别是该法第 130 条关于违反监督义务的规定更是引人注目。《违反秩序法》除实体法部分外,还包括法人犯罪及经济犯罪侦查在内的程序,其中罚款程序与刑事程序的关系同样耐人寻味。特别是作为起诉法定主义国家,德国在刑事制裁的前提下采取起诉便宜主义,通过刑事程序外的制裁(应当实施或遵守的事项)处理案件,或者在上述手段不具有可行性的情况下进行行政处罚(罚款),从这一点可见德国的改革力度之大。[20] 此外,德国公司治理的核心是 2002 年 8 月公布的《公司治理准则》,该软法在不断地修改之后具体规定了董事及监事应尽的义务。在欧盟各成员国普遍对法人犯罪进行一般性处罚的潮流之中,德国坚持自我并采取多样化的制裁手段,这种“孤军奋战”的姿态反而给人以耳目一新之感。

不过,针对德国对法人犯罪的限制,近年来开始有人提出应该积极地将企业适法法引入刑法理论。乌尔里希·齐白教授的主张[21] 和阿尔布雷希

[19] 甲斐=田口編・前注 1『企業活動と刑事規制の国際動向』349 頁以下。

[20] 田口守一「ドイツにおける企業犯罪と秩序違反法」甲斐=田口編・前注 1『企業活動と刑事規制の国際動向』157 頁以下。

[21] *Ulrich Sieber*, Compliance - Programme im Unternehmensstrafrecht. Ein neues Konzept zur Kontrolle von Wirtschaftskriminarität, in Ulrich Sieber u. a. (Hrsg.), Festschrift für Klaus Tiedemann zum 70. Geburtstag, 2008, S. 449ff. 邦訳として,ウルリッヒ・ズィーバー(甲斐克則=小野上真也=荻野貴史訳)「企業刑法におけるコンプライアンス・プログラム——経済犯の統制のための新構想——」120 頁以下[ウルリッヒ・ズィーバー(甲斐克則=田口守一監訳)『21 世刑法学への挑戦——グローバル化情報社会とリスク社会の中で——』(2012・成文堂)309 頁以下]。

特・舍费尔律师的主张[22]中都有这种倾向,其详细内容将另行论述。此外,也有人主张应将法人犯罪纳入刑法典。因此,包括这些动向在内,有必要对德国今后的发展加以关注。 154

(四)澳大利亚

在英国法域圈内,澳大利亚有着独立的发展。2001 年,该国在其 1995 年刑法中引入了法人处罚规定,该规定的一大特点[23]是在刑法中直接引入了企业文化及法人文化的独特概念,在承认组织体具有主观故意的基础上对法人进行处罚。根据 2006 年的实地调查,实际适用这一规定的情况并不多。这项规定在实践中如何适用以及今后的运用都值得关注。

根据 2006 年的实地调查,澳大利亚以堪比美国安然案的 2001 年 HIH 案为契机进行了公司治理的制度改革。尽管仍处于英国法域圈内,但澳大利亚却通过硬法与软法的有机结合构筑独特的规制系统,实现了在制度改革上对英国的超越。[24] 特别是澳大利亚于 2004 年颁布的《企业法经济改革程序法》,该法从会计审计法人的独立与责任、财务报告、信息披露、高管薪酬、利害关系人参与和利益冲突管理等方面启动改革。由澳大利亚证券交易所及证券和投资委员会在职能活动中发挥核心作用,澳大利亚竞争与消费者委员会与之联动,企业及市场咨询委员会提出有益意见、建议等,这些措施都可供参考。但是还需要注意的是,2009 年 5 月我们研究项目招聘的悉尼的威廉・J. 比沃斯(William J. Beerworth)律师表示,最近几年由于限制过于严格,想成为企业管理人员的人正在减少。

[22] マルク・エンゲルハルト(武藤訳)・前注 21,季刊・企業と法創造 6 巻 1 号 148 頁以下。

[23] 樋口亮介「オーストラリアの法人処罰」甲斐＝田口編・前注 1『企業活動と刑事規制の国際動向』225 頁以下。

[24] 甲斐克則「オーストラリアにおける企業活動の規制システム」甲斐＝田口編・前注 1『企業活動と刑事規制の国際動向』255 頁以下。

三、日本的适法程序和刑事规制

(一)公司治理与刑事规制

基于以上国际动向,我们来讨论日本的企业适法程序和刑事规制问题。

155 进入21世纪以来,日本企业的公司治理意识日益提高,2003年以后尤为显著。企业丑闻特别是法人犯罪发生时,会给社会带来巨大不安,还会给市场经济带来大的影响,甚至会对国民的生命、健康、财产造成具体危害,这种意识的变化正是源于企业的亲身经历。无论是国内还是国外,当法律制度跟不上企业急速成长的步伐,或者企业的陈旧体制跟不上法律制度的变化时,就容易发生丑闻。

公司治理绝非单凭法律(特别是刑事规制)就能实现。从研究结论而言,像澳大利亚那样硬法与软法相结合的类型是比较妥当的。

2005年,因《商法》大幅度修改而诞生的《公司法》第348条第4项规定了企业内部治理制度的完善,即"为确保董事职务履行符合法律、章程规定以及其他股份公司业务的适当性",规定董事负有"对根据法务省法令确立的制度进行必要完善"的义务。具体来说,根据《公司法施行细则》第98条第1项的规定,有以下五点:(1)董事履行职责情况的保存及管理制度;(2)损失风险管理的规定及制度;(3)确保董事高效履行职责的制度;(4)确保员工履行职责符合法律及公司章程的制度;(5)确保该股份公司及其母公司和子公司组成的企业集团业务适当的制度。由此,公司治理与企业适法制度得以逐步在日本社会落地。

但要真正实现这一目标,确保与之密切相关的各种规制的完善、富有实效是不可或缺的。特别是刑事法这样的硬法,作为典型的违法犯罪行为对策,必须对其介入法人犯罪治理的意义进行明确。日本刑法对是否应当肯定法人一般意义上的犯罪能力存在很大争议。尽管现行刑法坚持以处罚个人为原则,除了两罚规定以外,都采取了否定法人犯罪能力的立场,但诸如法国、英国、荷兰、丹麦等，对此表示肯定的国家也很多，最近日本学界持肯定说的人也在持续增加。对于企业高管的刑事责任，法律充其量也就是在 156
涉及特别背信罪(《公司法》第960~962条)的情况下运用共犯理论或监督过失理论，或者是适用各种行政处罚法规规定的双罚规定(从业人员发生犯罪行为时，对雇主或者法人进行处罚的规定)追究有限的个人责任。以上框架是立法论的课题，也是刑事法介入的意义和界限，有必要在刑法的基本原则——行为主义、罪刑法定主义、责任主义和法益保护的协调中进行探索。就我个人的见解而言，在普遍肯定法人的犯罪能力并谋求立法化之前，需要对承担一部分现行法的两罚规定的意义进行再次确认，并且应当将对法律的不充分之处进行修正作为发展方向。

(二)行政刑法的作用

以《反垄断法》及《金融商品交易法》为中心的规制制度被期待作为行政刑法发挥作用。

一方面，为实现确保公平交易的目标，公平委借助《反垄断法》开展各种规制和指导。近年来，为打击串谋和垄断行为，"课征金"的数额被不断提高，同时还引入了所谓的宽恕制度(课征金减免制度)。[25] 尽管其效果还有待今后评估，但课征金并非严格意义上的刑罚，作为一种新型行政规制手段，其运用引人关注。此外，公平委的权限也在持续强化，特别是在素来存在"串谋文化"的日本社会。尽管需要进一步的治本之策，但目前情况正在发生很大改变。

另一方面，2006年，以西武铁路案、佳丽宝案、活力门案、村上基金案等一系列大规模有价证券虚假陈述案件及财务造假案件为契机，将1948年制定并沿用多年的《证券交易法》变更为《金融商品交易法》这一新法律，并于2007年夏天开始实行。该法加大了处罚力度，修改了公开收购、大额持股报

[25] 原田和往「課徴金減免制度の法的性格」田口守一＝甲斐克則ほか編『企業犯罪とコンプライアンス・プログラム』(2007・商事法務)292頁以下。

告制度,在有价证券报告内容中建立确认书及内部控制报告书制度,引入季
157 度报告,强化证券交易所的独立性,堪称日本版的《SOX 法案》。[26] 该法关于强化信息公开的规定并无不妥,其加大处罚力度(该法第 197 条第 1 项第 1 号规定,提交包含虚假记载的有价证券申报书的,判处 10 年以下有期徒刑,或 1000 万日元以下罚金,或者两者并罚;第 207 条规定,发行者的代表人等就法人的财产或业务作虚假记载的,可根据并罚规定处以 10 亿日元以下罚金)也被普遍认为符合提高控制力的期望。但也有商法学者认为,“这样的处罚对于已经实施犯罪之人,如不能给予其中止犯罪的奖励,反而可能会导致其因恐惧而采取隐瞒手段”。[27] 此外,根据包括内幕交易(该法第 197 条之二规定,5 年以下惩役,500 万日元以下罚金,或者两者并罚;第 207 条规定,针对法人财产进行内幕交易的,对法人处以 5 亿日元以下罚金)在内的违法行为的程度、状况,引入课征金制度,从整体上显著提高惩罚力度。但过度的处罚真的能对整个系统发挥有效作用吗?对于这一点,有必要慎重观察。更重要的是要建立防止过度处罚的有效监测机制。鉴于此,赋予证券交易监督委员会(第 210 条以下)与公平委同等权限的改革方向是合理的。

(三)企业适法程序和刑事规制

接下来,我还想对近年来因与公司治理的关系密切而备受关注的企业适法程序进行论述。

有必要先明确适法程序的法律意义。进入 21 世纪以来,日本社会结构进入转换期,这种变化在行政组织、大学、医院、企业、体育界等随处可见。很难将这种变化简单归结为某种单纯的图式,硬要说的话,我认为是在朝着建设“基于公平规则之上高度透明且负责任的社会结构”前进。特别是大企业的构造结构,在同欧美企业的竞争中,全球化、跨国化的活动规模越大,其就必须越来越朝着这个方向前进。在这样的潮流中,日本的企业构造也不

[26] 黑沼悦郎『金融商品取引法入門』(2006・日経新書)19 頁。

[27] 黑沼・前注 26,51 頁。

得不从以往的“家长制的企业体制”向“基于公平规则之上高度透明且负责任的企业体制”转变。当前，呼吁更加重视适法程序及企业社会责任的必要 158
性已是大势所趋。但是，究竟该如何理解适法程序及企业社会责任的内容，以及其具有什么样的法律地位和法律效果，从刑事法的角度来看，其中包含了许多不容忽视的东西。

对适法程序问题有深入研究的专家主张，适法程序通常被简单翻译为“遵守法律”，但事实并非如此。“适法的核心是组织性的应对方法”“企业社会所要求的适法是作为组织自主性地采取应对措施，而不是个人的课题，不应将其置于个人的哲学定位之中”。此外，“如果将其理解为只是遵守法律，不仅‘适法’变得极不充分，而且即便是原有的遵守法律之意也无法实现。如果只看到法律，那么就会仅追求形式逻辑上的符合，而不会遵循法律本来的目的开展活动，实施逃避法律规制的行为，更有甚者会陷入‘只要不被发现就好’的思维方式”。适法的对象不限于法律，还包括企业伦理、各种公司内部规定及准则等内容。[28] 的确，法律绝非完美，法律规范仅是伦理规范的最低限度，如果仅将适法问题当作形式上的遵守法律，那么适法程序的主要内容将被抹杀。归根结底，重要的是如何运用规则。从刑事法律角度考虑这个问题时也要对这一点加以注意。但是，从刑事法律的观点来看，侵害原理是很重要的。另外，最重要的是以行为主义、罪刑法定主义、责任主义等基本原理为前提，必须要注意不能单纯地处罚形式上的违反规则的行为。[29]

这一问题是关于如何正确定位适法程序的刑法意义。适法程序与法人刑事责任的关系可以被分为以下四点：(1)“相当注意”的抗辩与适法程序的关系；(2)代位责任的成立要件与适法程序的关系；(3)起诉裁量、量刑和适 159

[28] 浜辺・前注 26,5-6 頁。

[29] 甲斐克則「コンプライアンス・プログラムと企業の刑事責任」田口＝甲斐ほか編・前注25『企業犯罪とコンプライアンス・プログラム』106-108 頁，同「コーポレート・ガバナンスと刑事規制」甲斐克則編『企業活動と刑事規制』(2008・日本評論社)204-205 頁。

法程序的关系;(4)民事责任与适法程序的关系。[30] 尽管美国法律与日本法律在体系上存在差异,但我仍以此为切入点,基于刑事法观点聚焦“相当注意”的抗辩与起诉裁量及量刑的问题,探求适法程序的刑法意义。

对于“相当注意”的抗辩,美国也存在支持与反对两派观点,那么适法程序会成为这样的抗辩吗?根据我们所进行的一系列调查,一方面,在适法程序上快人一步的企业与其他企业存在差异,这种差异在大小企业间或者是行业间同样存在。即使是在大企业中,也不乏因制定形式上的适法程序而自满的例子。另一方面,在接受采访调查的企业中,也有制定细致适法程序并予以实施的例子。企业越是与海外企业频繁地发生交易,就越能充分认识到适法程序的重要性。这些企业还会为推动适法程序发挥实际作用建立监控系统,这一点引人关注。此外值得注意的是,为了让这些系统顺利运行,期待上层意识改革的呼声日益强烈。

无论如何,在这样良莠不齐的情况下,难以直接赋予适法程序以“相当注意”的抗辩法律意义。但是,这一点如果得以确立,那么对过失犯注意义务的标准以及双罚规定下选任、监督义务的讨论将产生特别影响。

（四）适法程序的三个阶段

今后的问题是要实现什么样的适法程序。我认为,适法程序可以分为以下三个阶段。[31]

160 第一,所有行业、企业都必须遵守适法程序的共同项。违反《日本刑法典》规定的行为自然不必多言,除此之外,最为符合的是违反《反垄断法》的串谋或者违反《金融商品交易法》的内幕交易、财务造假等显然构成犯罪的行为。此外,对于某些或许不能称之为犯罪行为,但作为严格行政规制对象的行为以及民事不法行为也应包含在内。另外,越是重视对关联企业活动的适法性预防,就越需要详细的适法程序。可以预见的是,在构建共同项框

[30] 川崎・前注 2,265 頁以后。

[31] 甲斐・前注 29「コンプライアンス・プログラムと企業の刑事責任」109 頁以下。

架时,将因行业不同和企业规模不同遇到相应的困难。

第二,考虑到行业或企业规模的特殊情况,一方面,可以附加具有弹性的分支性适法程序。如在制造业中,与国民健康深度关联的医药制造企业(如药害艾滋病事件和肝炎事件)或健康食品制造企业(如一连串的食品造假事件)和其他企业之间或多或少存在一些差异。媒体、出版、广播等企业在言论自由和表现自由的关系下,可能会形成独特的东西。金融、证券、保险相关企业也可能以最近的金融危机为契机,形成各自独特的东西。此外,如在所谓的风投企业中,如果不考虑某种冒险因素,可能就无法开展活动。而且当这种行为在以往的法律框架内难以把握时,尤其要考虑到这一点。另一方面,在跨国企业活动的国际化乃至全球化浪潮中,也不能抛开国际视角来考虑适法程序。不过,在交易对象限于国内的情况下,有必要对这一问题加以特别考虑。但是在这种情况下,在作出"有没有可能制定适合日本企业文化的适法程序"这一问题设定时需要注意一些事项,具体来说,尽管这一问题设定可能并无不妥,但需要注意的是"日本本土企业文化"中应当包含何种内容,这是因为有一种忧虑是"如果过分夸大仅适用于日本的东西,坚持日本本土企业文化理论,那么就会歪曲适法程序的本质"。当然,在这 161
一点上也不必过分担心。因此,我认为有必要归纳出能够最大限度融入适法程序的"日本本土企业文化"究竟是什么。

第三,基于以上两点,还可以创造出包含企业内部规则的、更加细致的适法程序。它可以是"社风"、"社训"或是企业伦理,也可能包括员工的礼仪、做法,但这些内容已经超出法律框架。

无论如何,如果充分考虑以上三个阶段,有相当大的可能性创造出"具有灵魂的适法程序"。因此,适法程序既包括具有重要法律意义的内容,也包括不具有法律意义的内容(应交由企业伦理)。即使是具有重要法律意义的内容中,既包括与防止法人犯罪密切相关的内容,也包括不那么相关的内容(应交由行政规制及民事规制)。

（五）起诉裁量、量刑与适法程序

基于以上前提，起诉裁量、量刑与适法程序的关系也在一定意义上明确了。如果拥有了像美国那样的《量刑指南》，当然应当承认其具有积极意义，但即使没有，在一定情况下扎实地运用现有法律也值得认真考虑，这与前述“相当注意”的问题同样存在联系。在企业存在实质性适法程序的情况下，我认为可以在起诉裁量及量刑中有所反映。日本《反垄断法》(2005 年)最近一次修改中大幅度提高课征金的同时，还确立了所谓的“宽恕”(课征金减免)制度，在符合法定要件(违法经营者自行申报违法事实)的情形下，对于入室检查前申请的前三个申请者分别免除、减免 50%、减免 30%课征金，对
162 于入室检查后的申请者最多减免不超过 30%课征金。尽管课征金并非刑罚，但这种制度的引入对于今后的起诉裁量及量刑将发生微妙的影响。

四、企业适法程序在刑法解释论上的意义

（一）适法程序的正当化功能

对于适法程序的刑法意义，理论上认为企业适法具有三大功能：一是法律上的正当化及阻却违法性功能；二是免责及责任阻却功能；三是免于追诉及免除刑罚功能。如果混淆了这些功能，就可能会产生“只要制定适法程序就万事大吉”的错误认识。

首先要考虑的是适法程序发挥正当化功能的情形，即企业活动在作为《日本刑法典》第 35 条规定的正当业务行为组成部分时的适用。例如，保安公司员工在遵守严格适法要求的情况下因保安业务行为而发生的财产损失和人身伤害。又如航空公司飞行员、海运公司船长在严格遵守适法程序的运行过程中，遭遇难以预测的危险，为避免重大损害不得不造成一定的损害结果。当这种应对符合适法要求时，可以根据《日本刑法典》第 37 条第 1 项关于紧急避险的规定使其正当化。就大众媒体报道与毁损名誉罪的关系而言，如果该报道是根据适法要求而进行的充分报道，那么适法程序就有可能

发挥正当化功能。

此外,适法程序还可能对过失犯的成立与否产生影响。特别是根据将过失犯罪本质置于违法性阶层的观点(新过失论),适法程序可能被作为客观性的注意义务基准。假设因企业活动而产生了人身损害事故,在遵守了一定的适法程序的情形下,其中就存在正当化功能发挥作用的空间。不过,如后所述,由于我主张将过失放在责任阶层考虑(旧过失论),在下文免责功 163
能部分讨论这个问题。

(二)适法程序的免责功能

其次要考虑的是适法程序发挥免责功能的情形。在故意犯的情形下,公司高管(社长等)、董事、中层及员工分别构成什么样的违法行为,这里涉及的是违法性的认识问题。例如,本以为是严格遵守适法要求开展的营业活动,结果却因未能及时了解最新信息而给公司造成损害时,在符合"违法性认识错误"(《日本刑法典》第 38 条第 3 项)的相应理由时,可能因此被免于追究刑事责任。如果不存在此种情况,既然董事会是在了解情况的基础上作出的决策,那么原则上就应成立共同正犯(含共谋共同正犯)、教唆犯,有时也可成立间接正犯。如,尽管各公司都有"禁止串谋"的适法要求,但如果行为人在本公司外的关联企业中兼任要职,其通过开会等方式进行通谋,除极端例外场合,其单纯主张"不知道这个会议构成通谋"的一般不能构成有效抗辩,至少存在被认定为构成"未必的故意",并最终成立共同正犯的空间。

就犯罪而言,除故意犯罪外,还应考虑过失犯罪的情形。对于过失犯罪,有观点认为应当部分承认英美法上的接近于"结果责任"的"严格责任"(strict liability),但我认为,既然已经认可了自然人事实上不得不参与到企业活动中,那么就应当以责任主义、责任原理为根本依据来考虑企业的刑事责任。[32] 在过失犯中,特别是在监督过失中违反注意义务的认定问题(包

[32] 甲斐克則『責任原理と過失犯論』(2005・成文堂)1 頁以下、95 頁以下、155 頁以下。

括管理、监督过失的问题)中,也有将适法程序作为客观注意义务的内容来理解的想法(新过失论乃至恐惧感说)。例如,在酒店、百货商店发生大规模火灾并造成大量人员伤亡时,如果将疏散指导演练、防火设施整备等《消防
164 法》及《建筑基准法》上的义务作为适法程序的一环,那么往往就会认为仅凭前述义务是否得到履行,就足以认定经营者等具有管理权限的人及其选任的防火管理者(《消防法》第 8 条)是否构成过失犯罪。但是我认为这仅仅是一种参考,在限定行为主体的情况下,应当对违反注意义务进行个别考察,深入主观内容,以具体的预见可能性为基准在责任层面作出判断。例如,关于 2005 年发生的 JR 西日本福知山线脱轨伤亡事故,历代企业领导人的刑事责任都应该从这样的角度来考虑。这样一来,虽然可以充分理解受害者的感情,但是我认为从上述过失犯理论来看,要追究历代企业高管的刑事责任是很困难的(最高裁判所 2017 年 6 月 12 日判决,刑事判例集 71 卷 5 号 315 页,自此判决以后,上述情况均被判无罪)。

关于这一点,目前正在引起讨论的是所谓的刑事制造物责任。最近在日本,消费者因使用企业制造并销售的缺陷产品而发生人身事故时,对于该企业或相关人员是否可以追究刑事责任的争论日益高涨。例如,最高裁判所于 2005 年 6 月 27 日对药害艾滋病事件绿十字公司所作出的决定(判例集未收录)以及三菱汽车缺陷车辆事故相关的两项有罪判决(横滨地方裁判所 2007 年 12 月 13 日判决,判例时报 1285 号 300 页;横滨地方裁判所 2008 年 1 月 16 日判决,判例集未刊登:均在上诉中)成了讨论这一问题的契机。[33] 理论上,这个问题主要与刑事过失责任中的监督过失论密切相关,但同时也与典型的监督过失论有所区别,即并不一定要求从业人员的过失行为介入其中。但是,在行为人不能被称为"直接过失者"及实行行为性以及可预见性认定等难点问题上,其与监督过失论存在共同点。关于各公司在制造和

[33] 北川佳世子「欠陥製品と企業の刑事責任」甲斐編・前注 29『企業活動と刑事規制』152 頁以下。薬害エイズ事件(旧)ミドリ十字ルートの詳細については,,甲斐克則『医療事故と刑法』(2012・成文堂)154 頁以下。

销售缺陷产品的过程中经过了怎样的决策，售后召回制度是什么样的等，应在对照适法程序的同时对该案件中的因果关系、具体预见可能性及注意义务的违反作出认定。即使制定了良好的适法程序也仍有可能发生事故。因此在认定过失责任时适法程序可以作为参考，但并非一定发挥决定性作用，关键还在于如何运用。 165

此外，日本特别刑法（如《公害犯罪处罚法》第 4 条）及行政刑法（如《水污染防止法》第 34 条）中有双罚规定。在从业人员因故意或过失行为构成犯罪时，除处罚作为直接行为人的从业人员外，还要对法人或者法定代表人（企业主）进行处罚。根据通说及判例，关于企业主是否对从业人员尽到了充分的选任、监督义务时，一般采用过失推定说的观点（最高裁判所 1957 年 11 月 27 日判决，刑事判例集 11 卷 12 号 3113 页），即推定企业主在对行为人进行选任、监督并防止其他违法行为时未充分履行必要的注意义务，存在相应过失。换言之，如果企业主一方不能证明其履行了前述注意义务，就要受到处罚。在这一过程中，如果企业主能证明其认真制定适法程序并付诸实施，那么就有可能成为推翻过失推定的材料。

总之，无论是故意犯罪还是过失犯罪，企业事故及犯罪都绝非突然发生，一定存在某种具体的危险征兆。正是作为前提的若干风险不断集聚，最终才成了大事故，故意犯罪亦是如此。如果在适法程序中充分反映了对于这些事前风险的应对，那么即使其不具有决定性作用，也可作为主张免责时有力的判断材料。

（三）适法程序的追诉免除、刑罚免除、量刑减轻功能

最后，适法程序还有追诉免除或刑罚免除功能，或者量刑减轻功能。关于这一点，前面已经论述过了，此处不再赘述。

五、结语——从“经济刑法”到“企业刑法”

（一）硬法和软法的组合

最后值得强调的是，刑事规制天然有其界限，有必要考虑采用替代手段

166 或者补充手段，而不是滥用刑罚应对所有问题，其是通过加重刑罚来解决问题，还是要加重作为替代的课征金，更进一步是否应该改革现行刑罚制度，引入新型刑罚？对于这一问题还需要进一步的探讨。目前的结论是：规制法人犯罪及企业越界行为，应当以刑事制裁、行政制裁、民事制裁以及各种指导方针等自律规制间相互平衡的阶段性规制为基调，也就是所谓的硬法和软法并用。例如，我认为在《反垄断法》修改过程中采纳此前获得讨论的宽恕制度等内容，这样的做法能够取得最佳效果。[34]

（二）强化企业外部监控功能

还有必要指出企业组织内部应对的界限。尽管设置热线电话或者咨询电话的企业不断增加，《公益举报人保护法》也已经制定，但想要取得预期成效还需要下更多功夫。为了实现真正意义上的企业自律，应当在必要范围内引入外部监督，保持良好的"内外通风"。实际上已有企业引入了此种制度。不过，在这种情况下这种制度不应该是形式性的，关键在于其监控功能得到有效发挥。对于这一问题，加强企业间的交流合作不失为一个好思路。

关于经营者的责任问题也是一个重要问题，特别是应当如何检查经营者的越界行为。经营者责任的多种多样自不必说。首先，刑法以事后检查功能为主，经营者如果构成犯罪，将在事后由法官进行裁判。但在经营者构成犯罪时，其对企业造成的损害以及对公司员工造成的影响也不可估量。对于独断体制的企业，如果不采取适当的、"富有灵魂"的适法程序，就更加无法实现事前检查。企业上层的意识改革是当前悬而未决的最大
167 事项。

（三）要充分认识行政的作用

关于行政的作用，我从针对企业的问卷调查及采访中获得的一大感触是，主管部门（经济产业省，有时是金融厅）的行政指导以及公平委的劝告等

[34] 佐伯仁志『制裁論』(2009・有斐閣)136 頁以下。

实际上发挥了相当大的作用。在“任何人都会犯错”的前提下,[35]我们不妨对建立检查制度进行展望,通过与公益举报人保护制度、行政机关协同联动,在大型事故或者大规模犯罪发生前探查出处于小错误阶段的问题。就刑法而言,即使不成立故意犯罪,至少也构成过失犯罪,据此也可以期待大型事故的减少。

对于完善法律,行政方面的努力固然重要,但在规制趋于缓和的潮流中,也必须对行政干预过度保持高度警惕,行政机关也对成本过度增加持消极态度。更直接地说,行政机关也有必要认识到其在人力物力上具有天然的局限性。因此,如果要寻求额外且有效的规制,应当建立行政对企业是否能够实现自查的检查制度。尽管这属于间接性的检查,但相较于行政在小错误阶段的直接介入,再考虑到对企业自主性的尊重以及行政成本,其实际上是有效的手段。虽然丑闻难以杜绝,但我认为通过这样的制度,可以尽可能地减少具有较强犯罪性的违法行为。如果能将这样的制度纳入适法程序之中,那么就可以期待公司的治理水平在一定程度上提升了。

(四)从“经济刑法”到“企业刑法”

要综合考虑上述诸问题,仅用以往的“经济刑法”[36]的框架是不够的。因为诈骗罪、侵占罪、背信罪乃至财产罪都是“经济刑法”的代表,虽然存在组织欺骗的形式,个人层面(包括共犯)中实施犯罪的情况也很多。我认为为了正视企业活动的存在,并对法人犯罪采取措施,现在必须设定“企业刑法”这一框架,从整体上分析、检讨法人犯罪并采取相应对策。近期的川崎 168
友巳教授、[37]今井猛嘉教授、[38]樋口亮介副教授等人的研究,[39]在这个意

[35] L.コーン/J.コリガン/M.ドナルドソン編,米国医療の質委員会、医学研究所著(医学ジャーナリスト協会訳)『人は誰でも間違える』(2000・日本評論社)。

[36] 芝原邦爾『経済刑法研究(上)(下)』(2005,2008・有斐閣),神山敏雄=彦藤豊治=浅田和茂=松宮孝明編著『新経済刑法入門』(2008・成文堂),芝原邦爾=古田佑紀=佐伯仁志『経済刑法——理論と実務——』(2017・商事法務)。

[37] 川崎・前注2。

[38] 今井・前注10、前注12。

[39] 樋口亮介『法人处罚与刑法理论』(2009年・東京大学出版社)。

义上令人感受到了新的气息。[40] 但是,对樋口亮介副教授主张的同时正面地承认组织故意和组织过失的说法,就我自己来说仍然表示质疑。我想再进一步研究以往的责任原理所具有的意义和界限的同时,探讨意大利2001年的“企业刑法”[41]等,并以此为基础继续思考“企业刑法”的问题。

[40] 《特集》「法人処罰の現代的課題」刑事法ジャーナル17号(2009)。

[41] 吉中信人「イタリアにおける企業コンプライアンスおよび企業犯罪規制の状況」甲斐=田口編,前注1『企業活動と刑事規制の国際動向』181頁以下。吉中信人『イタリアにおける企業コンプライアンスおよび企業犯罪規制の状況』広島法学34巻3号(2011年)第43頁以下,アッティリオ・ニスコ(甲斐克則・福山好典訳)「イタリア法における法人の責任」)(本書第16章)。

第九章　澳大利亚企业活动的规制系统*

一、序 171

历史上隶属于英国法域圈的澳大利亚近年来在不同法律领域内逐步形成了独特的法律文化，并由此被称为多元文化国家。围绕公司治理的法律制度改革也是其中之一，为了了解其动向，我曾于 2006 年 11 月 27 日至 12 月 4 日前往悉尼进行了实地调查。澳大利亚的公司治理看似顺利，但在当地调查后发现，实际上与美国以安然案、世界通信案以及亚瑟・安德森案为契机从根本上进行了系统改革一样，澳大利亚也是在 HIH 案这一重大丑闻的影响下开始进行了各种各样的改革。

此次调查，在我的好友新日本制铁澳大利亚株式会社社长兼悉尼日本商工会议所会长的小林启晃先生的关照下，也得到了许多当地人的协助，特别是阿塔纳斯科维奇・哈特内尔(Atanaskovic Hartnell)律师事务所主任安东尼・G. 哈特内尔(Anthony G Hartnell)律师，威廉・J. 比沃斯律师事务所主任威廉・J. 比沃斯律师，布雷克・道森(Blake Dawson)律师事务所的松浦华子律师。澳大利亚政府下设的企业及市场顾问委员会(Australia Govern-

＊ 「オーストラリアにおける企業活動の規制システム」甲斐克則＝田口守一編『企業活動と刑事規制の国際動向』(2008・信山社)。

ment,Corporations and Markets Advisory Committee)主席约翰·克鲁伯(Executive Director:John Kluver)先生除与我就澳大利亚的公司治理和法规系统
172 进行了详细介绍外,还给我提供了宝贵的资料和文献。圣詹姆斯伦理中心(St James Ethics Centre)主任西蒙·朗斯塔夫(Excutive Director:Simon Longstaff)博士除了帮助我对调查进行整理之外,还就澳大利亚的企业伦理发表了宝贵的意见。此外,还与前述新日本制铁澳大利亚株式会社社长兼悉尼日本商工会议所主席小林启晃及其秘书娜塔莉·史蒂文斯(Natalie Stevens)、日本贸易振兴机构(JETRO)所长稻本升、伊藤忠豪州会社社长斋藤龙三等日企人士,就适法项目和企业社会责任交换了宝贵意见。在此我向这些人表示谢意。

虽然日本对澳大利亚的公司治理和法律规制情况不甚了解,但是作为与日本存在贸易、经济往来的重要国家,其值得参考的地方有很多。基于以上调查和文献解读得出的结论,本章首先对澳大利亚公司治理改革的契机进行分析,其次对澳大利亚改革内容和改革后的企业活动的规制系统进行论述,最后论述澳大利亚的公司治理和刑事管制问题。

二、澳大利亚公司治理改革的契机

澳大利亚 1998 年的《企业法》(Corporations Act)规定了上市企业有义务在董事报告书中说明遵守环境规章制度的情况。直到 20 世纪末,外界普遍认为澳大利亚的公司治理进行得都很顺利。然而,2001 年 3 月 15 日,作为澳大利亚最具代表性的大企业 HIH 保险集团宣布破产,2001 年 8 月 27 日被命令解散,负债总额 36 亿澳大利亚元(以下简称澳元)至 53 亿澳元。这是澳大利亚历史上最大的“企业破产”(corporate failure)事件。这个冲击所造成的影响是相当大的。一个看似顺利的系统为什么会出现如此严重的问
173 题呢？这一问题的查明及其解决的过程非常耐人寻味。

20 世纪 90 年代后半期到 21 世纪初,澳大利亚的企业规章制度是以及

时发现危险征兆并促进企业的财政健康和寿命为目的而设计并运行的。以《企业法》为首的法律还规定了公司负责人的义务和责任。2001 年澳大利亚证券和投资委员会法［Australian Securities and Investments Commission (ASIC) Act 2001］也是同一时期前后进行的修订。证券和投资委员会是控制和促进公司治理的机构,粗看之下可以将其视为一种标准的系统。然而即使在这种系统的存在之下,HIH 公司的高管、会计审计师及董事仍未能预见该公司即将到来的危机,也未能预见救济及报告。也就是说,公共企业的治理应该与财产管理有关,而控制财产的人有义务为公司的最大利益采取行动,但由于 HIH 的领导能力薄弱,HIH 公司的财产管理负责人忽视了警告性的征兆和危机。

HIH 公司是澳大利亚最大的住宅建设市场的保险公司之一,但与美国的安然案和世界通信案一样,公司的内部管理系统实际上并没有跟上其快速增长的规模。曾参与美国安然案及世界通信案的会计审计法人亚瑟·安德森对 HIH 公司进行了会计审计,其认为是财务欺诈导致了该公司的破产,这一情况在建筑业界引起了轰动[1]。如后所述,该案件还发展成了刑事案件。

HIH 破产之后,2001 年 8 月,政府向企业法代表专家伊恩·拉姆齐(Ian Ramsay)教授就审查会计审计规定进行了咨询。2001 年 10 月,拉姆齐教授发表了题为《澳大利亚企业会计审计师的独立:为了当前澳大利亚改革的要求和建议的回顾》(Independence of Australian Requirements and Proposals for Reform)的报告书。其中,以针对《企业法》下独立的会计审计师创设一般要件,以及应当确保会计审计师的独立性等为主要内容提出了建议。与这份 174
报告相呼应,财政部出纳局局长彼得·科斯特洛(Peter Costello)确认了会计审计规定的重要性。2002 年 9 月,企业法经济改革计划(Corporate Law Eco-

[1] See The HIH Royal Commission (The Hon Justice Owen Commissioner), The Failure of HIH Insurance, Vol. Ⅰ. A corporate collapse and its lessons, 2003. See also Vol. Ⅱ and Vol. Ⅲ, Reasons, circumstances and responsibilities.

nomic Reform Program,CLERP9)的讨论稿及后续法案相继出台。[2]

为了查明 HIH 破产的原因和制定今后的对策,澳大利亚政府专门成立了 HIH 皇家委员会(HIH Royal Commmission),西澳大利亚最高法院法官内维尔·欧文(Justice Neville Owen)担任委员长,其对本案进行了深入的分析和讨论,并于 2003 年 4 月出版了包括建议在内的宏大的报告书三卷。该报告名为《HIH 保险的破产》(The Failure of HIH Insurance),第一卷为《企业破产及其教训》(A Corporate Collapse and Its Lessons),第二卷和第三卷则以《理由、环境和责任》(Reasons, Circumstances and Responsibilities)为标题。该报告书详细论述了 HIH 从成立到成长,再到破产的过程,内容很有震撼力,该报告书还对澳大利亚的公司治理体制进行实质的根本性的改革提出了 61 项建议。[3] 后续澳大利亚据此进行了一系列制度改革。

本章虽难以展现全貌,但通过展示目录可以了解该报告的简要情况。第一卷分为三个部分,第一部分"减亡后"(Postmortem)中包含"本报告书的理解""调查是如何进行的";第二部分"从 HIH 的诞生到破锁"(The Life and Times of HIH)中包含"企业的历史概要""产业和规制的背景""风险准备和再保险:一般原则";第三部分"未来的方向"中包含"公司治理""财务报告和保证""一般保险的规定""州和准州的规定""征税和一般保险""对投保者的支持框架"。此外,附录(Appendix)附有从 A 到 H 的内容。

第二卷由以下内容构成:"寒冬时代"(The Winterthur Years)、"无益的国际事业"、"获取 FAI 的影响"、"对请求的准备"、"全会计再保险的使用"
175 (Use of Whole-of-Account Reinsurance)、"HIH 的减亡"。第三卷则由"管理信息的不充分""规定上的支付能力""不正确的会计结果""会计审计功能""Home Security International:案例研究""HIH 治理的其他方面""控制者"等几个部分构成。

---

[2] See James McConvill, An Introduction to CLERP9, 2004, p. 11.

[3] See The HIH Royal Commission, supra(1). 虽然我很想见见欧文法官,但我住在西澳大利亚,由于日程的关系而未成行。

综上所述，本报告对 HIH 案的调查态度可见一斑。以此为出发点，一场实实在在的制度改革就开始了。一位法官带头编制这样一份出色的报告，足以窥见澳大利亚法律实务家的实力。

三、澳大利亚改革内容和改革后的企业活动监管系统

在 HIH 案之后，澳大利亚对公司治理进行了各种改革。原本公司治理的概念本身并不明确，为了打破这种状况，2003 年 3 月，澳大利亚证券交易所成立了公司治理理事会（Corporate Governance Couneil）。该理事会公开发表了“良好的公司治理和最佳实践之原则”（Principles of Good Corporate Governance and Best Practice Recommendations），具体包括了 10 项良好公司治理所需的重要原则以及践行该原则的 28 个建议。在此先揭示这 10 项重要原则：[4]

（1）为管理和监视而设定坚实的基础。

（2）构建有价值的委员会。

（3）促进有道德和负责任的决策制定。

（4）保护财务报告的廉洁性。

（5）适时、均衡地进行公开。

（6）尊重股东的权利。

（7）认识并管理风险。 176

（8）促进高质量的工作。

（9）公平负责地支付报酬。

（10）承认利益相关者的合法权益。

在日本，以上 10 项原则当然也是可以承认的内容。该公司治理理事会的建议则是考虑到澳大利亚证券交易所的活动而设置的。澳大利亚证券交

[4] See McConvill, supra(2), p. 15-16. ASX Corporate Governance Council, Principles of Good Corporate Governance and Best Practice Recommendations, 2003.

易所既是负责限制澳大利亚公司治理的机构,又是监督机构,必要时还会提出建议。但是该机构不具有强制性作用。如后所述,也有人指出[5],由于具有强制性权限的证券和投资委员会的存在,其作用的独特性受到质疑。他们认为澳大利亚证券交易所应该承担教育和强制的作用。

2004 年 7 月 1 日,澳大利亚的《企业法经济改革程序法》正式发布。作为整个改革的亮点,该法聚焦于会计审计的作用。简言之,该法的主要内容为会计审计法人的独立和责任、财务报告、信息披露、干部报酬、利益相关者的参与、安全、利益冲突的管理等。[6] 该法虽受到美国《SOX 法案》的影响,但也体现了澳大利亚的特色。

《企业法经济改革程序法》尤其强化了证券和投资委员会的权限。证券和投资委员会是澳大利亚控制和促进企业及投资的公司治理的一级机构,具有强制权限。证券和投资委员会的主要职责是针对企业适法的遵守进行监督、教育、提出建议以及建议修改法律等,以及对违反企业法(特别是违反董事义务)导致企业破产的董事及高级管理人员提起强制执行之诉。强制执行有两个有益的目的:第一,向企业董事发出强有力的信息;第二,明确董事的义务和与公司治理一般规则有关的法律的范围和有效性,甚至是扩展
177 其有效性。[7] 另外,对违反法律的制裁属于民事罚款(civil penalty)。

澳大利亚证券交易所及证券和投资委员会在公司治理的规制方面存在竞合,因此应当如何理解两者的关系是一个课题。詹姆斯·麦康维尔(James McConvil)教授指出,[8]澳大利亚证券交易所没有强制性权限,而是侧重教育方面,其应当与证券和投资委员会建立合作关系共同实现良好的公司治理。接下来,我将澳大利亚公司治理的法律群整理如下。[9]

首先,硬法除 2001 年《企业法》(包括《企业法经济改革程序法》)外,还

---

[5] See McConvil, supra(2), p. 261.

[6] See McConvill, supra(2). 本书正是通俗易懂地论述《企业法经济改革程序法》的好著作。

[7] See McConvill, supra(2), p. 24-25.

[8] McConvill, supra(2), p. 29.

[9] McConvill, supra(2), p. 211, Appendix Two.

有政策宣言以及关于如何适用这些规定的证券和投资委员会提出的指导方针。另外,《企业法》第140条第1项下的制定法上的契约、公司组织中包含的公司治理规则以及由证券和投资委员会强制行动催生的判例法(case law)以及明确并扩展董事义务的私人诉讼等也在此列。另外,《SOX法案》、证券交易委员会的规则、纽约股市(NYSE)的公司治理标准等,也在一定范围内被归入其中。其次,软・硬法(soft hard law)有前面提到的澳大利亚证券交易所的良好公司治理原则和最佳实践建议。最后,软法有各种各样的伦理和行动纲领,以及各种各样的澳大利亚公司治理标准。

其他相关机构还有相当于日本金融监督厅的澳大利亚财务监管厅(Australian Prudential Regulation Authority,APRA)。其曾适当地公布了公司的财务基准。[10]

另外,还有相当于日本《反垄断法》的《交易惯例法》(Trade Practices Act 1974,TPA),负责执法工作的机构有相当于日本公平委的澳大利亚竞争与消费者委员会。《交易惯例法》的立法目的包括:(1)促进经营者之间的竞争;(2)促进公平交易[(1)和(2)的内容包括禁止价格垄断(price fixing),禁止市场分割垄断(market sharing),不正当交易(colectiveboycotts)的禁止,禁止 178
不正当地附加排他条件的交易(exclusive dealing),禁止关于对方和第三方的交易限制(third line forcing),禁止维持转售价格行为(resale price maintenance),禁止滥用市场支配地位(misuse of market power)];(3)保护消费者[禁止容易引起误解的行为(misleading conduct),禁止欺骗性行为(deceptive conduct),禁止不道德行为(unconscionable conduct),对与消费者的买卖合同的默示的保证(implied warranty)的含义]。该法与日本《反垄断法》相比,其内容更加广泛。

负责这一任务的联邦机构澳大利亚竞争与消费者委员会的职责是监督《交易惯例法》的遵守,具体包括:(1)信息提供令;(2)为了调查而传

[10] ブレイク・ドーソン(Blake Dawson)律师事务所的松浦华子律师主编的所内定期刊行册 LAWYERS,2006年6月号,2006年5月公开发表的 New APPRA Governance Standards(第4~5页)。

唤;(3)宣誓基础上的证据调取令;(4)文件提交令;(5)以违反《交易惯例法》为由起诉企业或员工。特别是第(5)项,其可能源自英国法律的私人追诉主义传统,该机构被赋予了比日本公平委更大的权限。

如果违反《交易惯例法》将被处以罚款:(1)违反《竞争促进法》时,对法人处以 1000 万澳元以下,个人 50 万澳元以下的罚款;(2)违反《消费者保护法》时,对法人处以 110 万澳元以下,个人 22 万澳元以下的罚款。其他制裁还有损害赔偿、纠正命令等。

下面列举几个违反《交易惯例法》的具体案例。(1)*ACCC v. Roche Vitamins Australia Pty Ltd and Ors*(2001)案。被告的饲料用维生素的三家制造商(Roche Vitamins Australia Pty Ltd,BASF Australia Ltd 以及 Aventis Animal Nutrition Pty Ltd),根据各自母公司在国际上达成的价格协定,就在澳大利亚供应的产品达成价格协定和市场分割协定,并通过电话和会议决定了维生素的价格和销售地区的分割。2001 年 2 月,联邦法院对上述三家公司分别处以 1500 万澳元、750 万澳元和 350 万澳元的罚款。

(2)*ACCC v. Nissan Motor Co(Australia)Pty Ltd*(1998)案。日产汽车委托广告代理商制作了以 39,990 澳元的特价销售 Patrol RX Turbo 的广告。但车辆的照片使用的却是 Patrol RX 4. 2 litre 的照片,而且还显示了需要另
179 外付款的选项。另外,该车的“折扣价”实际上也是长期实行的价格。虽然标注了“图片仅供参考”(pics for illustration purposes only),但是法庭认为,这不足以纠正虚假的广告内容。日产汽车同意:①向汽车购买者发函说明事实及购买者有要求民事赔偿的权利;②向每个购买者支付 2000 澳元;③向经销商发函要求遵守《交易惯例法》;④对公司干部及员工进行《交易惯例法》相关培训。联邦法院考虑到日产汽车承认事实关系,且没有故意发布虚假广告等,对日产汽车处以 130,000 澳元的罚款。

(3)*TPC v. XXX(Australia)Pty Ltd*(1990)案。某日资大型家电公司为了维持该公司家电产品的转售价格,将某一价格设定为“推荐价格”,并以库存不足为由停止向无视该推荐价格、低价销售的经销商提供产品。联邦法

院对该公司处以250,000澳元的罚款,对昆士兰州的销售经理处以25,000澳元的罚款,并对整个澳大利亚的销售经理分别处以12,000澳元的罚款。[11]

澳大利亚企业及市场顾问委员会作为政府直属的咨询委员会,虽不是监管机构,但其十分具有澳大利亚特色,其作用也值得关注。在这次调研中,我和有关人士进行了细致的意见交换,我对该机构独特的建言活动很感兴趣。该委员会的正式成员虽然包括约翰·克鲁伯主席在内虽只有5人,但实际上每个成员都有自己的项目,而且各项目是由外部专家(各约12人)组成并运转的。该委员会曾经对企业社会责任的存在方式和企业不良行为的法律责任(包括刑事责任)的存在方式等提出了诸多宝贵的建议。[12] 该委员会是值得日本引进的委员会。 180

四、澳大利亚的公司治理与刑事规制

再谈谈澳大利亚的公司治理和刑事规制。

首先,在刑事规制方面,2001年《企业法》是澳大利亚公司治理的核心。[13] 若董事、公司负责人、雇主等违反了一定的义务,将受到该法第184条的处罚,其他人也将受到该法第1311条的处罚。[14] 澳大利亚虽根据《企业法》制定了相关法规和指导方针,但本章无暇论述其全貌。另外,如前所述,关于公平交易及消费者保护的《交易惯例法》以澳大利亚竞争与消费者委员会为中心实施,如果违反该法将受到重罚。

---

[11] 以上《交易惯例法》的结构,以及澳大利亚竞争与消费者委员会的作用,甚至是具体事件,参考ブレイク・ドーソン(Blake Dawson)律师事务所的松浦华子律师所主编的所内定期刊行册LAWYERS发表的「TRADE PRACTICE ACT 1974(CTH)と ACCC——知っておきたい基礎知識」。

[12] 例如,Corporations and Markets Advisory Committee,Corporate Social Responsibility,Discussion Paper,November 2005;Corporate Duties Below Board Level,April,2006;Personal Liability for Corporate Fault,September 2006;The Social Responsibility of Corporations,December 2006等论文。

[13] 关于澳大利亚的《企业法》,见RP Austin/IM Ramsay,Ford's Principles of Corporations Law,2005;CCH,Australian Corporations & Securities Legislation,Vol. 1 2006。

[14] Corporations and Markets Advisory Committee,supra(12),Personal Liability for Corporate Fault,p. 66-67中有一览表,本章不再赘述。

其次,是刑法典。《澳大利亚联邦刑法典》第12.3条第2项c分项和同条第6项规定了"企业文化"(corporate culture)的条款。[15] 1995年《澳大利亚联邦刑法典》第12条在第12.1条的"一般原则"中,以"本法典对个体的规定同样适用于法人",即规定承认法人的刑事责任(第1项),第12.2条规定了归属于法人的犯罪客观要素(physical elements),第12.3条规定了归属于法人的过错以外的主观因素(fault elements other than negligence)。特别是该条第2项,其规定了在认定法人对犯罪行为存在承认或许可时,需要对以下内容进行证明:(a)证明法人的董事会有意识地、在明知的情况下或放任实施了相当于犯罪的行为,或者明示地、默示地或在暗示下承认或许可了犯罪的实施;(b)证明法人的上级管理人员有意识地、在明知的情况下或放任实施了犯罪行为,或者明示地、默示地或在暗示下承认或许可了犯罪的实施;(c)证明该法人内部存在指示、促进、容忍或指挥不遵守相关规定的企业
181 文化;(d)证明法人怠于创造和维持要求遵守相关规定的企业文化。该条第3项还规定了如果法人能够证明自己在防止承认或许可相应犯罪行为时已经尽到了尽职调查(due diligence),则不适用第2项b分项。因此,"企业文化"意味着什么是很重要的。该条第6项对企业文化作出如下定义:"企业文化指一般存在于法人内部或发生该犯罪行为的法人所在部门的态度、政策、规则、行为经过或实践"。该定义有些抽象,因此该条第4项规定,对与第2项c~d分项的适用有关的要素进行包含以下规定的补充,即(a)法人的高级管理人员是否赋予了实施相同或类似犯罪的权限;(b)实施犯罪的法人的员工、代理人或管理人员是否基于合理的理由相信法人的上级管理人员承认或许可犯罪的实施,或者是否对此抱有合理的期待。因此,我认为经验法则可以在某种程度上对该定义进行解释,但仅凭这一点似乎也无法明确。

[15] 《澳大利亚刑法典》(Criminal Code Act 1995)全部从悉尼的威廉·J.比沃斯律师处得到。此外,Corporations and Markets Advisory Committee, supra(12), Personal Liability for Corporate Fault, Appendix 3(p.75-80)中,列举了有关法人刑事责任(corporate criminal liability)的规定,见甲斐克則=田口守一編『企業活動と刑事規制の国際動向』(2008・信山社)第1部第9章225頁以下,樋口亮介「オーストラリアの法人処罰」。

尽管如此,这项规定一直延续到了今天。

另外关于法人的过失,虽然该法第 12.4 条有规定,但是法人的过失标准则是依据第 5.5 条规定的(该条第 1 项)。该条第 2 项规定,“(a)过失是与犯罪的客观要素有关的责任要素(fault element);(b)即使法人的任何员工、代理人或高管不具备足够的责任要素,但从整体上考察(将多数员工、代理人或高管的行为加在一起),如果能够认定法人的行为是过失,就能认定法人具有责任要素”。该条第 3 项规定:“证明过失的证据,是根据被禁止的行为实质上是基于(a)或(b)来确定的:(a)对员工、代理人或管理人员的行为缺乏足够的管理、控制或监督;(b)法人内部没有设置适当的系统向相关人员传递相关信息”。

由于本次没有对这个规定的运转方式进行充分的调查,今后将以此作为课题进行研究。不过,澳大利亚公司治理的法律规制系统除坚持处罚法人之外,对个人责任追究的倾向也比较强烈。[16]

接下来,我们来看一下与 HIH 案相关的刑事案例。由于相关案例数量很多,仅对作者认为重要的案例进行简要列举。[17] 182

在 *R v. Howard*[2003]NSWSC 1248 案中,HIH 的员工(会计负责人)威廉·赫伯特·霍华德(William Herbert Howard)因在 2000 年 12 月 2 日至 2001 年 3 月 15 日,违反 2001 年《企业法》第 184 条第 2 款 b 分项的规定,不正当地利用自己的地位,为 Home Security International Incorporated(HSI)董事长布拉德利·大卫·库珀(Bradley David Cooper)提供便利,并且收取了 124,000 澳元作为回报(第一诉因);2001 年 1 月 2 日至 2001 年 1 月 16 日,该人违反《企业法》第 184 条第 2 项 a 分项,不正当地利用自己的职位为布拉德利·大卫·库珀提供便利。作为报酬,库珀的关联公司

[16] See Corporations and Markets Advisory Committee, supra(12), Personal Liability for Corporate Fault, p. 1-64.

[17] HIH 案的一系列判例也是ブレイク・ドーソン(Blake Dawson)律师事务所的松浦华子律师寄来的。另外,我也收到了松浦律师寄来的案例 *Britis American Tobacco Australia Services Ltd v Cowell*,(2002)7 VR 524 的判决书,但这次没有余力提起。

The Goodwill Group Pty Ltd 从 HIH 公司中向霍华德提供了 737,500 澳元(第二诉因)而被判有罪。法庭在综合考虑了各种情况后进行了量刑,对于霍华德以第一诉因判处 1 年 9 个月的拘禁刑,以第二诉因判处 2 年的拘禁刑。另外,在 *R v. Cooper*[2006]NSWSC 609 案中,库珀也因"提供便利罪"(the bribery offences)等 13 项罪名被判有罪(由于过于烦琐,省略量刑)。

在 *R v. Williams*[2005]NSWSC 315 案中,HIH 的董事长雷蒙德·雷吉纳德·威廉姆斯(Raymond Reginald Williams)因参与不正当的再保险合同业务,违反了 2001 年《企业法》第 996 条第 1 项、第 1308 条第 2 项、第 184 条第 1 项的规定,被处以 4 年 6 个月的拘禁刑(2 年 9 个月不得假释)。

在 *Adler v. R* [2006]NSWCCA 158 案,其第一审判决 *R v. Rodney Stephen Adler* [2005]NSWSC 274 中,Fire and All Risks Insurance Limited(FAI)的董事长罗德尼·史蒂芬·阿德勒(Rodney Stephen Adler)因违反了 2001 年《企业法》第 184 条第 1 项 b 分项、第 997 条、第 999 条等,被处以 4 年 6 个月的拘禁刑(2 年 6 个月不得假释)。另外,本案中的许多涉案人员都受到了处罚。其他相关案例还有 *R v. Cassidy* [2005]NSWSC 410 案和 *R v. Boulden* [2006]NSWSC 1274 案等。

183 综上所述,HIH 案是澳大利亚历史上的重大案件。因此,前述的制度改革是不得不进行的。改革的详情还有待进一步研究。

最后,作为最新的案件——面粉出口案[18],目前正在公审中。该案是萨达姆·侯赛因政权时期,澳大利亚商人向伊拉克非法出口面粉的案件。本来,发生在澳大利亚的一般刑事案件适用州法,但由于 2001 年《企业法》受联邦法管辖,因此像本案这样有关涉外交易的刑事案件则适用联邦刑法典。本案待判决作出后再另行研究。

[18] 关于本案,我直接接受了威廉·J. 比沃斯律师的讲解。

五、结语——企业伦理与法律

以上对澳大利亚的企业活动监管系统进行了阐述，据说这种系统对英国也产生了影响。在日本，其似乎也有值得参考的部分。但是最后必须补充强调的是，在拜访圣詹姆斯伦理中心的主任西蒙·朗斯塔夫博士并与其交换意见时，朗斯塔夫博士说："只靠完善法律并不能改善公司治理，企业伦理才是最重要的。"这与撰写 HIH 案件报告书的欧文法官的看法一致。这与朗斯塔夫博士是伦理学家，而不是法学家也有一定关系。从与他的讨论来看，其很多地方都令人信服。我认为朗斯塔夫博士的以下 6 点建议很重要。

(1)董事会成员作出承诺并深刻理解伦理观和价值观是非常重要的。

(2)公司的系统和政策要反映公司的原理、价值观，这一点同样重要。这一点也要体现在薪资上。以人寿保险公司为例，客户数量的多少不应成为核定员工工资的决定性因素，客户的满意度才是评价的重点。 184

(3)要避免公司的权限集中于特定人物。否则，规避风险的轨道修正就会变得困难。

(4)谋求与股东等利益相关者和职员的公开交流是很重要的。如果公司内部在应对上差异悬殊，可以通过相互确认来共享公司的价值观。

(5)有必要将价值观和原理用语言表达出来。在开展某项工作的时候，如果经营者不讲任何伦理道德就行动，公司的价值观就无法传达给员工。

(6)"不经思考"是伦理的敌人。在企业里"好人"干坏事的事情时有发生。以"大家都这样做"为理由，什么都不考虑就作出判断，就会滋生企业不良行为。因此，"思考"很重要。

对倾向于以法律系统为中心来思考公司治理的我们这些法学家来说，上述朗斯塔夫博士的见解显得尤为沉重。确实，即使形式上制定了法律系统，实质上的企业伦理没有确立和实践的话，"良好的公司治理"也很难实现。另外,朗斯塔夫博士还创建并运营着“企业伦理热线”。这并不是单纯局限于通报丑闻的层面,而是从大局出发,接受关于企业存在方式的咨询。由公司的老员工等对企业伦理造诣很深的人作为志愿者来接听并给出意见。据说该热线达到每年50件左右的咨询量。总之,通过与朗斯塔夫博士的意见交换,我再次认识到了企业伦理和法律两者合作的重要性。在这样的背景下,我认为在包括完善环境问题的对策方面,澳大利亚自然更加致力于完善企业的企业社会责任。

第十章　德国的法人犯罪与刑事适法*

一、序 187

近年来，对于法人犯罪或企业丑闻的法律应对，特别是刑事规制的应对，世界各国发生着令人眼花缭乱的变迁，其倾向根据具体情况大致可分为三种：正面认可法人处罚来应对的国家（美国、英国、法国、荷兰、丹麦、澳大利亚等）；制定单独的企业刑法来应对的国家（意大利）；以及并不正面承认法人处罚，以既有的刑法典为中心，同时适用违反秩序法，或者以双罚规定来对应的国家（前者是德国，后者是日本）。[1] 在发达国家中，德国和日本在应对法人犯罪问题上不正面承认法人的犯罪能力，德国刑法学与日本刑法学长期以来建立了强大的关联，这一点确实是耐人寻味的。但是，两国近年来都出现了强烈主张应该正面承认处罚法人的观点。[2]

从 2003 年至 2007 年的“21 世纪 COE 项目”，到 2008 年至 2012 年的

---

* 「ドイツにおける企業犯罪と刑事コンプライアンス」高橋則夫＝川上拓一＝寺崎嘉博＝甲斐克則＝松原芳博＝小川佳樹編『曽根威彦先生・田口守一先生古稀祝賀論文集［下巻］』（2015・成文堂）。

[1] 甲斐克則＝田口守一編『企業活動と刑事規制の国際動向』（2008・信山社），樋口亮介『法人処罰と刑法理論』（2009・東京大学出版社）。

[2] 在日本，最强烈主张处罚法人的是樋口・前注 1。

"全球 COE 项目",在早稻田大学"企业法制与法律创造"综合研究所长达 10 年的共同研究中,刑事法小组一直致力于从刑事法的视角看待企业适法的意义和前景,形成了通过仔细调查国内外企业法务的实际情况,在分析的基础上进行理论探讨,并提出一定建议的研究方法。目前已经实现了目标的八成左右。

188 作为达成目标的支柱,可以举出四点。第一,2004 年日本国内实施的关于企业社会责任和适法程序的情况调查系世界首次,基于调查的分析结果,召开了集中企业相关人员的研讨会(2004 年)以及集中国外(特别是美国和德国)的研究者、实务专家的国际研讨会(2005 年);第二,以刑事规制为焦点对海外企业法制进行调查(2006—2007 年),从美国开始,了解了英国、德国、法国、意大利、丹麦、瑞典、荷兰和澳大利亚的现状;[3]第三,2010 年第二次进行了企业适法现状调查,在此基础上召开了研讨会,总结了分析结果的最终报告;[4]第四,在德国报告并公布了第二次调查的成果(中间报告),[5]此外,与德国的马克斯·普朗克外国和国际刑法研究所合作,委托该研究所对德国的适法现状和课题进行了实际调查,同时在意大利和中国

---

[3] 田口守一=甲斐克則=今井猛嘉=白石賢編『企業犯罪とコンプライデンス・プログラム』(2007・商事法務)甲斐=田口編・前注 1,甲斐克則編『企業活動と刑事規制』(2008・日本評論社)、田口守一=松澤伸=今井猛嘉=細田孝一=池辺吉博=甲斐克則『刑法は企業活動に介入すべきか』(2010・成文堂)。

[4] 「日本におけるコンプライアンスの現状と課題——2010 年度アンケート調査分析結果——」季刊・企業と法創造 9 巻 2 号(2013)97 頁以下,甲斐克則「日本におけるコンプライアンスの現状と課題——2010 年アンケート調査分析結果——」商事法務 1975 号(2012)28 頁以下、甲斐克則ほか「早稲田大学 GCOEシンポジウム・コンプライアンスの現状と課題——企業コンプライアンスと法規制のゆくえ」企業と法創造 33 号(2012)95 頁以下,特に144 頁以下。该调查从 2010 年 11 月至 12 月以邮寄方式进行,向 2496 家公司(东证一部上市公司)发送问卷,共收到 448 家公司的回答(回收率 17.95%)。

[5] *Katsunori Kai*, Unternehmenstätigkeit und Strafrechtliche Sanktion—Ein Vergleich der Corporate Complience in Japan und Deutschland—, in Harald Baum (Hrsg.), Deutschland und Japan: Zwei Ökonomien im rechtlichen Dialog. Symposium im Rahmen des Jubiläums „150 Jahre Freundschaft Japan—Deutschland", 2012, Carl Heymanns Verlag, S. 85-105. 这是 2011 年 10 月 21 日和 22 日在德国汉堡市马克斯·普朗克外国和国际私法研究所召开的纪念日德友好 150 周年研讨会上的报告。汉普鲁克的普切利乌斯法学院(Bucerius Law School)的托马斯·莱瑙(Thomas Rönnau)教授与我在同一个会议上作了报告,并与我进行了讨论。Vgl. *Thomas Rönnau*, Corporate Compliance und Strafrecht in Deutschland, in Baum (Hrsg.), a. a. O., S. 107-127.

也对此进行了调查，此外，委托该研究所对美国、英国以及澳大利亚的现状进行分析。[6] 通过这些可以确认，最近五六年，在推进全球化的日本企业中，企业适法和企业社会责任已经在相当程度上固定下来。以《反垄断法》的修改（特别是增加罚款，引入罚金减免制度）、《金融商品交易法》的诞生等为例，法律的完善也有了相当的进展。企业以法务部为中心，认识适法对于公司经营的重要意义，自觉积极主动采取相应行动。

关于课题的剩余两成，第一，受 2011 年 3 月 11 日发生的东日本大地震的影响，原定的国际研讨会未能如期举行，因此未能就适法问题与海外进行严密的比较讨论；第二，调查对象企业限定为东证一部的上市公司，所以未能把握中小企业的实际情况；第三，未能就包括对法人犯罪的刑事制裁在内的新制裁制度提出充分具体的建议。

因此，在本章中，作为课题的剩下的一环，我想从比较法的观点出发，专门探讨德国近来对法人犯罪采取刑事法措施的动向。原因是在德国最近关于法人犯罪的争论正前所未有地热烈进行，也因为我就企业适法和刑法问 189
题与德国学者进行了深入的接触。在日本，虽然企业丑闻乃至法人犯罪呈减少趋势，但令人难以忍受的丑闻和犯罪仍时有发生。要再次认识到，在变动剧烈的全球社会中，企业要想维持稳定地持续经营，进一步巩固和深化适法管理是必不可少的，今后依然有必要继续进行研究。在上述项目刚刚结束的当下，为了向辛苦推进我们共同研究的曾根威彦教授和田口守一教授的祝贺古稀纪念论文集投稿，以法人犯罪、企业刑法以及刑事适法为题来讨论应该是合适的，谨将本章内容献给两位教授。以下，首先概述德国近期法人犯罪和刑事适法的具体发展，然后分析德国近期关于法人犯罪与刑事适法的新的情况。

---

[6] Materials for the Comparative Study on Compliance Programs of Corporations and Their Legal Effects, Vol. 1 (2012), Vol. 2 (2013). 第 2 卷收录了日本的报告，第 1 卷收录了其他国家的报告，见甲斐克則＝田口守一編『刑事コンプライアンスの国際動向』（2015・信山社）165 頁以下。

二、德国近期企业适法及刑法的具体发展

(一)到20世纪末为止的讨论

在德国,有关经济刑法的讨论从20世纪初就开始了,从刑法应该在经济统制中发挥重要作用的观点开始,经济刑法作为行政刑法的延伸,相关问题得到了相当程度的研究。[7] 第二次世界大战后,经济刑法的研究,特别是在20世纪80年代以克劳斯·蒂德曼(Klaus Tiedemann)为首有了相当大的发展。[8] 但是,讨论始终停留在"经济刑法"的框架上。有人指出,"在德国,一直以来,围绕公司治理的讨论并不活跃。其原因是机构投资者的活动不活跃等,同时负责执行业务的董事会(Vorstand)和专门负责监督的监事会(Aufsichtsrat)这两层制度运转良好",[9]在20世纪这个阶段,尚没有发展
190 出具有公司治理意识的"企业刑法"这一视角。

在法律规制方面,除了刑法和公司法以外,德国《违反秩序法》也值得关注。[10] 《违反秩序法》制定于1952年,此后经过多次修改,而其法律性质是行政法规,法律效果是罚款(Geldbuße)。在《德国刑法典》中,没有将一般法人规定为犯罪行为主体的条文。因此,企业的违法行为是违反秩序的行为

---

[7] 神山敏雄「経済犯罪行為と秩序違反行為の限界(一)(二)(三・完)——ドイツの法制度・学説・判例を中心に——」刑法雑誌24巻2号(1981)1頁以下,26巻2号(1984)94頁以下,27巻1号(1986)21頁以下,今村暢好「ドイツにおける犯罪行為と秩序違反行為との混合構成要件」法学研究論集28号(2008)17頁以下,辻本淳史「ドイツにおける刑罰と過料の構造と差異(1)~(4・完)」早稲田大学法研論集138号(2011)125頁以下,139号(2011)148頁以下,140号(2011)241頁以下,141号(2012)349頁以下,*Hans Achenbach*,Das Strafrecht als Mittel der Wirtschaftlenkung,ZStW 119(2007). Heft 4,S. 789ff. ,ハンス・アッヘンバッハ(甲斐克則(監訳):辻本淳史=伊藤嘉亮(訳))「経済統制手段としての刑法」季刊・企業と法創造5巻1号(2009)156頁以下。

[8] Vgl. *Klaus Tiedemann*, Wirtschaftsstrafrecht und Wirtschaftskriminalität I. Allgemeiner Teil, 1985;*ders.* ,Wirtschaftsstrafrecht und Wirtschaftskriminalität I. Besonderer Teil,1985. 另クラウス・ティーデマン(西原春夫=宮澤浩一監訳)『ドイツおよびECにおける経済犯罪と経済刑法』(1990・成文堂)。

[9] 神例康博「ドイツにおける企業活動の適正ルール形成のための法制度——特に制裁システムの現状」甲斐=田口編・前注1,107頁。

[10] 田口守一「ドイツにおける企業犯罪と秩序違反法」甲斐=田口編・前注1,157頁以下,辻本・前注7「(1)」129頁以下。

(《违反秩序法》第 30~130 条)还是犯罪是一个重要的问题。而且,“《违反秩序法》的法律体系特色为,在同一部法律中同时规定了实体规范和程序规范”。[11] 可以说,在 20 世纪的德国,围绕法人犯罪和法人处罚的讨论并不那么活跃。

另外,在德国,由 1990 年联邦普通法院判决“皮革喷雾剂案”开启了企业关系的考察方法,从企业的经营首脑的地位引出企业上层的刑事责任性,这些人是否应该受到处罚成了需要重视的真正问题。[12] 但是,这终究是以作为个人的企业干部的刑事过失责任为基础,在这种框架之下进行的讨论。因此,当时围绕法人犯罪和刑事适法的讨论尚未登场。

(二)引发 21 世纪新讨论的契机——曼内斯曼案件

然而,随着经济活动乃至企业活动的全球化,德国从 20 世纪末出现了一些新的讨论,特别是进入 21 世纪以后。成为重大转机的案件包括美国的安然案、亚瑟·安德森案、世界通信案,意大利的帕玛拉特案,以及德国的曼内斯曼案[13]、21 世纪的西门子案等。以这些案件为契机,德国也开始意识到企业适法的问题。下面概览一下德国的两个代表性案件。

曼内斯曼案是在 2000 年英国沃达丰手机公司对德国曼内斯曼公司进行敌意收购时,英国达沃丰公司向曼内斯曼公司的总裁及董事,以及前总裁兼 191
监事会会长等人支付高额功劳金、退休金(支付总裁 1600 万欧元,支付其他

[11] 田口・前注 10,160 頁。

[12] 岩間康夫「刑法上の製造物責任と先行行為に基づく保障人的義務——近時のドイツにおける判例及び学説から——」愛媛法学会雑誌 18 巻 4 号(1992)41 頁以下〔岩間康夫『製造物責任と不作為犯論』(2010・成文堂)所収〕,松宮孝明「ドイツにおける『管理・監督責任』論」中山研一＝米田泰邦編著『火災と刑事責任——管理者の過失処罰を中心に——』(1993・成文堂)190 頁以下〔松宮孝明『過失犯論の現代的課題』(2004・成文堂)20 頁以下所収〕,ヴァルター・ペロン(高橋則夫訳)「ドイツにおける製造物責任——ドイツ連邦通常裁判所『皮革用スプレー判決』をめぐって——」比較法(東洋大学)31 号(1994)1 頁以下,北川佳世子「製造物責任をめぐる刑法上の問題点——ドイツ連邦通常裁判所の皮革用スプレー判決をめぐる議論を手掛かりに——」早稲田法学 71 巻 2 号(1996)171 頁以下。Vgl. *Joachim Schmidt-Salzer*(Hrsg.),Entscheidungssammlung Produkthaftung:Strafrecht mit Urteilsanmerkungen und einer Einleitung,1992,Ⅳ.3.22.

[13] 甲斐＝田口編・前注 1。

4 名董事共计超过 400 万欧元,支付监事会会长 300 万欧元),进而围绕上述人员的行为是否成立背信罪(《德国刑法典》第 266 条)及从犯而展开争论的案件。[14] 一审杜塞尔多夫地方法院在 2004 年 7 月 22 日认为上述特别报酬属于双重报酬,监事会会长(前总裁)的报酬违反了《股票法》第 87 条第 1 项第 1 款;此外,对于背信罪,法院认为相关人员没有违反重大义务,且属于无法回避的禁止性错误(《德国刑法典》第 17 条),以此宣判无罪(LG Dusseldorf,Urteil vom22. 7. 2004 = NJW 2004,3275)。但是,联邦普通法院于 2005 年 12 月 21 日撤销了一审判决,发回杜塞尔多夫地方法院(BGH-Urteil vom 21. 12. 2005 = NJW 2006522)。根据该判决,上述被告人并没有根据股东大会的决议支付功劳金,因此违反了背信罪中规定的财产管理义务,据此支付的功劳金数额损害了公司的利益。另外,从明显违反义务随意支付来看,禁止性错误是可以避免的。2006 年 11 月 29 日,辩护方和检方就支付 580 万欧元终止诉讼程序达成协议。[15] 杜塞尔多夫地方法院也认可了这一点,因此本案在被告人的刑事责任尚不明确的情况下落幕。但是,通过此次案件,德国开始强烈意识到公司治理及企业适法与刑事责任之间的关系。

(三)深化刑事适法争议的契机——西门子案

另外,21 世纪的西门子案[16]为深化企业适法加快了步伐。以本案为契机,刑事适法这一问题在德国开始得到充分关注和深入讨论。

西门子案是指 2006 年曝光的德国大型企业西门子公司超过 1000 亿日

[14] 正井章筰「企業買収における経営者への功労金の支払い—マンネスマン訴訟に見るドイツのコーポレート・ガバナンスと刑事司法制度—」早稲田法学 82 巻 3 号(2007 年)59 頁以下。

[15] 正井・前注 14,92 頁以下。

[16] *Lothar Kuhlen*,Grundfragen von Compliance und Strafrecht,in Lothar Kuhlen/Hans Kudlich/Iñigo Ortiz de Urbina(Hrsg.),Compliance und Strafrecht,2013,S. 1ff.,insbes. SS. 2-12. 2013 年 6 月 28 日に早稲田大学で開催された比較法研究所主催によるローター。クーレン教授の講演(*Lothar Kuhlen*,Compliance und Strafrecht in Deutschland:ローター・クーレン(岡上雅美訳)「ドイツにおけるコンプライアンスと刑法」比較法学 47 巻 3 号(2014)165 頁以下)。本文特意称其为 21 世纪的西门子案,是为了表示与 1914 年的争议案件西门子案有所区分。21 世纪的西门子案的联邦普通法院判决有多个,如后所述。

元的不正当支出案件,具体来说是指为获得海外订单而行贿以及由此引发的逃税案件。西门子曾在全球约 190 个国家开展业务,但直到 2007 年为止,向公共机关人员和交易对象行贿仍然是该公司的长期惯例。防止腐败不仅 192
在《德国刑法典》第二十六章"反竞争罪"(第 298~302 条)和第三十章"公职中的犯罪行为"(第 331~358 条)中有规定,德国在 1997 年还制定了《反腐败法》(Gesetz zur Bekämpfung der Korruption=KorrBekG),这是德国长期以来努力的课题,1998 年《欧盟受贿法》(EU-bestechungsgesetz)增加规定其受贿的构成要件也适用于其他欧盟成员国的公务员,1998 年《国际受贿罪法》(Internationale Bestechungsgesetz=Intbe-stG)设立了适用于公务员的世界标准,正是因为"优秀企业"西门子的这一案件给国内外带来了巨大冲击。而且,该公司的适法程序被视为当时的典范。2005 年 11 月 12 日,在早稻田大学国际会议场召开的"企业的法律责任和适法程序——企业的国际标准和日本的企业法制"国际研讨会上,邀请了西门子副总裁布莱希特·谢弗,参考该公司的适法程序,共同探索建立更好的适法体系,[17]这一点触动了我。结果表明,与美国安然案一样,即使像西门子那样拥有形式上的适法程序,也无法防止企业发生违法犯罪行为。

西门子案联邦普通法院判决[BGH St 52. 323(Siemens/Enel). Urteil des 2. Strafenats vom 29. 8. 2008]中,关于担任中层管理人员的被告人在与意大利 Enel 公司的交易中实施的行贿行为(《德国刑法典》第 299 条第 2 项和第 3 项),因为行为当时该规定只限于国内的行为,因此相关人员无罪(在此之后,设立了该条第 3 项,现在可以处罚),背信罪(《德国刑法典》第 266 条)则得到认定。[18] 联邦普通法院认为,在犯罪时企业内部规则已经禁止以行贿为目的制作幕后账簿。根据该内部规则,维持幕后账簿没有得到康采恩首

[17] 甲斐=田口編·前注 1,331 頁以下。

[18] 同时,西门子案涉及多方面,关于"独立员工劳动共同体"(Arbeitsgemeinschaft unabhängiger Betriebsangehoriger=AUB)的设立所涉及的委员的背信案,联邦普通法院另有判决。Vgl. BGH St 55,228(Siemens/AUB,Urteil vom 13. 9. 2010). 另外,关于大众汽车公司案,见 BGH St 54,148(Urteil vom 17. 19. 2009)。

脑的认可,因此违反了义务,符合背信罪的客观构成要件,故予以认定。该判决第一次将判决与适法规定关联起来,这对于担任中层管理人员的被告人来说不是减轻情节,而是加重情节。另外,对公司的董事和监督科成员作
193 出罚款决定,并科处《违反秩序法》第130条和第30条,即一方面以违反监督义务为由,对董事及监督科成员作出罚款决定,另一方面以在电信部门行贿为由,对西门子自身处以2亿100万欧元的罚款。其中,本来的罚款是100万欧元,剩下的2亿欧元属于剥夺利益(《违反秩序法》第17条第4款)。[19]

如上所述,西门子案不仅是德国国内法的问题,而且在美国等国家也受到了法律制裁,其结果向全世界表明,法人犯罪和腐败已经具有了跨国性质。但是,正如库伦指出的那样,[20]最重要的是,德国刑法学家对刑事适法的关注度提高了,这在理论和实践上都很重要。

三、德国近期关于法人犯罪与刑事适法的讨论情况

(一)德国对企业丑闻的制裁制度

在本部分,我们来确认一下德国对法人犯罪及企业丑闻的制裁制度。在德国,刑法典中没有正面承认处罚法人的规定。

首先,《德国刑法典》中最常用的是背信罪。背信罪是指"滥用法律、政府机关的委托或法律行为赋予行为人处分他人财产或使他人承担义务的权力,或者基于法律、政府机关的委托、法律行为或信任关系,违反行为人所承

[19] 根据マルク・エンゲルハルト(武藤眞朗訳)「コンプライアンス・プログラムを特に顧慮したドイツおよびアメリカ合衆国における企業の制裁」季刊・企業と法創造6巻1号(2009)149頁。西门子公司还接受了3亿9500万欧元的罚款。在美国接受了4亿5000万美元的罚款和3亿5000万美元的证券交易委员会的民事制裁。本译稿为2009年3月17日在早稻田大学"21世纪COE项目""企业法制与法律创造"刑事法小组主办的演讲会上的演讲日文翻译。Vgl. auch *Marc Engélhart*, Sanktionierung von Unternehmen und Compliance. Eine rechtsvergleichende Analyse des Straf- und Ordnungswidrigkeitenrechts in deutschland und den USA, 2010. S. 2 ff. 在该书中,有对西门子案的详细分析。

[20] Kuhlen, a. a. O. (Anm. 16), S. 2ff.

担的维护他人财产利益的义务，因此违反维护其财产利益的义务，致使其应当保护财产利益的人受到损害的，处以五年以下自由刑或者罚金”。[21] 该规定在上述西门子案以及近年来的法人犯罪中发挥了威力。

关于背信罪的规定，尤其在适用于经济刑法领域之时就有人指出它的不明确性，[22]2010年6月23日，德国联邦宪法法院公布了宪法意义上的判 194
断(Beschluss des Bundesverfassungsgerichts vom 23. juni 2010：BverfGE 126. 170)。“滥用”(Missbrauch)和“违反信任”(Treubruch)这些构成要件是否违反了《德意志联邦共和国基本法》第103条第2项(某行为，在该行为发生之前，法律已规定其可罚性的情况下，即可以处罚[23])，对此虽然有争论，但联邦宪法法院作出了这样的决定：这项规定并非不明确，且是符合宪法的。日本恐怕也存在同样的问题。无论如何，托马斯·莱瑙对背信罪的广泛适用敲响警钟并指出应该增加这样的限定：“在应采纳的民法或经济法的相关一般条款的所有不确定性中，违反义务的交易，最起码是在经营者浪费了受委托财产的情况下，才能具有背信罪的意义”[24]。

其次，如前所述，《德国刑法典》第二十六章“反竞争罪”(第298～302条)和第三十章“公职中的犯罪行为”(第331～358条)，以及《腐败防止法》、《德国刑法典》第298条(投标中限制竞争的串谋)和第299条(交易谈判中的行贿受贿)尤为重要，但由于篇幅的关系，在此略过。

最后，德国特有的《违反秩序法》第30条(对法人以及自然人的结合体的罚款规定)和第130条(关于监督义务的规定)非常重要。[25] 因为在《德国刑法典》中没有正面规定法人处罚，虽然严格来说《违反秩序法》是行政

[21] 法務資料461号『ドイツ刑法典』(2007)164頁の邦訳による。

[22] Vgl. *Thomas Rönnau*, Untreue als Wirtschaftsdelikt, ZStW 119(2007), S. 887ff. The state 邦訳として,,トーマス・レナウ(甲斐克則＝岡部雅人＝辻本淳史訳)「経済犯罪としての背任」季刊・企業と法創造6巻1号(2009)89頁以下。托马斯・莱瑙指出：“在刑法第226条的解释中，将背信追加分类为经济犯罪，会带来进一步促使其向抽象危险犯扩张的危险(S. 902)。”

[23] 宮沢俊義編『世界憲法集(第二版)』(1977・岩波書店)208頁。

[24] *Rönnau*, a. a. O. (Anm. 21), S. 926.

[25] 田口・前注10, 164-166頁。

法,但实际上是该法的规定代替或补充了法人处罚。有人说,"《违反秩序法》是刑法的小兄弟,是'小刑法'。《违反秩序法》已经根据宪法上的准则,原则上,要求与刑法有同样的要件"[26]。但是,马克·恩格尔哈特指出,"在德国,根据《违反秩序法》第 30 条,每年科处 2000~4000 件罚款(案件)。罚款(案件)的 90%以上低于 5000 欧元。罚款由两部分组成。其一是惩罚性部分,最大限度限定在 100 万欧元;其二是利益剥夺部分,没有上限。例如,
195 在西门子案中,2 亿 100 万欧元的罚款,其中 100 万欧元是惩罚,2 亿欧元是利益剥夺的工具,真正的制裁是极其有限的。这一点尤其可以从实务上的制裁金额较低、大量案件都没有顶格处以 100 万欧元这一情况推测而知。罚款并没有考虑不同企业的财务能力,手工业企业也好、世界规模的康采恩也好,都同样对待,缺乏灵活性。因此,常常能见到没有明显惩罚效果的情况"[27]。在此,我们可以清楚地看到《违反秩序法》对法人犯罪的意义。

(二)以展开 21 世纪新讨论为目标的齐白的见解

在德国,第一个正式提出企业适法与刑法相关问题的是乌尔里希·齐白。齐白在 2005 年早稻田大学的企业适法国际研讨会上对该问题产生了兴趣,之后发表了详细的论文。[28] 在论文中,齐白对现行企业刑法中的适法程序进行了分析和探讨。

根据齐白的观点,关于适法程序的内容,他论述道,"公司内部规则定义

[26] エンゲルハルト(武藤訳)·前注 19,150 頁。

[27] エンゲルハルト(武藤訳)·前注 19,152 頁。

[28] *Ulrich Sieber*, Comoliance - Programme im Unternehmensstrafrecht. Ein neues Konzept zur Kontrolle von Wirtschaftskriminalität, in Ulrich Sieber u. a. (Hrsg.). Festschrift für Klaus Tiedemann zum 70. Geburtstag, 2008, S. 449ff. 邦訳として,ウルリッヒ·ズィーバー(甲斐克則=小野上真也=萩野貴史訳)「企業刑法におけるコンプライアンス·プログラム——経済犯の統制のための新構想——」(甲斐克則=田口守一監訳)『21 世紀刑法学への挑戦——グローバル化情報社会とリスク社会の中で——』(2012·成文堂)309 頁以下(初出は,季刊·企業と法創造 6 巻 1 号(2009)120 頁以下)。另外,也参考了在早稻田大学"法人犯罪国际论坛"(2005 年 11 月 15 日)的演讲原稿(田口守一=原田和住=二本柳誠=岡部雅人=获野贵史=小野上真也訳)『企業犯罪防止のためのコンプライアンス·プログラム——経済犯罪の領域における刑法上の共同規制のための新たな試み』甲斐=田口編·前注 1,409 頁以下。

了通过一定程序应实现的目标和价值。其目标主要是防止腐败、洗钱、恐怖主义融资、竞争犯罪(大部分是卡特尔协议)、财务报表犯罪、偷漏税、内幕交易、环境犯罪以及泄露商业机密等犯罪行为。基于防止法人犯罪和防止对法人犯罪的目标,许多不同的价值得以被保护。然而,这些价值在适法程序中受到比法律刑罚规定更严格的保护",并提及与"企业的经济价值的一般保护"的关系。[29] 然后,从蒂德曼的经济刑法法益论[将由社会伦理引起的经济伦理"活性化"(belebung)引入法益论的见解]中得到启发,他表示,"适法程序,在个别的事项中必定相互竞合——这与企业所有者、重要职位员工以及其他员工的目标设置一样,并非仅着眼于企业层面的利益。反而经常 196
是一部分对立,一部分一致,这包括交易对方和第三方(特别是消费者)的利益以及社会利益(例如环境领域)"[30]。另外,"由于目标和保护领域的多样性,结果导致各种企业的适法程序和其他保护构想在内容上差异性很大。例如,考虑保护对象,为满足《股份公司法》第161条的透明度要求,德国股份公司规定跨国公司的标准以防止员工贿赂外国公务员;这与传播淫秽信息时遵守青少年保护规定的互联网企业准则之间,几乎不存在共同点"[31]。于是,"企业是否根据公司治理的明确规定提高股价,是否在企业社会责任项目中出资了幼儿园,或者是否将根据指导方针的合目的性决定的企业目标转换为'公司内部规则',这一点对于法人犯罪和企业刑法问题来说,显然起不到本质作用",齐白断言,"因此,对于控制法人犯罪和企业刑法来说,虽然从(创造)新的企业控制系统的一般观点来看,这一公司行为规范(corporate code)颇为有趣,但是刑法上重要的适法程序内容,不能根据经营学上的研究来决定",并得出"不如说,就此处关心的问题而言,只有能够防止法人犯罪的程序要素才是重要的"[32]的结论。

---

[29] *Sieber*, a. a. O. (Anm. 28), S. 454f. ズィーバー(甲斐ほか訳)・前注28,317-318頁。

[30] *Sieber*, a. a. O. (Anm. 28), S. 455. ズィーバー(甲斐ほか訳)・前注28,318-319頁。

[31] *Sieber*, a. a. O. (Anm. 28), S. 455. ズィーバー(甲斐ほか訳)・前注28,319頁。

[32] *Sieber*, a. a. O. (Anm. 28), S. 457f. ズィーバー(甲斐ほか訳)・前注28,321頁。

那么,齐白是如何构建“能够防止法人犯罪的程序要素”呢?在此,“对互联网上公开发表的适法程序、预防法人犯罪的相关文献以及实施相关措施的法律规定等进行分析,有效阻止法人犯罪、对法人犯罪的构造要素,可
197 以按照下述方式系统地建立起来”[33]。对此,齐白列举了6点。

(1)定义及传达应当考虑的企业价值和企业目标,分析企业中相应的、特有的风险,并由此引导得出企业及其员工应遵守的规则和程序的决定并将其公布。

(2)阻止法人犯罪所定的目标、价值和程序,是最高经营干部层面责任的依据。建立适当的专业化企业部门(适法部门)的同时确立中层管理者的责任,以及对企业员工的启蒙和教育。

(3)创设发现和查明犯罪的情报系统,特别是人力物力的内部控制、报告义务、接收匿名情报的“情报提供者系统”,确定(适法部门,有时国家机关也会参与其中)需要查明的嫌疑案/事件,以及(与企业业绩相关的直接信息的流动)有关嫌疑案/事件调查结果的申请方式,和当时适法程序的日常适配发展及进一步的发展。

(4)设置外部监察官(Kontrolleur),并且考虑适法程序的个别要素以及程序的外部评价的审查。

(5)创设制裁滥用行为的内部措施。

(6)建立能够有效促进开展上述措施落实的组织框架。[34]

基于此,“在法律保障的基础上,应就适法程序的犯罪预防要素进行多少补充?在经营学上、犯罪学上以及刑法学上的研究中,必须有(各)领域特有的和企业特有的决定和评估”。齐白认为,“由于有关防止法人犯罪的适法程序内容高度依赖当时的企业及其业务领域,因此,相关企业的程序发起人必须有充分的个别自由行动空间,以制定预防犯罪的独立构想”,他指出“在这种情况下,为了保证适当措施的有效性,尤其是为了防止法人犯罪,企

[33] *Sieber*, a. a. O. (Anm. 28), S. 458. ズィーバー(甲斐ほか訳)・前注28,322頁。

[34] *Sieber*, a. a. O. (Anm. 28), S. 458. ズィーバー(甲斐ほか訳)・前注28,322-323頁。

业内部规章制度与国家层面制度的协作联动(Zusammenwirken)也非常重要"[35]。

由于齐白的上述观点揭示了适法程序的灵活性和动力性(dynamism),而且着眼于多角度,所以具有重要的启示意义。这是刑事适法应该思考的问题。基于以上基本观点,齐白认为,现行企业刑法中的适法程序,要围绕 198
(1)企业员工在刑法上的个人责任,(2)企业在《违反秩序法》上的责任进行深入探讨。前者主要是基于《德国刑法典》第 13 条的不作为犯保障人义务,因违反监督义务而产生追究刑事责任的空间;后者是根据上述《违反秩序法》第 30 条和第 130 条规定的罚款责任。[36] 特别是关于后者,经过对蒂德曼的"作为对团队罚款根据的组织责任"的模型(1988 年)[37]进行认真研究,"《违反秩序法》第 130 条提及的义务,处于领导地位的人的相关行为在团体被征收罚款的过程中发挥了作用,这种对义务的侵害无疑是对法人以及其他团体自身(组织)义务的侵害。因此,根据蒂德曼的说法,企业的罚款和对团体'责任'的非难,其独立的'实质性根据'并不是员工的违法行为,而是企业对于行为符合规范的态度、(对于行为符合规范所作的)必不可少的准备的懈怠(所谓的事前责任)",在适用《违反秩序法》第 30 条"组织的缺陷这一实质性的处罚依据"进行量刑时,要结合适法程序进行考量。[38]

对此,齐白表示:"一种是通过一个或多个企业成员在实际管辖领域内实施的具体侵害行为发现;另一种是由组织的缺陷所产生的团体原本的'责任',包括处于领导地位的人实施的可能归属于企业的可罚行为。在这种情况下,主张企业成员的具体关联行为(的观点),特别限制了对不适当的组织追究企业责任的情况。然而,根据《违反秩序法》第 130 条而非第 30 条,处

[35] *Sieber*, a. a. O. (Anm. 28), S. 459. ズィーバー(甲斐ほか訳)・前注 28,323 頁。

[36] *Sieber*, a. a. O. (Anm. 28), S. 463ff. ズィーバー(甲斐ほか訳)・前注 28,329 頁以下。

[37] *Klaus Tiedemann*, Die „Bebußung" von Unternehmen nach dem 2. Gesetz zur Bekämpfung der Wirtschaftskriminalität, NJW 1988, 1173.

[38] *Sieber*, a. a. O. (Anm. 28), S. 466ff. ズィーバー(甲斐ほか訳)・前注 28,332 頁以下。

于一定领导地位的人的不法行为可以归属于企业。”齐白主张：“作为结果——企业某个员工的违法行为一并侵害了企业的组织义务，如果（这个组织义务）是罚款的法律责任依据的重点，那么充分保障组织义务的适法措施就具有根本性意义。因此，适法措施是否充足成为决定犯罪行为是否归属于企业的核心法律标准。”[39]

以上的分析和逻辑展开，在《违反秩序法》的解释论上具有相当的说服
199 力，问题在于这一主张如何与刑事适法一般讨论相结合。齐白对此分两点进行论述：(1)关于个人责任的适法程序的重要性；(2)关于企业责任的适法程序的重要性。

(1)关于与个人责任的关系，分为故意犯和过失犯来论述。“关于自然人的个人责任，在故意犯领域中对法人犯罪的情况下，适法程序只在特殊事实形成时发挥作用。如果适法规定（例如在投机行为等情况下）定义了允许的风险，（在不当得利的情况下）仍定义了允许接受的少量礼品的规模的话，这些规定就尤其适用于了解或者承诺。最重要的适用事例是背信，这里的前提是违反法益持有人意思的交易和违反法益持有人利益的交易。因此，在背信的情况下，各种形式的适法措施在一定范围内是否具有法律效力，应在个别具体事例中确定。”[40]确实，在背信罪中，适法程序在解释上是值得参考的。

但是，更重要的是过失犯的领域。齐白这样论述：适法规定还会影响到过失犯领域。对于过失犯来说，违反核心注意义务往往基于“过去的经验”的法律之外的规定，行为人的态度偏离了客观要求的谨慎态度。因此，雇佣者对员工注意程度要求的标准，可以根据企业的方针（由雇佣者和员工共同）决定。团体和许多企业的适法指引在决定一般的交易惯例时——甚至在来自企业外部的犯罪（类型）的情况下可能发挥重要作用，并且在该方针的适用领域，通常都会对允许的风险进行具体描述。关于过失犯可罚性的

[39] *Sieber*, a. a. O. (Anm. 28), S. 468. ズィーバー（甲斐ほか訳）・前注 28,335 頁。
[40] *Sieber*, a. a. O. (Anm. 28), S. 468f. ズィーバー（甲斐ほか訳）・前注 28,336 頁。

适法指引的重要性在于，相关规定不仅预先规定了违反注意义务，而且由于采取预防措施的侵害回避义务决定性地取决于对紧迫危险的认识程度，构成要件实现的可预见性也进一步成为问题，这一点就非常清楚了。因此，只 200
要根据适法指引满足回避危险的必要性，在个例中未暗示危险的可预见性时，往往由于缺乏实现构成要件的可预见性而被容许。如果当时的注意义务是对第三者的法律利益进行保护，通过各项规定的适用将潜在关系人予以展示，那么企业程序的相应效果也得以提高。关于过失犯的适法程序的这种结果，私人的规制系统在此以“根据实务的规范设定”决定国家的规制内容，从体系论的观点来看是非常有趣的事情。因此，适法程序为企业提供了定义交易空间的机会，以及使用刑法上的效果避免助长犯罪的灰色地带的机会。[41] 这一主张很好地体现了刑事适法在过失犯问题中的意义。特别是立足于新过失论更是如此。但是，即使立足于旧过失论，也不得不承认“所谓适法程序……可以作为限制企业员工责任的要素发挥作用”[42]。

(2)关于与企业责任的关系。“关于《违反秩序法》第 30 条所规定的企业责任，在排除构成要件所要求的员工个人可罚性，特别是《违反秩序法》第 130 条所规定的监督义务的情况下，适法程序是非常重要的。《违反秩序法》第 30 条规定，处于领导地位的人的犯罪以简单的条件(如组织责任条件)归于企业，所以不引用《违反秩序法》第 130 条，可以直接适用《违反秩序法》第 30 条，即在重要岗位的员工故意违反法律的情况下，即使有完整全面的适法程序，在构成要件层面上对企业也没有帮助。”[43] 但是，这里着眼于(适法程序)与罚款定量的关系，“关于对企业的罚款，(具备)适法程序在制裁的量度(Sanktionsbemessung)的领域有进一步的意义，对此，通说认为虽然《违反秩序法》第 30 条没有指示，但是《违反秩序法》第 17 条第 3 项的各项原则有合乎目的的考虑。根据《违反秩序法》第 17 条，关于罚款的计量基础，对于违

[41] *Sieber*, a. a. O. (Anm. 28), S. 469f. ズィーバー(甲斐ほか訳)・前注 28,336-337 頁。
[42] *Sieber*, a. a. O. (Anm. 28), S. 471. ズィーバー(甲斐ほか訳)・前注 28,339 頁。
[43] *Sieber*, a. a. O. (Anm. 28), S. 471. ズィーバー(甲斐ほか訳)・前注 28,339 頁。

201 反秩序及正犯具有非难的含义”[44]，这一点引人注目。该观点虽然考虑了美国的量刑指南，特别指出“如果对企业制裁的基础是其固有的组织过失，那么在员工有重大违反行为的情况下，适当的适法措施可能也会产生减轻制裁量刑的影响”[45]，正因为罚款不是纯粹的刑罚，所以在这个层面上考虑适法程序是正确的方向。

最后，齐白对于适法程序与犯罪预防之间的关系作了如下阐述。第一，关于适法程序预防犯罪的适应性，在犯罪学知识的基础上，“犯罪学上关于经济犯罪的研究证明，法人犯罪中，就员工的态度而言，企业的特有影响是决定性的。尤其重要的是，要根据适法措施，在企业内部对伦理价值、企业组织文化以及企业水准进行调整。违反规范（的行为），特别是在规范意识低下的背景下，适法因素推动企业为了减少违反规范（的行为）而在企业内部运用无害化技术，或者通过激励员工发现创新性解决方案或者减少实施非法行为的机会。适法程序的目标是对企业价值进行值得信赖的调整，由此对防止法人犯罪具有较高重要性”[46]。我也一向赞同这个观点。第二，从自行规制和共同规制的角度来看，“与纯粹的刑法解决路径相对，适法程序所具有的比较适当的有效性，本质上的基础是植根于上文强调的自主规制及共同规制的制度这一特征，并将适法程序包含于该制度之中。在这一概念下，国家控制大多并不是通过等级调整性的法律制定和法律执行来进行，而是通过对行为‘平稳’的影响来进行”[47]，这种自行规制的观点其实也很重要，和我的观点方向是一致的。适法本来就是应该尽可能自觉遵守的。
202 第三，作为特别的犯罪预防内容，“关于特定的价值以及该企业的适法程序，该企业的经营层面有义务承担责任，并加以规范”非常重要；“因为从组织工

[44] *Sieber*, a. a. O. (Anm. 28), S. 471. ズィーバー（甲斐ほか訳）・前注 28，339 頁。
[45] *Sieber*, a. a. O. (Anm. 28), S. 471f. ズィーバー（甲斐ほか訳）・前注 28，340 頁。
[46] *Sieber*, a. a. O. (Anm. 28), S. 474. ズィーバー（甲斐ほか訳）・前注 28，343 頁。
[47] *Sieber*, a. a. O. (Anm. 28), S. 475. ズィーバー（甲斐ほか訳）・前注 28，344-345 頁。

程学的观点来看,对于企业管理层直接施加作用,是影响企业政策最有效的手段"[48],为了确保企业适法的实效性,这一观点也很重要。第四,齐白指出,必须意识到适法程序事实上的局限性。为了克服这种情况,"发现虚假程序及滥用"制度,即"为使国家控制制度能够自由支配一定的信息,建立民间控制制度和国家控制制度之间的联结"也非常重要[49]。第五,同时意识到法律的界限也很必要。"当下,关于企业员工的技术监视,要符合人权上的界限,但这种界限在德国法律中不仅来自员工个人的各项权利,还来自经营组织法的相关规定。相对于企业内部的制裁制度,保护员工也很重要。"[50]

因此,齐白详细展示了上述基本观点,阐述了规定适法措施的法律义务的重要性,并就企业刑法中的奖励机制指出:"(增加)特别的适法义务时,也要鼓励企业创设适法措施。对此,可以设置一般性规定,为企业引进和设置保留必要的自由空间。"[51]为了将这种齐白模式具象化,如本文开头所述,早稻田大学与马克斯·普朗克外国和国际刑法研究所合作,对德国适法的现状和课题进行了实际调查,并整理成报告书。[52] 由于篇幅的关系,本章将不再详述,将另行予以讨论。以上内容概括展示了齐白的见解,展示了目前德国刑事适法现状的一个节点。

---

[48] *Sieber*, a. a. O. (Anm. 28), S. 476f. ズィーバー(甲斐ほか訳)・前注 28,347 頁。

[49] *Sieber*, a. a. O. (Anm. 28), S. 477f. ズィーバー(甲斐ほか訳)・前注 28,348 頁。ズィーバー在此以西门子案为例表示:"该案明确指出适法体系对经营者支持不充分的危险。2007 年,因受到美国证券交易委员会制裁威胁,受到压力的企业进行了彻底的腐败调查,这进一步证实了企业内部措施和合作机制的有效性。"

[50] *Sieber*, a. a. O. (Anm. 28), S. 478. ズィーバー(甲斐ほか訳)・前注 28,349 頁。

[51] *Sieber*, a. a. O. (Anm. 28), S. 481. ズィーバー(甲斐ほか訳)・前注 28,352 頁。

[52] *Ulrich Sieber and Marc Engelhart*, Compliance Programs for the Prevention of Economic Crimes in Germany—An Empirical Survey—, in Criminal Law Group of Waseda Institute for Corporation Law and Society (Ed.), Marerials for the Comparative Study on Compliance Progrms of Corporation and Their Legal Effects, Volume 2, 2013. 在这份报告中,我们所作的日本企业调查报告也是英文的。*Katsunori Kai*, the Current State and Issues of Compliance in Japan. Results of the Analysis of the 2010 Survey.

(三)关于21世纪新讨论的其他观点

简要概览其他观点。第一,马克·恩格尔哈特与齐白一道发表了大量
203 的专题论文,[53]将研究进一步向前推进,比较研究了德国法和美国法的本质内容,受到了美国的适法程序制度的一定影响。在这里,我想简略地提及恩格尔哈特的主张。

恩格尔哈特与齐白不同,他相当明确地认为适法单纯意味着对现行法规的遵守,因此,在与刑法和违反秩序法的关联(的问题)中,适法也就意味着对刑法和违反秩序法相关规定的遵守。因此,将确保遵守法律的措施称为适法措施,将多个适法措施有组织地整合在一起的情况称为适法程序。[54] 即使后者是合理的,但单纯地将"适法"认定为"遵守现行法规",我认为也是有问题的。即使在美国,也没有那么简单,美国的企业适法还包括企业伦理等软性法律。就这一点而言,我想齐白的理解更为妥当。

首先,恩格尔哈特将重点放在了适法的效果上,即强调"适法程序必须具有强化企业员工遵纪守法态度的目的","同时必须最大限度地抑制助长违法行为的因素"[55]。从这种视角出发,恩格尔哈特对美国法律的适法制度和实际情况进行了海量的分析,[56]从构成要件的责任、法律制裁问题、程序法上的观点等方面和德国法律进行比较研究,[57]他主张在可能的范围内将美国的制度引入德国。虽说如此,以处罚法人为前提的美国与以刑法及违反秩序法进行应对的德国,在法律制度上的差异是显而易见的。于是,恩格尔哈特把违反秩序法定位成刑法和行政法之间的第三条道路,称其为"小刑法",根据宪法准则,原则上认为与刑法(适用)同样的要件是妥当的,特别

[53] *Engelhart*, a. a. O. (Anm. 19). 该书是接近900页的大作。此外,エンゲルハルト(武藤訳)·前注19是对该书简明扼要的有益概括。

[54] *Engelhart*, a. a. O. (Anm. 19)., S. 40ff., insbes. S. 43f. エンゲルハルト(武藤訳)·前注19,149頁。

[55] エンゲルハルト(武藤訳)·前注19,149頁。*Engelhart*, a. a. O. (Anm. 19), S. 44.

[56] *Engelhart*, a. a. O. (Anm. 19)., S. 57ff.

[57] *Engelhart*, a. a. O. (Anm. 19)., S. 319ff, S. 522ff, S. 599ff.

是《违反秩序法》第30条规定在法人犯罪的情况下可以处以罚款，"德国在刑法和违反秩序法这两个领域的创造，与美国相比，具有能够进行细分的长足优势。据此，立法者可以按照宪法上的比例原则进行阶段划分。值得特别保护的法律利益由刑法进行保护，通过违反秩序法可以实现不那么强有力的保护"[58]。我认为这是很重要的观点。 204

但是，德国却没有充分利用这一优点，恩格尔哈特的理论认为，"适法程序最大的意义在于它对员工行为构成要件产生影响。例如，在过失的框架内决定违反注意义务的情况可能就属于这种情况"。在重视"是否达到令人满意的状态"的同时，以员工的行为以及企业自行采取的事前对策为出发点，来讨论在何种范围可以免除责任。[59] 对于前者，虽然有人批评证明特定员工的具体行为有困难，但恩格尔哈特认为不应该夸大这个问题，反驳称从近几年的案件处理来看，除西门子案外没有其他案件的个别员工行为无法得到证明；对于后者，恩格尔哈特的立场是"适法程序的存在切断了起始行为的责任，企业的责任要么是不存在，要么是没有"。他评价瑞士2003年的立法，认为该方法的极有利之处在于，通过它可以规制企业的特别责任（预防和发现员工的犯罪行为的责任）。恩格尔哈特指出，"这种阻却归责的做法，对企业而言，是花费成本建立适法程序的实际诱因。但是，这种归责阻却的必要条件是必须存在现实中有效的适法程序。如果不能完全保证效果，企业将完全承担责任"[60]。

其次，恩格尔哈特讨论了对企业的制裁问题，比较了德国的罚款制度和美国的罚金制度，主张应该将与量刑指导联动的美国罚金制度与保护观察制度一起引入。[61] 也就是说，"在建议金钱制裁的同时，主张把宝押在保护观察刑上，特别是将制定适法程序入刑的做法值得探讨。通过这样的措施

[58] エンゲルハルト（武藤訳）・前注19，150頁，原作・前注19，528頁。
[59] エンゲルハルト（武藤訳）・前注19，150-151頁，原作・前注19，599頁。
[60] エンゲルハルト（武藤訳）・前注19，151頁，原作・前注19，649頁。
[61] エンゲルハルト（武藤訳）・前注19，152-154頁，原作・前注19，695頁。

可能改善犯罪行为者,并由此可以排除企业中那些促进实施犯罪(Deliktsbegehung)的因素。这种改善是比较现实的选择"[62]。这个主张才是恩格尔
205 哈特的真心话,是值得探讨的呼吁。

最后,恩格尔哈特还从诉讼法的角度论述了程序终止的问题和对企业及员工的程序性保护的标准,他认为在这里也可以有效利用适法程序,但由于篇幅关系不再详述了[63]。

综上所述,恩格尔哈特的主张是基于对美国法律的详细分析,将其可有效利用的适法程序在德国也加以利用,我想(他的主张)今后在德国也会有更多支持者。

第二,托马斯·莱瑙与恩格尔哈特不同,其在考虑自主规制的同时,探索有效的预防犯罪的适法程序。首先,他将适法的免责效果(Entlastungseffekte)作为第 1 项,企业如果以"最佳实务"(best practice)为目标导向的话,即使处于灰色地带,(适法程序)也能成为免受处罚的理性担保。[64] 其次,莱瑙还指出了因适法而产生可罚性风险的加重效果(Belastungseffekte)。[65] 这意味着,如果不制定适当正确的适法,在认定违反义务时将会处于不利。最后,莱瑙说明了内部调查在适法与自主规制关系问题上的重要性。[66] 当然,这个问题与不得自证己罪原则的问题有着很深的关系,所以在调查中应该如何活用它需要慎重地判断。如果建立了适当正确的企业适法制度的话,内部调查也能很好地发挥作用,无论是对企业还是对员工个人都能发挥有利的作用。总的来说,莱瑙的主张和我的见解有共同点。

第三,我们来看一下库伦的主张。库伦在分析西门子等案的同时概述了德国的企业适法制度,他认为,与自然人因和企业相关的行为受到处罚一

---

[62] エンゲルハルト(武藤訳)・前注 19,154 頁,原作・前注 19,696 頁。

[63] *Engelhart*,a. a. O. (Anm. 19),S. 703-710. エンゲルハルト(武藤訳)・前注 19,154-155 頁。

[64] *Rönnau*,a. a. O. (Anm. 5),S. 114.

[65] *Rönnau*,a. a. O. (Anm. 5),S. 116ff.

[66] *Rönnau*,a. a. O. (Anm. 5),S. 120ff.

样，对企业本身科征的制裁也越发具有深意，即使不能对企业处以刑罚，《违反秩序法》第 30 条在犯罪或违反秩序的情况下，在认定违反义务的企业获得了利益时，要重新评价是否允许对企业处以罚款。[67] 库伦认为《违反秩序法》第 130 条，以把犯罪与企业联结的事实作为违反监督义务的考量的“刑事适法的核心规范”的特征。据此，企业所有者或企业干部（《违反秩序法》第 9 条）怠于采取必要的监督措施的，将发生与业务相关的违反行为，该违反行为如果明显难以被相应的监督所阻止，那么就会构成违反秩序行为。作为前提，库伦认为，德国法目前承认“具有准刑法性质的”企业责任（Unternehmenshaftung）已是基本认识，因此他对新设法人处罚规定持消极态度。[68] 我想，库伦和莱瑙的主张共同很好地表现了德国的典型思维。 206

四、结语

综上所述，从对德国的刑事适法的分析中，可以看出德国刑法学者对于刑事适法的重要性也有了相当程度的认识。[69] 今后重要的是，以我们进行的实际调查[70]为基础，在与德国刑法学建立联系的同时，继续努力从理论和实践上深化刑事适法的讨论。

[67] *Kuhlen*, a. a. O. (Anm. 16), S. 1ff.

[68] *Kuhlen*, a. a. O. S. (Anm. 16), S. 12ff.

[69] 本章未提及的文献，*Dennis Bock*, Criminal Compliance, 2011 等也已出版。

[70] 甲斐・前注 4。

第十一章　樋口亮介著《法人处罚与刑法理论》*

213 ## 一、序

《法人处罚与刑法理论》(2009 年 · 有斐閣)这本书是以作者 2005 年 2 月向东京大学提交的助教论文《法人处罚与刑法理论(1)~(6 · 完)》法协 123 卷 3 · 4 号(2006 年),125 卷 7 · 10 · 11 · 12 号(2008 年)为基础框架,涵盖了该论文的主要内容。该书将原论文的篇幅减少了约一半,但原论文所具有的强烈冲击力和高质量并未因此有所降低,而且写得通俗易懂。

该书的结构为,第一章"日本法",第二章"英国法",第三章"美国法",第四章"德国法",第五章"瑞士法和澳大利亚法",第六章"法人处罚的理论基础和具体要件的构建",以及"结语"。由此可见,该书是基于正规的比较法研究的刑法理论研究著作。作者的核心主张是"'法人没有肉体和精神',这样一个判断与以有肉体和精神的自然人为对象而构筑起来的刑法理论之间能够建立何种关系",作者将这一点作为研究讨论的中心,"将刑法理论概括适用于法人的英美法和刑法理论不能适用于法人的德国法相对照,应该选择将刑法理论概括适用于法人的基本思考框架"(第 181 页)。

* 「樋口亮介著 法人処罰と刑法理論」ジュリスト1379 号(2009)。

二、日本的法人处罚论

在第一章中，围绕法人处罚的争议发展脉络，作者根据美浓部达吉前后的法人处罚论——分为法人犯罪能力否定说和法人实在说，以及根据业务主处罚规定（转嫁罚规定、双罚规定）的代位责任，来分析法人处罚的理论，将业务主处罚规定的功能称为接受构成要件设定功能。由于业务主处罚规 214
定这一条文的存在使法人处罚成为可能，在此意义上，作者称之为法人处罚规定的创设功能。并且，尽管接受构成要件设定功能和法人处罚规定创设功能在理论上是不同性质的功能，但业务主处罚规定却将两者统一规定，如果将其解释为代位责任，则其合理性就可以得到认可。但是，“在这种解释被废除之后，由于两种功能被混合规定，讨论逐渐变得混乱”（第 5 页），因此作者对美浓部达吉的主张进行了仔细研究，并将其作为组织模式的原型，评价道，“坚持法人既不拥有肉体也不拥有精神这一命题的同时，主张也存在可以舍弃肉体行为和心理要素的犯罪类型，这就解决了法人性质和刑法处罚要件之间的矛盾”，并认为“30 年后，藤木英雄提供了组织模式的基础”（第 7~8 页）。这个分析非常有趣，而且，“美浓部主张的过失推定说，通过巧妙的解释论，在责任主义的框架内确保了比本条处罚范围更大的接受构成要件的适用领域”（第 11 页），这一点很重要。这样一来，就可以很好地理解最高裁判所判例中采用过失推定说的缘由。

同时美浓部以后的刑法学与之前的法人实在说一样，通过以自然人为代表的媒介使法人拥有肉体和精神的理论（同一视理论）得到了强化，但是作者指出，刑法学说并没有展示同一视理论在刑法理论上的论据，进入 20 世纪 70 年代，藤木的“违反义务的组织模式”终于登场，这让人看到了新的面貌。根据藤木的观点，“对于非违反义务的犯罪类型，法人处罚一律不被认可”，比如要求肉体行为和心理要素的故意作为犯（如损毁名誉罪和传播淫乱物品罪），“立法论不认可法人处罚这一结论的确令人难以忍受”，以此阐述上述限制(第18~19页)。接着,作者分析了后来突破上述限制的板仓宏组织模式"企业组织体责任论",批判其"采用了一种社会评价认为在法人犯罪的情况下才能处罚法人的思考框架"(第22页)。

此后,法人处罚论陷入混乱。1990年以后,受到各国发展的影响,讨论再次兴起,作者为了寻求刑法理论的论据,在探讨了同一视理论之后,又仔细研究了组织模式,对"需要就法人组织是否具备充分的行为、故意的规范性论据进行充分论证"的观点表示支持,进而表示,关于组织过失,也要多考虑先行研究的川崎友巳的学说,在判断组织过失时,不仅是适法程序,实行
215 者是否违反注意义务也可以作为判断要素(第42~43页)。

三、樋口理论的地位

作者从上述问题意识出发,就同一视理论和组织模式,对英国法(第二章),美国法(第三章),德国法(第四章),以及瑞士法和澳大利亚法(第五章)进行了详细的比较法分析,以敏锐的分析视角和正确的解读分析原文,让人感受到作者的力量,引人入胜。

之后,作者基于比较法的知识,在最后一章写道,"英国法同样是在采用将法人处罚纳入刑法理论的思考框架基础上,讨论如何将其纳入的方法"(第151页),(作者认为)法人处罚存在的积极意义,在于具有抑制对象扩展和抑制方法扩展这两种机能,并且,为了解决同一视理论和组织模式的对立等以往争论的问题(两种模式都是法人处罚观点充分的理论基础,只是形式不同而已),以将两者综合起来构建法人处罚的客观方面和主观方面的理论为目标,这一点值得关注。特别是以规范的责任论为根据,对主观要素(法人的目的,组织故意)进行了深刻的阐述,甚至提出了立法的方针,也正是这些观点推动了刑法的一般理论范式发生转变,对今后各方面都会产生很大的冲击。正如上文所述,这本书包含问题性,许多研究者不得不与本书展开争论和对决。我为出现这样一位敏锐而有骨气、年轻而优秀的刑法学家感到高兴,同时也建议大家读一读这本书。

第十二章　日本企业适法的现状与课题

——2010年问卷调查分析结果*

一、序 217

2010年秋至年末，早稻田大学“21世纪COE项目”“企业法制与法律创造”综合研究所刑事法小组开展了企业问卷调查，其实在2004年也曾开展过类似的问卷调查，这次问卷调查针对的问题是：自2004年调查以来的五六年间，法律制度、企业形态、企业适法以及企业社会责任的内容是否发生了相当的变化，以及出于一种学术性的关注，即根据这些变化，是否有必要分析2004年的调查结果至今仍可通用的部分和不能继续适用的部分。当然，从实践性的课题来看，如果不能正确把握当前日本企业的适法制度以及企业社会责任与海外相比处于怎样的位置，恐怕无法在全球竞争。出于这样的危机感，我们在这个时间点重新开始了这次问卷调查。

《反垄断法》的修订和《金融商品交易法》的诞生，确实对企业和市场产生了巨大、各种各样的影响。另外，还必须对企业实际如何理解这一情况进

* 「日本におけるコンプライアンスの現状と課題——2010アンケート調査分析結果——」季刊・企業と法創造9巻2号(2013)〔甲斐克則＝田口守一編『刑事コンプライアンスの国際動向』(信山社・2015)にも収所〕。

行评价。同时,我想,通过这次问卷调查说不定会浮现出一些新的课题。法律制度的改变是否意味着所有的企业适法制度都改变了,或者说是好转了,这还不清楚。必须进行适当的评价、提取确定的课题,并从中探索(刑事)法律规制的方式,这便是这次调查的目的。因此,接下来就结合 2004 年调查问
218 卷结果进行论述。

到目前为止,我们的项目成果有:田口守一等编著的《法人犯罪与适法程序》(2006 年·商事法务),甲斐克则、田口守一编著的《企业活动与刑事规制的国际动向》(2008 年·信山社),甲斐克则编著的《企业活动与刑事规制》(2008 年·日本评论社),田口守一等著的《刑法是否应该介入企业活动》(2010 年·成文堂),乌尔里希·齐白著的(甲斐克则、田口守一监译)《对 21 世纪刑法学的挑战——在信息社会和风险社会中》(2012 年·成文堂)。本报告将在此基础上,在采用交叉统计的同时,对此次调查的结果进行分析,以明确适法的现状和今后的课题。这将成为与本项目同时进行的,与德国、意大利、中国、美国、英国以及澳大利亚开展比较研究的基础。

另外,关于本章正文,在《商事法务》第 1975 号(2012 年 9 月 5 日)第 28 页以下刊登了题目相同、正文大致相同的内容,但本章在此基础上进行了微调,并加入了包含交叉统计的分析结果图表,形成最终报告书(为了收录在本书中,追加了一部分细微修正)。关于问卷和单纯统计结果,敬请参考《企业与法创造》第 33 号(2012 年)第 144 页以下{[甲斐克则、田口守一编《刑事适法的国际动向》(2015 年·信山社)]第 142 页以下}。

二、2010 年问卷调查概要

此次调查于 2010 年 11~12 月以邮寄方式进行,向 2496 家公司发送问卷(共 2 页),按照商业零售业、商业批发业、一般机械、电气机器、化学、建设等顺序,得到了 448 家公司的回复(回收率 17.95%)。这是非常宝贵的数
219 据,在此向给予合作的企业表示感谢。

先叙述一下整体的排序,2004 年进行调查的时候,企业社会责任具有一定权重,其内容排在前面,而这次则是先询问适法经营方面的问题。此次的

提问内容也比较详细。当然,为了比较 2004 年调查和这次调查有何变化, 2004 年的调查项目也是必需的,因此保留了一定的重要项目。另外,这次在不妨碍记载其他事项的范围内充分利用了自由记载栏。

三、2010 年问卷调查结果概要

(一)关于适法

第一部分直接以“关于适法”为题进行了询问。

问题 1 是适法的防止对象事项(见图 12-1*)。按数量顺序前 5 名依次为“延迟支付承包货款”、“彻底的保密义务”、“生产和销售缺陷产品”、“违反向监督机关报告的义务”和“虚假表示商品及劳务内容”。在 2004 年的调查中,“行贿受贿”排在第 1 位,第 2 位是“延迟支付承包货款”,第 3 位是“侵害特许权”,第 4 位是“生产和销售缺陷产品”,第 5 位是“虚假表示商品及劳务内容”。与此次相比,顺序发生了相当的变化。虽然也有一些没有变化,但首位的行贿受贿的顺序发生了很大的变化,也许因为数量减少了,企业的努力也得到了见证,非常有意思。

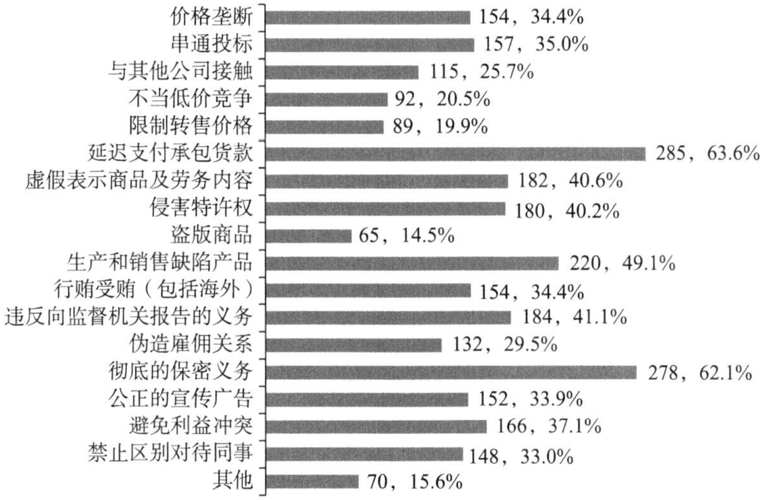

图 12-1　关于适法防止对象事项的统计

* 本章图表中的数值系在问卷调查中选择该选项的公司数量,图表中的百分比系选择某选项的公司数量与在相关问题中作出有效回答公司数量的比例。——译者注

另外，在此次调查中排在第 7 位的是“避免利益冲突”。这是上次完全没有提到的项目，但这次有 37.1%的关注度，引起了我的兴趣。从上述数据可以看出，企业内部已经采取了相当多的措施。

220 问题 2 是关于“公司内部教育”的。公司内部教育相当先进，基本每个企业都有实践。90.1%的企业每年实施一次以上，问题得到了很大程度的解决(见图 12-2*)。关于公司内部教育开始的时间，大多是“进入 21 世纪后”，如果算上 2006 年以后，这一比例为 81.5%。在适法领域较早开展活动的企业中，17.9%的企业从 2000 年以前就开始实施了公司内部教育。因此，我认为进入 21 世纪后，公司内部教育大体普及了(见图 12-3)。

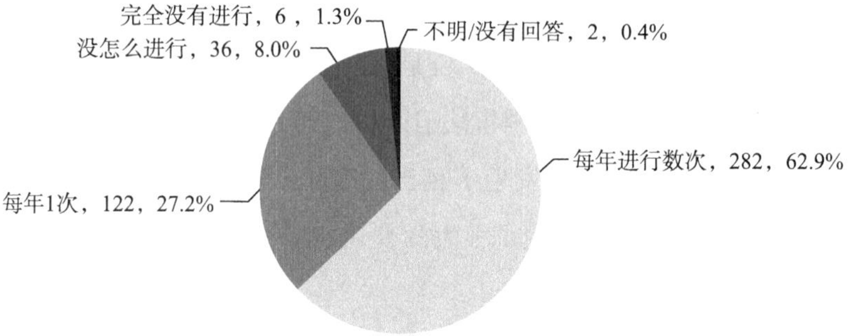

图 12-2　关于公司内部教育情况的统计

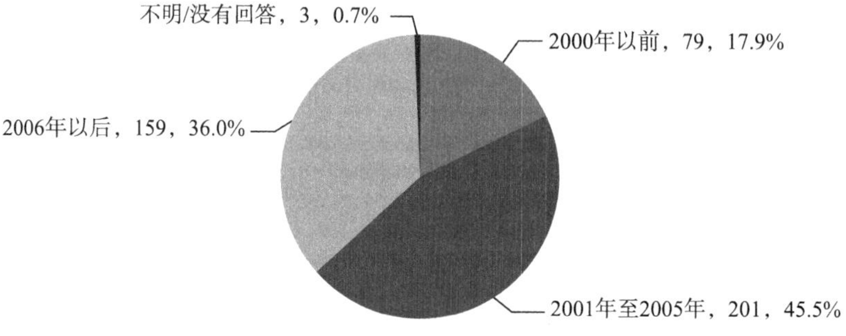

图 12-3　关于公司内部教育开始时间的统计

* 该图中各选项数据及百分比与原著一致，因四舍五入取小数点后一位，各选项所占百分比相加为 99.8%，特此说明。——译者注

问题3是“彻底告知的方法”(见图12-4)。“人事研究和公司内部研讨 221
会”的占82.6%;“在内网上发布和电子邮件”的占70.5%,这与2004年调查相比没有太大变化,或者可以说是越来越充实了。

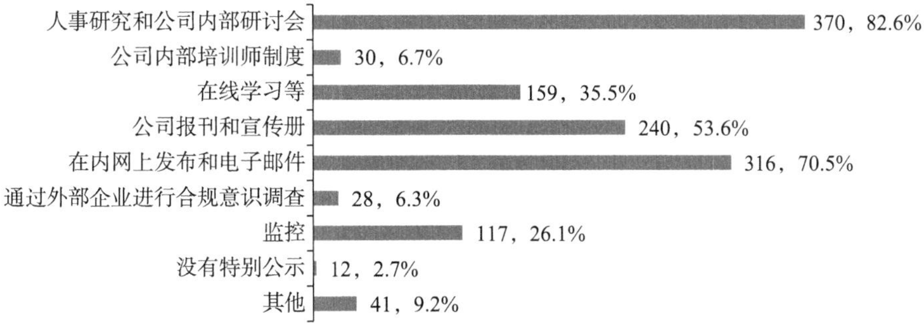

图12-4　关于彻底告知方法的统计

问题4是“彻底告知投资者的方法”(见图12-5)。其实这个项目在2004年是没有的,由于认识到了只是企业内部彻底告知是不够的,这次才设置了这个项目。其中很有趣的是,选择“网站主页”(55.6%)的最多,这是当然的,第2位是“有价证券报告书”(52.7%),以及颇受关注的第3位是“公司治理报告书”(48.7%)。有一半左右的公司利用《公司治理报告书》对投资者进行告知,这很值得注意。因此,可以理解为信息公示越来越先进了。 222

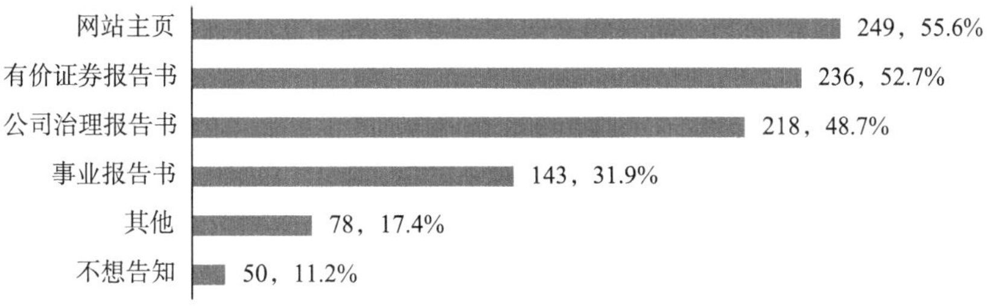

图12-5　关于彻底告知投资者方法的统计

那么,关于“告知消费者的方法”的情况如何呢?这边是问题5(见图12-6)。这次正好相反,对于消费者,36.6%回答“在某种程度上已经尽力周知”,即使加上“已经完全尽力了”(6.7%)的回答,也不到半数。相反,如果将“不太想告知”(35.7%)和“完全不想告知”(19.2%)这两种回答相加,则占54.9%超过半数,课题由此凸显出来。如何能够让消费者充分了解包括适法在内的信息将成为一个有待解决的课题。

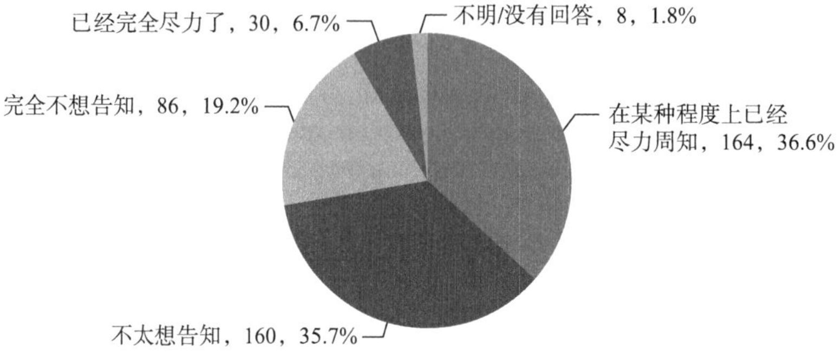

图 12-6　关于告知消费者方法的统计

问题6是关于“第三方评价制度”的(见图12-7)。这其实也是不充分的。包括大学在内,很多地方都引入了第三方评价制度。然而,我原本期待有更多企业引入该制度,但从数值来看,回答“没有”该制度的占77.7%,“现在没有但计划引入”的只有4.5%,实际“没有”的超过八成,这令人感到意外。这种现象的原因在哪里呢?所谓第三方评价制度是否适合企业呢?关于这一点还有待研究。

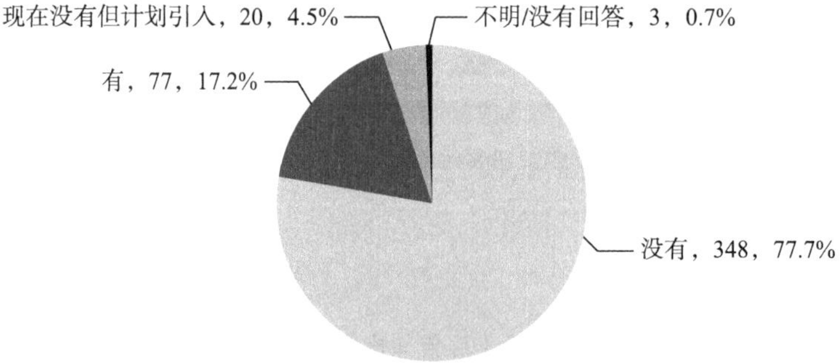

图 12-7　关于第三方评价制度情况的统计

223 问题7是“是否有违规行为的发现、防止制度”,几乎大部分即98.7%的企业都回答了“有”,这本身没有问题(见图12-8)。问题在于问题7-1的

“咨询渠道”(见图 12-9)。这是关于当公司内部发生各种负面事件的情况下到哪里去咨询的问题。从排名的前 3 位来看,第 1 位是适法相关部门,有 273 家公司,占比 61. 5%。仅从这一点来看,2004 年进行调查时,还没有那么多公司设有这样的部门,所以这几年可以说得到了相当的充实发展。第 2 位是公司外部律师,占 54. 1%,这是可以预见的结果。此外,也有法务部、适法相关部门中内设的法务部,虽然也有相反的情况,总之法务部比较多。因此,在企业中与法律法规相关的部门和法务部相当活跃,公司外部律师也有一席之地。

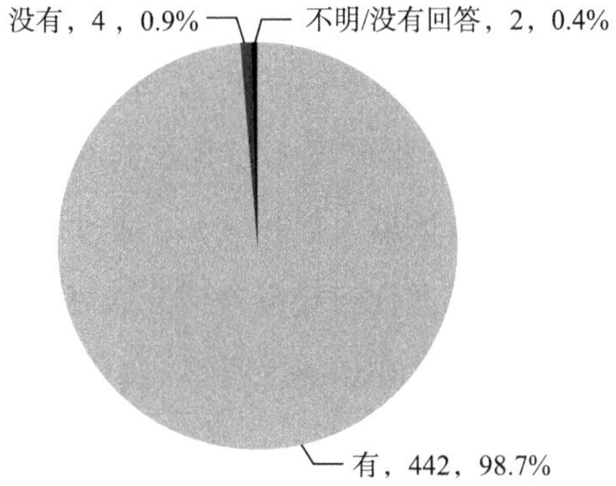

图 12-8 关于是否有违规行为发现、防止制度的统计

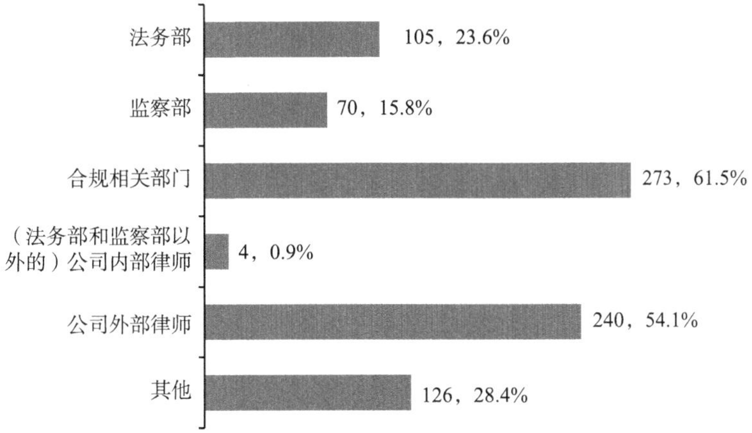

图 12-9 关于咨询渠道种类的统计

其实，我对公司内部律师也非常关注。由于已经进入法律研究院时代，关于法律研究院毕业的学生是否可以作为公司内部律师开展业务的问题，当时也引起了争议，不过，只有4家公司选择该项，仅占0.9%，不到1%的比例实在令人意外。我原以为应该有10%左右，这实在出乎意料。所以，对于企业来说，雇用公司内部律师的确没有什么好处吗？拥有法学院的大学对此非常在意，这一问题今后的动向值得关注（从2013年开始公司内部律师
224 人数逐渐增加）。

问题7-2是关于“举报制度的设立时间”的询问（见图12-10）。关于这个问题，大多数回答的时间是进入21世纪以后。具体分析为，“2006年以后”的占48.2%，“2001年至2005年”的占46.4%。因此，对于日本企业来说，这10年是所谓丑闻举报制度相当普及的时期，其背景不言而喻，如问题7-3所述，由于《公益举报人保护法》的通过和实施产生了很大的影响（见图12-11）。2004年进行问卷调查时正值法律刚刚出台，2006年予以实施。因此，与此相呼应，很多企业回答“制度因此得以构筑”，这也是理所当然的结果。

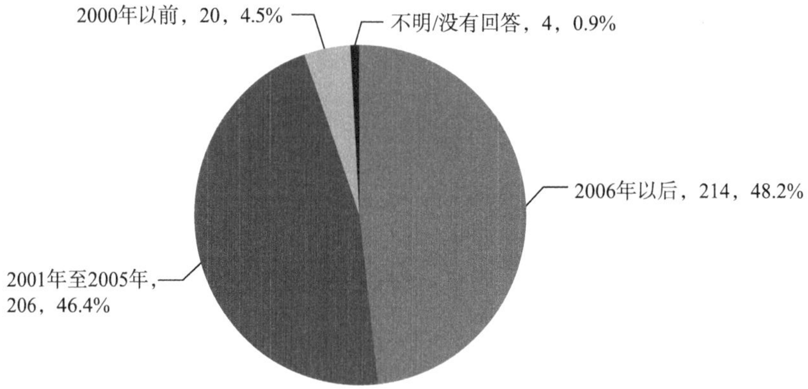

图12-10　关于举报制度设立时间的统计

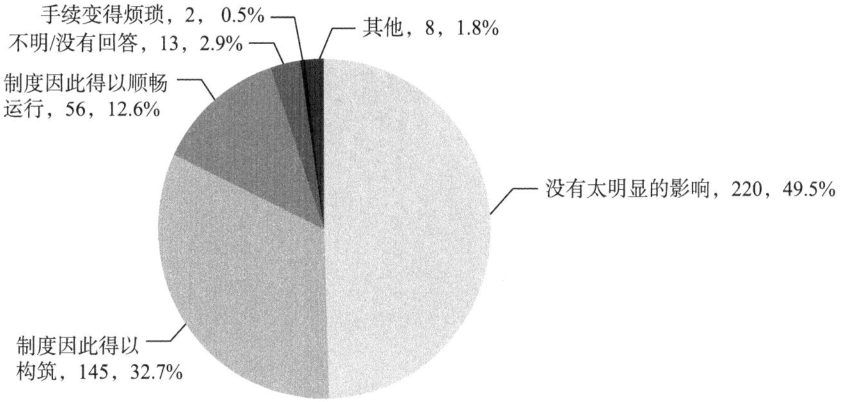

图 12-11　关于《公益举报人保护法》效果和影响的统计

问题 8 是关于《公益举报人保护法》是如何实施和运用的，有 335 家企业明确规定了举报处理程序。因此，普及率相当高（见图 12-12）。进一步在问题 9 中提出“是否具有与地位相对应的处理程序”的问题，有相应程序的企业较少（19.9%）；相反，回答“没有”的企业占 78.1%，数量较多。因此，总的来说，可以理解为企业是按照比较固定的程序来处理负面事件的（见图 12-13）。 225

在问题 9-1 中询问了具体应用情况，包括适法管理部门、适法管理委员会等以适法相关部门为中心的部门。从这里也可以看出，实践性的适法提醒已经在公司内部建立起来了。

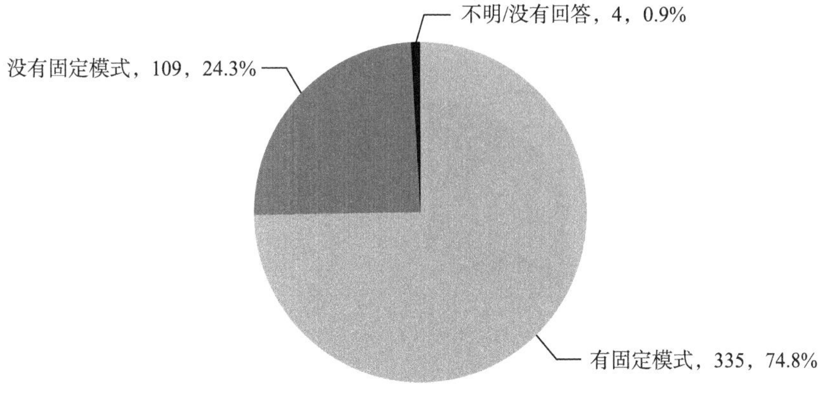

图 12-12　是否具有固定模式的举报处理程序

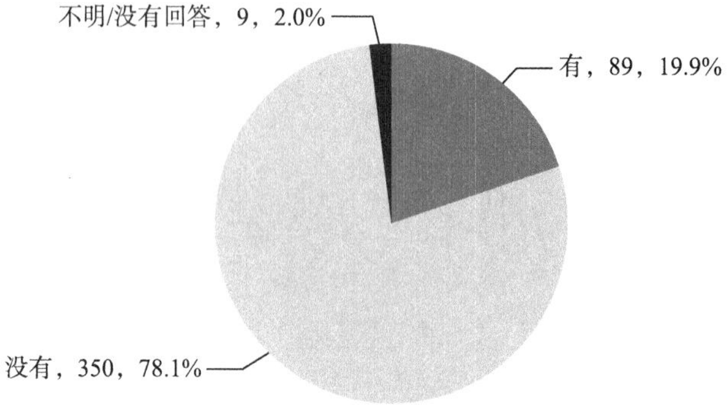

图 12-13　是否具有与地位相对应的处理程序

226 问题 10 是关于违反法令行为防止系统构筑方法的问题(见图 12-14)。69. 2%的企业回答由“各企业自行构筑”。这说是“意料之外”也许更为准确,我本以为会从“业界层面”或更宏观的层面来考虑,但现在感觉选择“各企业自行构筑”的相当多。换个角度来看,也可以从好的一面来评价,各企业的自律性还是很强的。同时,同行业之间的合作情况如何也值得探讨。仅靠自己的公司是有局限性的,可以根据不同的行业制定各种规则,或者向行业外寻求各种支持,不过从交叉统计来看,这次调查反而显示出“各企业自主构筑”这一倾向的明显特征。但是,从过去 5 年行政处分的情况来看,大企业的违法行为居多(见问题 23 及其交叉统计表),看来依靠各企业自身所能做的还较为有限。

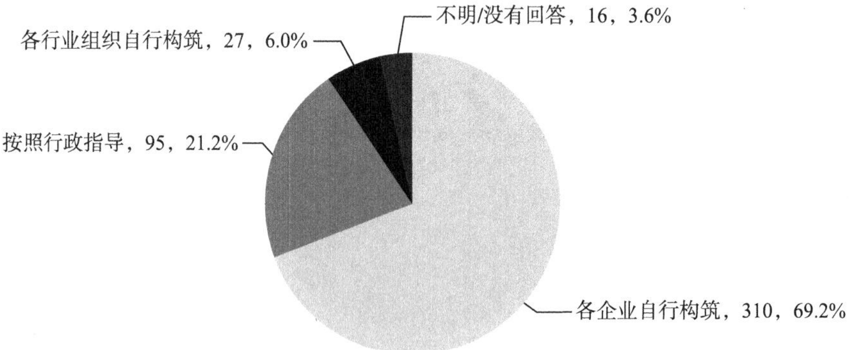

图 12-14　关于违反法令行为防止系统构筑方法的统计

问题 11 是关于适法程序的特征点的问题。这是自由记载的回答，所以摘录一下比较引人注目的部分，例如：(1)规定公司的经营危机事项(违法行为、灾害、事故等)，在员工等人知道该事项的情况下，适用举报义务制度；(2)设立包括集团关联公司在内的适法管理委员会，定期召开例会；(3)包括海外子公司在内开展适法工作；(4)(建立)各业务部门的对应机制；(5)每次半年培训资料由适法管理委员会制作，并规定提交培训管理簿的义务等，采取了多种措施。因此，尽管适法程序还存在诸多问题，但它已逐渐成为具有实践性和有效性的程序。

(二)关于企业的社会责任

第二部分是“企业社会责任”。在 2004 年的问卷调查中，这一项被设定为第一部分的项目，但此次将其纳入第二部分。

问题 12 为让公司列举出企业社会责任需要重视的 3 个项目(见图 12-15)。旨在探求了解，虽然企业关心企业社会责任，但到底什么才是公司的企业社会责任？(1)“D. 减轻地球环境负担”为 420 票。(2)“K. 确保与业务密切相关的产品和服务的安全”为 418 票，占据压倒性优势，这两项的突出得分引人注目。有很多企业选择“K. 确保与业务密切相关的产品和服务的安全”，这是理所当然的事情，选择“D. 减轻地球环境负担”，可以认为是近来企业也相当重视采取措施应对环境问题的表现，这是值得肯定的。除此之外，(3)“C. 信息公开”为 232 票，可以说是相当先进了。另外，(4)“P. 地区贡献”也有 212 票的相当分数。(5)“A. 禁止接触反社会势力”为 190 票，恐怕今后也会一直持续下去，大体能够预想到这样的排位。 227

顺便一提，在 2004 年的调查阶段企业社会责任排名前 3 位的第 1 位是“企业伦理、法令遵守”，第 2 位是“公平证券交易”，第 3 位是“自由、公正透明的交易和竞争”。因此，与 2010 年的调查相比，可以确认关于企业社会责任的认识发生了相当大的变化。在我的印象中，2004 年无论是制作调查问卷的时候，还是看到问卷调查结果的时候，大家都在“适法程序和企业社会责任到底是什么关系”的混沌思考中凭想象“摸着石头过河”。但是，通过此次调查，“企业伦理或法令遵守是适法程序的问题，企业社会责任的意义与此稍有不同”这一认识得到了充分的体现。此外,地区贡献(212 票)等在此次调查中也备受关注。

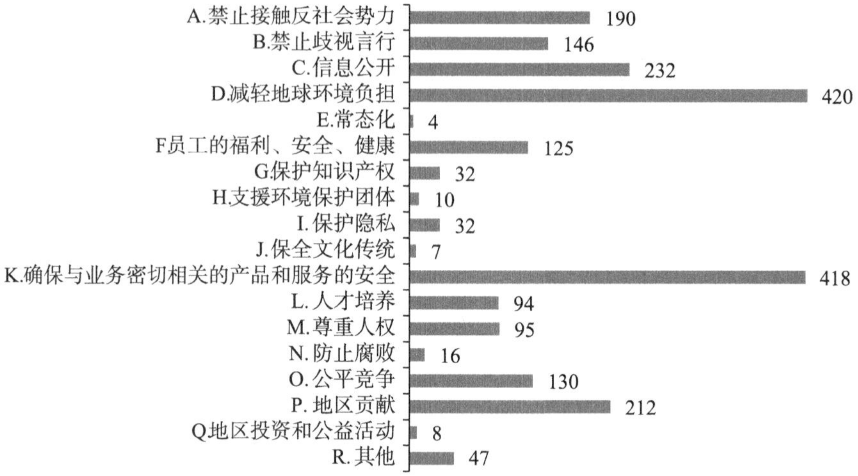

图 12-15　关于企业社会责任需要重视的内容的调查

问题 13 询问了有无“与海外企业进行企业社会责任查询”(见图 12-16)。这个问题在 2004 年也进行过调查,这次也想进行比较,所以作为项目列举出来。“经常进行”和“一定程度上进行”的比例合计为 28.8%,并不算多。与此相对,合计“不怎么进行”和“完全不进行”的却有 67.2%。因此,在与海外交易的关系中,企业社会责任查询虽然根据行业的不同而不同,但还不能说
228 已经普及。

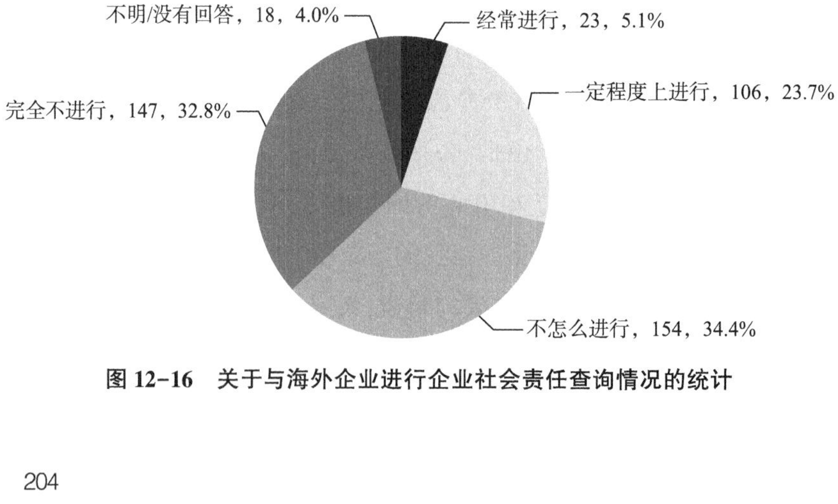

图 12-16　关于与海外企业进行企业社会责任查询情况的统计

问题13-1中,询问了对海外企业的企业社会责任查询项目有哪些内容 229
(见图12-17)。前3位的情况,首先当然是(1)"K.确保与业务密切相关的产品和服务的安全",得97票(34.3%)排第1位;其次是(2)"D.减轻地球环境负担",得94票(33.2%)排第2位;最后是(3)"A.禁止接触反社会势力",得91票(32.3%)排第3位。与2004年的调查相比,2004年调查的前3位(1)"减轻环境负担,节能",(2)"企业伦理、法令遵守",(3)"健康与安全",发生了若干变化。

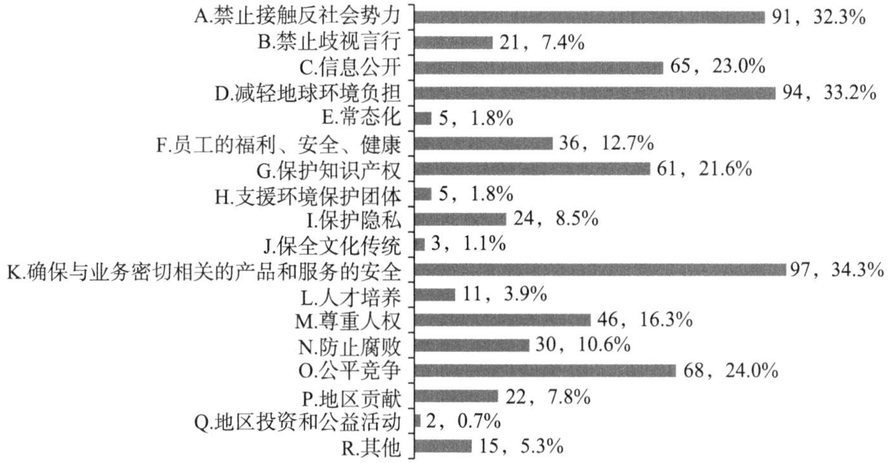

图12-17 关于查询海外企业企业社会责任具体项目情况的统计

在本次调查中,以上述内容为前提,在问题14中请企业自行回答"企业社会责任的特征"。虽然不能全部列举,但可以列举一些比较突出的内容,如"环境管理系统""环境保护和地区贡献""环境经营和环境金融—生态优先企业"等与环境相关的内容较多。由此可见,企业以长期视角自觉承担企业社会责任是其特征。因此,关于环境这一方面自然受到重视。另外,回答地区贡献的比重也相当大。在地区贡献中,灾害重建——这是大地震之前的情况,建筑业等也有列举"灾害重建等地区贡献"的内容,展现出多样性。另外,"诚实的经营、站在利益相关者立场上的经营"的回答也很有意思。

总之,各企业在企业社会责任方面都自觉地以"自己的企业能做什么"的姿态努力着,这一点在此次调查中得到了有力的体现。

(三)关于受害经历

第三部分是"关于受害经历"。问题 15 是"过去 5 年间是否有受害经历",企业中有受害经历的并不多,只有 26 家(5.8%)(见图 12-18)。另外,在问题 15-1"加害企业的国别差异"中,国内企业有 13 家(50.0%),海外企业有 7 家(26.9%)(见图 12-19)。另外,问题 15-2"有无违反法令的经历"

230 的企业中,回答"有"的企业为 50 家(11.2%)(见图 12-20)。

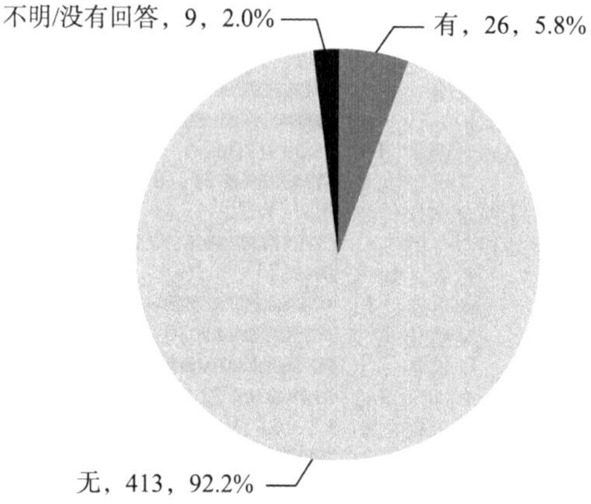

图 12-18　关于过去 5 年间是否有受害经历的统计

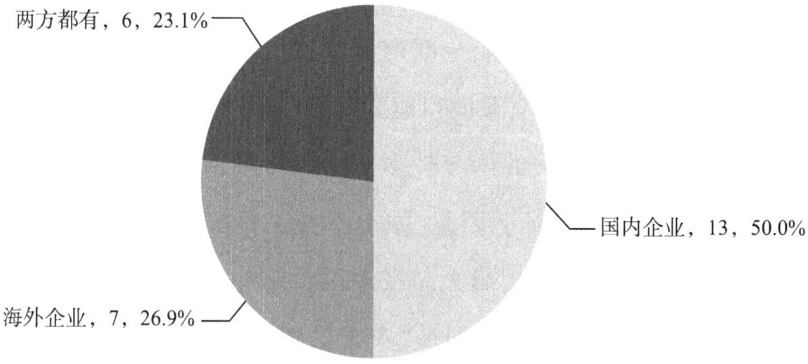

图 12-19　关于加害企业的国别差异的统计

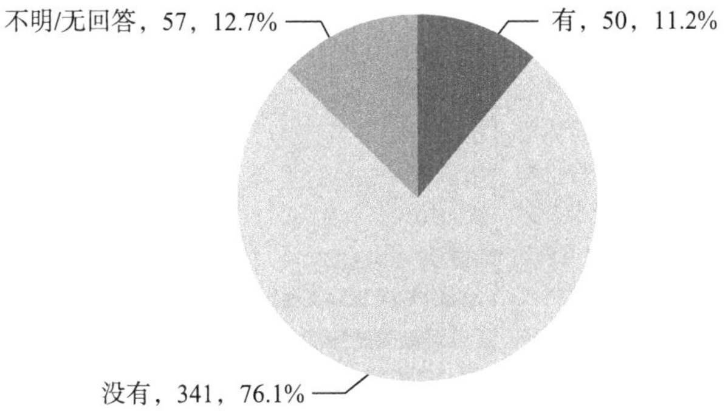

图 12-20　关于有无违反法令相关经历的统计

问题 16 是关于"受害经历的内容"。加害者是国内企业的情况中排前 3 位的分别是，第 1 位"生产和销售缺陷产品"，共 6 件(23.1%)；第 2 位"虚假描述商品及劳务内容等"，共 5 件(19.2%)；第 3 位"侵犯专利权"，共 3 件(11.5%)(见图 12-21)。加害者为海外企业的情况中，第 1 位是"盗版商品"，共 6 件(23.1%)；第 2 位是"侵犯专利权"，共 4 件(15.4%)；第 3 位是"生产和销售缺陷产品"，共 4 件(15.4%)，在项目上大致相似(见图 12-22)。 231

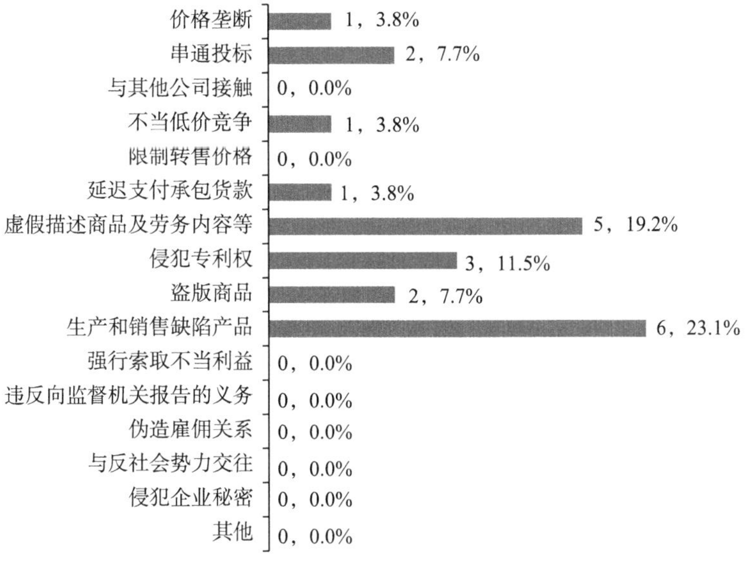

图 12-21　关于被国内企业侵害的事项的统计

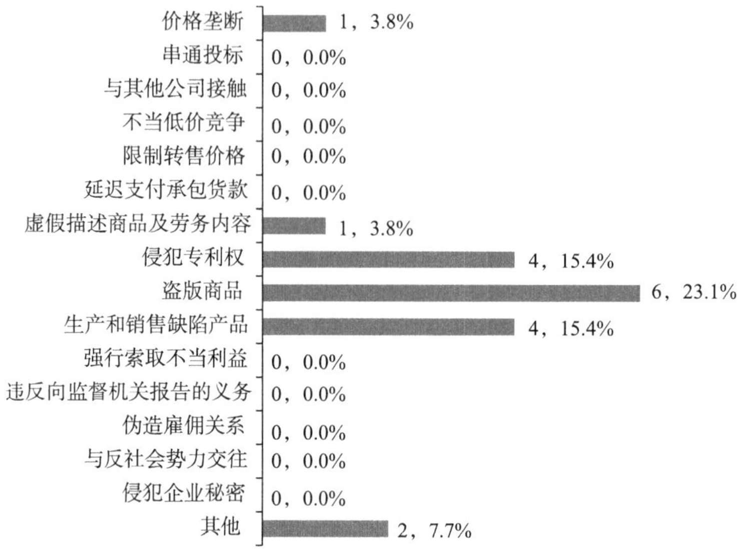

图 12-22　关于被海外企业侵害的事项的统计

然而,问题在于在由此引发纠纷的情况下,法律应对是否充分。问题 17 是关于“对遭受侵害时法律应对的满意度”的询问。在国内法律应对方面,收到回答的企业中有一半(50.0%),即 13 家企业表示有“一定程度的满意”,但也有 3 家企业表示“不太满意”(11.5%),3 家企业表示“不满意”(11.5%)(见图 12-23)。总的来说,法律措施还不够完善。关于海外的法律应对,“不太满意”的有 5 家(19.2%),“不满意”的有 1 家(3.8%),同时,“一定程度的满意”的有 4 家
232 (15.4%),“相当满意”的有 1 家(3.8%)(见图 12-24)。

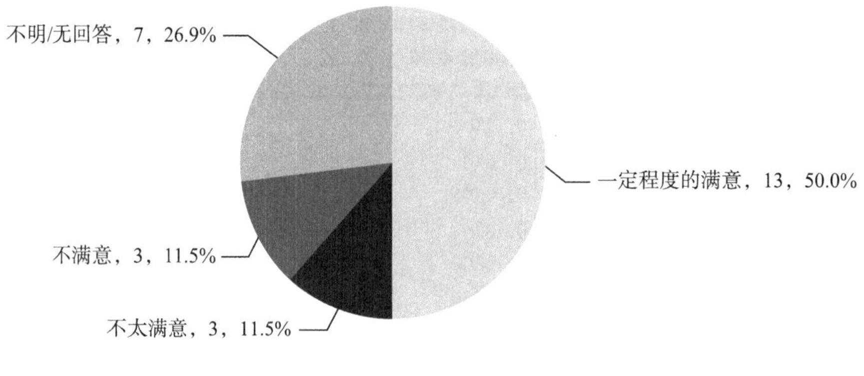

图 12-23　关于遭受国内企业侵害时法律应对的满意度的统计

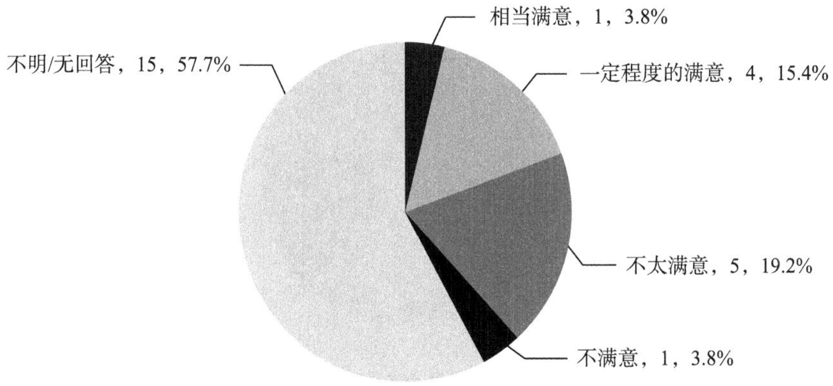

图 12-24　关于遭受海外企业侵害时法律应对的满意度的统计

问题 17-1，让企业自由填写“不满意的具体事例”。列举 10 个左右，分别是“受害者的举证责任很大（国内）”“提起诉讼的负担很大（包括金钱）（海外）”“海外法律制度的差异，部分国家的法律制度不透明”“间接损失（销售额返还及减少）”“由于业务停滞，无法要求保全赔偿”“律师费，诉讼过程中产生的费用（例如在美国的调查手续对应费用），执行手续费用高，即使充分行使权利也难以弥补损失”“本国保护主义”“司法程序与行政程序的功能、权限分配及程序不明确”“损害赔偿是事后救济，有时会因举证困难而夜不能寐”“名誉损害难以用金钱衡量”。由于各国各自的交易惯例和法律制度等的差异而引发的交易纠纷，很多企业感觉难以得到充分解决。

问题 18 询问了“遭遇侵害时是否考虑刑事起诉及控告”（见图 12-25）。作为专门研究刑事法的学者，我对这一点很感兴趣，但意外的是企业没有着手于此的倾向，有 16 家（61.5%）企业表示“不考虑”起诉、控告，这远远超过了“考虑”起诉、控告的 7 家（27%）企业。 233

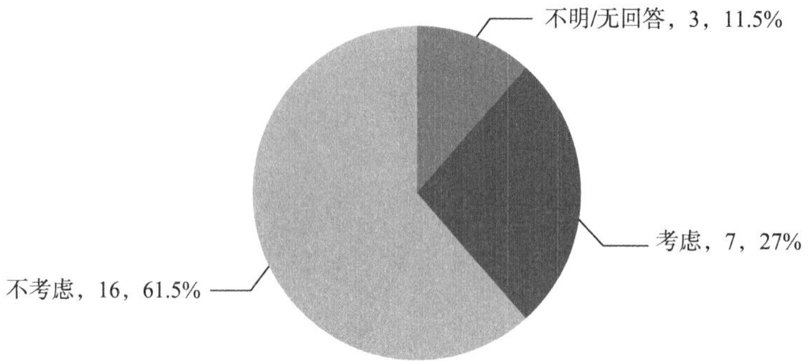

图 12-25　关于遭遇侵害时是否考虑刑事起诉及控告的统计

与此相关，问题 18-1 询问了“公司内部是否存在起诉、控告的标准”，回答“不明/无回答”的有 14 家（53.8%），不知为何占据多数（见图 12-26）。另外，回答“没有”的企业有 10 家（38.5%），远高于回答“有”的 2 家企业（7.7%）。因此，现状恐怕就是虽然受到了损害，却不知道该如何应对。也就是说，可能存在“虽然知道遭受了侵害，但是要进一步推进的话，法律制度不完善，手续也不完备，总觉得很麻烦”的状况。

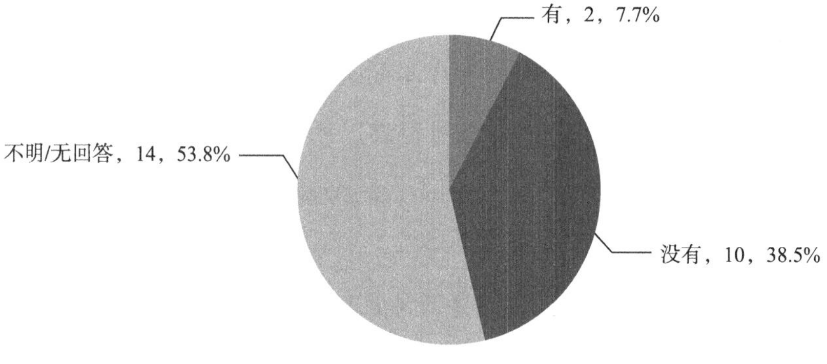

图 12-26　关于公司内部是否存在起诉、控告标准的统计

问题 18-2 关于“对当局应对起诉的满意度”，回答“一定程度的满意”的只有 3 家（11.5%），与此相对，回答“不满意”的有 2 家（7.7%），“不太满意”的有 3 家（11.5%）（见图 12-27）。另外，“不明/无回答”的公司多达 18 家（69.2%），这一数字令人困惑，很难作出评价。总而言之，我推测实际情况大概是不知道该如何应对。

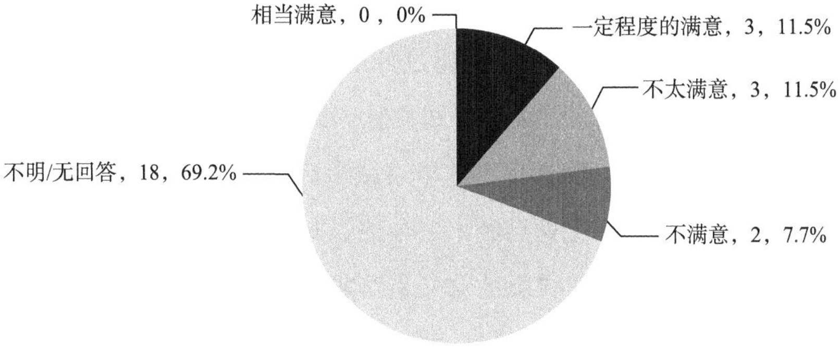

图 12-27　关于对当局应对起诉的满意度的统计

（四）关于制裁制度方式 234

第四部分是围绕“制裁制度方式”的提问。特别是由于 2005 年修改《反垄断法》，罚款数额提高了。这也非常有意思，我很关心各企业是如何接受的。

问题 19，当问及“对《反垄断法》修改上调罚款金额的评价”时，回答“过高”的企业占 15.2%，但回答“金额适当”的企业占 77.5%，支持度超出了预期（见图 12-28）。虽然我曾预测，对于企业来说，是否会因金额过高而面临困难，但事实证明，大部分企业认为“这样的程度差不多可以”。交叉统计也显示，不论行业、资本金额、员工人数，企业对罚款金额的支持度都很高。

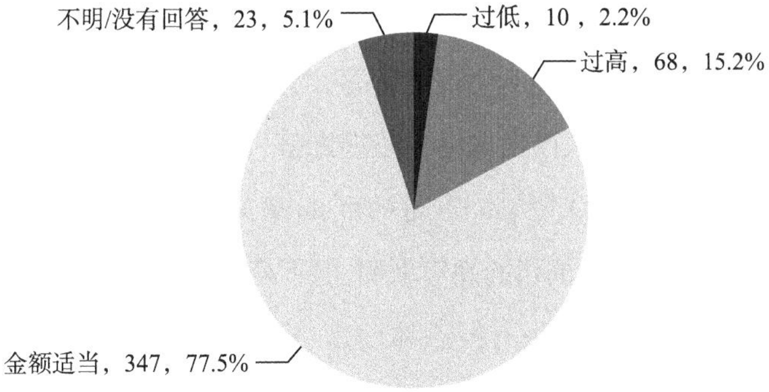

图 12-28　关于对《反垄断法》修改上调罚款金额的评价

问题19-1中，请企业自主填写“（作出上述评价的）理由”。选取几个肯定的回答。（1）“从彻底遵守法令的方面来看，严惩倾向在某种程度上也无可厚非”；（2）“虽然也有与欧美相比过低的议论，但已经有充分的约束力了”；（3）“以遵守法令为最优先的公司方针（社长声明）已经充分渗透，一旦判断发生违反法令行为，则选择迅速申请减免适用”；（4）“考虑到平均税后当期净利润率，这种罚款金额已经十二分地告知人们，实施卡特尔等违法行为其实是不划算的”；（5）“罚款的含义是对实施违法行为企业的制裁，可以理解为含有剥夺不当利益这一要素，例如，如果大企业被征收销售额10%的罚款，对企业来说是很大的经济负担，因此可以充分发挥制裁的功能。与美国、欧盟等相比，从日本竞争法制与国际接轨的视角来看，也算可以评价为
235 接近标准罚款水平”。

既有以上的正面评价，也有以下的批评回答。（1）“在通货紧缩经济形势下，利润率降低”；（2）“企业、行业不同，利润率也不同”；（3）“为何是销售额的10%，依据不明确”；（4）“日本的情况是，与欧美（特别是欧盟）相比，对价格垄断、串谋的罚款金额过低，很难真正让经营者产生停止违规行为的主动性（串谋获得的利润大于罚款金额）”；（5）“与利润率相比，罚款过高可能会断送公司生存的可能性”；（6）“罚款本来是为了获取通过违规行为获得的利润，但所规定的利润率并不高（10%）”；（7）“不应按销售额来计算，而应按利润来计算”；（8）“批发业的利润率超过1%的企业较少，那2%的呢？”；（9）“即使是追求约束效果也过于夸张了”；（10）“《反垄断法》的适用标准本身不明确”；（11）“可能会影响企业的生存，与金融商品交易法相比也感觉金额过高”；（12）“虽然应该严格取缔价格垄断等，但强化规制也可能带来企业活动萎缩的危险”；（13）“从本公司的利润率来判断感觉金额非常大”；（14）“也有事实上相当于刑罚的高额事例，但不经过审判就征收是不合理的”。

综上所述，虽然褒贬不一，但总体而言，多数人对提高罚款金额表示肯
236 定，对利润率提出的批评占据多数。

在问题20中，询问了关于课征金减免制度的问题（见图12-29），我们对

此非常关心。2004 年实施调查时，正值是否引入课征金(罚款)减免制度的时期。2005 年这项制度实施以来到底是如何落实的，我很感兴趣。所谓罚款，并不是按照正式的刑事程序进行的刑事制裁，准确地说，是行政制裁、行政程序的范畴，可以通过报告自己的违法行为来降低或者免除罚款。诸如此类的法律制度是否能适应日本本土的企业特点、企业文化等问题，一直是我们所关心的。回答“充分评价”的占 29.2%，回答“差不多的评价”的占 55.1%。“差不多”是什么意思呢？也许是提问的方法不对，但我推测应该是“虽然不能说所有的措施都是好的，但从效果上考虑不得不作出评价”。这是自主填写反映的情况。另有 10.0% 回答“不太能评价”，1.1% 回答“完全不能评价”。总的来说，有 84.3% 的企业给予了肯定评价，大大超过了 11.1% 的批判性回答。交叉统计也显示，不论行业、资本金额和员工人数，课征金减免制度都获得了 80.0% 以上的高支持率。

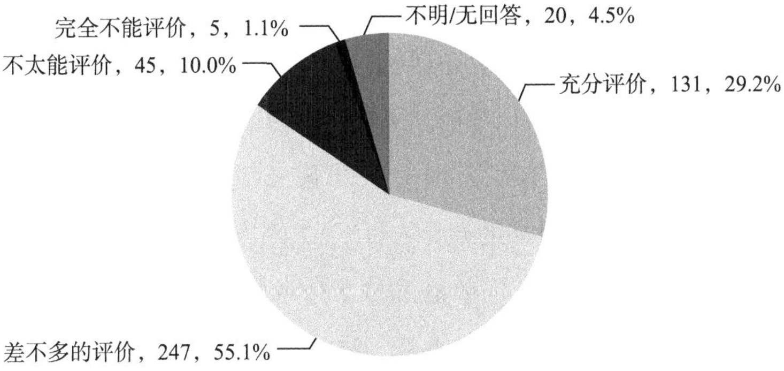

图 12-29　关于对课征金减免制度的评价的统计

问题 20-1 以自主填写的形式询问了相关“理由”。这也是本次问卷调查的亮点之一，我们将自主填写栏中列举的意见分为肯定性回答、否定性回答以及提出问题这三种，企业都很热心地进行了填写。我这次也把自主填写栏彻底看了个遍，非常感谢企业认真郑重地答复。

首先，列出几点肯定性回答。(1)“虽然感觉与法律本来的意义有偏差，但作为一种尝试，从把握实际情况的角度来看可以进行肯定评价”；(2)“在现实中,引入制度已经产生了结果”;(3)“约束效果可期,从《反垄断法》的性质来看,内部通报措施在某种程度上是必要的”;(4)“虽然存在是否适应日本社会的问题,但业绩有所提高”(复数);(5)“有助于防止垄断、确保公平竞争”(复数);(6)“虽然有点违反法律面前人人平等,但可以评价为减少违法行为的一种手段和激励方式”(复数);(7)“不正当的隐蔽变得困难,约束效果有所提高”(多数);(8)“可以有效表露企业的适法意识”;(9)“可以减轻经济
237 损失,可以继续开展事业活动,通过合作可以尽早解决案件,消除隐蔽因素”。

其次,列举以下批判性回答。(1)“违法行为的当事人,在把其他公司(业界)卷进来的情况下,迅速进行课征金减免,一下子减免了责任”;(2)“有些公司因为没有进行课征金减免程序而被股东代表提起诉讼,这是本末倒置”;(3)“对于日本的企业特征来说为时尚早”;(4)“这是敦促通过告发查明真相的有效手段,但也将导致道德滑坡”;(5)“如果社长拒绝课征金减免,就不能申报”;(6)“免除金额可能会助长企业‘逃避责任’”(复数);(7)“减免标准的依据不明”;(8)“在串谋中起主导作用的大企业最先得到减免,这不是法律的本意”;(9)“第2次以后的减免难道是为了省去公平交易的麻烦?”

最后,作为提出问题的回答,列举了以下三点。(1)“有滥用制度的忧虑,希望进一步明确公平交易的指导方针”;(2)“需要改进的是,①对主谋也认可课征金减免这一点,②1号举报人与2号举报人的差异很大,实际上存在不公平之处”;(3)“从国际标准来看,课征金减免制度的相关程序(律师隐匿特权和申请人保护制度等)不完善,在国际垄断方面,与美国和欧盟相比,存在涉及巨额赔偿损失的证据法风险,这是今后需要改善的课题”。

综上所述,各企业的真实想法在自主填写栏中予以体现。虽然也有一定数量的意见认为“对日本企业来说是不是为时尚早”,但整体来看,一些意见认为取得了较好的效果。为了实现课征金减免制度的本来目的,我想不应该只是单纯地运行这个制度,还要从它与防止再犯的关系出发,把重点放在尽快查明原因并制定对策上比较好。另外,也有意见认为“存在制度滥用的顾虑,需要进一步明确公平交易的指南”,公平交易委员会方对此作何理

解接受,颇为耐人寻味。另外,关于"完善课征金减免制度的相关程序",从专业的观点来看是非常有意思的意见,"不考虑律师隐匿特权和申请人保护制度的话,从国际标准来看恐怕还不够充分,特别是在国际垄断方面,与美国和欧盟相比,在证据法上存在涉及巨额赔偿损失的风险。今后,这种问题必须要厘清"。这是很宝贵很重要的批评,要视行业情况而定,也要研究国际层面的情况。 238

另外,问题 21 是关于"行政调查中权利保障的必要性"的询问(见图 12-30)。该问题目的在于,虽然不是刑事程序,但在行政调查中是否需要权利保障。对此,有 53.8%的企业回答"有必要考虑权利保障",这与"没有必要考虑权利保障"的 6.9%的回答相比,占有压倒性多数,说明问题意识越来越清晰。交叉统计发现,回答"有必要考虑权利保障"的企业,在 0~1000 人规模的企业中占 47.0%,资本金规模在 0~50 亿日元的企业占 46.4%,小型企业赞成者比预想的多,这一点值得关注(见图 12-31*),恐怕是因为切实感受到调查带来的风险更大吧。 239

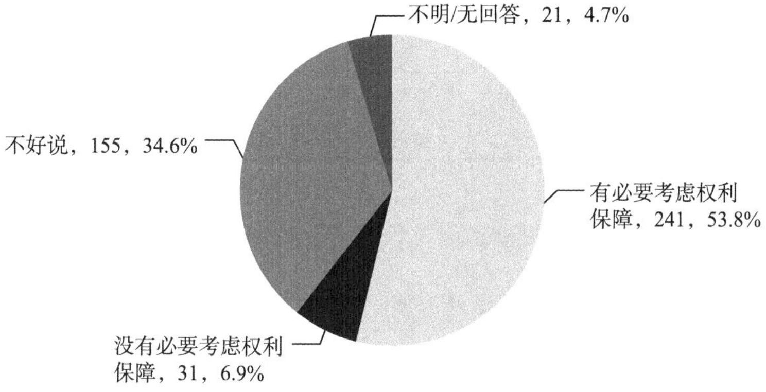

图 12-30　关于行政调查中权利保障的必要性的统计

---

* 此次调查研究除对每个问题的回答数量进行图表分析外,还从企业人员数量、企业资金规模以及企业所处行业三个维度对相关问题进行交叉统计和分析,以求更全面地展示受访企业对相关问题的态度及特征。为尊重原著及便于读者阅读,对于同一个问题下的多个维度的交叉统计图表,本章统一使用一个图片序号和标题(关于××的交叉统计),不针对各个维度的交叉统计图表另外新设图片序号。——译者注

员工数量交叉统计

单位:家

回答	0~1000 人规模的企业	1000~5000 人规模的企业	5000~10,000 人规模的企业	10,000 人以上规模的企业	合计
有必要考虑权利保障	86	103	27	24	240
不好说	78	62	6	8	154
没有必要考虑权利保障	19	10	2	0	31
合计	183	175	35	32	425

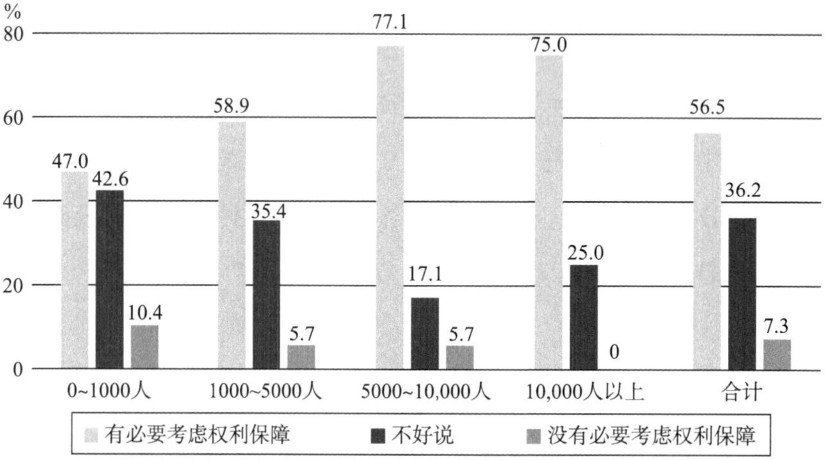

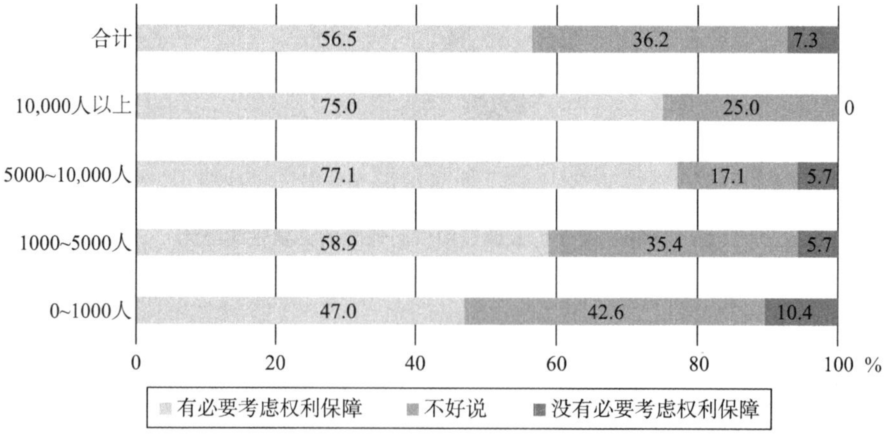

资本金规模交叉统计

单位：家

回答	0~50亿日元	50亿~100亿日元	100亿~500亿日元	500亿~1000亿日元	1000亿日元以上	合计
有必要考虑权利保障	70	45	75	21	29	240
不好说	66	29	48	5	7	155
没有必要考虑权利保障	15	5	11	0	0	31
合计	151	79	134	26	36	426

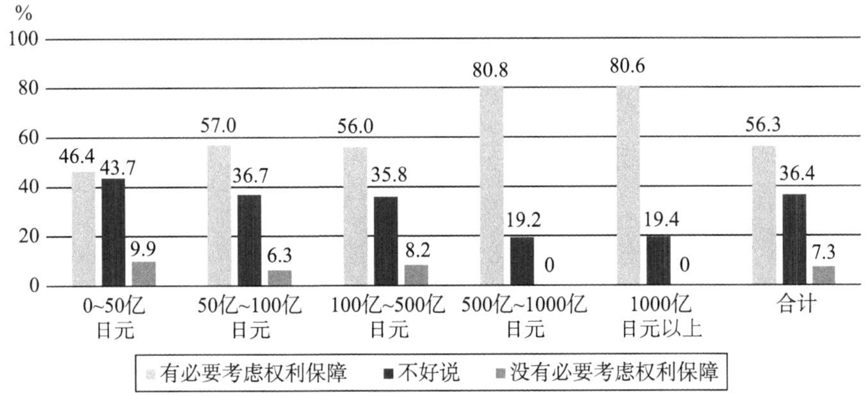

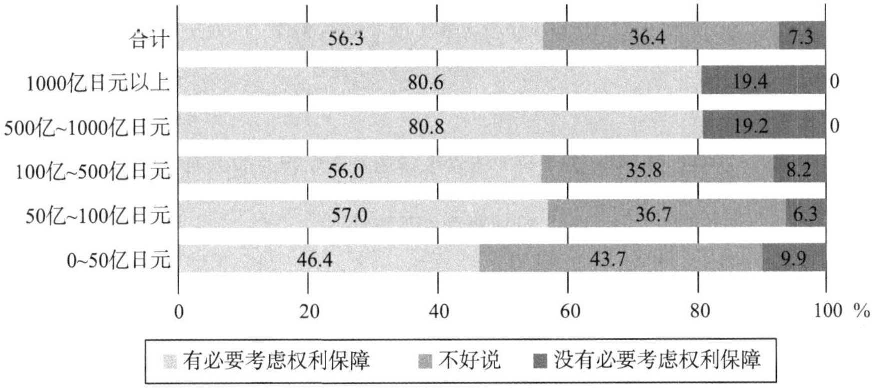

图 12-31　关于行政调查中对权利保障的必要性的交叉统计

（五）关于法律处分的经历

第五部分围绕法律处分的经历进行提问。从刑事法的角度出发，这是我们非常关心的内容。

240 问题 22 是关于“有无主动披露违反法令行为的标准”的询问（见图 12-32）。45.5%的企业回答有标准，但 50.4%的企业尚未决定。虽然陷入了两难境地，但还是不得不采取一些措施。即使是不利因素也要进行信息披露，这意味着不采取过度的制裁，但相反企业也会有如果率先承认会提升效果的想法，这之间的关系将成为今后的课题。交叉统计提取出的特征是，有主动披露标准的企业，在电力燃气业中占 75.0%，在金融保险业中占 64.3%。估计是通过根据一定标准积极主动地披露违反法律行为，以尽快恢
241 复信任（见图 12-33）。

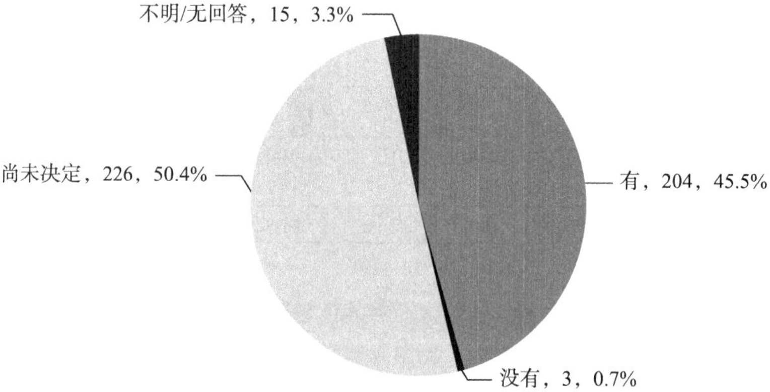

图 12-32 关于有无主动披露违反法令行为的标准

行业类别交叉统计

单位：家

回答	制造	建筑	商业	房地产	交通信息通信	电力燃气	服务	金融保险	合计
有	95	16	41	3	14	6	8	18	201
没有	3	0	0	0	0	0	0	0	3

续表

回答	制造	建筑	商业	房地产	交通信息通信	电力燃气	服务	金融保险	合计
尚未决定	131	15	37	4	17	2	8	10	224
合计	229	31	78	7	31	8	16	28	428

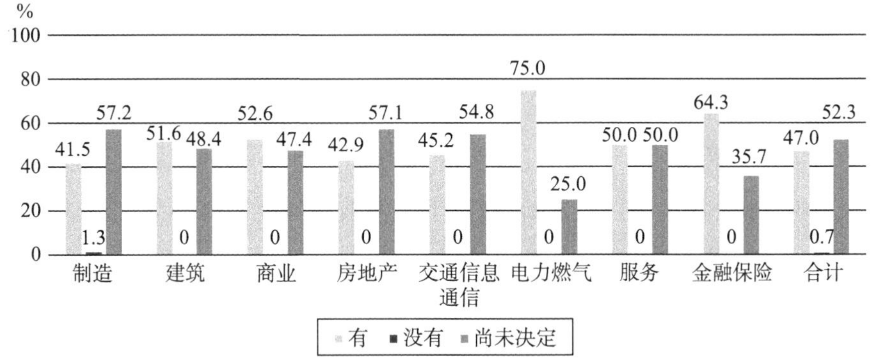

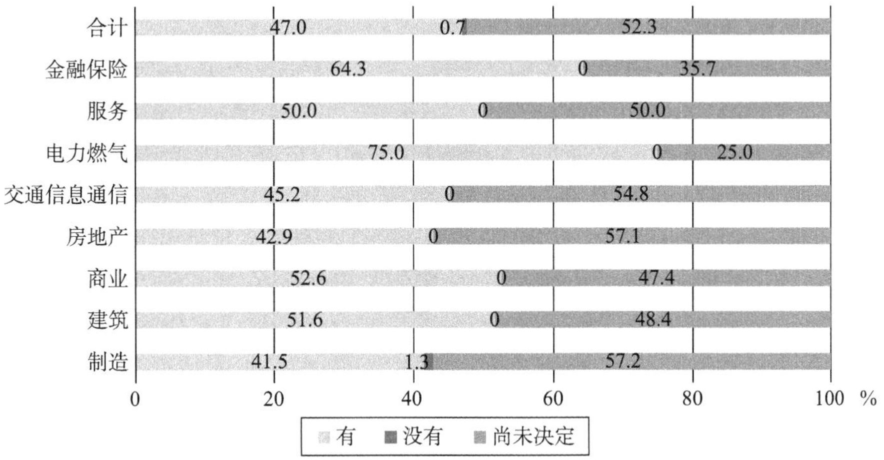

图 12-33　关于主动披露违反法令行为标准的交叉统计

问题 22-1 以自主填写的形式询问企业“如何决定披露的标准”。许多 242
企业还是选择召开董事会。其中,经过适法管理委员会或管理部,最终由董事会决定的比较多。另外,也有企业在紧急情况下由社长决定。其他还列举了公示委员会、公司内部标准、危机管理委员会、适法管理委员会等。有意思的是,举出“东京证券交易所上市标准”(以下简称东证上市标准)的企业相当多。这显示出什么问题呢?这次调查对象与2004年的相同,主要以东证一部的上市公司为中心,其他中小企业则不适用该标准。在要求企业广泛遵守法律并防止一系列违法行为的背景下,仅依靠东证上市标准这一种标准恐怕有待商榷。因此,能否设计更加普遍化、有影响力的标准成为一个研究课题。此外,“设置公司外部的热线电话”等与之前相比应用程度有所提高。

另外,“违反(法律的行为)”也有不同的层级。一方面,有的公司将行政处分全部进行披露;另一方面,有的公司将披露内容限定为重大处分。因此,虽然是由公司进行自主判断,但对于何种披露程度能够得到广泛认可有必要进行深入调查。

问题23是关于“2006年以后的行政处分经历”的提问,回答“有”的企业占18.3%(见图12-34)。这次的调查对象中优质企业较多,回答“没有”
243 的企业占74.8%。

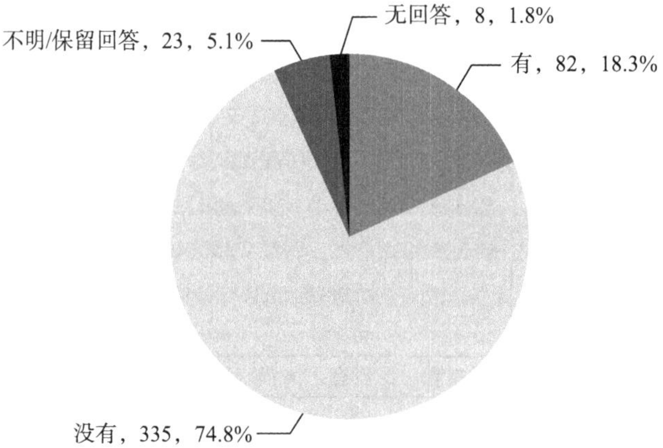

图12-34 关于2006年以后的行政处分经历的统计

在问题23-1中,对回答“有”受到行政处分经历的企业,以自主填写“行政处分内容”的方式进行了询问。从法律名称来看,违反《反垄断法》的排除措施命令和缴纳罚款命令的有29件,居于首位。接下来,违反《建筑业法》的有7件,违反《承包法》的有4件,违反《欧洲竞争法》的有3件,违反《竞争法》的有 2 件,违反《景表法》* 收到排除劝告的有 2 件,另外还有违反《货物汽车运送业法》、《外为法》**、《个人信息保护法》、《住宅用地建筑交易法》第65 条、《保险法》、《有价证券法》、《天然气法安全保卫规定》、《金融商品交易法》、《劳灾法》***、《关税法》、《安全卫生法》的各有 1 件。这样看来,《反垄断法》对企业来说仍然是有力的制约依据,这点一目了然。

问题 24 是关于"被追究刑事责任的经历"的询问(见图 12-35)。刑事法研究小组当然对此非常关心,仅有 6.9%的企业回答"有"被追究过刑事责任,83.3%的企业回答"没有"。这是因为这次与我们合作的企业整体上还是以优质企业居多。

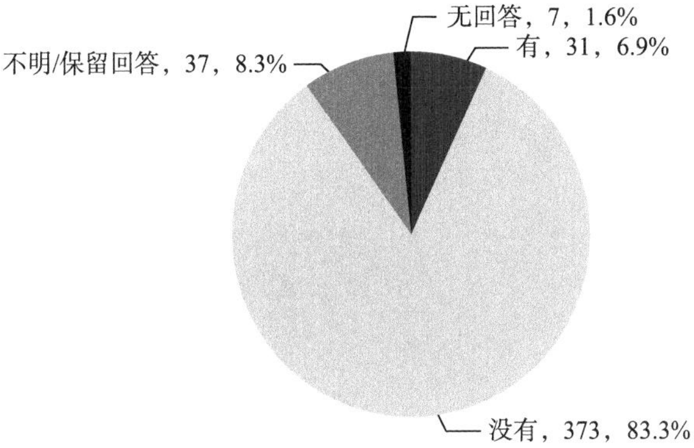

图 12-35　关于被追究刑事责任经历的统计

关于问题 24-1 以自主填写的方式询问了"刑事处分的具体内容"。这是为数不多的珍贵数据,列举如下:投标串谋罪(违反《反垄断法》)5 件,交通事故罪 2 件,盗窃罪 2 件,诈骗罪 2 件,非法占有遗失物罪****,其他还有业务过失伤害罪(天然气泄漏事故),妨碍投标罪,违反《不当得利处罚法》《外为法》《食品卫生法》《政治资金规正法》,行贿罪,串谋罪(《日本刑法典》第

* 《景表法》,即不当景品類及び不当表示防止法,中文完整译名为《不当赠品及不当商品标示防止法》。——译者注

** 《外为法》,即外国為替及び外国貿易法,中文完整译名为《外汇及外国贸易法》。——译者注

*** 即《劳工灾害赔偿保险法》。——译者注

**** 横领罪。——译者注

96 条第 6 款第 2 项),违反《违反水污染防治法》《关税法》《道路交通法》的各 1 件。不出所料,违反《反垄断法》,特别是投标串谋罪是突出的。由于回答的原始数值较少,所以不能说数量较多,但其中违反《反垄断法》的投标串谋罪尤为突出。另外,还分为企业组织引起的犯罪和员工个别情况引起的犯罪。

问题 24-2 是关于"惩戒处分决定阶段"的询问(见图 12-36)。换句话说,就是在问"当员工等违反某项内容时,会有怎样的惩处程序"。我想企业的法务部对这一点会深表关心。回答是有所区分的。"逮捕"阶段占 13.4%,"起诉"阶段占 14.7%,"判决"阶段占 6.3%,"判决确定"阶段占 26.6%。也就是说,从调查中可以看出,企业在对违规的员工进行惩戒时,倾向于尽量等待官方的判断,特别是司法的判断。因为是施加不利处分,所以
244 不得不格外慎重,这是显而易见的,换句话说,司法判断的分量因此而增加。

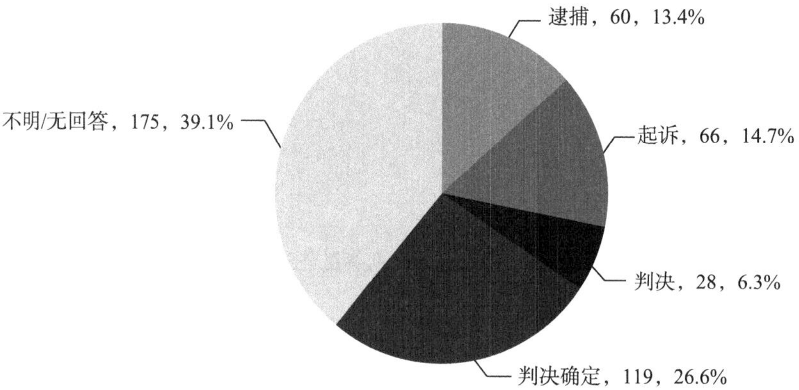

图 12-36　关于惩戒处分决定阶段的统计

问题 25 是关于"适法与刑事法律效果之间关系的评价"的询问(见图 12-37)。结果显示,19.2%的企业认为"应该控制刑事追究",60.3%的企业则认为"应该给予较轻缓的量刑"。考虑到不遵守法令会导致的结果,而希望从轻量刑的企业占 60.3%,比预想的多。究其原因,企业方面有各种错综复杂的原因,也有可能取决于刑罚的种类。

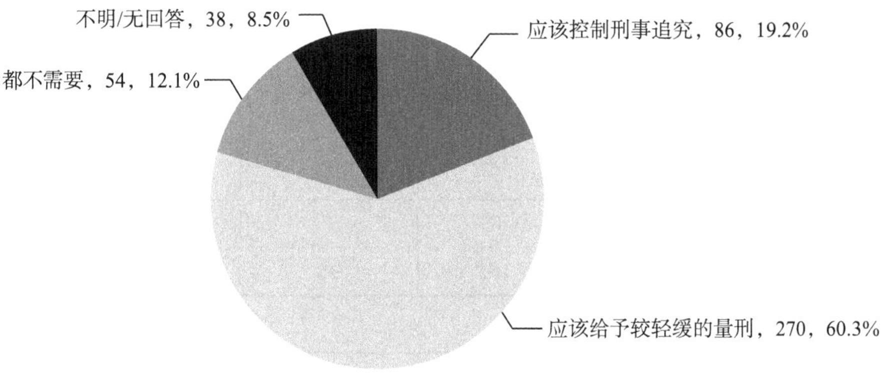

图 12-37　关于适法与刑事法律效果之间关系评价的统计

交叉统计后发现，回答“应该控制刑事追究”的企业，在万人以上规模的企业中占比最多，占 42.9%，在 5000～10,000 人规模的企业中占 28.6%，在 1000～5000 人规模的企业中占 24.1%，在 0～1000 人规模的企业中占 13.1%。从资本金规模来看，在 1000 亿日元以上规模的企业中占比最多，占 47.1%，在 500 亿～1000 亿日元规模的企业中占 44.0%，在 100 亿～500 亿日元规模的企业中占 21.4%，规模在 0～50 亿日元的企业占 15.4%，规模在 50 亿～100 亿日元的企业占 11.8%。结果表明，越是大企业就越明确表示“应该控制刑事追究”。另外，按行业分类，电力燃气为 33.3%，交通信息通信为 31.3%。 *245*

与此相对，回答“应该给予较轻缓的量刑”的企业，在 0～1000 人规模的企业中占比最多，占 68.9%，其次是在 5000～10,000 人的企业中占 68.6%，在 1000～5000 人规模的企业中占 64.8%，最少的是在 10,000 人以上规模的企业中占 53.6%。这一趋势在资本金规模上也基本相同（见图 12-38）。

员工数量交叉统计

单位：家

回答	0～1000 人规模的企业	1000～5000 人规模的企业	5000～10,000 人规模的企业	10,000 人以上规模的企业	合计
应该控制刑事追究	24	39	10	12	85

续表

回答	0~1000 人规模的企业	1000~5000 人规模的企业	5000~10,000 人规模的企业	10,000 人以上规模的企业	合计
应该给予较轻缓的量刑	126	105	24	15	270
都不需要	33	18	1	1	53
合计	183	162	35	28	408

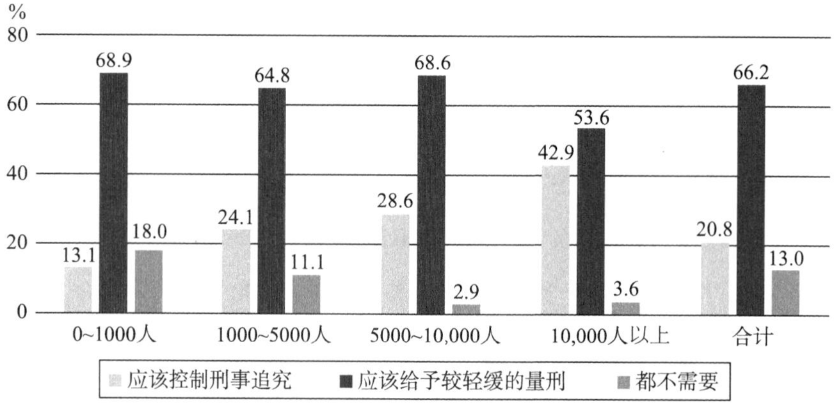

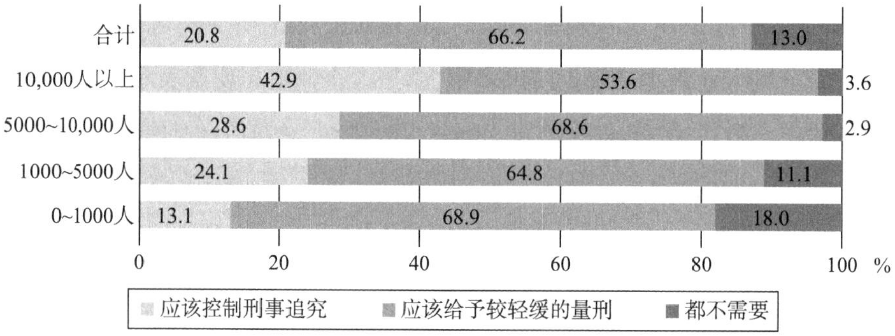

资本金规模交叉统计

单位：家

回答	0~50 亿日元规模的企业	50 亿~100 亿日元规模的企业	100 亿~500 亿日元规模的企业	500 亿~1000 亿日元规模的企业	1000 亿日元以上规模的企业	合计
应该控制刑事追究	23	9	27	11	16	86

续表

回答	0~50亿日元规模的企业	50亿~100亿日元规模的企业	100亿~500亿日元规模的企业	500亿~1000亿日元规模的企业	1000亿日元以上规模的企业	合计
应该给予较轻缓的量刑	107	53	81	14	15	270
都不需要	19	14	18	0	3	54
合计	149	76	126	25	34	410

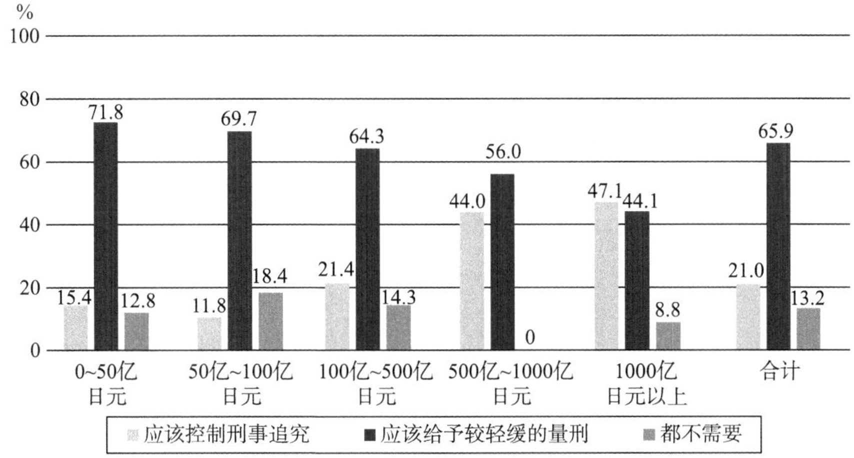

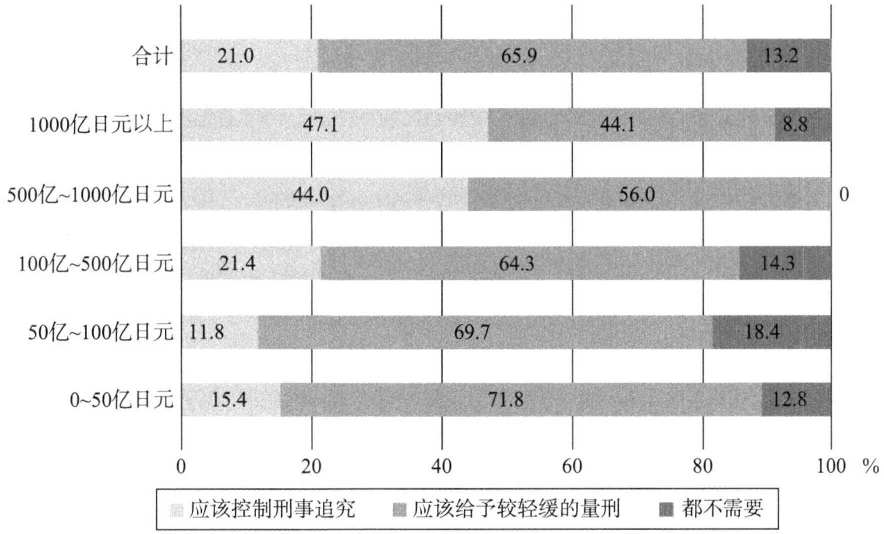

行业类别交叉统计

单位：家

回答	制造	建筑	商业	房地产	交通信息通信	电力燃气	服务	金融保险	合计
应该控制刑事追究	42	8	14	1	10	2	2	5	84
应该给予较轻缓的量刑	149	17	50	5	21	4	9	12	267
都不需要	27	5	10	3	1	0	2	6	54
合计	218	30	74	9	32	6	13	23	405

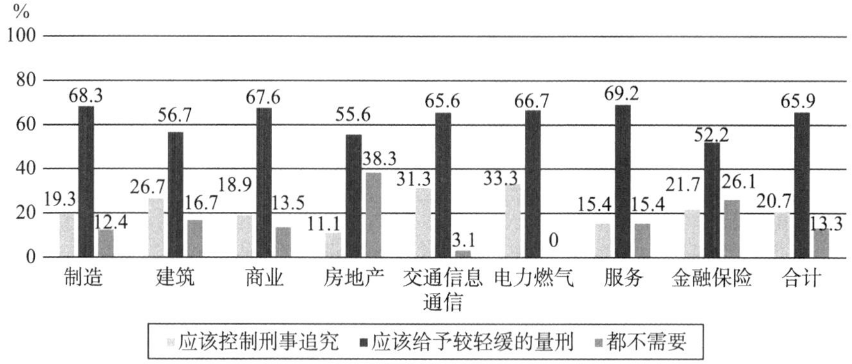

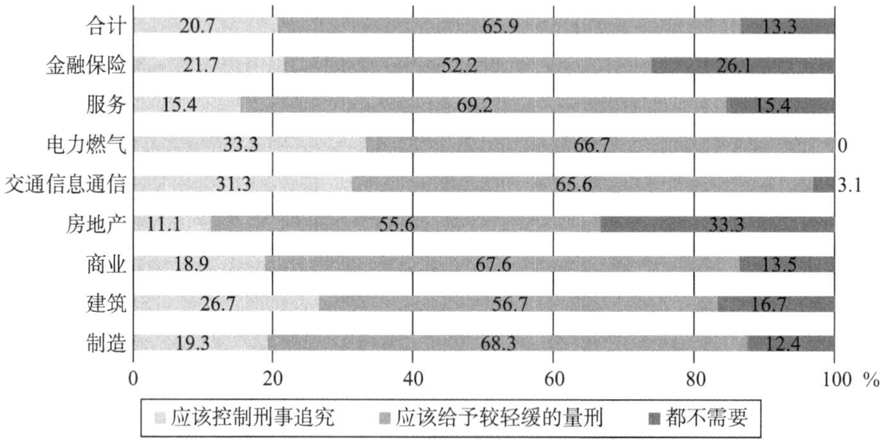

图 12-38　关于适法与刑事法律效果之间关系评价的交叉统计

如果对比一下上述情况，作为行政制裁的课征金就容易理解了。问题26是关于“对加重课征金等的评价”的问题（见图12-39）。对此，回答“相当有效果”的企业占21.7%，回答“有一定程度的效果”的企业占69.2%，合计超过90.0%。因此，也可以理解为课征金制度更有效果。在交叉统计的基础上进行比较，不同员工数量、资本金规模以及行业之间并没有太大差距（见图12-40）。 246

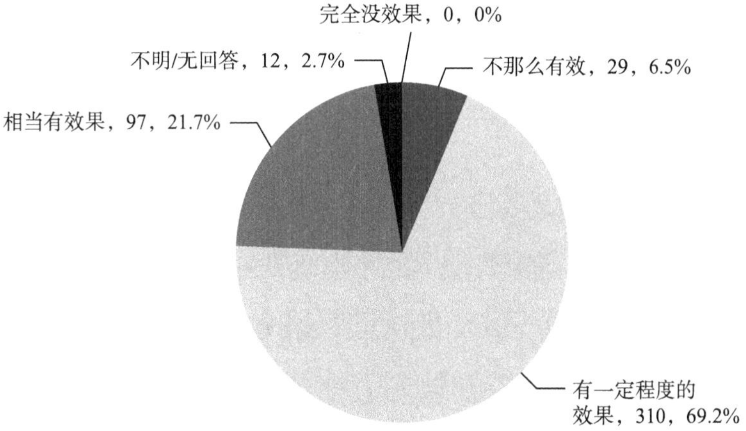

图12-39　关于对加重课征金等的评价的统计

员工数量交叉统计

单位：家

回答	0~1000人	1000~5000人	5000~10,000人	10,000人以上	合计
相当有效果	36	45	8	8	97
有一定程度的效果	140	121	25	22	308
不那么有效	16	10	2	1	29
完全没效果	0	0	0	0	0
合计	192	176	35	31	434

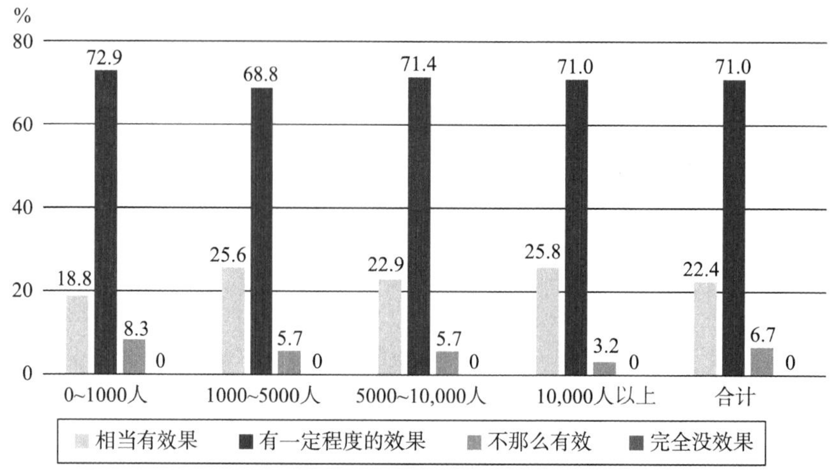

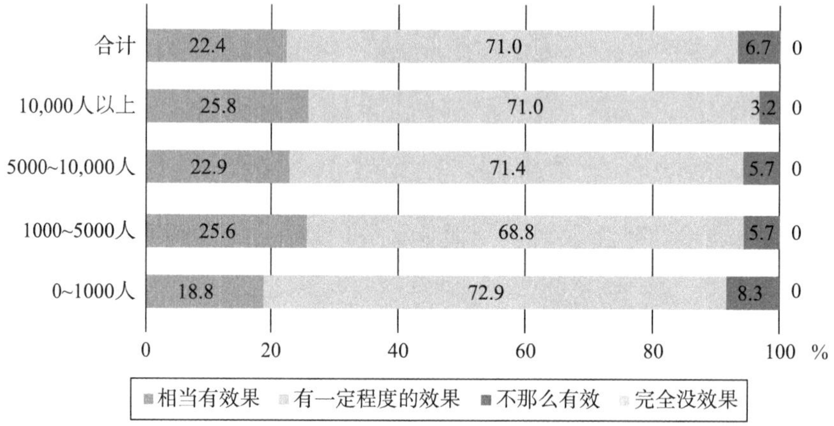

资本金规模交叉统计

单位:家

回答	0~50亿日元规模的企业	50亿~100亿日元规模的企业	100亿~500亿日元规模的企业	500亿~1000亿日元规模的企业	1000亿日元以上规模的企业	合计
相当有效果	33	15	35	4	10	97
有一定程度的效果	110	65	89	23	22	309
不那么有效	15	1	9	1	3	29
完全没效果	0	0	0	0	0	0
合计	158	81	133	28	35	435

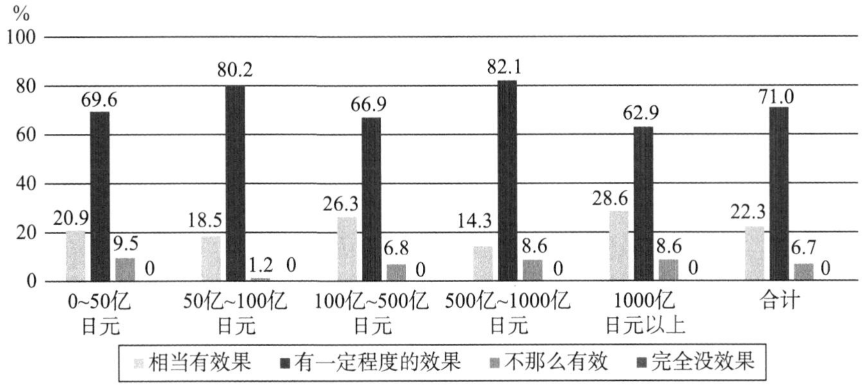

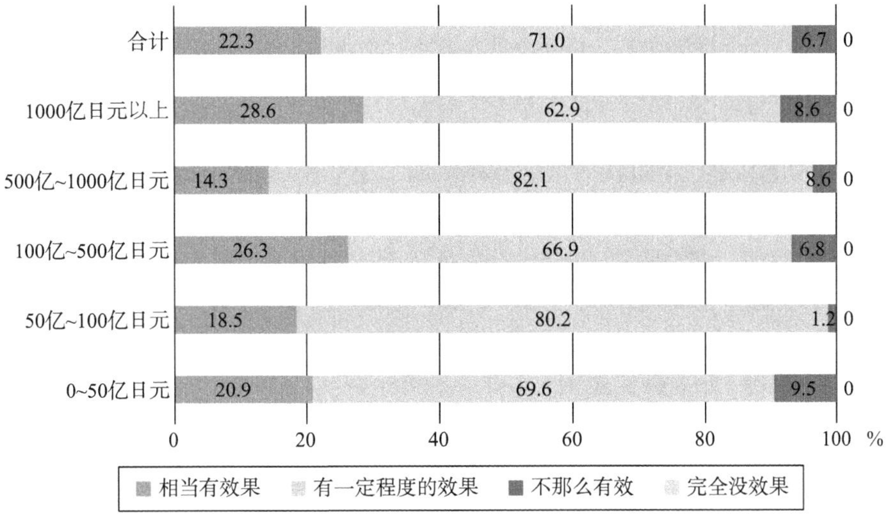

行业类别交叉统计

单位:家

回答	制造	建筑	商业	房地产	交通信息通信	电力燃气	服务	金融保险	合计
相当有效果	56	9	10	1	8	0	3	10	97
有一定程度的效果	160	19	65	7	22	5	12	16	306
不那么有效	15	4	2	1	2	2	1	1	28
完全没效果	0	0	0	0	0	0	0	0	0
合计	231	32	77	9	32	7	16	27	431

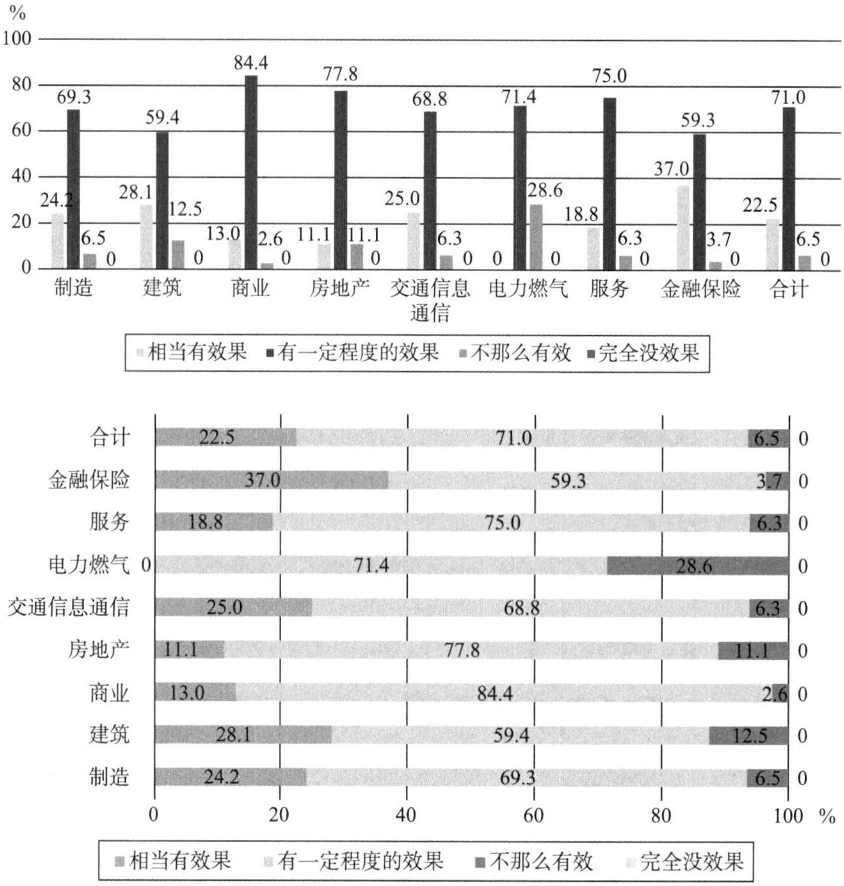

图 12-40　关于对加重课征金的评价的交叉统计

另外，在问题 27“对企业的刑事制裁方式评价”中，回答“罚金刑就够了”的企业占 41.3%（见图 12-41）。罚金刑是在现行法律中存在的制裁方式。但是，除此之外的刑事制裁，对于可以引入如“公布企业名称”“企业保护观察”“排除企业投标资格”等方式的回答占 51.8%，超过了半数。我作为刑法学家对此非常感兴趣。换言之，可以推测认为，半数以上的企业对目前的刑事制裁系统不满意。从单纯的罚金角度来看，和刚才的课征金相比，主要是钱的问题，所以是一样的。但可以推测，（企业认为）比这更有效的还是“公布企业名称”之类的制裁方式。

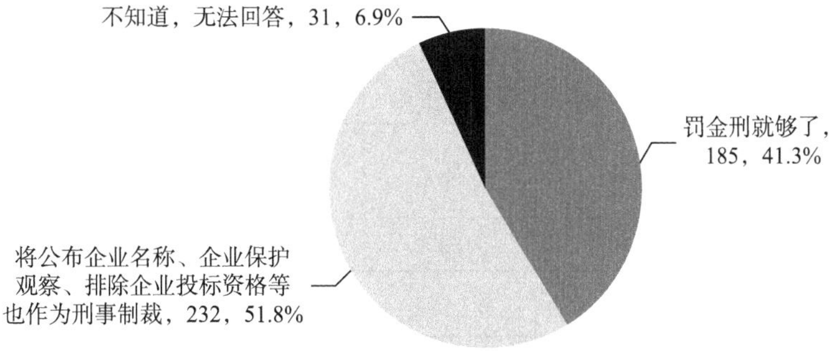

图 12-41　关于对企业的刑事制裁方式评价的统计

交叉统计显示,回答“罚金刑就够了”的企业,在 10,000 人以上规模企 247
业中所占比例最高,为 65.5%,接下来是在 5000~10,000 人规模的企业中占
为 60.0%,在 0~1000 人规模的企业中占 40.9%,在 1000~5000 人规模的企
业中占 40.6%(见图 12-42)。如果从资本金规模来看,部分顺位有所变动,
但大体上也表现出相同的倾向。与此相对应,主张“有必要增加刑事制裁”
的企业,在 1000~5000 人规模的企业中所占比例最高,占 59.4%,其后,在
0~1000 人规模的企业中占 59.1%,在 5000~10,000 人规模的企业中占
40.0%,在 10,000 人以上规模的企业中占 34.5%。如果从资本金规模来看,
在 50 亿~100 亿日元规模的企业中占 60.8%,在 100 亿~500 亿日元规模的
企业中占 60.6%,在 0~50 亿日元规模的企业中占 58.7%,在 1000 亿日元以
上规模的企业中占 30.3%。由此可见,越是大企业,可能因资金充裕,越存
在缴纳罚金了事的倾向;越是小企业,越存在希望采取新的、其他类型的刑
事制裁的倾向。但是,从这样的实际情况来看,单凭罚金刑是否充分存在疑
问,有必要考虑公布企业名称或者企业保护观察等一些新类型刑事制裁。 252

员工数量交叉统计

单位:家

回答	0~1000 人规模的企业	1000~5000 人规模的企业	5000~10,000 人规模的企业	10,000 人以上规模的企业	合计
罚金刑就够了	76	67	21	19	183

续表

回答	0~1000人规模的企业	1000~5000人规模的企业	5000~10,000人规模的企业	10,000人以上规模的企业	合计
有必要增加刑事制裁	110	98	14	10	232
合计	186	165	35	29	415

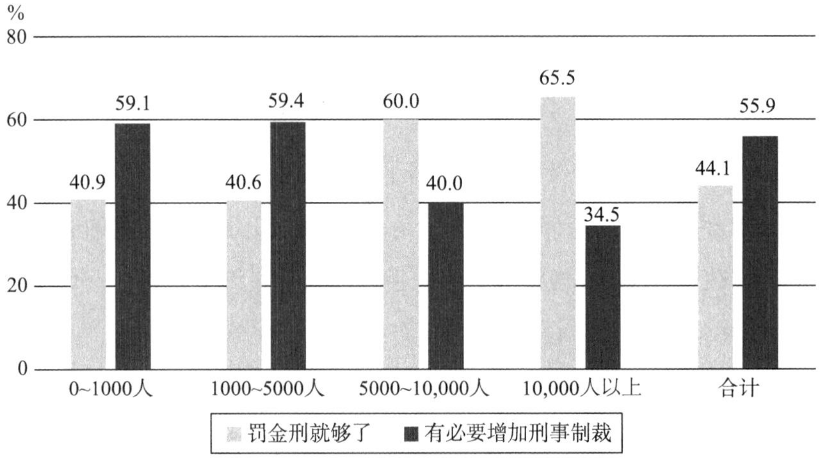

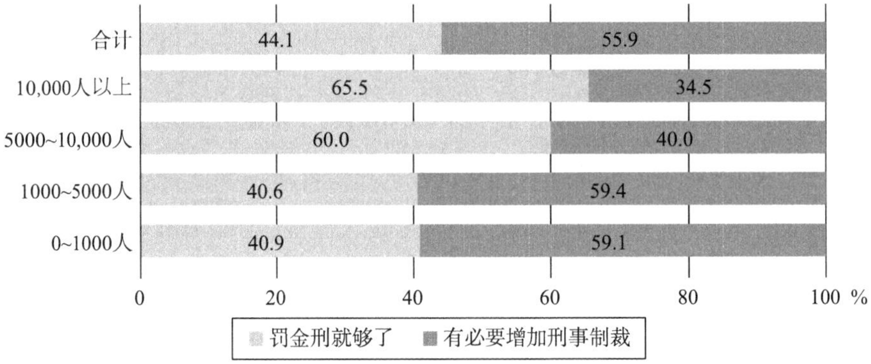

资本金规模交叉统计

单位：家

回答	0~50亿日元规模的企业	50亿~100亿日元规模的企业	100亿~500亿日元规模的企业	500亿~1000亿日元规模的企业	1000亿日元以上规模的企业	合计
罚金刑就够了	62	31	50	19	23	185

续表

回答	0~50亿日元规模的企业	50亿~100亿日元规模的企业	100亿~500亿日元规模的企业	500亿~1000亿日元规模的企业	1000亿日元以上规模的企业	合计
有必要增加刑事制裁	88	48	77	9	10	232
合计	150	79	127	28	33	417

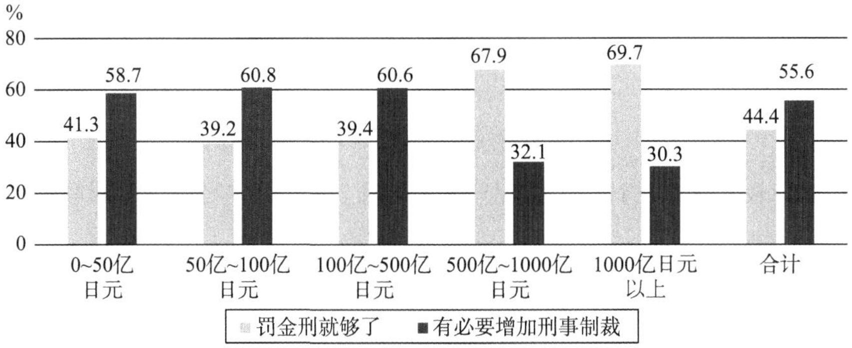

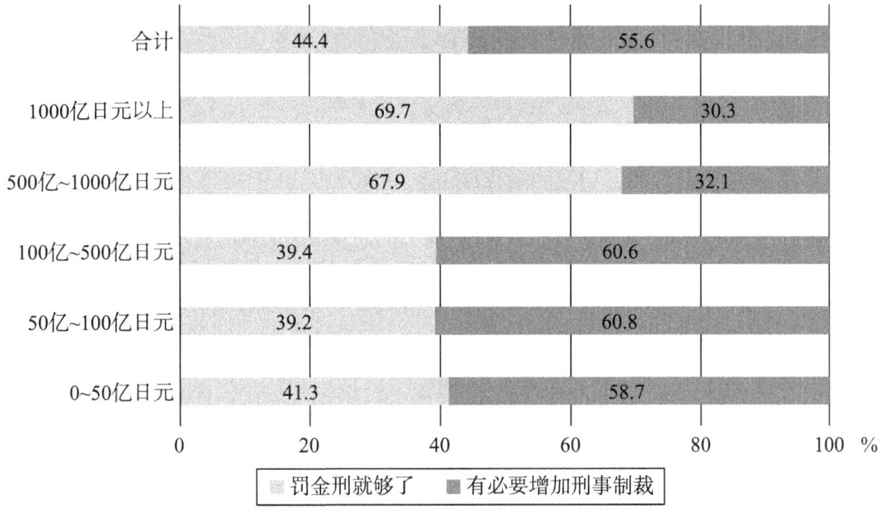

图 12-42　对企业的刑事制裁方式的交叉统计

问题 27-1 是关于“创设其他的制裁、法人犯罪类型”，以自由填写方式进行询问。“强制解散等使其退出社会的机制”“亲告罪的排除”“公布企业名称”“排除投标”“网络犯罪”“大众传媒不负责的报道的规制”等建议被提出。当然,由于包含刑事制裁与言论自由、报道自由的关系问题,部分内容也需要慎重探讨。

然后,问题 28 是关于“行政制裁与刑事制裁的抑制效果比较”(见图 12-43),此前关于罚金和罚款关系的问题与此密切相关。统计显示大多数企业(65.4%)的回答是“课征金更有效”,超过了“罚金更有效”的企业(25.7%)的一倍以上,“课征金”更胜一筹。出现这种结果恐怕也有课征金金额更大的原因。另外,由于罚金属于刑事制裁,或许作为企业而言,害怕被贴上“有罪”标记的“标签效应”。分析交叉统计,回答“课征金更有效”的企业,在 10,000 人以上规模的企业中占比 80.0%,在电力燃气行业中占比
254 100.0%,较为突出。这种效果比较十分困难,是今后应当探讨的课题(见图 12-44)。

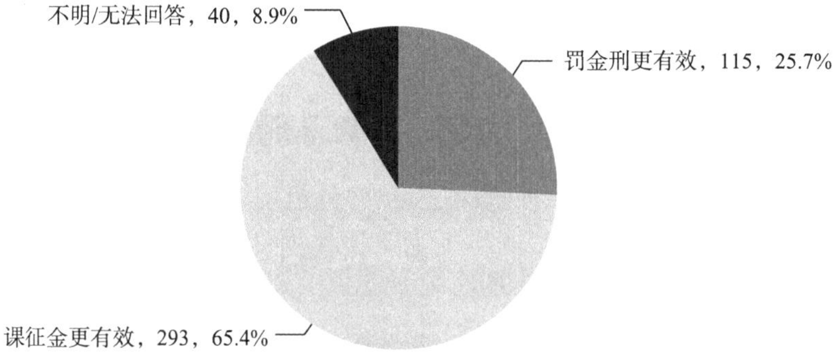

图 12-43 关于行政制裁与刑事制裁的抑制效果比较的统计

255 **员工数量交叉统计**

单位:家

回答	0~1000 人规模的企业	1000~5000 人规模的企业	5000~10,000 人规模的企业	10,000 人以上规模的企业	合计
课征金更有效	132	117	23	20	292
罚金更有效	52	46	12	5	115
合计	184	163	35	25	407

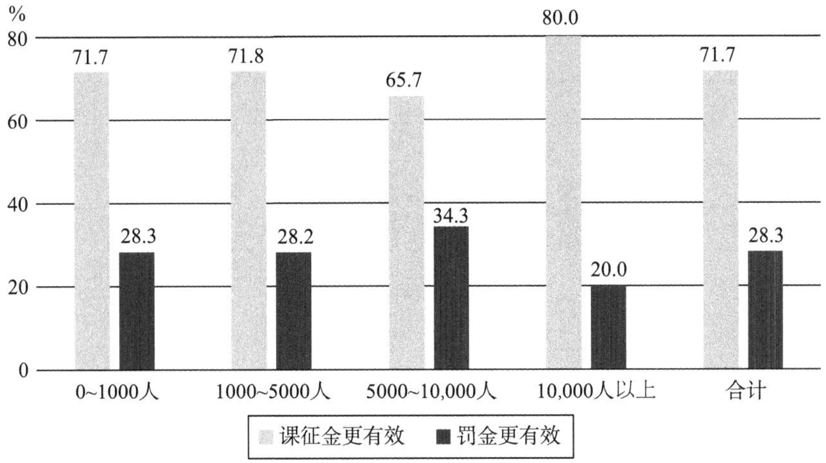

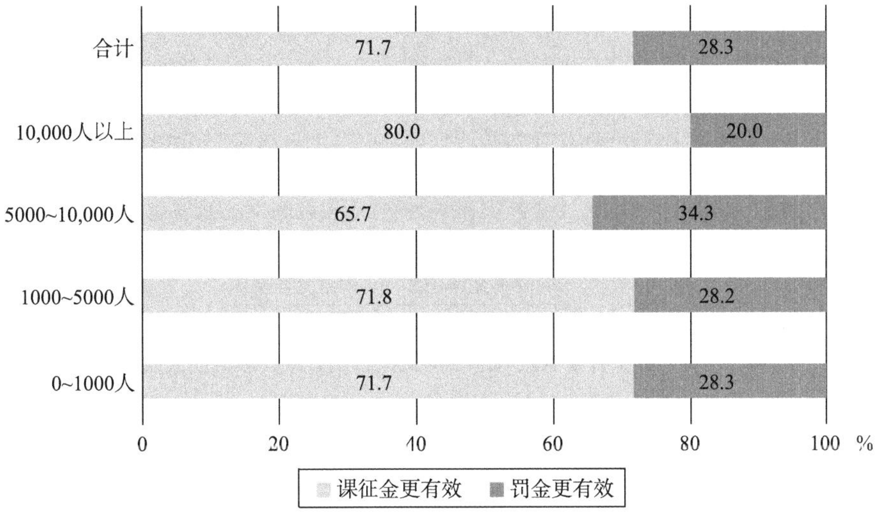

行业类别交叉统计

单位:家

回答	制造	建筑	商业	房地产	交通信息通信	电力燃气	服务	金融保险	合计
课征金更有效	157	26	50	4	17	6	13	18	291
罚金更有效	62	4	24	5	13	0	1	4	113
合计	219	30	74	9	30	6	14	22	404

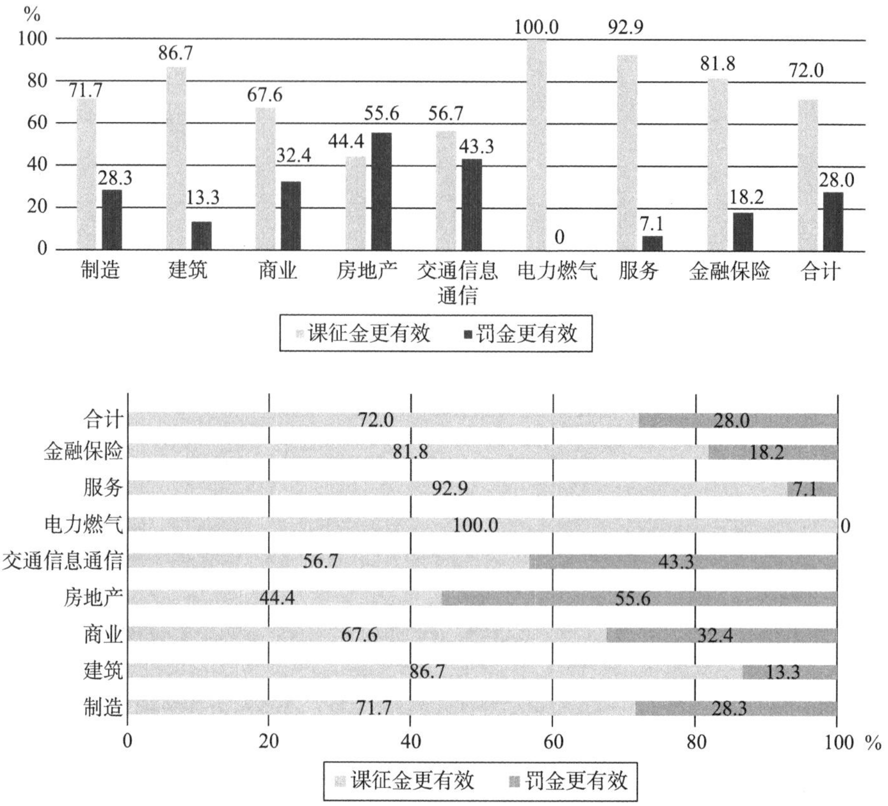

图 12-44 关于行政制裁与刑事制裁的抑制效果比较的交叉统计

问题 29 是关于“法人处罚的形式”(见图 12-45)。这既是刑法学者十
分关注的问题,也是在刑法学会持续讨论的问题。以欧洲国家和美国为首,
对法人处罚予以普遍肯定的国家不断增加。尽管也有像德国那样以违反秩
256 序法之类的法律予以应对的国家,但大部分发达国家已经认可法人通常可
以实施犯罪行为,既有国家一般性认可了法人的犯罪能力并纳入刑法典之
中,也有像意大利这样的国家单独创设了“企业刑法”这一全新法律。日本
今后将何去何从,对此进行探索是重要的课题。根据本次调查,作出回答的
企业中,有 55.4%的企业回答“处罚法人本身更为妥当”,35.9%的企业则回
257 答“像现行法那样对个人进行基本处罚更为妥当”。可见,半数以上的企业
持有的观点是对法人进行处罚是适当的。根据交叉统计,回答“处罚法人本

身更为妥当”的企业,在0~1000人规模的企业中所占比例最高,为65.4%;其后,在5000~10,000人规模的企业中占62.9%,在1000~5000人规模的企业中占59.9%,在10,000人以上规模的企业中占比降至32.1%。从资本金规模来看也大体上存在同种倾向。由此,可以理解为企业规模越大,对引入法人处罚的态度越消极;企业规模越小,对引入法人处罚的态度越积极。从行业种类来看,回答“处罚法人本身更为妥当”的企业在房地产行业中比例最高,为88.9%;其后,在电力燃气行业占比为85.7%,在服务行业占比为78.6%(见图12-46)。

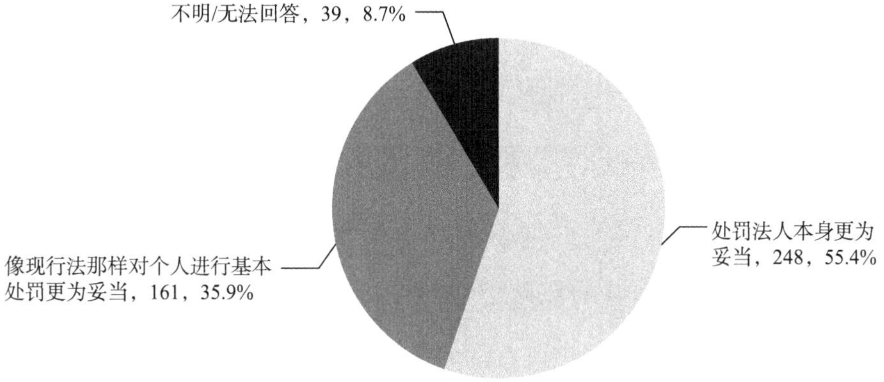

图12-45 关于法人处罚形式的统计

员工数量数交叉统计 258

单位:家

回答	0~1000人规模的企业	1000~5000人规模的企业	5000~10,000人规模的企业	10,000人以上规模的企业	合计
处罚法人本身更为妥当	119	97	22	9	247
像现行法那样对个人进行基本处罚更为妥当	63	65	13	19	160
合计	182	162	35	28	407

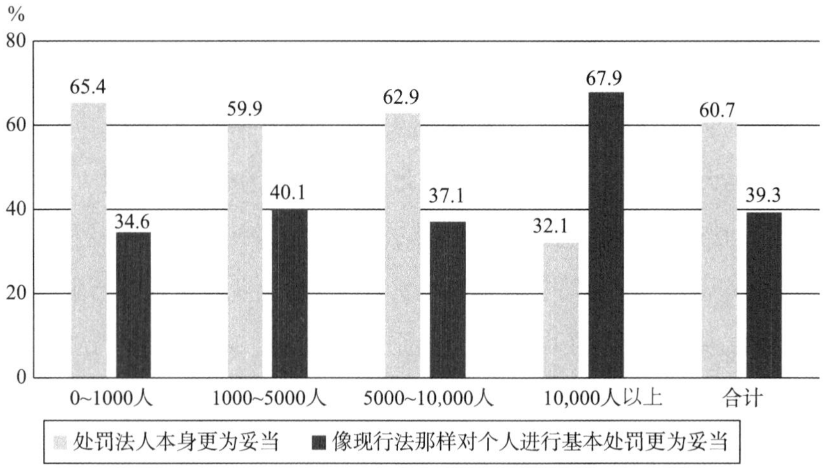

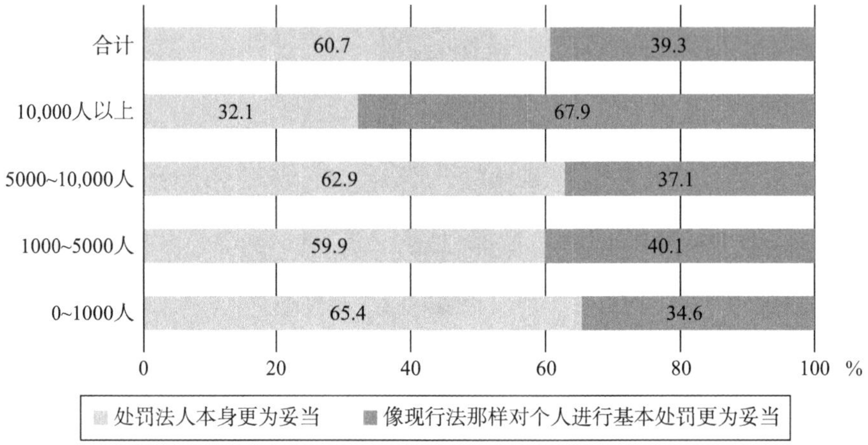

259 **资本金规模交叉统计**

单位:家

回答	0~50亿日元规模的企业	50亿~100亿日元规模的企业	100亿~500亿日元规模的企业	500亿~1000亿日元规模的企业	1000亿日元以上规模的企业	合计
处罚法人本身更为妥当	99	50	72	17	10	248
像现行法那样对个人进行基本处罚更为妥当	52	26	51	10	22	161

续表

回答	0~50亿日元规模的企业	50亿~100亿日元规模的企业	100亿~500亿日元规模的企业	500亿~1000亿日元规模的企业	1000亿日元以上规模的企业	合计
合计	151	76	123	27	32	409

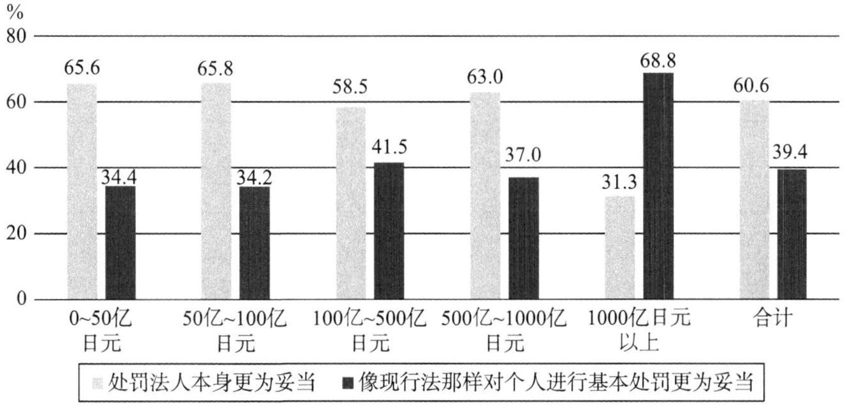

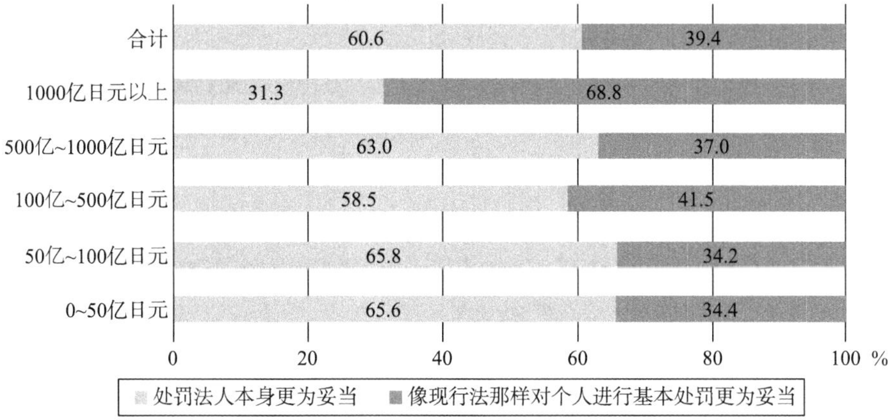

行业类别交叉统计 260

单位：家

回答	制造	建筑	商业	房地产	交通信息通信	电力燃气	服务	金融保险	合计
处罚法人本身更为妥当	125	20	47	8	17	6	11	12	246

续表

回答	制造	建筑	商业	房地产	交通信息通信	电力燃气	服务	金融保险	合计
像现行法那样对个人进行基本处罚更为妥当	93	8	28	1	13	1	3	12	159
合计	218	28	75	9	30	7	14	24	405

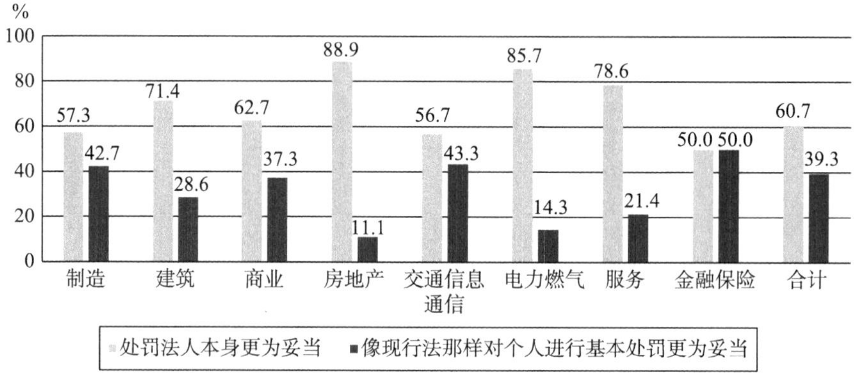

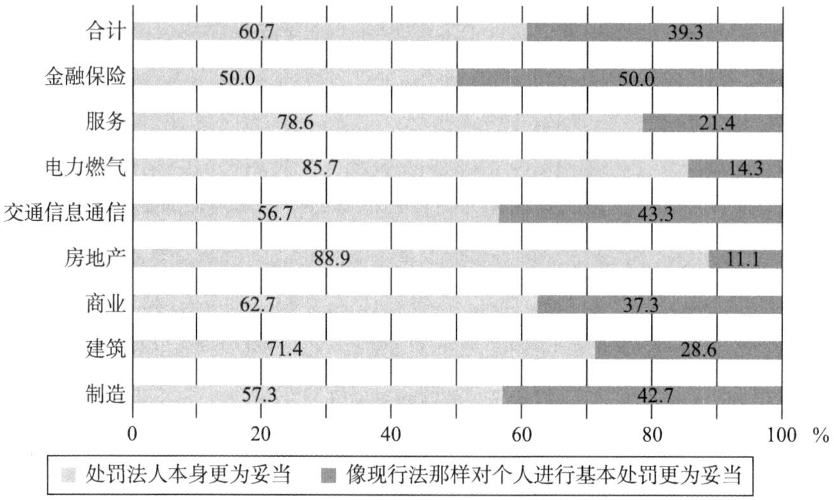

图 12-46　关于法人处罚形式的交叉统计

即便如此，此次课题能够往法人处罚中加入什么呢？考虑到前述罚金与罚款的关系，单凭罚金不能解决法人处罚的问题，而罚款比罚金有更好的效果，那又如何把握好两者之间的相容性呢？这个问题也在本次的问卷调查中浮现出来。如何建构新的制度，比如创设公开企业名称以及其他新的制裁类型，也是今后要讨论的问题。

（六）其他（自由填写）

最后是“其他（自由填写）”，在自由填写栏中收到了相当多的意见，在此无法全部列举，因此，先将被反复提及的内容重点归纳如下：

（1）“针对销售岗位的适法教育，进行什么程度的学习比较合适？”的意见（3份）。也就是说，虽然知道适法教育十分重要，但部分企业对究竟要实施到何种程度感到苦恼。（2）“对于中小企业，也要启发其认识到适法的重要性，依法予以统一管理”的意见（2份）。（3）“对于细微的适法违反行为应当进行何种处罚，令人烦恼”的意见（2份）。（4）也有“在公司内外，适法概念被理解为遵守法令的狭小范围，但其本意是回应包括法令在内的广泛社会要求”的意见（2份）。

同时，还有一些单独的、具有积极意义的意见引人关注。“比日常更重 261
要的是启发全体员工的意识，保持积极性和进行健康管理”“希望通过日本律师联合会和业界团体，推动更进一步的启蒙活动”“在公司法中，增加董事在就任时应当提交不得违反适法要求的誓约书的义务”“为提升日本企业竞争力，增加来自海外投资者的投资，越来越要求重视适法”“为提升适法水平，应当通过利益相关者的期待、支持、压力、评价等，将适法作为企业的基础性要件”“适法评价是企业根据自身特点作出的自律性制度设计，根据这一原则，适法并不是单纯在表面上制定严格的纪律，而是应当基于每个企业的固有情况，从其实效性和妥当性出发作出判断”。

另外，持消极态度的意见认为，“即使进行公司内部教育，其效果也限于内部统一，不宜对此抱有过高的期待”“一方面对企业提出的要求标准不断提高，但另一方面构成企业的个人的意识的提升是有限的”“由于‘适法’一词在就其定义达成社会共识前已经流行起来，因此，在公司内部能够发现许多‘虽然不知道是怎么回事,但是是适法问题’的事例”“过度加重制裁会导致企业活力降低”等,这些意见可供参考。除此之外,“日本企业的适法,特别是在垄断(卡特尔)、串谋等领域,尽管经营干部、从业人员表面和内心(为业界共存秩序而不得不存在的必要的恶)相去甚远,但在人事方面也是优先后者的企业居多”的观点也值得倾听。

分析这些不同意见,最终就能理解,为什么很多企业认为通过内部教育启发和提升个人的意识十分重要,仅仅是过度强调适法或者法律规制,并不能解决所有问题。在这个意义上,自由填写栏的意见表达了心声,具有显著的参考价值。有观点指出,“如果什么都变成了规则、适法,那么就会带来萎缩效果”,如何看清“在这种情况下什么样的适法是重要的”,也是今后的课题。

262 ## 四、适法的课题

基于以上分析,对本次的调查进行总结:

第一,相较于2004年的问卷调查结果,可以说适法、企业社会责任以及《公益举报人保护法》已经在很大程度上得到了落实。以往被混为一谈的东西现在也能够清晰区分,各个企业自身也较好地理解了适法以及企业社会责任的意义。从中可以看到企业的努力。

第二,尤其应该在此确认的是,虽然“适法”这一概念被限于单纯遵守法令狭小范围内的倾向依然存在,但事实上不应如此。所谓适法,当然包括违反法令的问题,但更应该认识到适法还包含回应社会广泛要求的、(简单来说)广义上的企业伦理。从最近发生的各种丑闻来看,在能否做到像前面所说的那样理解适法上,企业之间还存在差距。另外,包括对于中小企业来说如何理解适法这一问题在内的课题已经有所凸显。因此,可以肯定的是,对于适法具体内容的理解,因行业、规模等不同而存在差异。这一点既可以在自由填写栏中得到验证,也可以在交叉统计表中展现此种倾向。如何消解这一差异也是重要的课题。

第三,对适法制度的评价褒贬不一。尽管正面评价略多于负面评价,但今后能否维持或者进一步有所改善,还需要进一步关注。

第四,就法律规制、法律制裁而言,企业自身还处于摇摆之中。一方面期待着课征金的效果,另一方面又对法人处罚存有期望。这一点即使在刑法学者间也存在不同意见,今后也有必要从更广阔的视野出发继续讨论。究竟何种制裁是有效的?刑法制裁的界限何在?对这些话题进行讨论是有必要的。尤其是关于刑事制裁的形式,是维持现行法的框架还是果断朝法人处罚的方向迈进,成了重要的课题。 263

第五,如何在国际层面推进一体化融合(harmonization)也是重要课题。实际上,我们原本计划在2011年9月就该主题举办国际研讨会,但由于东日本大地震以及之后发生的一系列核电站事故问题,不得不取消。但是,由于国际调查的实施,基于此问题的国际层面的探讨还在推进之中(参见本书第十三章)。

第十三章 刑事适法的国际比较与未来展望*

265 ## 一、前言

作为早稻田大学“21 世纪 COE 项目”“企业法制与法律创造”综合研究所刑事法小组研究活动的一环，我们委托实施了海外调查，基于刑事法观点对企业适法进行刑事比较。[1] 调查对象为德国、意大利、英国、澳大利亚、美国以及中国，尽管这些国家法律制度各不相同，但可以确认的是，各国家的企业适法均以某种刑事手段与刑法发生了联动。此外，各国的调查结果也为今后日本对该问题展开讨论提供了不少值得参考的内容。本章将着重从刑事实体法（刑法）视野出发，从收到的各国调查报告书中提取概要特征，进行若干分析比较，对未来进行展望。

---

* 「刑事コンプライアンスの国際比較と今後の展望」原題：甲斐克則＝芥川正洋＝福山好典「企業コンプライアンスと刑法をめぐる国際動向の比較分析」甲斐克則＝田口守一編『刑事コンプライアンスの国際動向』（2015・信山社）を改題のうえ，加筆修正。

[1] 甲斐克則、田口守一編『刑事コンプライアンスの国際動向』（2015・信山社）第Ⅲ部「海外6か国の報告書」165 頁以下。本章原为该书第 1 部「総括編」第 1 章「企業コンプライアンスと刑法をめぐる国際動向の比較分析」（甲斐克則、芥川正洋、福山好典執筆）5-20 頁，对标题及内容进行了若干修改。

二、德国

在德国，对相当于日本法上经济犯罪的越轨行为，由刑法以及《违反秩序法》[2]承担制裁使命，后者尤为重要。众所周知，德国一般否认法人本身能够独立承担刑事责任。与此相对，《违反秩序法》第30条规定，具有法人代表权的机关及其成员、具有总括代理权的人以及在企业经营中处于管理地位的支配者，如果实施犯罪或者秩序违反行为，导致法人违反义务、获得利益或者试图获得利益，构成故意犯罪的，对法人处以100万欧元以下罚款， 266
构成过失犯罪的处以50万欧元以下罚款。[3]

关于企业应当制定的适法程序，相关的法律规定并不多。[4] 也许是因为这一原因，在我们进行调查时，虽然德国企业中制定适法程序的比例也在不断增加，但与意大利、日本相比比例相对较低，大约占回复企业的三分之二。此外，从内容上看，提及防范贪污行为的回答数量最多，与其他项目相比存在显著差异。关于德国的报告书分析认为，这一动向与引入适法程序的契机与开端[5]——西门子行贿案[6]有关。同样的倾向还反映在“成为

[2] 田口守一「ドイツにおける企業犯罪と秩序違反法」，甲斐克則、田口守一編『企業活動と刑事規制の国際動向』（2008・信山社）第164-168頁。

[3] 作为德国的报告书（2013年2月20日付），ウルリッヒ・ズイーバー＝マルク・エンゲルハルト（早稲田大学GCOE刑事法グループ訳）「ドイツの経済犯罪の防止のためのコンプライアンス・プログラム——実証的研究」甲斐、田口・前注1，167頁以下。尽管金额高低不一［第181頁（图4）］，但大部分案件都在1000欧元以下。

[4] 例如，《证券交易法》（WgHG）第33条第1项规定，证券企业必须履行以下事项之义务：为其作出适当规定、保障资金并完善程序，证券企业及其从业人员应当确保形成履行本法所规定义务的结构，特别是以职责义务不依赖于外部的组织化形式实现长期的适法效能。小宫靖毅泽「有価証券取引法」日本证券经济研究所编『新外国証券関係法令集ドイツ』（2009）64頁。又如，《股份法》（AKtG）第91条第2项规定，“为尽可能早地识别可能对公司存续产生威胁的事态发展，应当采取必要措施，特别是设置监督制度”。早川腾訳「<資料>1965年ドイツ株式会社法（邦訳）」同志社法学63卷6号（2012）200頁以下。

[5] 德国西门子公司在数十年时间内，通过地下账簿向外国公务员等行贿，后因非法会计处理被发现，西门子公司因该事件被美国、德国处以巨额罚金、民事制裁金等处罚，见石川和洋「シーメンス贈賄事件について」JMCJOURNAL57卷10号（2009）24頁，甲斐克則「ドイツにおける企業犯罪と刑事コンプライアンス」『曽根威彦先生＝田口守一先生古稀祝賀論文集［下巻］』（2014・成文堂）289頁以下。

[6] 这是指自2006年西门子行贿案曝光后，引入适法程序的企业数量急剧增加，见ズイーバー・エンゲルハルト・前注3，223頁（图53）。

调查对象的事件的重要性”[7]上,可以发现特别重视防范贪腐是德国企业适法程序的特征之一。不过值得注意的是,适法程序的内容并不限于要求从业人员遵守刑法及《违反秩序法》等内容,许多企业也将遵守商业伦理纳入其中。[8]

此外,作为一项课题,报告中指出德国企业的适法程序中并未包含从业人员发生违规行为时的处理程序及制裁内容,特别是在制裁上,目前仍采取的是根据个案情况分别予以处理。

报告书还对适法程序的有效性进行了调查分析。尽管企业认为适法程序大体而言是有效的(10个阶段平均评分为6.9分),但企业也期待引入规制适法具体内容的法规,[9]这表明适法程序还存在改进的空间。不仅如此,就何种规制内容能对企业产生影响这一问题,是否在法律义务之上附加刑事制裁及民事责任,将对适法程序的有效性评价产生显著影响。[10] 为通
267 过法律规制促进引入企业适法程序,要求我们应当对企业进行适当的制裁(特别有必要强调刑事制裁的有效性),并采取对企业有益的规制手段。[11]

三、意大利

在意大利,一般认为《意大利宪法》否认了一般意义上的法人处罚。一方面,自然人所具有的非难可能性在法人身上并不存在。另一方面,假如以机构行为为由肯定了法人的刑事责任,那么法人就会因他人行为而遭受处罚,将被认为违反了《意大利宪法》第27条第1项关于“刑事责任由个人承担”[12]

---

[7] ズイーバー・エンゲルハルト・前注3,223頁(図44)。

[8] ズイーバー・エンゲルハルト・前注3,223頁(図18)。

[9] ズイーバー・エンゲルハルト・前注3,237頁(図63)。

[10] ズイーバー・エンゲルハルト・前注3,235頁(図61)。

[11] ローター・クーレン(岡上雅美译)「ドイツにおけるコンプライアンスと刑法」比較法学47巻3号(2014)183-184頁。

[12] 初宿正典、辻村みよ編『新解説世界憲法集 第4版』(2017)141頁,田近肇訳。也有将其翻译为“个人专属”,见初宿正典、辻村みよ編『新解説世界憲法集 第2版』(2010)130頁,井口文男訳。

的规定[13]。不过,在刑法典中也存在可以解读为肯定法人责任的规定。《意大利刑法典》第 197 条规定,法人代表实施具有可罚性的行为,在实施行为的自然人无力支付罚款或罚金时,法人负有补充支付义务。但是,这一规定并非直接对法人进行刑事处罚,法人仅作为补偿者被附加了罚金、罚款支付义务,因此并不能视为关于法人处罚的规定。

让这种法律状况发生变化的是 2021 年 6 月 8 日第 231 号委任立法令《关于法人、公司、协会及非法人组织行政责任的法令》,[14]又被称为"企业刑法"[15]。基于该法第 5 条的规定,[16]在一定范围内的从业人员为企业实施犯罪行为时,对企业施加金钱制裁、停止许可等禁止性制裁、剥夺不当取得之利益、公开判决或者实行强制管理等制裁手段成为可能。由于"企业刑法"赋予金钱制裁以法律效果,接近对于法人的处罚,但是根据《意大利刑法典》的规定,(对自然人科处的)金钱刑仅包括罚金(multa,适用于犯罪,《意大利刑法典》第 17 条第 1 项)以及罚款(ammenda,适用于违警罪,《意大利刑法典》第 17 条第 2 项),"企业刑法"至少在用语上是预先与刑事处罚相区分的制裁手段[17],有理由认为其并未肯定法人处罚。不过,以"企业刑法"中预设的制裁为基础确立的企业责任,在性质上究竟属于刑事责任还是行政不法行为责任,仍存在争议[18]。 268

[13]　ジュリオ・デシモーネ(松生光正訳)「イタリア刑法における団体の刑事責任の諸問題」姫路法学 20 号(1996)51 頁。

[14]　政府基于议会委任的立法权限所为立法,具有与法律同等的效力(《意大利宪法》第 76 条、第 87 条第 5 项)。

[15]　アッティリオ・ニスコ(甲斐克則=福山好典訳)「イタリア刑法における法人の責任」早稲田法学第 90 巻 1 号(2014)85 頁以下,吉中信人「イタリア刑法における企業犯罪の法的規制」広島法学 34 巻 3 号(2011)192 頁以下。

[16]　第 5 条　企业责任(1)企业对以下人员为企业利益或者好处实施的犯罪承担责任:a. 企业的法定代表人,履行管理、领导职责的人,作为组织性统一体被企业赋予财务和职能上自主性的人,以及事实上管理和控制企业的人。b. 受(a)项主体之一领导和监督的人。(2)前项规定的主体为自身或者第三人利益所为的行为,企业不承担责任。

[17]　用語の訳は,法務大臣官房司法法制調査部編『イタリア刑法典』(1978)。

[18]　吉中・前注 15,187 頁以下,森下忠『諸外国の防止法制』(2013 年・成文堂)236 頁以下。该报告书认为其属于刑事责任。

更加引人注目的是,“企业刑法”第6条及第7条将制定并有效实施适法程序规定为企业的免责事由。[19] 除此之外,即使在从业人员实施犯罪行为后,也可能通过赔偿被害人损失、建立企业适法制度等免于处罚(第17条b项)。由此可见,在实质性利益层面,制定并有效实施适法程序对企业而言具有重要意义。

通过关于意大利的报告书,在这样的法律状况背景之下,以该法为契机,许多企业引入并改进了其适法程序[20]。而且,90%的企业在构建企业适法制度时吸收了“企业刑法”要求[21]之外的伦理规定。由此带来的结果是,“企业刑法”对于企业道德风尚的提升产生了良好效果。[22]

四、英国

英国的报告书[23]由“概要”“搜查机关与追诉机关”“法官及陪审员”“动向统计”“法律制度展开”“其他救济手段”“结语”构成,揭示了英国企业相关犯罪的实际情况以及对此采取的法律措施。其中,在刑法实体法层面,

[19] 第6条 高级管理人员与企业的组织规范(1)在第5条规定的人员构成犯罪时,企业在能够证明以下情况时无须承担责任:(a)企业管理机构在犯罪事实发生前,已经采用并有效实施适于防止该犯罪及同类犯罪的组织及管理规范。(b)企业已经委托具有先导性和控制自主权的监督机构之一负责监督规范的运行情况,并按照最新要求进行修改。(c)行为人以欺诈方式回避组织机构管理规范,实施犯罪。(d)受委托的监督机构怠于履行或者未充分履行监督职责。(2)关于委托职能的范围,考虑到犯罪发生的风险,前项(a)规定的规范,应当符合以下要求:(a)确定可能发生犯罪的行为领域;(b)规定特别程序,推动防止犯罪的企业决定的制定以及实施;(c)确定有利于防止犯罪发生的财务资源管理模式;(d)规定履行监督职责的机构的信息披露义务;(e)引入惩戒制度,对未遵守规范规定的义务的违规行为进行惩罚。第7条 其他管理人员与企业的组织规范(1)在第5条第1款(b)项规定的情形下,如果因未履行管理、监督义务导致犯罪得以成为可能时,企业应当承担责任。(2)无论在何种情况下,如果企业能够证明在犯罪发生前已经采用并有效实施适于防止该犯罪及同类犯罪的组织及管理规范,就可以排除企业未履行管理、监督义务。

[20] マウロ・カテナッチ=マルタ・アゴスティーニ=ジュリア・ファロティーコ=ステファーノ・マンティーニ=フェデリコ・メログラーノ(早稲田大学GCOE刑事法グループ訳)「イタリアにおける経済犯罪防止に向けたコンプライアンス・プログラム」,甲斐=田口編・前注1,411頁以下。

[21] 前注15各文献。

[22] カテナッチほか・前注20,450頁。

[23] マーク・ワトソン-ガンディ(早稲田大学GCOE刑事法グループ訳)「英国における企業関連犯罪」甲斐=田口編・前注1,383頁以下。

以下内容值得关注。

首先,企业相关犯罪的全貌及其对英国经济产生的影响目前尚不明确。从本报告书中可以看出,对于企业相关犯罪的管辖,多种多样的侦查、追诉机关形成了一种复杂、混合的状态,这是导致前述问题的原因之一[24]。

其次,是与法人犯罪相关的三部法律的修改。另外,在英国,公司也可以成为普通法和制定法层面上的犯罪主体。

一是 2007 年的《企业过失杀人和企业杀人法》。[25] 该法废止了法人与 269
普通法上的犯罪——重大过失致死罪的关系。对法人及其他类似组织的业务进行管理或者组织化行为,如果导致他人死亡,且该组织严重违反其对死者应负之关联注意义务时,应当追究法人过失致死罪。不过,这一规定仅限于担任高级职位的职员且其违规行为构成重要、不可欠缺的要素的情形。被追究法人过失致死罪的组织,除受到罚金刑外,还会成为矫正命令(针对组织的方针、体制以及经营中在劳动安全卫生方面的缺漏之处,命令组织对能够确认存在违规征兆的事项采取具体的矫正措施)以及公告命令(命令组织以一定方式公开因犯罪被判决有罪的事实、犯罪的具体内容、被科处罚金的数额以及矫正命令的内容)的对象。从有效防止再次发生的角度来看,这两项命令备受关注。

二是 2006 年的《诈骗罪法》。[26] 以往英国刑事法中并不将欺诈作为一种具体的犯罪类型,而是按照盗窃,欺骗取得财物、服务等不同犯罪类型起诉。对此,该法除规定了虚假陈述、不公开信息、滥用地位等不同样态的一般性欺诈罪外,还引入了以不诚实方式获取利益、供给、制造及持有用于欺诈之物品、适用于非法人单位的欺诈性交易等新的犯罪类型。根据该法的规定,在企业构成犯罪时,除该企业外,对在企业中发挥一定作用并实行犯

[24] ガンディ・前注 23,384 頁以下。

[25] ガンディ・前注 23,399 頁以下,今井猛嘉「イギリスにおける法人処罰」甲斐=田口編・前注 2 第 255 頁以下。

[26] ガンディ・前注 23,400 頁以下。

罪行为的当事人(如董事、经理)也可以一并进行追诉。

三是2010年的《行受贿防止法》。[27] 该法全面废止了制定法及普通法上与贪污有关的犯罪,同时引入了对法人刑事责任相关法律规定而言重要的例外规定,如关于外国公务员的“能动性”犯罪及未有效防止行贿的犯罪等。当代理人居于企业的“意思主导者”地位时,企业应当对该代理人所为行贿行为承担责任,除非该企业能够证明为防止此类行为发生建立了必要程序。法人的高级管理人员,在同意或者默许企业实施犯罪行为时,也应承
270 担个人责任。同时认识到民法是打消行贿、受贿行为念头的有力手段,这一点也很重要。收受贿赂违反了诚信义务。此外,在英格兰法上,雇主有权要求从业人员向企业返还不当利益。

最后,对作为其他救济手段的停止董事资格(Directors Disqualification)与没收命令(Confiscation Orders)进行了介绍。[28]

停止董事资格,是指对因法人犯罪被判决有罪的人,未经法院许可不得担任公司董事,且不得以任何方式直接或间接地干预或者参与企业的设立与经营。不过,何为“干预经营”目前还有待明确。

违反停止董事资格命令这一行为本身就构成犯罪。此外,违令者个人对于规定期间内所发生的一切公司债务承担清偿责任(民事责任)。

此外,2001年英国还引入了停止资格约定书制度(Disqualification undertaking)作为法院命令的替代,向法院作出具有法律拘束力的约定。[29] 相较于资格停止命令,这一制度在影响董事“脸面”上被认为是更优选择。受此影响,停止资格的案件数量增加了24%(其中停止资格约定书的数量占57%)。[30]

关于没收命令,有争议的是对于因违反停止董事资格命令而产生的利

[27] ガンディ・前注23,404頁以下。
[28] ガンディ・前注23,406頁以下。
[29] ガンディ・前注23,407-408頁以下。
[30] ガンディ・前注23,408頁。

益如何计算。

综上所述,关于英国的报告书就该国刑法为防止企业管理犯罪引入的非法人过失致死罪、停止董事资格与没收命令等救济手段确立的各种各样制度的现状进行了描述,阐明了由此而产生的问题,具有很强的启示意义。

五、澳大利亚

澳大利亚的报告书(以下简称该报告书)由“序论”“第一部分:董事、监
事职务及义务、职务及义务主体、制裁、JAMES HARDIE 事件判决”“第二部
分:董事义务——避免导致经营恶化的交易、监事义务”“第三部分:规制机 271
关”“第四部分:企业社会责任”“第五部分:基于‘企业文化’概念下的法人
刑事归责、企业适法”以及“结语”构成,除对澳大利亚法人治理的新进展详
细说明外,还对企业社会责任、企业文化概念以及适法程序进行了概述。[31]
其中,在刑法实体法层面,以下内容值得关注。

首先是关于制裁(特别是民事制裁)的运用。在澳大利亚,公司董事及其他职员在法律上负有多种义务。这些关于义务的法律规定大多是民事制裁规定,在法人违反时,由证券和投资委员会向民事法院提起诉讼。在实务中,董事被追究刑事责任的案例并不多见,反而通常被处以罚款或者停止资格的民事制裁。[32]

关于民事上的罚款,证券和投资委员会可以向法院申请 20 万美元以下的支付令。[33] 此外,民事上的罚款与刑事上的罚金相同,并非以违规行为造成的损失或者利益数额为基准,而是在考虑违规行为的严重性后确定。对于两种罚款(金)的区别,有必要进一步进行探讨。

此外,关于停止董事资格,法院可根据证券和投资委员会的申请下达命

[31] 松浦华子(早稲田大学 GCOE 刑事法グループ訳)「オーストラリアにおけるコーポレートガバナンスの最近の展開」甲斐=田口編・前注 1,457 頁以下,甲斐克則「オーストラリアにおける企業活動の規制システム」甲斐=田口編・前注 2,255 頁以下。

[32] 松浦・前注 31,465 頁。

[33] 松浦・前注 31,465 頁。

令,在法院认为适当的期限内(20 年以下)停止特定当事人对于企业的经营资格。停止资格令在实践中运用得颇为频繁,此外,停止资格令被认为会对个人在经济意义上产生深刻影响。[34] 因为被停止资格的当事人会直接失去董事地位,对其职业经历、评价、收入能力等产生实际损害。

与此相对,关于刑事责任,2001 年的《企业法》第 184 条对不诚实的职务执行懈怠等公司董事及其他职员的犯罪构成要件作出了规定。[35] 另外,2009 年对于卡特尔相关规定的修改中首次引入了刑事处罚,对相关自然人可处以 10 年以下禁锢*或者 22 万美元以下罚金。同时,2010 年的企业法修
272 正案大幅度提高了对于公司违反禁止内幕交易及操纵市场规定时的处罚,可处以 45,000 个刑罚单位(495 万美元)、所得利益或避免损失的 3 倍或者该期间内法人销售额的 10%,取以上金额中最高者为罚金上限。

其次是企业活动主要规制机关的设置情况。具体介绍了证券和投资委员会、证券交易所、财务监管厅、竞争与消费者委员会。[36] 以下涉及前两者。

证券和投资委员会有权根据企业法及其他法令,对违反义务以及导致经营恶化的交易开展调查,并提起民事或刑事诉讼,该报告书对 2009~2010 年证券和投资委员会的工作成绩进行了介绍。具体来说,证券和投资委员会会同联邦检察总署提起了 23 件刑事诉讼,22 人被判有罪。其中,禁锢刑 12 人,缓期执行、罚金刑 11 人。此外,证券和投资委员会还提起了 30 件民事诉讼,获得了超过 2 亿 8700 万美元的损害赔偿、费用偿还及罚金。就停止资格来说,根据证券和投资委员会的起诉,90 名董事被停止资格。其中,3 年以下 46 名,3~5 年 40 名,5~10 年 3 名,10 年以上 1 名。另外,根据同年度证券和投资委员会取得的有罪判决,22 名董事因确定有罪而当然地被停

[34] 松浦·前注 31,466 頁。
[35] 松浦·前注 31,469-470 頁。
* 禁锢指没有强制劳动的监禁刑。——译者注
[36] 松浦·前注 31,482 頁以下。

止了企业经营资格。累计共有 320 名董事被停止资格。

另外,作为申请民事处罚令或行政措施的替代,证券和投资委员会及澳大利亚竞争与消费者委员会还可受理“具有强制执行力的约定书”,这被认为有利于迅速完成赔偿并强化适法管理。

与此相对,尽管澳大利亚证券交易所并非政府机关或者规制主体,而是民间的营利组织,但在公布了澳大利亚证券交易所原则后,对未能遵循的商事公司采用了“if not,why not?”(如果没有,请说明理由)的独特路径。这一报告为实务提供了许多可靠且富有弹性的治理开示制度。澳大利亚证券交易所原则也被许多非上市公司所遵循。

最后是企业文化概念与适法程序,[37]这也与法人刑事责任相关。 273

2001 年 12 月,澳大利亚在 1995 年刑法中引入了明确追究法人刑事责任的成文法规。《澳大利亚刑法典》第 12. 3 条[38]第 1 项规定,作为相应犯罪的构成要件,在有必要证明责任要素(意图、认识或者未必故意)时,如果法人对该犯罪行为的实施以明示、暗示方式予以承认或者允许,那么这一要素可以归责于法人。根据该条第 2 项,这种承认、允许是指存在对实行犯罪的指示、奖励、认可或者存在倡导该犯罪行为的企业文化。此外,如果企业未能创造或者维持相应企业文化,以履行法令关于防止该犯罪行为发生的适法要求,也可认定为承认、允许。

这样的规定旨在查处那些在公司正式文件上确认适法义务但在实际过程中企图违反适法的案例,这一点值得关注。不过,迄今为止还没有一起适用该规定的公开案例。但也有观点认为,联邦法院一直将企业适法文件作为重要考量,并介绍了部分将企业文化作为量刑的判断要素予以提及的判例。[39]

综上所述,该报告书通过介绍民事罚金、停止董事资格、具有强制执行

[37] 松浦・前注 31,504 頁以下。

[38] 樋口亮介「オーストラリアの法人処罰」甲斐＝田口編・前注 2,251 頁以下。

[39] 松浦・前注 31,507-508 頁。

力的约定书、法人刑事责任、证券和投资委员会、澳大利亚证券交易所等其他规制机关的设置，对澳大利亚旨在强化法人治理的实践现状进行了描述，具有很强的启示意义。

六、美国

美国的报告书由“序文”“违反反托拉斯法的行为”“为履行外国契约实施的贿赂”“企业行动规范的规定”“量刑指南”“TYSON CORPORATION：事例研究”“萨文斯-奥克斯利法案”“公诉人观点”“多德-弗兰克规制改革法案”“结论”“附录 A”“附录 B”“附录 C”构成，从多方面阐明美国的企业
274 行为规范。[40] 其中，在刑法实体法层面，以下内容值得关注。

第一是近年来美国的企业行为规范数量激增。其主要背景是，在从业人员发生职务上的违规行为时，如果企业制定了精细的行为规范并据此激励员工无私开展职务行为，共识是应当对企业从轻处罚（缓期执行、减轻刑事处罚、减少民事制裁金）。美国法院主张的“代位责任理论”[41]认为，即使企业明确要求从业人员不得从事违法行为，但一旦从业人员实施了违法行为，企业仍然可构成实施刑事违法行为而被认定有罪。因此，企业行为规范被评价为代表经济界推翻“代位责任理论”的尝试。[42]

那么企业行为规范究竟规定了哪些事项呢？一方面，根据法朗克（Fried Frank）律师事务所对500家美国大型企业的调查，企业行为规范规定的事项包括：利益冲突（97%）、赠送礼品（87%）、滥用秘密信息（83%）、参与海外贪腐（83%）、政治献金（79%）、内部交易（73%）、违反反托拉斯法的行为（64%）、劳动关系（27%）、其他（29%）[43]。另一方面，也有观点认为，企业

[40] ヘンリー・ポンテル、ギルバート・ガイス（早稲田大学 GCOE 刑事法グループ訳）「アメリカ合衆国における企業行動規範」甲斐=田口編・前注1第511頁以下，川崎友巳「アメリカ合衆国における企業犯罪の実態と企業犯罪への刑法上の対応」甲斐=田口編・前注2,5頁以下。

[41] 川崎友巳『企業の刑事責任』（2004・成文堂），156頁以下。

[42] ポンテル、ガイス・前注40,512頁。

[43] ポンテル、ガイス・前注40,516頁。

行为规范对于利益冲突的关注度相当低。特别是对于非实业性的企业,在传统上关注的是消除直接侵害企业利益的行为。这一点值得与日本的调查结果作进一步的比较。

此外,就企业行为规范而言,即使企业制定的企业行为规范的任意性基准高于法定义务基准,在违反企业行为规范的情况下,仍可以以虚假广告、违约行为追究其责任,(该报告书)以"耐克案"为实例进行了详细介绍。[44] 此外,也有观点认为,"耐克案"可能会给企业带来顾虑,导致其打消将企业社会责任纳入企业行为规范的念头,这一点值得玩味。

第二是量刑指南。[45] 该报告书称,在 1991 年引入的与量刑有关的美国量刑委员会指南中,将"避免和发现违法行为"的程序作为最重要的罪责减轻要素。[46] 此外,为了推动构筑可靠的适法程序,该委员会还确定了 7 个步骤。[47] 对于追诉以及审判过程中作出的判断而言,这些规定提供了灵活而巧妙的处理方法。之后,该委员会于 2004 年扩大了量刑指南的适用范围,将 275
名称变更为《伦理及适法相关计划》,并予以修正。[48] 例如,为促进遵守法律,新的量刑指南设立了激励条款。

另外,由于许多法官认为过于硬性的指南妨碍了适当的刑罚判断,因此在 2004 年的美国诉布克(*United States v. Booker*)案中,量刑指南被确定为建议性而非强制性的。这样一来,依托司法广泛的灵活性,企业得以从全面引入企业行为规范的进展中获益。[49]

综上所述,关于美国的报告书在论述该国企业行为规范及相关内容的课题研究成果的同时,详细介绍了量刑指南与适法程序,具有很强的启示意义。

---

[44] ポンテル、ガイス・前注 40,528 頁。
[45] 川崎・前注 41,386 頁以下。
[46] ポンテル、ガイス・前注 40,517 頁。
[47] ポンテル、ガイス・前注 40,530 頁以下。
[48] ポンテル、ガイス・前注 40,530 頁以下。
[49] ポンテル、ガイス・前注 40,518 頁。

七、中国

在中国,对于法人的处罚采用的是组织体犯罪(单位犯罪)这一概念。[50]《中华人民共和国刑法》第30条规定,公司、企业、事业单位、机关、团体实施的危害社会的行为,法律规定为单位犯罪的,应当负刑事责任。[51] 该法第31条规定了对企业等组织体应当判处罚金,对负有直接责任的组织体的指导者(主管人员)应当判处刑罚。既然从正面承认了组织体的刑事责任,那么随之而来的问题就是如何防止此类危害社会的行为。正如很久以前就指出的那样,中国关于企业适法制度的建构不够充分。[52] 关于中国的报告书的问卷调查结果显示,企业为防止违反法律而设置内部教育制度等的比例略高于50%。[53] 不过,回答者所属企业曾受刑事处罚的比例也只有1.6%,[54]从这个数据来看,抑制法人犯罪的法律制度是有效的。但是,问卷调查结果显示,对于企业刑事责任的追究,企业认为存在以下不尽如人意之
276 处:[55]不存在资格刑,被害企业无法参与刑事诉讼,罚金数额过低。对于这些问题,报告书中提出了引入限制经营范围、区域、交易对象等作为资格刑,按照收益的比例设置罚金刑等建议。此外,在发生违法行为时,尽管可以考虑追究民事责任和行政处分,但分别有49%[56]、58%[57]的回答者对于民事责任、行政处分的追究现状表示不满,这表明在企业视角上,制度还不够完

[50] 単位犯罪の全体像について,馮軍「新刑法における単位犯罪」西原春夫編『日中比較経済犯罪』(2004・成文堂) 190頁以下。

[51] 条文訳は,甲斐克則=劉建利編訳『中華人民共和国刑法』(2011・成文堂) に拠った。

[52] 金紅花「中国における企業のコンプライアンス経営(2)」法学論叢163巻1号(2008) 104頁、116頁。

[53] 中国社会科学院法学研究所(早稲田大学GCOE刑事法グループ訳)「中国企業の社会的責任と法令順守」,甲斐=田口編・前注1,291頁(図14)以下。

[54] 中国社会科学院法学研究所・前注53,379頁(図39)。不过,回答因他人的违法行为受到损害的占24%[中国社会科学院法学研究所・前注53,376頁(図29)]。

[55] 中国社会科学院法学研究所・前注53,378頁(図35、図36)。

[56] 中国社会科学院法学研究所・前注53,376頁(図31)。

[57] 中国社会科学院法学研究所・前注53,377頁(図33)。

善。关于各自理由回答较多的分别是：对于民事责任，主要是诉讼成本以及权利实现耗费时间；[58] 对于行政处分、调解，主要是最终取得处分或决定的过程比较复杂。[59] 二者共同点在于程序。这种对于程序的不满，也反映在刑事责任的追究过程中（不满现行刑事制裁的理由中，回答最多的是处罚实现过程的复杂性）。[60] 不过，对于刑事制裁的不满相对于民事责任、行政处分或调解而言要低一些，占42%。[61]

对于中国的动向，值得特别关注的是部分地区正在推行的先进措施。如前文所述，中国的法律制度中对于完善适法程序的激励不足，[62] 而烟台市的"企业社会责任考核评价"打破了这一局面。过去，政府对企业的监督管理以纳税额、产量等经济性指标为基准，在此基础上，新的改革将包括建立遵守法律的内部管理制度在内的企业社会责任履行情况作为对企业的评价对象。[63] 报告书称，尽管以往政府主要对企业造成的各种问题进行事后处理，但依靠这些新的措施，可以在初期化解因企业违法行为造成的社会对立，降低纠纷解决成本。[64]

作为企业的社会责任，目前尤为重要的是面向环境保护的措施。报告书中将环境问题与企业诚信构筑、劳动环境保护等并列作为企业的社会责任。但这里的社会责任涉及的主要问题是遵守竞争法、知识产权法、劳动法（含公司法）、环境保护法制度；而在日本，则是应当作为适法程序内容的一 277
部分。尽管报告书中对这些问题的现状进行了论述，但当我们回顾这些问题时，不禁对适法程序能否有效发挥作用产生些许疑问。[65]

[58] 中国社会科学院法学研究所・前注53，377頁（図32）。

[59] 中国社会科学院法学研究所・前注53，377頁（図34）。

[60] 中国社会科学院法学研究所・前注53，378頁（図37）。

[61] 中国社会科学院法学研究所・前注53，377頁（図33）。

[62] 金紅花「中国における企業のコンプライアンス経営（3・完）」法学論叢，163卷2号（2008年）158頁。

[63] 中国的报告书将适法作为企业社会责任的内容之一。

[64] 中国社会科学院法学研究所・前注53，333頁。

[65] 中国社会科学院法学研究所・前注53。

八、结语——刑事适法的国际比较与未来展望：迈向“企业刑法”的构建

以上对于6个国家的企业适法与刑法相关的调查报告书进行了概要论述，最后我想进行一些比较分析。

第一，就作为前提的法律制度可以分为以下三种：(1)在刑法中正面肯定法人处罚的英国、澳大利亚、美国以及中国；(2)以特别立法形式承认法人具有行政法特点的刑事制裁，如意大利；(3)对法人处以行政处罚(罚款)的德国。对于日本的现状，硬要说的话，在刑法典拒绝正面承认法人处罚这一点上接近于德国，但基于日本独特的双罚规定，并不一定与德国的《违反秩序法》相同。近来，即使在德国，关于应当正面承认法人处罚的主张也日益强烈。尽管如此，也仍有必要在坚持《违反秩序法》的前提下深入理解关于德国的报告书。另外，从比较法来看，意大利法尽管冠以“企业刑法”之名，但却具有与行政法混合的独特性质，这一点在报告中也有所体现。对于意大利的制度，我认为应当给予更多关注。再者，即使是正面承认法人处罚的国家，在英美法系内部，英国与澳大利亚在内容上也有微妙差异，这也尤为耐人寻味。特别是澳大利亚正在形成自己的独特制度。中国的立法形式也与其他国家存在不同的一面。当前，日本也开始讨论何种制裁比较妥当，认
278 为有必要灵活运用比较法观点推动讨论取得进展。

第二，尽管存在以上差异，但可以肯定的是，包括日本在内的任何国家在应对法人犯罪、重视企业适法并考虑与之联动的制裁上都存在共同之处。[66] 但是，企业适法的实质或许并不相同。企业适法早已深植的国家(英国、澳大利亚、美国)与正在发展过程中的国家(德国、意大利、中国)，在刑事处理上或多或少地存在差异。换言之，即便在形式上引入了企业适法制度，但如果不能真正扎根于社会，重大的适法违反行为仍然会以犯罪形式

---

[66] 甲斐=田口編・前注1,165頁以下。

显现,归根到底还是企业适法未能发挥其效能,德国的西门子行贿案恰恰真实反映了这一点。日本也不例外,近年来,作为适法建设"优等生"的企业相继被曝光会计丑闻、检查丑闻等,动摇了其社会信用,每次公司高管都会举行记者令,低头道歉,说"为防止犯罪再次发生,决心彻底遵守法律"这样的套话。但是,这样的应对已经不能再发挥作用了。因此,不仅要从企业法、刑法,更要结合企业自律责任意义上的企业伦理考虑应对措施,否则就不能真正发挥企业适法的效能。[67]

第三,通过国际比较调查可以发现,进入21世纪,在全球化社会中,如果不能超越国界讨论企业适法,那么所采取的应对就不可避免地带有局限性。当然,正如第二点指出的那样,有必要继续推动确立国内各企业以及各国内部的适法体系,但鉴于跨国交易频繁发生,我深感有必要推动各方合作探索,基于实际制定适当的规则。

从刑事法角度对于企业适法进行国际比较调查,这在世界上尚属首次。原本应当进行更为彻底的分析、讨论,但在目前这个时间点上,这样的分析、
讨论存在局限。在关于日本的调查分析[68]中,日本的现状得到了较好展 279
示,读者可将其作为比较借鉴。此外,这一问题也与刑事程序关系密切,如果将刑事程序的比较分析[69]作为借鉴,将有利于从整体上更好地理解。

第四,作为对今后的展望,不同于以往经济刑法框架下的讨论,有必要在企业刑法的框架下将适法程序与刑事适法纳入企业活动结构中进行讨论。[70] 本章仅提出这个方向,留待今后进一步研究。

---

[67] 本書第16章,ハロー・オットー「企業の取引行為の倫理,法的枠組,および刑事制裁」。

[68] 本書第12章,甲斐克則「日本におけるコンプライアンスの現状と課題——2010年アンケート調査分析結果」。

[69] 田口守一=原田和往=松田正照「企業コンプライアンスと制裁手続をめぐる諸問題」甲斐=田口編・前注1,21頁以下。

[70] 芝原邦爾=古田佑纪=佐伯仁志編著『経済刑法——理論と実務』(2007・商事法務),木目田裕=佐伯任志編『実務に効く・企業犯罪とコンプライアンス 判例精選』ジュリスト増刊(2016・有斐閣),佐久間修『刑法からみた企業法務——会社法・金融商品取引法の諸論点』(2017・中央経済社),郷原信郎『企業法とコンプライアンス——"法令遵守"から"社会的要請への適応"へ——(第3版)』(2017・東洋経済新報社)。

第三编 资 料

第十四章　企业违反安全保障义务的刑事责任*

[德]哈罗·奥托

一、所谓的企业主责任 287

在对利用有组织的权力机构成立间接正犯的基本判决中，德国联邦普通法院明确了这种结构不仅适用于国家的组织结构，也适用于经营者或类似企业的组织结构[1]。弗里德里希-克里斯汀·施罗德在对其判决的评述中表示，上述联邦普通法院作为判决基础的基准是该法院自己提出的，在该基准下产生了超越国家、经营者或类似企业的组织结构和命令等级制度的扩张。[2] 施罗德完全赞同联邦普通法院关于超越国家的组织化权力机构的结构扩张的见解。这种见解在学界获得了一部分人的支持，但也有一部

* ハロー・オットー(甲斐克則監訳;岡部雅人＝新谷一朗訳)「企業における安全確保義務違反の刑事責任」早稲田法学 83 巻 1 号(2007)。

[1] BGHSt 40,218,236.

[2] *Schroeder*,JR1995,179.

分人对此持有异议[3]——但是到目前为止，这种主张不应被继续坚持了。因为这里的问题并不是间接正犯结构的不同根据或界限，而是当企业所有者和/或企业主[4]以及该企业和/或企业中活动的人的可罚的行为模式在对第三人造成损害时，学界就该主体在刑法上的答责性能否达成事实上共识的问题。也就是说，该问题事实上的共识，与在学说和判例上比较，要先行很多，[5]且对于企业主（作为防止业务下属实施犯罪行为的保障人）的责
288 任的共识[6]是毫无疑问的。重要的保障人义务的界限以及其依据，需要根据不同场合不断加以修正和变更，具体场合的修正则要以支配危险源的保障者责任为基础。但与此同时，它在企业活动中人们的犯罪行为的刑事责任方面，还具有可以在更大的系统关联中加以设定的优点。这样的关联有助于建立企业主适当责任基础的共同关注点。通过结合众所周知的观点，传统的解决可能性在解决“企业主责任”及其界限，以及解决在水平或垂直

[3] *Ambos*, GA1998, 239f. ; *Bosch*, Organisationsverschulden in Unternehmen, 2002, S. 215ff. ; *Bottke*, Täterschaft und Gestaltungsherrschaft, 1992, S. 73; *Heine*, Die strafrechtliche Verantwortlichkeit von Unternehmen, 1995, S. 104; *Joecks*, MK, Bd. 1, 2003, § 25Rn. 131f. ; *Küpper*, GA1998, 525; *Merkel*, ZStW107(1995), 555f. ; *Murmann*, GA1996, 278ff. ; *Otto*, Jura2001, 759; *ders.*, Grundkurs Strafrecht, AT. , 7. Aufl. 2004, § 21Rn. 92; *Renzikowski*, Restriktiver Täterbegriff und fahrlässuge Beteiligung, 1997, S. 90ff. ; *Rotsch*, NStz1998, 493f. ; *ders.*, wistra1999, 327; *Roxin*, Täterschaft und Tatherrschaft, 7. Aufl. 2000, 682f. ; *ders.*, BGH-FG, Bd. Ⅳ, 2000, S. 671; *Schünemann*, BGH-FG, Bd. IV. 2000, S. 631; *Schulz*, JuS 1997, 113. 連邦通常裁判所の見解に従うものとして, *Hefendehl*, GA2004, 577ff. , 580; *Kühl*, Strafrecht, AT. , 5. Aufl. 2005, § 20Rn. 73b; *Kuhlen*, BGH-FG, Bd. IV, 2000, S. 671; *Ransiek*, Unternehmensstrafrecht, 1996, S. 48f. ; *Schild*, Täterschaft als Tatherrschaft, 1994, S. 23.

[4] 企业所有者和业主以及企业和事业的概念在这里作为同义使用。

[5] *Schall*, Rudolphi-FS, 2004, S. 267.

[6] *Bosch*, Organisationsverschulden, S. 146ff. ; *Brammsen*, in: Amelung (Hrsg.), Individuelle Verantwortung und Beteiligungsverhältnisse bei Straftaten in bürokratischen Organisationen des Staates, der Wirtschaft und der Gesellschaft, 2000, S. 123ff. ; *v. Freier*, Kritik der Verbandstrafe, 1998, S. 277. ; *Heine*, Verantwortlichkeit, S. 116ff. ; *Hsü*, Garantenstellung des Betriebsinhabers zur Verhinderung strafbarer Handlungen seiner Angestellten?, 1986, S. 241ff; *Köhler*, Strafrecht, AT. , 1997, S. 223 ff. ; *Neudecker*, Die strafrechtliche Verantwortlichkeit der Mitglieder von Kollegialorganen, 1995, S. 83 ff. ; *Otto*, Jura 1998, 413; *Ransiek*, Unternehmensstrafrecht, S. 33ff. ; 36, 45; *Renzikowski*, Täterbegriff, S. 14. *Bottke*, Haftung aus Nichtverhutung von Straftaten Untergebener in Wirtschaftsunternehmen de lege lata, 1994, S. 25ff. ; *Göhler*, Dreher-FS, 1977, S. 621; *Rogall*, ZStW 98(1986), 617f. ; *Stree* in; Schönke/Schröder, StGB 26. Aufl. 2001, § 13 Rn. 52; *Schünemann*, Unternehmenskriminaltät und Strafrecht, 1979, S. 62ff. , 101ff. ; *ders.*, wistr 1982, 43.

结构划分的企业中各对象的责任问题方面将产生丰硕的成果。

二、来源于危险源监视和日常交易中安全照顾义务的责任

(一)日常交易上的安全照顾义务以及安全保障义务

民法上,对于在自己的支配领域,以高危来源为根据、持续或维持该危险的人,就其在一般意义上的日常交易中负有的安全照顾义务[7]广泛地达成一致;刑法中,则是支配危险领域的保障人义务,即对于固有支配领域内的危险源进行监视的保障人义务。虽然是人的义务,但是这些危险即使没有固有的参与也可能发生。[8] 在此范围内,学界将日常交易上的安全照顾义务以及在危险源支配下的保障人义务,作为安全保障义务进行把握的意见是一致的。这是由于,民法中日常交易上的安全照顾义务这一概念已经在相当大的范围内被扩大了,而且一部分人认为,这项义务有必要以对一般人类共同生活的领域为特征,这项义务应当是保护人们的法益避免对同胞产生危害。[9] 这项义务成立的基础是,在其支配的领域中导致第三者的法益发生危险事态的现实化,或者对于存在这样事实的人,对其支配领域内的 289
抽象危险加以控制,并且从危险可能性的具体化出发,阻止该危险对他人的法益造成具体损害的义务。各个日常交易的参加者都必须对上述的情况加以适应,这是赋予该义务的根据。也就是说,在一定危险的支配领域——或委托他人判断,或在由此影响他人的有限空间中——行使处分权限的人,支配着从这个领域产生的危险。换言之,就是其具有对所支配的危险源的义务。这是因为,排除不可能对危险源产生任何作用的外部人,对危险源有支配权的人具有确保危险源不对第三者产生危险的义务,这是该义务必须被

[7] BGHZ 5,378,380f.;14,83,85;34,206,209;60,54,55;103,338,340.

[8] *Jescheck*,LK,11. Aufl. 1992ff., § 13 Rn. 35.

[9] *Alexander*,Die strafrechtliche Verantwortlichkeit für die Wahrung der Verkehrssicherungspflichten in Unternehmen,2005,S. 12f.;*Raab*,JuS 2002,1043.

适应的问题所在。[10]

从人对公共设施,或被限定的公众使用设施的责任来看,[11]今天人们一般认为这个义务从危险领域的支配出发,将"通过状态、机器、设施、动物或设备等,在这个领域内或领域外可能发生的危险"归于对危险的支配。[12]但是,在经济层面的企业中,这一危险领域的概念并不限于此。机械或设施的作业、使用一定的原材料和其他材料,或者与危险物质的释放有关可能产生的各种各样的危险,在企业活动中可以以特殊的方式产生日常交易上的安全考虑义务,这指向了企业支配产生的所有危险。这是因为该义务与是否源于企业用地、企业建筑物、生产过程、企业设施或属于企业的其他物的性质,或者与企业成员的行为方式是否合法或非法没有关系。[13]

1. 限于与业务相关的危险

无论如何,只要责任有从"成为危险源的企业"[14]流出的风险,对基于作为危险源的"企业"的支配所应负的责任就有必要对其加以限定。企业员
290 工的行为,特别是与企业活动无关仅在企业中工作时犯下的犯罪行为,根据监视并消除从其支配领域产生的危险的义务,企业主就不会被归类为对于

[10] *Alexander*, Verantwortlichkeit. , S. 14ff. ; *Bosch*, Organisationsverschulden, S. 189; *Brammsen*, Die Entstehungsvoraussetzungen der Garantenpflichten, 1986, S. 235ff. ; *Freund*, Erfolgsdelikt und Unterlassen, 1992, S. 168f. , 177; *Gimbernat Ordeig*, Roxin-FS, 2001, S. 661ff. ; *Heine*, Verantwortlichkeit, S. 119; *Jescheck/Weigend*, Strafrecht, AT. , 5. Aufl, 1996, § 59 Ⅳ 4 b; *Kühl*, AT. , § 18 Rn. 106; *Otto*, Hirsch-FS, 1999, S. 296f. ; *ders.* , Grundkurs Strafrecht, AT. , § 9 Rn. 85; *Roxin*, Strafrecht, AT. Ⅱ, 2003, § 32 Rn. 110; *Rudolphi*, SK-StGB, § 13 Rn. 26ff. ; *Schall*, Rudlphi-FS, S. 277; *Schönke/Schröder/Stree*, § 13 Rn. 43ff. ; *Seelmann*, NK, 2. Aufl. , 122ff. ; *Stratenwerth/Kuhlen*, Strafrecht, AT. I, 5. Aufl. 2004, § 13 Rn. 43ff. ; *Tröndle/Fischer*, StGB, 52 Aufl. 2004, § 12 Rn. 13; *Weber*, Oehler-FS, 1985, S. 86; *Wessels/Beulke*, Strafrecht, AT. , 34. Aufl. 2004, Rn. 723.

[11] RGZ 54, 59; *Grünewald*, Zivilrechtlich begrundete Garantenpflichten im Strafrecht?, 2001, S. 31.

[12] *Jescheck*, LK, § 13 Rn. 35.

[13] *Alexander*, Verantwortlichkeit, S. 25f. ; *Bosch*, Organisationsverschulden, S. 189; *Bottke*, Haftung, S. 31; *Jakobs*, Strafrecht, AT. , 2. Aufl. 1991, 29/36, *Ransiek*, Unternehmensstrafrecht, S. 35f. ; *Roxin*, AT. Ⅱ, § 32 Rn. 137; *Schall*, Rudolphi-FS, S. 277f. ; *Stratenwerth/Kuhlen*, AT. I, § 13 Rn. 48.

[14] *Schall*, Rudolphi-FS, S. 279ff.

该危险的保障人。但问题是如何才能从实质上确定这种“业务关联性”。[15]

(1)第一个大致的标准是,业务成员是否“在执行分配给自己的任务的过程中犯下”某种犯罪行为,[16]或者该犯罪行为是否与自己的业务活动“在内部有直接关联”,或者这件事只能在从事商业活动的机会中才能够犯下[17]。但是,如果执行业务的员工有意识地忽视了自己在业务上的义务,或者确实存在业务程序中属于自己职务之外的危险,那么基于这种关系,确实不应当认定为犯罪行为。[18]

(2)可以根据员工是为企业还是为自己的利益而行动来加以区别。[19]因为即使行为人受到来自业务上对自身利益的危险的影响,那么——从应受保护的第三者视角来看——该危险是来自该企业的这一点也不是不会改变的。[20] 因此将行为限制于为了企业的利益所实施就过于狭隘了。

(3)夏尔(Schall)试图根据业务关联性来确定:“公司部下的犯罪行为——即使没有利用危险业务的对象物——在与从事业务有关的活动时,其部下是否有可能利用该活动及法律的规定而犯下的。”[21]但若如此,则界限会再次被过度扩张。为什么这么说呢?因为其中存在对于行为人自我的事实上的可能性。例如,作为银行或储蓄所的顾问,其利用自身的身份说服他的顾客参加欺诈性的金字塔游戏,该活动要求对顾问自己具有充分利用事实作用的可能性。尽管如此,即使是为了保护第三者,在这种情况下与企业相关的态度也不会成为问题,这一点是显而易见的。 291

(4)最后,可以尝试通过与企业的任务和目的的内在关联这一要件来进

[15] *Schall*, Rudolphi-FS, S. 280ff.

[16] *Roxin*, AT. Ⅱ, § 32 Rn. 141.

[17] *Landscheidt*, Zur Problematik der Garantenpflichten aus verantwortlicher Stellung in bestinmten Räumlichkeiten, 1985, S. 115f.

[18] *Schall*, Rudolphi-FS, S. 281.

[19] *Bottke*, Haftung, S. 68f.; *Schünemann*, Unternehmenskriminalität, S. 106; *ders.*, wistra 1982, 45.

[20] *Schall*, Rudolphi-FS, S. 282.

[21] *Schall*, Rudolphi-FS, S. 282.

行限定。然而,这种内在联系,如夏尔断言的那样[22],在企业的业务就是照顾他人财产的情况下,据此对客人进行欺诈的与职务有关的犯罪行为并不能归为此类,这一点也过于狭隘了。

(5)大致上与业务有关的内部关联被认为是完全正当的。但这种内在关联不是主观的,而是应当从行为者的视角出发,以限定在企业活动赋予行为者作用的可能性上,还是以缩小到企业的任务和目的上,两者其中之一作为根据。更重要的是,从企业的任务和目的的实现来看,或者——从第三方的视角出发——从企业产生的内在关联,这些情况在按照业务规则进行的过程中作为对第三者的危险的根据,或者是否为了违反注意义务或有意识地创造危险而被滥用,第三人是否看起来受到由业务过程所引起的危险的威胁并不重要。

2. 对发货的产品的责任

对危险领域的支配这一要件,将业务计划的责任限定在了业务的空间上和组织上的被支配的领域。因此,只要危险的产品被企业放置于流通中,那么回避来自该企业的危险的义务,也应包含阻止该产品出货的义务。但是,如果这样的产品已经发货并送到独立的销售企业,那么这些产品就不受制造商支配。在某些情况下,对于买方手中的这些产品的下落以及未发出的警告等可能产生的责任,则不再以违反了控制危险领域的保障义务为基础。这里不如说是将先行危险的作为责任分出来了。[23]

(二)承担安全保障的责任人

1. 企业所有者

292 在某企业的业务活动对第三方法益产生危险的场合,即使业务上的潜在危险性在侵害第三者的法律利益方面没有成为现实,企业所有者也对此负有责任。企业所有者对于组织构建与企业活动有关的危险设备、设施及

---

[22] *Schall*, Rudolphi-FS, S. 281.

[23] *Otto*, Hirsch-FS, S. 298ff.

其他效果,以避免对第三者的法律利益造成侵害,或将危险降低到法律可承受的程度,也负有首要责任。该项义务不仅包括针对其控制下的企业特有的危险进行组织,还包括通过监督措施对组织措施的可靠性进行持续的控制,有时还包括对安全保障措施的掌握。企业所有者对这些措施都负有责任,这是因为只有企业所有者对危险源具有支配力,可以自由地对危险采取有效的组织措施。[24] 在这个意义上,企业所有者是企业的监督者,即事业执行机构。因为通过组织化和监督可以对业务和与其业务相联系的危险起作用——在某个自然人被任命为公司所有者的情况下,即使这个自然人处在执行自己的地位上,他在这个公司的其他部门里也只能间接地处于具体地位,这个自然人就是该企业的安全保障义务的代表人。

2. 作为企业所有者或机构的委员会

《德国公司法》及《德国股份公司法》规定,董事会在有多名董事组成的情况下,以全体责任(共同代表)为前提。例如,参见《德国股份公司法》第78条第2款第1句,及第82条第1款,《德国有限责任公司法》第35条第2款第2句,及第37条第2款第1句,《合作社法》第25条第1款第1句。根据一般责任和全权原则,管理人员对在企业统治领域发生的事情负有责任。[25] 因此,公司董事为了避免第三方遭受损失,其在自己管理的企业内部履行确保安全的义务方面负有责任。

3. 风险调查和风险管理

安全保障义务的执行,首先以组织有效的风险调查为前提。对于在业

---

[24] BGH wistra 2002, 219, 220; *Bosch*, Organisationsverschulden, S. 189; Göhler, Dreher-FS, S. 620f. ; *Heine*, Verantwortlichkeit, S. 118ff. ; *Jescheck*, LK, § 13 Rn. 45; *Otto*, Hirsch-FS, S. 294; *Rudolphi*, SK, § 13 Rn. 28, 35a; *Schünemann*, Unternehnenskriminaltät, S. 95ff. *Thienann*, Aufsichtspflichtverletzung in Betrieben und Unternehmen, 1976, S. 15; *Walter*, Die Pilichten des Geschäftsherrn im Strafrecht, 2000, S. 8ff. , 14ff.

[25] 关于企业执行业务(Geschäftsleitung)的一般责任和全权的基本文献,见 *Alexander*, Verantwortlichkeit, S. 118ff. *Bosch*, Organisationsverschulden, S. 372ff. ; *Eidam*, Unternehmen und Strafe, 2. Aufl. 2001, S. 247f. ; *Martens*, Fleck-FS, 1988, S. 193f. ; *Schmidt-Salzer*, NJW 1990, 2967f. , 2970; *ders.* , BB 1992, 1869; *Schneider*, DB 1993, 1911ff. ; *Walter*, Pflichten, S. 145。

务中发生的、可以预期的危险源,首先应确定潜在的危险性,并阻止该危险
293 的进一步现实化,或阻止该危险现实化的可能性,同时应当采取适当措施将剩余风险降到法律上也可承受的最低限度。[26] 这意味着,企业监督机构有对于人才进行适当的教育并进行使用的选择义务以及组织化义务和特别协调义务。如此,在企业工作时被动员的员工可以根据适当的指示、充分的信息和适当的劳动手段来满足必要的确保安全的要求。这就需要企业的组织化计划,该计划的开发不仅需要具体行为人的直接作为义务,也需要中间领导层的监督义务和检查义务,还需要高级管理层的组织化义务。[27]

除了组织典型的工作过程之外,监督机构还有义务通过适当的监视和检查措施来确保遵守组织及其顺利进行。

因此,即使在企业中用心选择了被委以确保安全任务的人,也不能放弃对这个人的监管义务。必要的是,新录用的员工首先受到集中监控。因为只有这样,才能可靠地评价一个人是否符合业务要求。但是,即使判明那个人已经有资格并且认识到自身义务的情况下,监督也不是不必要的。[28] "至少必要的是对员工业务的部分进行掌握,一方面让员工感觉受到检查;另一方面在某些情况下可能会有相当的盖然性来揭露违规行为。"[29] 这意味着,根据工作性质和程度,每个监控措施确实依赖于每个可能的损害原因。但是监视义务和检查义务仅靠不时地监视工作过程或获取信息是不够的。相反,应该有规则地控制员工和工作经过。在这种情况下,随机抽查当然是充分的,因为持续检查将导致对员工免责功能投入的提高。[30] 值得注

---

[26] 关于企业的业务执行机关的选择义务、组织义务、调整义务和检查义务的基本文献,见 *Alexander*, Verantwortlichkeit, S. 200ff. ; *Eidam*, Unternehmen, S. 229ff. ; *Heine*, Verantwortlichkeit, S. 129ff. ;*Schmidt-Salzer*,NJW 1990,2968;*Schünemann*,Unternehmenskriminalität,S. 95ff. ;*Walter*,Pflichten,S. 144ff。

[27] *Alexander*,Verantwortlichkeit,S. 211ff. ;*Eidam*,Unternehmen,S. 229.

[28] BayObLG NJW 2002,766.

[29] BayObLG NJW 2002,766,767.

[30] BGHSt 25,158,163;OLG Koblenz ZLR 1989,711;OLG Oldenburg Nds Rpfl. 1967,209;*Alexander*,Verantwortlichkeit,S. 204ff. ;*Dannecker*,Fahrlässigkeit in formalen Organisationen,in:Amelung (Hrsg),Individuelle Verantwortung...(Fn. 6),S. 225;*Schünemann*,Meurer-GedS,2002,S. 52.

意的是,业务工具和技术设备应当与法律上的规定一致,或者达到法律规定的可以被引导遵守的程度。[31] 监视义务并非只有在发生损害事件或在随机抽查中发现不合理时才被使用。监视义务应该形成在不符合安全规定的行为一开始时就加以阻止。[32] 另外,在风险已经发生的情况下,或者根据特殊情况有可能发生危险的情况下,采取更高的监视措施和检查措施就是必要的。[33] 294

在履行检查义务时,如果发现排除缺点仍不能满足保证安全的要求,就会导致介入义务的产生——增加的强化检查义务,[34] 该项义务的前提是企业内部存在可以进行重大干预的有效监督系统,以及履行安保义务的人要向业务负责人持续报告有关安全检查的业务经过[35]。例如,安全保障负责人在业务现场经常意识到存在第三方违规可能导致危险的情况,以及业务领域负责人拒绝排除缺点的情况下,为了能够采取适当的措施,必须要通过更高级别的监督来保障获知企业活动过程的信息。

三、根据安全保障义务的委任划分责任及个体化

包含组织化义务、监督义务和检查义务在内的确保安全的全面责任,根据企业内部义务的分配(管辖原理)和关于委任(权限的委让)进行修正。

(一)管辖分配:基于管辖权限的责任

在多人的董事会上分配个别的责任范围时,原则上要按照每人的管辖权限确定。根据《德国股份公司法》第 77 条第 1 款第 2 句的规定,这种责任和管辖权限的分配在经济企业中是通例,而且在刑法上是无须多虑的。[36]

---

[31] *Brenner*, Driz 1975, 75; *Demuth/Schneider*, BB 1970, 648.

[32] OLG Stuttgart NJW 1977, 1410.

[33] BGHSt 19, 286, 288f.; OLG Karlsruhe NJW 1977, 1930f.; OLG Koblenz VRS 50, 54; KG VRS 70, 29; *Alexander*, Verantworlichkeit, S. 209f.; *Brenner*, Driz 1975, 75.

[34] *Alexander*, Verantwortlichkeit, S. 209ff.

[35] *Schmidt*, in: *Müller-Gugenberger/Bieneck*, Wirtschaftsstrafrecht, 3. Aufl. 2000, § 30 Rn. 94.

[36] BayObLG wistra 1993, 236, 238; OLG Düsseldorf NstZ-RR 2002, 178; *Alexander*, Verantwortlichkeit, S. 119ff.; *Schmidt-Salzer*, NJW 1990, 2970; *Schneider*, DB 1993, 1912.

295 这是因为董事会一般责任的消灭,或是仅对董事会特定成员的委任有约束力的事是绝对不会发生的。尽管进行了内部的管辖权限分配,但是董事会的每一个成员会考虑并承担董事会的所有义务。从内部的经营分割来看,对其任务范围之内的人赋予特别义务并采取相应措施的行为仍然是妥当的。因为内部的经营分割并不是将董事会成员从责任中解放出来的,而是在董事会各个成员中进行的一次作为义务的修正,并因此导致了责任的变更。[37]

尽管是经营领域的内部分配,但作为义务对各个组织成员仍然具有基本约束力。但是,一方面,从内部的经营分割来看,在其任务范围内的特定个人会因指挥经营的具体措施而产生特别的作为义务。另一方面,根据经营分配计划没有管辖权的成员,则赋予其监视义务以及检查义务。

不管怎样,这种监视义务和检查义务并不是每次赋予该成员对其他成员活动概括地互相制约的义务,因为管辖分配的目标是通过任务的集中设定免除董事会各成员的责任。因此,监视义务和检查义务是根据所谓的信赖原则而进行修正的,即对于采取与法律义务一致态度的人来说,原则上也可以信赖他人的符合义务的态度。[38]

根据这一原则,在共同责任上实现各种事务的分工成为可能,因为每个人都能够相信他人也在履行分配给自己的责任。[39] 但是,如果对他人符合义务态度的信赖不能正当化到可以认识的程度,也就是说,根据具体情况给予了进行再管理和再检查的动机,这种信赖就终止了。据此,妨碍信赖是在

---

[37] BGHSt 31, 264, 277; 37, 106, 123ff.; BGH (Z) ZIP 1996, 2017, 2019f.; OLG Düsseldorf NStZ-RR 2002, 178; *Alexander*, Verantwortlichkei., S. 141f.; *Göhler*, wistra 1991, 208; *Otto*, Jura 1998, 414; *Schall*, Probleme der Zurechnung von Umweltdelikten in Betrieben, in: Deutsche Wiedervereinigung, Bd. Ⅲ, hrsg. v. Schünemann, 1996, S. 114f.; *Schmidt-Salzer*, NJW 1990, 2970; *Schneider*, DB 1993, 1912; *Waller*, Pflichten., S. 136.

[38] *Alexander*, Verantwortlichkeit, S. 127ff.

[39] OLG Düsseldorf NSt2-RR 2002, 178; *Duttge*, Zur Bestimmtheit des Handlungsunwerts von Fahrlässigkeitsdelikten, 2001, S. 468ff.; *Lackner/Kühl*, StGB, 25. Aufl. 2004, § 15 Rn. 40; *Roxin*, Strafrecht, AT. I, 4. Aufl. 2006, § 24 Rn. 22ff.; *Walter*, Pflichten, S. 135ff. ——この原則の射程範囲に対して批判的なものとして, *Bosch*, Organisationsvershulden, S. 380ff.

暗示他人存在违反义务危险的“特殊情况”,[40] 即:“高度怀疑不得不通过”[41]非常明显的或“似乎很明显”[42]的“外部征兆”[43],或者“线索”[44]。 296

因此,董事会的其他成员可以正当地相信以下内容,即具有管辖权限的组织,在“特殊情况”不能成为对“管辖——董事会”的合格性和可信性产生怀疑的具体诱因的根据时,按规则完成了自己的任务。[45] 正因为如此,即使董事会的其他成员们不主动采取属于其他组织任务范围的一定的监视措施也不会构成对有关义务的违反。[46] 反过来说,董事会的相关成员不能指望董事会的其他成员自觉承担分配给他的任务。但是,如果董事会的某个成员认识到属于董事会其他成员的任务范围的命令或监视措施,或者必须根据特殊情况、动机或线索来认识的话,其固有责任就会有充分的理由再次成为义务的基础。[47] 尽管董事会内部对职能进行了分割,但董事会的其他成员作为规范的代表人仍负有确保安全的义务。[48] 因此,当他们基于特殊情况认识到违反义务的可能性时,在可能的和可预期的框架下,对负有特别责任的组织表示反对也好,或根据其他组织的知识或自己的判断也好,必须考虑到该企业所承担的义务。[49]

问题在于,在只有通过多人的共同行为才能避免或减少有关危险的情况下,是否可以期待采取措施?因为在这种情况下每个具体代表人都缺乏

[40] BGHSt 3,91,96;6,282,286;BGH NJW 1980,649,650;OLG Hamm NJW 1983,2456,2457.

[41] BGHSt 19,152,155.

[42] OLG Stuttgart JR 1997,517,518.

[43] OLG Hamm NJW 1969,2211,2212.

[44] RGSt 64,370,371;BGHSt 19,286,290;OLG Karlsruhe 1981,1054.

[45] OLG Düsseldorf NStz-RR 2002,178;*Schmidt-Salzer*,NJW 1988,1940;*Walter*,Pflichten,S. 139.

[46] BGHSt 37,106,S. 123ff.;BayObLg NJW 1974,1341;OLG Koblenz VRS 39,118;*Göhler*,wistra 1991,207;*Otto*,Jura 1998,414;*Schünemann*,Unternehmenskriminalität,S. 143;*ders.*,LK,11. Aufl,S. 1992ff.,§ 14 Rn. 52.

[47] BGHSt 37,106,S. 123ff.;OLG Hamm NJW 1971,817;OLG Koblenz Gew Arch 1987,242.

[48] BGHSt 37,106,S. 123ff.;OLG Hamm NJW 1971,817;OLG Koblenz Gew Arch 1987,242.

[49] *Alexander*,Verantwortlichkeit,S. 138ff.;*Neudecker*,Die strafrechtliche Verantwortlichkeit der Mitglieder von Kollegialorganen,1995,S. 23ff.,58ff.,166ff.;*Otto*,Jura 1998,414;*Ransick*,Unternehmensstratrecht,1996,S. 61ff.;*Schluchter*,Salger-FS,1995,S. 153ff.

权限。此时,如果该决定不是通过合意而是由组织的多数人作出,就会产生多数决的问题。根据联邦普通法院"皮革喷雾剂案"判决[50]的诸原则,无论在规范的任何代表人中,在得不到他人协助而失败的情况下,根据防御申请,采取相应的监视措施指示的努力不是必要的。倒不如说规范的代表人
297 必须尝试着实现必要的期待措施。在为新的危险措施提供依据的场合,单纯的弃权或提出异议的投票就足够了。因为不配合甚至反对决议的当事人不可能具有答责性。[51]

在消除导致第三方受到重大侵害的危险来源的情况下,对于这些原则的合理性不能援引"皮革喷雾剂案"的判决。根据刑法的一般原则——《德国刑法典》第323c条的救助义务——根据具体情况,对于第三者身体和生命的具体危险防卫,在委员会的多数决中受挫的情况下,有使政府机关介入的义务。[52] 但是在这种情况下,问题在于使政府机关介入的义务属于一般义务,而不是基于企业地位的义务。

(二)企业内部的安全保障义务授权

企业内部履行安全保障义务并不是只有通过经营组织才能直接实现,而且组织的计划也不会以明确的态度规范来约束所有的下位决策的负责人,下位决策的负责人也必须被赋予决策权限。[53] 因此向下授予决策权是必要的。

企业内部的多重潜在危险可以通过一个分散化的组织形式来应对,具体可以划分为下级部门和进一步的危险源部门。因此,履行安全保障义务

[50] Ghost 37,106,S. 131f. BGHSt 9,203,216.

[51] *Alexander*, Verantwortlichkeit, S. 158ff. ; *Knauer*, Die Kollegialentscheidung im Strafrecht, 2001,S. 207; *Neudecker*, Verantwortachkeit, S. 256ff. ; Weißer, Kausalitäts-und Täterschaftsprobleme bei der strafrechtlichen Würdigung pflichtwidriger Kollegialentscheidungen,1996,S. 74ff. ,130ff. ,136,172ff.

[52] *Alexander*, Verantwortlichkeit, S. 164ff. ; *Eidam*, Unternehmen, S. 626; *Knauer*, Kollegialentscheidung, S. 70f. ; *Otto*, WiB 1995,934; *Ransiek*, Unternehmensstrafrecht, S. 76; *Schall*, Probleme, S. 116. 对于企业内部违反义务,联邦普通法院原则上不驳回诉讼。BGH StV 2002,137,141; *Fleischer*, BB 2004,2650; *Vetter*, DB 2004,2652ff.

[53] *Eidam*, Unternehmen, S. 244.

时的行为责任被移交给他人，但这并不意味着安全保障责任移交者的解放。放权者尽管将权力向下授予其他部门，但仍然负有责任。但是，授权这件事再次改变了它的性质。首先的作为义务就包括选择义务、提供信息义务、管理义务、监视义务，并且一旦权限移交方发现违反义务的情况也会产生介入义务。[54]

民法中广泛地规定了获得授权的义务人在选择人员、提供信息、检查及监视时需要注意的多项原则。但是，这些原则并不能直接被用在刑法上。民法上为了回避第三者对交易损害的违反安全照顾义务的损害赔偿要件，要对履行能力、损害的分配，以及效率分配等进行特别考虑。刑法的保护目 298
的与民法的保护目的显著不同，因此在决定刑法上的责任时，并不能完全引用以赔偿损失为导向的民法的负责原理。[55] 这里需要有自己在刑法上的考虑。这个出发点必须与企业结合，对由企业的功能产生的特别危险源进行管理，其结果是对第三者的侵害问题。然而，安全保障义务的移交与对潜在危险性的管理二者并不矛盾。首先，作为义务是随着被移交者成为作为义务的承担者这一结论被移交的，被移交方再次发生了安全保障义务的转换。在安全保障义务人同时还负有选择义务和检查义务的情况下，[56] 从保护第三者法律利益的观点来看，确保安全的水准没有任何降低，安全保障义务对法益的安全保障是不能下放的。[57]

个人是管理的执行根据，在这以外大企业的管理是不可能执行的，这就可能导致处理化程序的启动。但是在这种情况下，无论是通过企业内部的

[54] OLG Karlsruhe NStZ-RR 2005, 367; *Alexander*, Verantwortlichkeit, S. 217ff.; *Eidam*, Unternehmen, S. 243f.; *Heine*, Verantwortliehket, S. 121ff.; *Schmidt-Salzer*, NJW 1988, 1941.

[55] BGHSt 37, 106, 115; *Bosch*, Organisationsverschulden, S. 190f.

[56] OLG Karlsruhe NJW 1977, 1930; *Alexander*, Verantwortlichkeit, S. 200ff.; *Freund*, Erfolgsdelikt und Unterlassen, S. 188f.; *Heine*, Verantwortlichkeit, S. 124f.; *Otto*, Jura 1998, 414; *Schmidt-Salzer*, NJW 1988, 1941; *Schumann*, Strafrechtliches Handlungsunrecht und das Prinzip der Selbstverantwortung des Anderen, 1986, S. 23f.; *Walter*, Pflichten, S. 135f.

[57] *Alexander*, Verantwortlichkeit, S. 198f.; *Frisch*, Tatbestandsmäßiges Verhalten und Zurechnung des Erfolgs, 1988, S. 209; *Walte*, Pflichten, S. 135f.

组织化,还是通过对负有信息提供义务的企业外部专家的组织化来说,都需要对处理过程进行管理。企业内也会发生有管辖权的个人对管理系统进行管理的情况。[58] 但是为了使确保安全性所必需的信息能够有组织地流动,对风险管理的检查也要同样得到保障。如果企业的功能性组织保障了对风险的管理,那么对于负有主要责任的人来说,其通过功能性的组织、适当的选择和功能性的检查来确保自身安全义务的履行就是妥当的。危险发生之后对于负有主要责任的人,其只要承认或不得不承认"特别的动机"、"特别的情况"、"特别的征兆"或"特别的根据",就可以相信其违反了安全保障义

299 务。因为信赖原则在这里是有效的,但其原则性的限定也是有效的。

(三)将安全保障义务委托给独立的第三方

企业安全保障义务的履行也可以移交给不受指令约束的第三方。这种情况下,第一次安全保障义务将由第三方承担,但企业董事会仍然保留移交责任。第三方在职能上的管理权限和组织权限与安全保障义务在企业内部移交时一样,都是属于结构上的,都可以确保安全保障义务按规定履行。[59] 被授权的第三方必须具有充分的资格且可信赖,[60] 并且第三方的活动必须被适当地审查。同时,当被授权的第三方不履行其义务时,就必须考虑通过命令权限和介入权限来对危险加以避免。

如果满足了这个要件,那么本来负有第一次安全保障义务的人根据权限,被授权的第三人按照规则履行了被转移的义务,这一点就会被信赖。[61] 但是,如果存在"特殊情况"、"特别的根据"或类似的征兆表明该第三者的信

---

[58] *Heine*, Verantwortlichkeit, S. 124.; *Schneider*, GmbHG-FS, 1992, S. 486; *Schünemann*, Unternehmenskriminalität, S. 107.

[59] *Alexander*, Verantwortlichkeit, S. 313f.; *Schmidt-Salzer*, NJW 1988, 1942.

[60] BGH bei *Schmidt-Salzer*, Entscheidungssammlung Produkthaftung, B1. Ⅳ, 1982, 1. 12; OLG Frankfurt NJW 1974, 285; OLG Hamm NJW 1969, 2211; OLG Karlsruhe NJW 1977, 1930; OLG Stuttgart NJW 1984, 2897.

[61] OLG Frankfurt NJW 1974, 285; *Alexander*, Verantwortlichkeit, S. 314f.; *Schmidt-Salzer*, NJW 1988, 1942; *Schönke/Schröder/Sternberg-Lieben*, § 15 Rn. 223.

赖不能被正当化,那么本来负有第一义务的人就负有了介入义务。[62]

四、在接收第三方产品时安全保障义务

企业的董事会负有确保该企业产品安全的责任。因此,在获取第三方的产品时,首先由第三方负责确保产品的安全,就像收货人对该产品负责一样。由于第三方违反了该义务而交出了有缺陷的产品,如果因使用该产品而使他人受到侵害,则该义务的违反——只要存在主观要件,就能成为产品质量负责人承担刑事责任的基础。

承包企业董事会的刑事责任也不因上述事项而被排除。董事会在刑法上的地位反而与授权独立履行安全保障义务第三方时的立场一致。交货企 300
业的制造商并不是站在权限完备的企业安全保障责任的立场上,而是负有修正的行为责任。对于交付的产品,保障其遵守安全性标准的选择义务、组织义务和检查义务是由董事会的地位来承担的。其中的细节,应根据各种安全保障情况进行细化讨论。

(一)设计

对于已普及的需求量较大的产品,如果已有使用该产品的经验,则无须对设计进行特别审查。但是,如果其制品在具体的案件中表现出了特殊性,达到了使人对该制品的适应性产生怀疑的程度,就必须对产品的设计进行审查。应该在审查过程中通过对比使用相同或相当的产品获得的各种所需的信息。

如果是专门为该企业设计的新产品或者新设计出现了根本性的问题,那么该设计必须由具有相关知识的专家进行安全使用方面的审查。该审查主要是考虑企业的管理是否包含以下内容:设计的指示是否正确,设计指示是否符合确保安全的要求,并且根据以往在企业中使用得到的经验,所选择

[62] OLG Karlsruhe NJW 1977,1930;OLG Stuttgart NJW 1984,2897.

的设计是否保障了必要的安全性等。对于产品具体使用的特殊要求，应在审查设计时予以考虑，必要时还应通过测试予以证明。

（二）使用说明

对于已普及的需求量大的产品，使用说明的检查义务与设计审查中的检查义务是相对应的。只要在没有其他根据的情况下，对产品的要件进行说明就可以充分评价其检查义务。但是，由于产品在具体使用上的特殊性，
301 还必须对是否还需要其他的使用说明重新进行审查。

对于特殊设计或新产品，考虑到作为目标而使用和与这种使用有关的特殊关系，只要出现了问题，就要求对该使用说明进行正确的审查。企业必须将该产品从以往的使用中得到的可用经验，同其他领域的产品经验同等地加以考虑。

（三）制造

在审查产品是否存在生产缺陷时，检查的强度要根据具体情况来决定。

在没有提出异议的情况下，对长期合作的制造商在市场上流通的需求量大的产品出现问题时，原则上对制造企业进行检查、对稀有产品进行检视、对大量产品进行抽检就足够了。当然，如果过去出现过弱点和缺陷，那么该产品就应该考虑到这一危险源，必须直接进行检查。对于复杂的制造品，则经常需要进行精确的检查或使用其他的试验。这尤其适用于变更了原有使用条件的情况。

对于未在市场上流通或新设计的产品，产品的质量必须按照功能、技术标准的变更是否符合产品的计划使用要求来进行审查。对于这个审查来说，单纯的抽检是不够的，倒不如说，该检查伴随设计生产的全过程，在尚未批量生产之前，制造品的原型必须接受精确的审查。在审查中要结合使用目的和迄今为止得到的各种经验，同时功能性检查也是不可缺少的。此外，制造品——只要它被编入特别的或以前不可靠的企业的条件下——就必须
302 审查与这个特别条件相关的合格性，并且必须在实际测试中进行确认。

（四）对产品的监控

对产品的监控有可能产生进一步的安全保障义务。该义务只有在使用该产品或在特殊条件下使用时，才能判明或从可以判明的产品缺陷中得出可能的结论。为了能够实事求是地、及时地提供减少危险性所必要的知识资料，企业应该对文件系统和信息提供系统进行完善。在危险具体化或侵害发生之前，如果系统内部能够及时提供与检查设备相应的知识资料，并根据危险出现的起因进行总结，就能够实现安全保障义务。企业必须对信息提供义务和危险介入可能性提供组织上的保障。

由产品监控产生的各种经验，不仅可以在产品完善和进一步使用时对明确产品监控与确保安全性相关的情况提供参考，还可以就进一步的发展得出设计上的结论。

如果仅根据独特的经验或从他人已有的经验来使用特定的产品时，有可能对第三者的身体和生命造成具体的危险。在这种场合的情况下，必须对有关线索进行研究。此时一旦认识到具体的危险情况就必须立即消除。

如果仅仅显示达到了被认为是抽象的更高安全性标准的可能性，那么就不可能显示出任何确定的行动准则。这是因为，根据抽象的标准，改变产品的效率和改变产品的期待可能性是不一致的。

（五）归因于他人的缺陷产品导致第三者法益受损的刑事责任总结

产品的生产者对于其生产的产品负有安全保障责任，如果违反了这一义务和责任，并且有缺陷的产品在使用过程中导致了对第三者的损害，那么责任人将就产品的质量在其主观要件的范围内承担相应的刑事责任。在这种情况下，关于进货企业负责人刑事责任的讨论是妥当的。也就是说，如果某产品的缺陷是不经仔细检查就无法发现的话，则进货企业负责 303
人就没有责任；如果该缺陷是进货企业负责人按照规定履行了检查义务就能查出来的话，那么进货企业负责人的责任将与供货企业的责任并列成为问题。

五、政府机关或国家机关负有的安全保障义务

(一)公法上设置的监视机关、检查机关与企业的关系

政府机关、技术核查团体等对设计进行检查,或者对工具及设备进行审查时,被核查企业的董事会不能摆脱属于其自己的确保安全的责任。然而,该企业的董事会可以在法律或行政法框架内相信法律或行政法指示并执行的监视和/或检查。因此,每次都是由法律或行政法基于不同的具体事件来决定具体的安全保障义务。其结果就是,就企业董事会的安全保障义务而言,不可能存在关于国家标准的范围和意义的一般规则。

(二)具体事件中的公法监视措施及检查措施:铁路监督官

德国铁路监督官(Eisenbahnaufsichtsamt,EBA)作为德国铁路交通运输的统一许可机关、计划确认机关以及监督机关,具有针对需要国家管制的、有关安全保障的所有问题的权限。EBA 的责任范围及义务地位由法律特别是《联邦铁路交通法》所指示的任务进行详细的规定。[63] 特别是 EBA 作为铁路轨道的计划确认机关,在检查轨道车辆时作为认可机关,以及作为监督机关对铁路交通企业及铁路基础设施企业负有确保安全的义务。EBA 对于所规划的线路、所制造的轨道车辆及设备或车辆相关企业,在不满足安全性要求的情况下,可以不发布对轨道车辆的计划确认决定,也可以不采购轨道车辆,而且 EBA 必须要对监督工作进行强化。[64] 尽管如此,根据《劳动者
304 派遣法》第 4 条第 1 项第 1 句所要求的确保安全性的保障框架,EBA 不能成为铁路企业的一部分,铁路企业绝不可能摆脱对铁路设备安全性的首要责任。但是,如果企业遵从 EBA 的指示,或者相信基于潜在危险性情况的检查,EBA 就不会对他们采取违法态度进行谴责。然而,这件事的适用要基于

[63] *Hoppe/Schmidt/Busch/Schieferdecker*, Sicherheitsverantwortung im Eisenbahnwesen, 2002, S. 54ff.

[64] *Hoppe/Schmidt/Busch/Schieferdecker*, Sicherheitsverantwortung, S. 297.

两个条件。

第一个条件是必须由EBA对实际情况进行检查。只有EBA在能够进行并且已经实施检查的情况下,对符合实际情况的检查的信赖才是有效的。[65] 因此,如果铁路企业认识到对列车或基础设施的检查并没有全面包含具体使用时所预测的风险,该企业就应该重新进行检查,否则就无法形成对信任的保护。如果此时出现了"特殊情况"、"特殊征兆"或"特殊根据"表明政府部门的检查不全面或不充分,这对于没有被发现并排除的错误或缺陷来说是可以接受的。例如,在对多辆车辆进行检查的情况下,EBA会对一系列车辆中的第一辆进行制造方法许可,而对后面的车辆一般会制作符合标准的证明书。总之,铁路企业对个别车辆的安全检查并不算多余。特别是对因车辆特殊使用而产生的确保安全性的各项要求,应当自行进行检查。

即使EBA降低了一定的责任范围,不再实施以前进行的安全性检查,铁路企业确保安全性的责任也不会减少。如今,铁路企业无法基于EBA的检查进行可靠保护,而必须承担起确保充分安全性的责任。

第二个条件是铁路企业可以相信EBA依据的安全标准符合法律的要求。

最后,无论EBA的检查是否应当存在,具体的危险状况都必须被立即消除。在必须要防止和减轻法律及行政法风险的标准下,EBA的许可以信赖 305
构成要件为基础,即铁路企业一定的剩余风险已被法律承认。如果证实特定事件不仅可能受到法律的承认——抽象的残余危险的约束,而且也被证实以对第三者的法律利益的具体危险为基础,那么这个"残余风险"仍可在法律上获得承认。因此可以这样解释:在铁路企业中,如果存在具体的危险状况就不能得到有关许可,并且可以依据具体的危险状况而进行检查,危险性就应该在可能变成现实之前被消除。就铁路企业现有的优势专业知识而言,即时的安全性确保措施是必要的。

[65] *Heine*, Verantwortlichkeit, S. 126ff.

六、结语

企业主负有不让第三方承担由企业产生的危险而造成损失的责任。企业领域中这种危险性的具体原因是不言自明的，企业的用地、企业的建筑物、生产过程或制造过程、在企业中使用的机械或物质的性质都可能成为发生危险的原因。但是，相应的危险性也根据属于企业的可惩罚的态度为基础，因此开展企业活动的经过就决定了对第三者的危险性。企业主负有回避或者阻止这种危险性的义务，即使这件事不因违反义务而发生，企业主作为保障人也要对结果负责。

企业安全保障义务的履行可以根据管辖范围进行分配也可以进行移交。但是，企业主虽然不会因此从自己的义务地位中解放出来，但其内容可能会发生变化。

企业主可以根据法律权限，信赖国家或国家特定机关履行的安全保障义务。但是，即使在这种情况下，企业主也不能完全摆脱自己的义务保障人身份。

［原题为：*Harro Otto*，Die strafrechtliche Verantwortung für Die Verletzung von Sicherungspflichten in Unternehmen（in：Festschrift für Friedrich-Christian Schroeder zum 70. Geburtstag，2006，S. 339-356）］

第十五章　企业交易行为的伦理、法律框架及刑事制裁*

[德]哈罗·奥托

一、企业的交易行为与金融危机 311

(一)社会行为的根本性问题

沃克·科雷关于刑法解释学和刑事诉讼的学术研究广为人知,然而,鲜为人知的是,这位受尊敬的、默默奉献的人在许多听证会和委员会上就刑事政策上的问题做出了努力。这一行动是在“阻止和克服暴力的独立政府委员会”上进行的。在那个委员会上,我们从1988年至1989年与克里斯汀·屈尔(Kristian Kühl)一起组成了一个下属委员会。在这个下属委员会中,我们详细讨论了应该由自负其责构成的市民自由领域的界限、规定界限的法律规制的正当性等社会行动的根本问题,另外,也讨论了根据实际情况投入刑事制裁的方案。

置身现在的金融危机,重新审视这个问题,当年的讨论无疑是要继续下

* ハロー・オットー(甲斐克則=辻本淳史訳)「企業の取引行為の倫理,法的枠組,および刑事制裁」早稲田法学87巻4号(2012)。

去的。因为在这个问题上，关于金融危机原因的公共讨论，仅被引导到市场功能不健全和国家功能不健全的口号下，是不能解决问题的。特别是交易进行者（“秃鹰银行，gieriger Banker”）缺乏责任意识，以及缺乏法律框架的限制和执行令人叹息，刑事制裁成为当务之急。

不过，仅自由活动领域及其主题的选择，与本文为解决目前金融危机而
312 提出的具体解决方案是背道而驰的。不如说，更要重视的是，关于克服当前危机的讨论要符合实际情况，要唤起人们对未来危机的注意，并灵活运用克服危机的手段，来明确在企业的交易领域中各种社会规制体系的可能性和必要性。因为，即使现在的金融危机以及由此引发的一般性经济危机过去了，也没有人会因此而妄想金融危机的症结已经解决了，结果只能听天由命。

（二）当前的金融危机可能在未来成为现实性

美国经济学家海曼·菲利普·明斯基（Hyman Philip Minsky）在20世纪后半期就提出了经济体系的不稳定性产生于经济体系本身的假设。经济不是因战争、灾害或其他混乱而不稳定，而是因其经济体系固有的性质而不稳定。[1] 明斯基的理论核心是来自企业、银行和家庭的贷款，其根据此条件下的各种风险，区分了三种不同的金融。

一是所谓的“对冲金融”（Hedge Financing）。这种安全形式的融资为，债务人在获得贷款时，预计的投资利润足以支付其本金和利息。

二是所谓的“投机性金融”（Speculative Financing）。在这种金融中，投资利润只能用于支付利息，而不能用于偿还信用本身。因此，债务人在信用提供期间结束时，为了履行义务，要么变卖财产价值，要么必须另行找到相应的再融资来还贷，因此形成了对流动金融市场的依赖。根据明斯基的看法，尤其是银行和其他金融机构会进行这种贷款。

三是所谓的“庞氏金融”（Ponzi-Financing）。这是以20世纪美国传销

[1] *Minsky*, Stabilizing an Unstable Economy, Yale University Press, 1986.

(Schneeballsystem)的发明者查尔斯·庞齐(Charles Ponzi)的名字命名的。 313
在这种融资形式下,无论是利息还是本金,都无法从预期的投资利润中收回。但是,债务人根据自己的投资价值上升,以及可能出现的再融资的情况,事后可以用投资所得金偿还自己的债务。

显而易见,市场人士越是利用投机性金融或庞氏金融,金融系统就越不稳定。但是,明斯基认为这种危险性是金融系统本身所具有的。明斯基根据自己的研究得出结论:在经济繁荣的情况下,金融机构将越来越多地使用第2种和第3种贷款方式。随着经济实力的提高,人们对利息和红利的期待也会提高,因此资产价值的价格将会走高。当看到分红逐步增长,相关人员为了获得可观的资产价值,为了再次筹措新的资本,不得不背负更大的负债。期待的分红一旦实现,就会相应提高对更大分红的期待,进而激发更多有风险的投机,投机性金融及庞氏金融的债务人数量也会相应增加。一旦股利突然低于持续高涨的预期,重要资产价值的价格就会下跌,庞氏金融也会瓦解,银行限制信贷、流动性丧失、投机金融也随之瓦解。资产价值崩溃,过度紧缩或银行固有的贷款问题导致的信用枯竭以及投资退缩,正如字面上所说的那样,它们互相强制性地附加条件。“不稳定的金融系统,将现实经济导向歧途、引入深渊。”[2]

从经验中学习,总是根据自由运用各种信息预测将来的事件,然后在这个认识的范围内做出决断的经济人(homo oeconomicus),保持这种期待在这种情况下是不现实的。一方面,认识所有可能的选择项,合格地进行评价;另一方面,一个“行为经济学”(Verhaltens-Ökonomie)(Behavioral Economics)[3]以及“前景理论”(Neue Erwartungstheorie)(Prospect Theory)[4]要证

---

[2] *Lindner*, „Minsky und die Krisen des Kapitalismus" in: ZEIT-ONLINE-Her-dentrieb.

[3] *Camerer/Loewenstein/Rabin* (Hrsg.), Advances in Behavioral Economics, 2003; *Rabin*, Psychology and Economics, in: Journal of Economic Literature, 36(1998), S. 11ff.

[4] *Kahnemann/Tvesky*, Prospect Theorie: Analysis of Decision under Risk, in: Econometrica 47 (1979), 263ff.; *Tvesky/Kahnemann*, Advances in Prospect Theorie: Cumulativ Representation of Uncertainty, in: *Kahnemann/Tvesky* (Hrsg.), Choices, Values and Frames, Cambridge University Press, 2000, S. 44.

314 明的问题是,人在做决断时,做不到那么严密合理,不得不回到所谓的启发式(Heuristiken:发现的方法论)。人在做决断的时候,往往会受到问题外表的影响,高估自己的知识和能力,固执地坚持已经得到的意见,因而不愿意放弃已经承认的立场。人为了不承认过去的错误,比起估计利益更担心损失,因而意识不到可能获得的利益,毕竟从来没有合理尝试过预先设计好的事情。昨天认为是好的东西,明天不会变成烂东西,带着这样的期待投射到未来——投资家,正是这种行为者的典型。因为,例如过去取得成功的国债规定就是显耀了这种成功。诚然,我们知道过去的成功并不能成为未来的保障,但是,背后的考虑是问题——不是保障,有根据地对成功的预估,必须建立在过去的基础上。

当然,明斯基并不认为金融泡沫破灭后会失去希望。他的出发点是,中央银行和政府的干预确实不能阻止泡沫的崩溃,但可以缓和泡沫崩溃的效果。这样的干预可以通过大胆地降低贴现利率,保证以及进一步地“打破常规的措施”(unkonventionelle Maßnahmen)来实现缓和泡沫的崩溃。在这种情况下,企业的收益稳定,可以自由地为投资提供信用,并且金融系统可以提供稳定、公开的信用。然而,这种干预不能不影响结果,因为中央银行和政府将通过这一活动创造新的通货膨胀经济,正如对最近十年的危机循环的反省所显示的那样,从而构筑起更细致的应对新危机的地基。20 世纪 80 年代中期,日本银行通过下调利率来应对日元升值和贸易收支的严重不平衡,该对策导致股票和房地产市场的快速增长,并形成了危险的泡沫。泡沫破灭后,日本银行下调利率,促进了对东南亚的资本输出,而资本输出又刺
315 激了东南亚的投资机会。1997 年、1998 年亚洲危机释放的流动性再次流入传统金融市场,成了新的经济危机的前提。2000 年亚洲危机结束,2001 年“9·11”事件发生以后,美国的发行银行(联邦准备制度)将利率从 2000 年年底的 6.5%下调至 2003 年 6 月的 1%。

低息信用贷款被认为可以刺激投资和消费,这个计划完全成功了。廉价货币流入美国抵押权市场(Hypothekenmarkt)。而其结果——关于这一

点，我将在下文中详述——就是现在的金融危机。

能否打破这噩梦般的金融危机，其可能性及程度成为其他学科中被多种考察的对象。本文强调的是，能够在早期发现阻止危机状况并研究充分解决的方案，在经验上几乎是没有说服力的。我认为现实是这个危机会成为下一个危机的起点。

二、目前金融危机的原因与发展

（一）目前的危机

在“新经济泡沫”（New-Economie-Blase）爆发以及2001年“9·11”事件发生之后，美国中央银行向各银行提供低息货币。各银行用这些货币为企业收购、消费信贷以及购房提供了贷款，这充分应对了促进美国市民购买独栋房屋的政策方针，当然也推动了房地产价格的上涨。独栋房屋的所有者预计立刻获得新的贷款，在此期间，他们以自己房屋的价格上涨为担保获得了贷款，而将所得现金用于现实消费。人们认为，过去稳妥的抵押权市场融资原则已经过时了，因为房屋价格的不断上涨似乎保障了信用的安全性，所以传统的贷款条件，即充足的自有资本、稳定的工作环境或有保障的收入都 316
变得不重要了。但是，由于具备充分安全性的抵押权设定人（Hypothekenschuldner）数量非常有限，抵押权交易（Hypothekenge-schäft）逐渐被认为是“次级市场（Subprime-Markt）”，即转向为支付能力较差的客户提供抵押消费借贷的市场。这种风险被认为可以通过快速增长的房屋价值来抵消，因此，对那些信用贷款手续费已到偿付期的信用经纪人来说，简直是开启了一个全新的交易领域，出租车司机、草莓种植园的农民以及窗户清洁工都成了独立住宅的所有者。以负担50万美元的抵押权为例，在美国，设有抵押权的债务，抵押权设立者并不需要承担责任，只在作为担保的土地的限度内承担责任，甚至连利息都无法计算的情况也屡见不鲜。

银行的信用贷款额度增加到可怕的地步，特别是通过不断增长的住房价格,房屋所有人甚至可以不断获得追加的担保贷款额度。人们为了消费,或多或少地未经考虑就接受申请和领取了贷款。同时,信用卡公司也同样促进了贷款扩张。

当然,信用贷款的大爆发以及由此产生的风险也对信用贷款起到抑制作用。之所以这么说,是因为信用贷款爆发给银行的自有资本(必须保持一定比率)增加了负担。但同时,高额的自有资本将面临关于高额的自有资本分红率(Eigenkapitalrendite)的业务报告以及因此产生利润的各种经济活动
317 的业务报告。这里所需要的自由交易领域是保证信用提供,将其打包出售给其他金融企业,其他企业往往重新打包出售。由于该受让方通过出让一部分支付期限为3个月的短期货币债券为各种商品的销售提供融资,所以该融资必须每3个月再融资一次。

信用保证已成为高度复杂化的金融手段。该金融手段经评级机构(rate-agentur)评定便获得了良好的信用等级,但该机构只对个别案例进行了评估,而忽略了系统风险。由于相关机构在很多情况下,根据风险的发生情况对这些"有价证券"进行3个等级的评级,因此有理由推测这些评级机构完全不了解这种证券的风险。因此,也有人说,支付金额与期望的肯定等级直接挂钩。[5]

信用卡公司也和土地房地产经纪人一样推行同样的扩张路线,这些信用贷款也被担保、捆绑、出售给目标公司及投资公司,并获得评级机构的最高评价——安全性几乎没有问题。

这些证券在世界范围内流通,买方即银行、保险公司、基金和其他投资者,看到有吸引力的收益率和良好的信用等级,高兴地买进这些证券,对这些证券风险的分析没有公开进行。该证券的风险在无数点上被详细条款规定,这样的巨大风险被隐藏或被低估了。如果当时对该证券进行了深入的

[5] 2009年9月4日付のフランクフルター・アルゲマイネ紙の「裁判所が格付け機関に対する訴えを許容(Richterin lässt Klagen gegen Ratingagenturen zu)」の記事(FAZ v. 4. 9. 2009, Nr. 205 S. 23);*Sinn*, Kasino-Kapitalismus, 2009, S. 144ff.

研究,就会立即认识到持有的是异常的投机证券,意味着受让方的现实风险。

(二)"结构化金融手段"的构建与风险

抛开被详细区分的数量庞大的各种证券的细节不谈,用一个假设事例来记录概要,可以发现很多证券都有以下基本构造。[6]

在美国,某家银行向独立住宅的所有者提供了5000美元的次级抵押信用贷款(Subprime-Hypothekenkredite),其有价证券余额达5亿美元,这个证券余额被分成25份,转让给了各种各样的靠养老金生活的人。 *318*

其结构的核心,即有价证券余额的信用缺失,并不是根据所持股份进行逐一分配的。反而,遭受全部损失的首先是一个人,也就是1000万美元以上最不幸的分割证券持有者。作为这种高度损失风险的代价,这些分割证券将以极高的利息来弥补。如果最不走运的分割证券被处理掉了,那么接下来倒霉的高额分割证券就会接连蒙受更大的损失。因此,相对高额的分割证券——无论如何都不会持续很长时间——受到损失保护。评级机构认为,这些高额分割证券约占全部有价证券余额的60%~80%,因此批准了安全性最高的3A级(AAA)。

由于投资者受到"AAA"证券的强烈吸引,投资银行更加热衷于审查程序。而且,各种有价证券余额的12个"BBB"分割证券再次被打包。为了分散风险,甚至将以信用卡信用贷款或汽车贷款(Autodarlehen)为基础的"BBB"分割证券混合在一起。这种新的有价证券也被拆分了。这样一来,就产生了"具有较高价值"的"AAA"和"AA"分割证券。

这种结构,已然产生了异常的诱惑。除此之外,由于这些证券大多成为所谓的"扳机"(Trigger),这一结构变得越发庞大。[7]

---

[6] 2009年2月25日付のフランクフルター・アルゲマイネ紙の「構造化された金銭債務は当時ほとんど評価できなかった(Strukturíerte Anleihen sind derzeit kaumzu bewerten)」の記事(FAZ v. 25. 2. 2009, Nr. 47, S. 20)。

[7] *Markus Ernst*, ein Kreditderivatespezialist der Bank Unicredit, 与前注6出处相同。

例如,价值较低的特定分割证券的市场价值低于极限时,“AAA”的分割证券的持有者为了利于偿付自己的分割证券利用一切便利支付通道(Zahlungsströme),或者取得自助出售作为基础的信用有价证券余额的权利。届时产生的损失,由下级分割证券承担。这样一来,高级分割证券就不会受到进一步的价值损失。

(三)风险的现实化

对金融市场进行根本性的批判时,该领域的后果已经无法在事后可能的风险评估中完全表现出来。

这一点,在特殊的货币供应停止的时候就清楚了。因为,美国的联邦储备银行为了控制热潮和通货膨胀,放弃了扩张性货币政策,在 2004 年到
320 2006 年提高了利息,许多独户业主已经不能履行付款义务了,信用贷款一落千丈。银行通过行使抵押权和强制执行来应对,与此同时步入了不幸的通货紧缩。美国房地产市场泡沫破灭,次级证券变得一文不值。

由于该证券的风险难以估量,投资者因此不再购买该证券。通货紧缩情况下无法产生任何购买欲望,于是,有价证券市场严重失去了流动性,或者已经完全不能发挥作用,而在以抵押权为保障的证券市场本身下运行。股市的价格下跌与垃圾化,为银行资产负债表上的借方“脖子”套上了“绞索”,这一笔入账的损失也使银行自有资本被减少了。以收购该次级证券而成立的目的公司(Zweckgesellschaft)已经无法向该证券提供融资所需的短期贷款,目的公司破产,为其担保的银行将面临被连带的危险。在实际业务上银行自有资本准备金(Eigenkapitalreserve)绝不能崩溃,因此必须通过引入新的自有资本或出售资产来应对账面上的损失,但实际上只能不断出售资产。因为,面对市场危机,几乎不可能筹集新的自有资本准备金。这些资产的持续出售引发了投机性卖空,加剧了市场和价格的下降。2008 年 9 月,雷曼兄弟(Lehman Brothers)投资银行破产使人们对个别银行偿付能力产生令人惊愕的强烈怀疑,银行间市场(Interbankenmärkte)因此崩溃了。中央银

行和政府不得不在国际上寻求1000亿美元的价值来支持银行,由于隐蔽,银行制度免于崩溃。尽管如此,由于银行对自身流动资产的担忧,银行对提供信贷以及购买低价资产的意愿低下。[8] 企业缺乏对投资资产进行融资的信用,消费低迷。

这一危机在对冲基金和私募股权公司(Private-Equity-Gsellschaft)中并不少见,因以下实际业务操作而得到加强。也就是说,收购企业因超额支付 321
使其资本基础遭到破坏,而只能通过提供信用来为企业收购提供融资。

这场悲剧的规模目前还不清楚。国际货币基金组织的出发点是银行和保险公司提供总额达4万亿美元的"不良有价证券"(giftigs Wertpapier)在危机成山的世界各地"流浪"。而且,到2009年年底,美国消费者金融行业债权导致不安全有价证券的损失可能达到3万1000亿美元,另有欧洲和亚洲保证债券的损失可能达到9000亿美元。到目前为止,银行和保险公司因该交易造成了1万3000亿美元的损失。[9]

三、责任的分配

(一)市场和国家的功能不健全

在认识到金融危机对实体经济的重要性后,一场关于这一悲剧是谁的责任的公开争论就此展开。有人认为金融危机是银行造成的,责任在于市场;也有人认为是国家——先是美国的发行银行打开了发行钞票的闸门,然后是每个州的监管机关都没有尽到自己的监管义务,国家有责任。在这种情况下,偏袒市场的人,要么被迫处于半犯罪的境地,要么无视市场经济的发展和社会市场经济的发展,坚持信奉亚当·斯密(Adam Smith)。

[8] 2009年1月23日,「金融危機における銀行統治のために(Zur Bankenregulierung in der Finanzkrise)」。

[9] 2009年4月8日付のフランクフルター・アルゲマイネ紙「不良証券4兆ドルに上る危険(Bis 4 Billionen Dollar Giftpapiere befürchtet)」(FAZ v. 8. 4. 2009, Nr. 83, S. 11)という記事;2009年4月22日付のフランクフルター・アルゲマイネ紙「通貨基金。信用制限に警告(Währungsfonds warnt vor Kreditklemme)」(FAZ v 22. 4. 2009, Nr. 93, S. 23)。

暂且不提全球责任分配原则上不能再讨论的事实，对市场功能不健全的指责，无论如何以下几点是正当的，即基于信息和价格的所有可用信息，市场本身就会发现并保障必要的均衡，即“市场永远正确”的论述，只要市场
322 违背了所谓的有效市场的精神。但是，这种观点绝不是社会市场经济的基础，社会市场经济精神创始人们所依据的亚当・斯密的主张也不能作为支持这种观点的引证。

亚当・斯密把自我利益看作共同善*的经济、政策和文化发展的原动力和机动力，这一点是正确的。以此为限，亚当・斯密认为，任何人都会追求自己的欲望来为产业、商业以及它们的扩张创造基础，这与伯纳德・曼德威尔（Bernard Mandevill）的思想相通连。但是，与伯纳德・曼德威尔不同，亚当・斯密不相信过度的自我利益，他坚决不同意伯纳德・曼德威尔自我主义是公共利益的基础这一命题[10]。换言之，根据亚当・斯密的见解，只有在足够有效的防护栏加以规范的情况下，私人利益才为公共利益所包容，即（1）协助发现并遵守道德规范的同情和“公正无私的监视人”（unparteiischer Beobachter），（2）人类根据自由意志同意并遵守的基于伦理的自然规则，（3）国家作为监视人通过强制力所贯彻的实际法规，（4）发展性的竞争与对抗。[11]

这一构想被认为是现代和将来市场经济的支柱。因为，这一构想构建根据道德和自我答责来行动的个人自由的基础，使其自律，这时基于自由意志的可贯彻规制的发展变得可控。当这种调控失灵，自我利益被扭曲为只为个人利益的情况下，市场将自我利益和共同体利益紧紧联系起来的作用

---

* 共同善（common good）是政治哲学中的核心概念，并在政治实践中的身份认同、公共承诺、公德培育乃至合法性建构等方面发挥着积极建构作用。——译者注

[10] *Bernard Mandeville*, Die Bienenfabel oder private Laster und öffentliche Vorteile（„The Fable of the Bees: or, Private Vices Publik benefits", 1. Ausgabe 1714）.

[11] *Adam Smith*, Theorie der ethischen Gefuhle, hrsgeg. von W. Eckstein, 2004, S. 1ff., 243ff., 127ff.; *ders.*, Wohlstand der Nationen, hrsgeg. von H. C. Recktenwald, 2005, S. 311ff. ——*Recktenwald*, in: Starbatty (Hrsg.), Klassiker des ökonomischen Denkens I, 1989, S. 139ff.; *ders.*, Würdigung des Werkes, in: *Adam Smith*, Wohlstand, S. XLI, LIX.

也会失灵。在这点上,法律以外的规制指向这种本末倒置。

导致当前金融危机和经济危机的诸多因素,即过度信贷业务、零利率政策、信用评级和保障业务,以及具有投机性结构的金融手段,即金融衍生工具和有价证书(Zertifikate),是市场功能不健全还是国家功能不健全,我们清 323
楚地认识到这种二选一并不能真正解决责任的问题。

在美国,成为政策指向的多数居民所拥有的不动产以及带有通货膨胀倾向的货币,成了危机的开端。此后的发展,以国家方面放松管制和市场方面金融创新的倾向为特征。改革后的金融商品在没有适当的法律框架的情况下,在一个“漆黑的洞穴”(schwarzes Loch)中摸黑发展,在这个“漆黑的洞穴”中浪费了巨大的价值。以交易量为导向的证券多,以出售或购买商品的质量为导向的证券少,市场参与者的交易由此产生了更多的变化,这将起伏的航线引向了“漆黑的洞穴”。在这种情况下,在全球范围内分配责任是不合适的。确实,在金融市场上活动的各方都必须因功能不健全而遭受谴责。但是,在全球范围内分配责任,只会让每个具体参与的个人盲目地扩大个体责任而已。因此,尚未明确可指责的错误。

(二)伦理的缺失

1. 经济与企业伦理

作为经济伦理的一部分,企业伦理致力于讨论企业以及为企业负责的行为者对于自身行为应该满足怎样的伦理要求,30 年来,它是许多委员会、会议、研讨会、工会、经济研究和学说等公共讨论的中心议题。各种定期刊物都明显与这个议题相关联。

与这些努力相反,无论如何,在官方主张中并没有将伦理原则落实到企业决策中。因为,在官方看来为企业负责行为者的伦理形象是非常粗陋的,固有的主张也难称出色。

的确,在 2008 年 11 月公布的代表性男女舆论调查中,22%的受访者在“虽然可以接受,但最不喜欢的熟人是谁?”这个问题中回答了“银行职员”

324 [被认为更可疑的人只有有前科者(25%)和妓女(28%)[12]],这是相当大的规模,特别是在政治方面和媒体上广为流传的——虽然不是表扬——关于银行是"贪欲"的中伤已经平息了,但是独立自主地选任经济领域的首席执行官确实也带来了不同的景象,而且是多种多样的景象,在这种景象中,伦理被认为是一般性的问题,不能认为是原则范围内最大限度的努力。

由身份基金会(Idenntity Foundation)资助,在德国数百家大企业的董事会主席、监事会主席和董事的领导下实施的代表性调查(reprasentative Erhebung)情况表明,[13]只有1/3的首席执行官以道德在经济中一般起重大作用为出发点,另有1/3的人认为德国董事会层面的道德地位是矛盾的,剩下1/3的人认为道德问题在实际工作中被低估了。细心的人都认为,道德不属于任何经济,甚至相反。换言之,经济要求最小限度的不道德。试着单独列举一下。"在要求经济效益的情况下,人们不得不诉诸'非道德的手段'","老实说,道德是不存在的。道德不是当下的,所以我们要冷静地看看长期以来处于危机会发生什么","人终究是要根据既有成果来评价的。人就算尊重道德也难以生存下去"。

此外,有1/3的首席执行官不只是希望进行伦理性的交易行为,平时也根据自己的主张广泛地实践。他们认为自己在伦理问题上是从一而终的,认为非道德的活动不仅会使交易行为者腐败,也会使企业腐败,即"交易行为者如果道德不成熟,绝对不能成为好商人。不能成为好商人的人,虽然进
325 行了短期的交易行为,但是缺乏长远的眼光"。

在这种情况下,当然首先要提出"道德行为的结构"(moralische Verhaltensstrukturen)的一般性的问题,其次是企业相关的特殊化要求问题。在1979年,维德曼(Wiedemann)正当地确证了以下事实。即"支持南北对话

[12] *Armbruster*, „Billionen Dollar, keine Träneni", 2009年2月13日付のフランクフルター・アルゲマイネ紙(FAZ v. 13. 2. 2009), Nr. 37, S. 31.

[13] *Buß*, „Man überlebt nicht, wenn man die Moral hoch hält", in: FAZ v. 26. 2. 2008, Nr. 48, S. 14.

(Nord-Sud-Dialog),使药物成瘾的青少年重新社会化,对绘画收集的投资或者停止爆发式奢侈品的生产",这些都不是大企业的任务。[14] 参与该领域可能有良好的形象和值得高兴的价值,但是作为经济企业的中心任务和正确的指导方针,似乎又将企业行为过度地视作问题,反而看不到理想的发展。但是,与此无关,这种矛盾的现象也反映出在这种情况下公司的伦理实在性能否反射的问题。不过,关于这件事,我就不再赘述了。应该明确地说,首先应该是伦理和经济的关系,充满活力的争论对象,以及有很大争论的理论。

2. 经济伦理

经济伦理[15]的代表性内容认为,经济交易的框架条件(Rahmenbedingungen)是有关道德性的考虑和决定的系统性秩序。根据这种观点,伦理不是通过呼吁、同意和固有的道德动机来补充的。因为,在当今的公司里,人们只有在能够对规范产生利益期待的情况下才会遵守规范。这种意义上的利益,不仅有经济性质,而且包括健康、安宁、生活的喜悦等。因此,在某些情况下,[16]要求进行违背自己利益的行为的伦理性动机,就像在交易条件中由法律、国家标准等规定发挥规制作用一样,必须决定"经营的比赛规则"(Spielregeln des Wirtschaftens)[17]。因此,该框架条件的刺激效果必须达成为使行为人的个人行为达到社会所期望的状态。因此,可以说经济伦理的 326
任务,是必须形成一种为了让交易的人们根据自由意志和部分相反的利益而交易的刺激性效果,即"在投球时效率(Effizienz in den Spielzügen),在规制时道德(Moral in die Spielregeln)"[18]。

确实,在这个理论中,强调其核心重要的是由法律规制和制度所形成的

---

[14] *Wiedemann*, Rechtethische Maßstäbe im Unternehmens -. und Gesellschaftsrecht, Kölner Universitätsreden, Band 55, 1979, S. 28.

[15] *Hohmann*, Rationalität und Demokratie, 1988; *Hohmann/Blome-Drees*, Wirtschafts-und Unternehmensethhik, 1992.

[16] *Homann/Lütge*, Einführung in die Wirtschaftsethik, 2004, S. 19f.

[17] *Homann/Lütge*, S. 30.

[18] *Homann/Blome-Drees*, Wirtschaftsethik, S. 35.

框架秩序。但是,根据这个观点可以得出一个结论,也就是在为了经济和收益而收取利润这一点上赋予了企业道德上的义务。[19]"只要首席执行官对自己的股东能够平稳地使用,他就履行了自己的职责。作为报酬,首席执行官将获得极其高额的收入。"[20]

这种想法首先对法律的稳定性有很大的贡献。因为,限制这个法律框架的人根据法律会引出以下内容:即使事后证明规则是错误的,行为人的表现也是正确的。尽管如此,在法律框架秩序中,参见企业伦理还没有完全解决问题。因为该参考指示隐藏了企业交易的危险性,而且也隐藏了基于固有责任的企业交易的危险性。

基于固有责任的行为、走新的道路、创新都以行动自由,即在多个选项之间进行选择的可能性为前提。在这个判断中,不仅仅要求善良人这一"公司的伦理模范"(ethisches Vorbild der Gesellschaft),还要求行动时具有责任意识的企业家(der verantwortungsbewusst handelnde Unternehmer)。在这个领域中,如果伦理方面的考虑被排除,或者被实际规则所限制,那么企业家就只能遵守规则。在经济和社会领域中,在意识到责任的行为的基础上,固有责任下的、有效的行动自由领域之充足性因国家规则而受到限制。国家规则不仅指向社会认为难以忍受的态度和方法,不只是给予指引,归根结
327 底,不正是预防性地限制了行动范围吗?因此,基于固有责任的判断更应该是可能的,并且如果是可能的话,法律规则可能只在其必要的地方是适当的,在其他地方可能就不是适当的。支持基于固有责任的行动范围,不仅是执行法律规则与内部控制,而是在这种情况下,对与错的质问在伦理意义上十分重要。当然此处重要的不是诉诸一般的伦理学,而是企业特有的伦理。

3.综合经济伦理

根据彼得·乌尔里希(Peter Ulrich)整合的经济伦理(integrative

[19] *Milton Friedmann*, The Social Responsibility of Business is to Increase its Profits, in: Beauchamp/Bowie(Hrsg.), Ethical Theorie and Business, 1979, S. 51-56.

[20] *Hank*, „Unsere Vorbilder," in: FAS v. 2. 3. 2008, S. 37.

Wirtschaftsethik),直接通过经济伦理限定了伦理的视角。[21] 乌尔里希批判霍曼(Homann)的命题是,“经济框架决定论”(ökonomischer Rahmendeterminisums),把利益最大化的最大(Gewinnmaximierungsmaxime)本身作为问题。

与此相对,乌尔里希假定了使所有企业活动服从于保留正统性(Legitimationsvorbehalt)的“伦理优势”。作为综合命题的特征性标志所包含的内容,乌尔里希在这个意义上把经济伦理“精炼”(zivilisierenden)嵌入自由人的良好的社会和市场经济,作为一种政策伦理来理解。[22] 乌尔里希从以下几点认识综合经济伦理的使命:(1)对经济合理性这一构想进行批判;(2)使社会经济合理性这一由经济理性规制、以论证为基础的理念逐步成熟;(3)确定道德在社会中的地位,并将这种社会经济合理性引入实践。[23]

对于综合经济伦理来说,以下几点很重要,即像经济理性伦理一样明确经济伦理,并由此构想综合经济伦理的命题;如何极简地把握通过理性伦理的透视,使多元的综合经济伦理受到各种命题的限制。[24] 328

4. 治理伦理

约瑟夫·维兰德(Josef Wieland)根据其自行发展的治理伦理(Governance Ethik),探求一个事实上类似的关注点。[25] 但是,维兰德反对“伦理的优越性”,因为伦理或经济学的优势只涉及极小的企业战略。维兰德的出发点是,功能上各种多元化的现代化公司原则上很难使经济上的道德实际有效,这对经济也产生影响。但是,这个问题既不是经济帝国主义(经济伦理学范畴),也不是经济系统的道德化(综合伦理学范畴),而是治理结构上的

[21] *Ulrich*, Integrative Wirtschaftsethik: Grundlagen einer lebensdienlichen Ökonomie, 1. Aufl. 1997,4. Aufl. 2008;*ders.* ,Der entzauberte MarktEine wirtschaftsethische Orientierung,2002;*ders.* ,Zivilisierte Marktwirtschat:Eine wirtschaftsethische Orientierung,2005.

[22] *Ulrich*,Wirtschaftsethik,4. Aufl. ,S. 22.

[23] *Karmasin/Litschka*,Wirtschaftsethik-Theorien,Strategien. Trends,2008,S. 103f.

[24] *Ulrich*,Wirtschaftsethik,4. Aufl. ,S. 17f.

[25] *Wieland*,Die Ethik der Governance,1999.

意思表示,只能通过经济上的措施来加以制约。“在这种情况下,治理意味着致力于发展经济上或公司上的措施的调控结构(Steuerungsstruktur)或调控矩阵(Steuerungsmatrix)。”[26]经济伦理的信念必须是经济措施的指导、调控与控制的一部分,因此,它也总是所谓治理结构的一部分。只有信念、制度和组织等条件共同作用,才能在经济生活中实现道德价值。[27] 因此,道德是一种个别的手段,只有在特殊的治理框架(Gavernance-Regime)下才能被启动。[28]

5. 关于经济伦理和伦理原理的理论

对于尚未充分提供其讨论框架的前述关于经济伦理和企业伦理的理论来说,重要的是明确伦理对经济的关系,而非主张什么伦理原理和要求。但是,重要的是,各种各样的理论都把关于经济活动的伦理的重要性作为不言而喻的前提。因此,伦理的重要性在于,伦理在企业伦理中结合伦理和经济,同时提取并聚焦来自一般德性的要求(Tugendforderung)作为伦理要求的结点,从而发展理论基础。

329 重要的是,在经济视角下认识和统一伦理问题的提出和要求。这个过程的开端,在实践中完全得以证明。暂且不论获得它们是否具有根据,始终要求贯彻超越谋求利益的责任,当企业责任从一开始被定义得很广泛的情况下,伦理在经济上就成为有效的。此时,企业的社会责任、企业治理、企业社会接触以及责任原理(Verantwortungsprinzip)、持续经营原理(Prinzip nachhaltigen Wirtschaftens)都是必需的。

6. 以伦理原理为指导的企业责任

(1)欧洲理事会将企业的社会责任定义为“在企业活动和与利益相关者的相互关系中,以自由意志为基础,以完成重大社会事项和重大环境事项为

[26] *Wieland*, Ethik, S. 7.

[27] *Wieland*, Normativität der Governance, 2005, S. 27.

[28] *Panther*, Governanceethik als Wirtschaftsethik. Versuch des Weiterdenkens in kritischer Absicht, in: Wieland (Hrsg.), Governanceethik im Diskurs, 2004, S. 101ff., 107.

主的企业服务的构想"[29]。因此,企业的社会责任的重点是经济、劳动法以及人权方面的标准,但也有一部分是对社会团体赋予的其他道德义务。

(2)企业的社会责任由公司内部治理补充完善。公司治理需要有良心有责任的企业经营,例如在领导机关的功能状况,这些机关的协作以及对相关机关行为的控制方面设定目标避免管理上的失误。[30]

(3)企业的社会参与超越了劳动者、顾客及交易对象,"企业的市民性参与"体现出了"企业的社会接触"。欧洲理事会将其理解为,"企业、企业的地区性以及全球环境"[31]。近年来,在以下方面有了明显的进展,即许多企业通过捐赠金钱和财产来资助幼儿园、学校和医院等公共设施、支援从事名誉职业活动的员工、无偿提供服务和设备等,并且数量不断增加。[32]

(4)最终,这三个构想将填补经济和社会企业活动领域的法律空白。这
一方面将在整体上构建经济和伦理的相互关系,另一方面对重大社会事件 330
和重大环境事件的关心也意味着扼杀伦理的萌芽。因为,被媒体和强有力的利益团体同时强调这些重大事件,因而服从于强有力的控制。1995 年对名为 Brent Spar 的石油设备的废弃处理就是实例。该石油设备在大西洋进行海底处理时,受到了绿色和平组织和其他环境团体以及媒体独家报道的干扰,受他们的影响在地上被解体处理。但是,其拆除处理对环境造成了更大的负担。被抗议的企业——荷兰壳牌上市有限公司最初主张"拆解处理会对环境造成负担",但最终屈服于抵制声音的影响。

---

[29] *Europäische Kommission*, Europäische Rahmenbedingungen für die soziale Verantwortung der Unternehmen, Grünbuch, 2001, S. 8. *Bassen/Justrum/Meyer*, zfwk 6 (2005), S. 232ff.; *Bethin/Vandendende*, Corporate Social Responsibility (CSR) in Europa, in: Enquete - Kommission „Zukunft des bürgerschaftlichen Engagements" des 14. Deutschen Bundestags (Hrsg.), Bürgerschaftliches Element von Unternehmen, 2003, S. 195ff.

[30] *Baums*, Bericht der Regierungskommission Corporate Social Responsibility: Unternehmensführung, Unternehmenskontrolle, Modernisierung des Aktienrechts, 2001, S. 20. ——《德国公司治理法典》(Deutsdcher Corporate Governance Kodex)于 2008 年 6 月编制。

[31] *Europäische Kommission*, Rahmenbedingungen, S. 28.

[32] *Heidbrink*, Marktwirtschaft und Moral, Working Papers des Center for Responsibility Research, 1(2007), S. 3.

这既不违反考虑社会的和经济的重大问题,也不脱离法律框架,但是指出了这些构想的体系内在的界限。

(5)突破这个框架或者一种普遍化尝试是在公共讨论中唤起"诚实的商人"(Ehrbarer Kaufmann)这一领导形象的期待。[33] 历史上显示出这一领导形象,是为了与自己的客户建立深厚的信用关系的商人的各种特征。也就是诚实、俭朴、政治上及经济上的先见之明,克己、有秩序、节制、勤勉以及谦虚。如今,这些要素被高雅、名誉、信用和责任重新装扮。这些品质的欠缺在银行间的交流中被指出是当前金融危机加剧的主要原因,但是在 1968 年以后的几十年里,所谓的第二美德(Sekundärtugend)受到批判。对于推崇"第二美德"的赫尔穆特·施密特的发言,奥斯卡·拉方丹(Oskar Lafon-
331 taine)在 1982 年 7 月 15 日接受 Stern 的采访时的公开观点非常极端和有特点。他说,"赫尔穆特·施密特大谈特谈义务感、计算能力、控制能力、规范能力。这对于第二种美德来说完全合适。这样,他们也能够运营强制收容所"。

(6)对于这种观点不应再继续深究,而是应该提出以下问题。也就是,第一美德和第二美德之间是否有意义上的区别。显而易见,实践中对领导形象有重大影响的事情应该得到大力认可,但应该广泛普及的希望的具体行为却丧失了。这就是具体化的要求。

在这一过程中,称得上本质性第一步的是 2008 年 7 月 6 日版的《德国公司治理法典》(Deutscher Corporate Governance Kodex)。该法典在其序言中明确地写道:这关系到善良和有责任感的企业经营,关系到国家和国民公认的标准。

332 (7)但是,指导形象的根本还是在于持续经营的原理。对这个原理,从

[33] *Rat der Evangelische Kirche* in Deutschland, Unternehmerisches Handeln in evangelischer Perspektive. —Eine Denkschrift. —2008. —Allgemein zur Diskussion: FAZ v. 26. 1. 2009, Nr. 21, S. 12: Leitbild„Ehrbarer Kaufmann": FAZ v. 19. 2009. Nr. 242, S. 14: „Gegen die Rendite zieht die Moral den Kürzeren".

环境保护出发,建立三个支柱。其中,经济活动的经济性、生态性和社会性是必不可少的考虑。[34] 因为,重要的不是经济性、生态性和社会性本身,而是以平和的方式照顾到所有者的利益、劳动者的利益、消费者的利益、社会的和空间环境的利益,从而维持面向未来发展的企业经营。这一贯是伦理的关切。的确也必须为其他的事情所考虑的之一是这些目标不应只拘束于道德的诉求。这种情况下,首先需要法律的框架秩序,然后必须实现制度化导向模型(Orientierungsmuster),之后才能根据个人的行为心情,使行为自由裁量(Handlungsspielräume)得到满足。总之,伦理原理的持续性必须铭刻在法律、制度和个人目标标准之中,必须在控制之下不断地执行下去。在这个框架中,一方面要维护伦理感情,另一方面侵害社会的或社会不能容许的态度方法,可以通过法律对策说服,也必须被说服。有缺陷的法律框架无法根据伦理原则进行全面修正,但是,法律和制度的框架允许企业行为的自由领域,在以自我责备行为为前提或要求的情况下,伦理原则可以以允许的方式得到满足。

7. 在金融危机中错误的伦理态度

回顾金融危机,伦理上的错误态度是不容否认的,即市场被低价值货币充斥已经是危险的。但是,像那些抵押权委托业务,不能直接说是违法的——在伦理上不是没有责任的,本身就没有充分覆盖,其稳定性是基于期待的增加。这种一旦现实化就必然会破坏企业本身的风险,其基础是目的公司的风险,由于脱离了自有资本的既定,因此与保护企业利益的要求有很大的矛盾,同样的道理也适用于无数的“证券”转让融资。这时,购买价格成为受让企业的负担,同时,由于受让公司以股份作为担保为受让提供信用,因此,在股票行情过剩的情况下,双方企业的发展变得相互依存。这样的情况不胜枚举,从这一事例中就可以清楚地看出来。

[34] *Cran/Matten*, Business Ethics, 2004, S. 24f.; *Clasen*, Bildung im Licht von Beschäftigung und Wachstum, 2009, S. 61f.; *Malik*, Wirksam Unternehmensaufsicht, 1997, S. 96ff.

8. 法的缺陷

在当前金融危机轮廓初现之际,德意志银行行长兼国际金融协会(Institute of International Finance, IIF)的专业部会代表约瑟夫·阿克曼(Josef Ackermann)曾提出了如下展望,“我们将采取一切办法,使我们自己打扫自己的家,而不将此事委托给立法者们”,“我们有能力迅速而独立地处理这个
333 问题”[35]。——这样的展望,首先得到了广泛的支持。尽管如此,仍有人主张有必要改变国际金融市场的法律规定,以防止这一惨状重演。但是,现在讨论的改革计划在一些领域使一些有关人士对于改善金融市场重要性的希望几乎失去了动力。符合这一点的提议,如引入交易所交易税[36]、削减董事报酬的税收优惠[37]等,或许,这些都是为了关于2009年控制所有康采恩(concern)的利润分配支付[38]所进行的提议。在这些“改革倡议”的背后,一方面隐含着发生金融危机的意图,另一方面也隐含着克服危机的意图。但是,即使不能阻止某种危机,如果想要更好地克服的话,规则也都是必需的。

在美国,关于无价的货币政策和委托抵押权的实务另当别论。不仅在德国,对于形成、取得和出售所谓的结构化金融手段,金融监督都无法发挥作用的。将无数私人房屋所有者的货币债券捆绑在一起,提供带有盲目风险限制的证券,并将其带入市场,这种想法从一开始就不利于真正的银行经营业务。由投资银行和目的公司这样捆绑和新捆绑分配(的行为),完全赋予了那个“革新的金融商品”赌博式赊账的性质。这样一来,目的公司即银

---

[35] 「銀行が行為ガイドライン集を提案(Banken schlagen Verhaltenskode x vor)」in:FAZ v. 10. 4. 2008, Nr. 84, S. 11;シェーファー(*Schäfer*)「銀行の陰(„Schatten auf den Banken")」in:FAZ v. 12. 4. 2008, Nr. 86, S. 12.

[36] シェーファー(*Schäfer*)= シュミーゼ(*Schmiese*)引用の,シュタインマイヤー(*Steinmeier*)外務大臣およびシュタインブリュック(*Steinbrück*)連邦財務大臣「金融危機から政策資本を切る(„Politisches Kapital aus der Finanzkrise schalagen")」in:FAZ v. 28. 2. 2009, Nr. 50, S. 2.

[37] 前注36。

[38] 保罗(Paul)引用のシュタインブリュック連邦財務大臣「利益配当など生温い(„Dividende wird zum Südenbock")」in:FAZ v. 7. 3. 2009, Nr. 56, S. 11。

行将这些证券转让给本应意识到要让这些公司承担全部责任的公司,这样都能获得监察法的允许,难道不是一件坏事吗?从其交易规模来看就已经是丑闻了,因为这些公司最终持有了约 1 万亿美元的抵押证券。[39]

这种情况下,"次级抵押固定证券"(Subprime Mortgage-Baked Securities)并不是唯一的问题,即使在此前提下,金融危机的发展也仍然表明该分配达到了惊人的高值。而评级机构对这些证券给予积极评价,不仅是令人痛心的,评级机构的判断也没有尽到有关其任务的正当的金融监督。最后, 334
违反考虑义务的态度带来的另一个危害是,通过转让 3 个月期限的短期货币债券而向数十亿"创新金融产品"提供了融资,那些货币债券必须每 3 个月再融资一次。换句话说,短期融资的有价证券必须作为长期证券转让。这种期限的改变,对银行来说已经意味着不可接受的风险,这已经成为银行工作人员的普遍认识。同样,对对冲基金的信用提供的控制也失去了作用,以至于对冲基金在某种程度上给编造的企业继承提供了融资。银行内部的风险管理才意识到当前存在的威胁风险是明显不合适的,这表明在该领域银行的风险管理和控制需要大幅改善。与持续经济相关的企业利益受到了极大的侵害,这个企业的未来就像赌博一样失败了。

这里暴露的缺陷已经无法通过自由意志、道德呼吁或道德价值及义务意识来克服,在这种情况下进行立法是必要的。银行和金融市场的监管需要尽快改善,银行的自有资本规定需要改革,计算系统也必须要"风雨无阻"(Schlechtwetterfest)地受到监管。评级机构必须受到严格控制。银行及整个金融市场的制度风险需要受到监视和控制,不仅需要国家的控制,还需要国际的监视和控制。一方面,不能固执地要求改革的尝试尽快地、一般地、肉

[39] 連邦経済科学技術大臣の経済諮問機関の報告書,2009 年 1 月 23 日の「金融危機における銀行規制のために(„Zur Bankenregulierung in der Finanzkrise")」。

眼可见地得以实现[40];另一方面,我们还必须考虑以下几点。也就是说,这些对策目前看来都有缺陷,能阻止这种丑态再次发生吗?不,对于新危机的
335 发生而言,这些对策根本就无能为力。

此后,在命运的"岔路口",灾难性的重大决策(verhangnisvolle Weichenstellung)是向经理及经营者支付的奖金制度。在这种交易上的、但不是持续性的交易产物的制度下,奖金必然成为无法控制的东西,因为奖金除了表现出毫无道理以外没有其他任何意义。《华尔街日报》的一篇报道说明了(奖金)总额成为问题。在那篇报道中,提到了只有通过濒临破产的美国银行(Bank of America)的承兑才能保证给美林投资银行职员发放奖金[41]。

这是因为,身为美林投资银行的领导职员安德烈·奥赛尔(Andrea Orcel)在2008年获得了包括股票和现金在内的3亿3800万美元。负责借贷及原料交易(Anleihe-und Rohstoffhandel)的大卫·索博特卡(David Sobotka)在自己的部门表示:尽管给美林投资银行造成了数十亿美元的损失,但仍获得了1300万美元的奖金。据悉,美林投资银行的11名首席执行官获得的与指导相关的额外报酬超过1000万美元。除此之外的149名银行职员中,最少的也获得了300万美元,得到最高报酬的银行职员则获得了2亿900万美元,这比上年多出800万美元。2008年,美林投资银行因大额结算抵押证券而损失了280亿美元。美林投资银行的奖金支付是纽约检察厅

[40] 2009年4月2日のG20首脳会合による世界金融危機に関する声明および提言。シュルツ「新たな金融構築への苦難の道」(*Schulz*,„Ein sreiniger Weg zu einer neuen" Finanzarchitektur) in:FAZ 31.3.2009,Nr.76,S.14:「G20首脳会合,ロンドンで『新たな金融構築』で合意(„Die G-20 einigen sich in London auf eine neue Finanzarchitektur")」in:FAZ v.3.4.2009,Nr.79,S.2:シェルツ「貧しい者には金を,国には規制を」(*Schulz*,„Geld für die Armen,Regeln furReichen") in FAZ v.3.4.2009,Nr.79,S.3. 2009年9月25日のピッツバーグでの世界金融危機に関するG20首脳会合による追加生命については,「新たな金融構築。形作り(„Die neue Finanzarchitektu r nimmt Gestalt an")」in:FAZ v.26.9.2009,Nr.224,S.11。

[41] 「ボーナスの支払(„Bonuszahlungen")」in:FAZ v.5.3.2009,Nr.54,S.22。——总的来说,新美国银行在从政府获得1750亿美元支援的情况下,2008年向该银行职员支付了约330亿美元的奖金。「バンク・オブ・アメリカ,危機にもかかわらずボーナス支払い(„Amerikas Bankenzahlten trotz Krise Milliarden")」in:FAZ v.1.8.2009,Nr.176,S.11.

检察官安德鲁·科莫(Andrew Cuomo)的调查对象,科莫正在调查如何决定发放奖金,以及美林投资银行和美国银行在收购时是否向股东提供了信息。迄今为止,美林投资银行作为奖金整体支付了36亿美元。关于这一点,据说有700人获得了100万美元以上。

在上述庞大的数额以及“获取”数额的方法之下,下面的事情就不值得大惊小怪了,即通过自己的交易使自己的银行破产,从而使银行在没有国家的帮助下无法生存下去,获得援助的领导人和经营者们可以申请这笔奖金,
因为那个奖金在他们的合同上是有保证的。这种制度与通过经济持续发展 336
来确保企业利益是不协调的,就目前而言,应该希望建立一个全面的法律框架,来协调奖金和机械主义的股票计划以促进企业的持续发展。[42]

对金融制度和经济的进一步的现存危险存在于法律和经济问题最复杂的期货交易中,特别是在无担保卖空中。一方面,期货交易作为安全的交易是有意义以及必不可少的,这一点是完全正确的。但另一方面,这种交易的发展使期货交易成为交易所的潜在意义的变化,即交易所变成了赌场。

例如,石油期货交易在1998年以后节节攀升,面粉期权的交易所交易翻了5倍;2004年,所谓非商业(non-commercial),即与原料消费或存货无关的投机者等向市场投资了150亿美元,4年后,这些人已经向市场投入了3000亿美元。[43] 后来,这种发展不仅不被认为是“稳定市场的因素”,而且被认为是扭曲交易价格的危险因素。当时,必须注意的原料价格的飞涨,特别是

[42] 2009年3月11日,联邦政府通过了关于对经营者(Managergehältern)活动的限制的决议。「政府,経営者に対する規制を決議(„Regierungbeschließt Regeln für Managergehälter")」in:FAZ v. 12. 3. 2009,Nr. 60,S. 13.「G20首脑会合,ロンドンで,新たな『金融構築』で一致(„Die G-20 einigen sich in London auf eine neue"Finanzarchitektu")」in:FAZ v. 3. 4. 2009,Nr. 79,S. 2. レール「左のカバン,右のカバン,そして後ろの」(*Löhr*,„Linke Tasche,rech te Tasche und zrück")in:FAZ v. 28. 3. 2009,Nr. 74,S. 11:「銀行員のボーナス禁止(„Schonzeit für Banker-Boni")」in:FAZ v. 14. 8. 2009,Nr. 187,S. 11:「新たな金融構築が具体化(„Die neue Finanzarchitektur nimmt Gestalt an")」in:FAZ v. 26. 9. 2009,Nr. 224,S. 11.

[43] *Schnaus/Boschen/Esterhazy/Henry/Welpt*,„Es. lebe die Spekulation", in:Wirtschaftswoche 50/2008,S. 129,132f.

原油价格的飞涨,不参与现实交易的买受人(nicht kommerzielle Kaufer)是基于指望再三再四的强势价格上涨来“点燃”市场的。[44] 这不仅使“经济胜贵这棵纤细的树木”岌岌可危,而且已经不是现实经济,而是以其自身增值的“虚构交易”为基础的原料价格。这是因为,可交易的原料不是可以随便增加的,这就把期货交易与严肃安全的交易区别开来了。以承担生产者和消费者的风险为由,投资者所主张的原料市场的功能是本质性的,[45] 而忽视了存在的问题。投资者们创造了风险,为上次的金融和经济危机奠定了基础。如今,国际期货交易所的监管机构也认识到了这一点。[46]

同样的情况也适用于有价证券,特别是股票的无担保卖空。无担保卖
337 空的特征是,卖出时卖方并不持有有价证券的所有权,也没有获得有权转移请求权。这种买卖不仅对于行情变动会产生影响,还在真实或虚假的内幕信息方面具有特别的意义。对卖方来说,只有涨价的趋势才重要,在这种背景下是正确的,但这是侵犯社会的。对于这种情况,根据基本的分析,立法者会受到质疑。但是,如果立法者想要预防性地应对先前的金融和经济危机,他就不应该被市场的神秘(Markt-Mystizismen)所麻痹。因为,“如果禁止寄生性的交易,人们就不会伤害市场的精神。即使不助长投机性的虚构

[44] シュトッケル「投機家,原料で博打」(*Stocker*,„Spekulanten Spielen Mit Rohstoffen”)in:WaS v. 24. 5. 2009,Nr. 21,S. 45;ブラウンベルガー「金融投資,原料価格を煽る」(*Braunberger*,„Finanzinvestoren treiben Rohstoffpreise”)in:FAZ v. 8. 6. 2009,Nr. 130,S. 18;「ガスプロムのチーフ,投機に苦言(„Gasprom-Chef wettert gegen Spekulanten”)」in:FAZ v. 12. 6. 2009,Nr. 133,S. 11;「投機家が石油価格を高騰させる(„Spekulanten treiben den Ölpreis”)」in:FAZ v. 13. 6. Nr. 134,S. 19;「金融投資,原料価格の高騰を当てにする(„Finanzinvestoren setzen auf steigende Rohstoffpreise”)」in:FAZ v. 8. 7,2009,Nr. 155,S. 17;「投機が原料価格を高騰させる(„Spekulationen treibe n Rohstoffpreise”)」in:FAZ v. 21. 10. 2009,Nr. 244,S. 19.

[45] 「金融投資,原料価格を投機させる(„Finanzinvestoren setzen auf steigende Rohstoffpreise”)」in:FAZ v. 8. 7. 2009,Nr. 155,S. 17.

[46] 「商品先物取引委員会,石油投資家を非難(„Aufsichtsbehörde CFTC attackiert Öl-Spekulanten”)」in:FAZ v. 29. 7. 2009,Nr. 173,S. 18.

交易结构，交易和贸易也会非常良好地发挥作用”。[47]

(三)刑事制裁的缺陷

1. 刑事法上的调查程序

由于与当前的金融危机有关的资本毁灭的扩散及其参与者，特别是将公共设立的银行暴露在这种惨状之下，有人指出“违反义务的资本毁灭是犯罪行为”[48]，对于司法机关应当将这一惨状按刑法处理的呼声越来越高。

目前为止，对于 HRE(Hypo Real Estate)公司的原董事的调查程序，正在基于不正当内部交易、虚假记载、资产负债表虚假记载以及渎职的嫌疑而推进。该调查程序——据一份新闻报道所言——是针对 KfW 公司，IKB 公司，WestLB 公司，HSH-Nordbank 公司和 Sachsen LB 公司的现任和前董事而展开的。[49] ——虽然目前还不知道调查的情况，不过，可以预测到(调查)需要显著的时间。因此，目前还没有产生就这一点进行批评的任何诱因。

2. “过失导致的渎职”的构成要件

与此相反，判断要求更严格地描述渎职的犯罪构成要件的做法受到了批评。因为，要证明当时“银行经营者的懈怠”在法律上是极其困难的。[50] 338
按照渎职来处罚有责任的银行经营者，在通常情况下，在主观构成要件方面会受挫，这是可以理解的。因为，在此被追究责任的人，对其经常性的追求利润的活动有经验，或者可以捏造以及确信，而没有意识到对银行财产的具体危险性，因而不能说(其渎职行为)是基于故意为之。但是，即使在这种情

[47] マルクス「他で流通するその貨幣」(*Marx*,„Das Geld anderer Leute")in:FAS v. 7. 12. 2008,Nr. 49,S. 15. 监管建议以及控制尝试是由国际证券交易监管机构提出的。「空売りはコントロールされるべきである(„Leerverkäufe sollen kontrolliert warden")」in:FAZ v. 25. 3. 2009,Nr. 71,S. 21. ——现在，美国的交易所监督委员会美国证券交易委员会禁止无担保卖空。「SEC，規制を強化(„SEC verschärft Regeln")」in:FAZ v. 29. 7. 2009,Nr. 173,S. 17.

[48] ニーダー・ザクセン州のクリスティアン・ヴュルフ(*Christian Wulff*)のインタビュー，「連邦，監査役会の規模を縮小へ(„Union will Größe der Aufsichtsräte beschränken")」in:FAZ v. 3. 3. 2009,No. 52,S. 11.

[49] 前注 48。

[50] *Eike Hallitzky*,Bankexperte der Grunen im Bayersche Landtag. 对此，シュテルン「法と道徳の間」(Stern,„Zwischen Recht und Moral")in:Nordbayerischer Kurier vom 27. 2. 2009,S. 5.

况下，其违反公司法上的注意义务也是显而易见的，所以一定会出现民事责任的问题。与此相反，在这种情况下，由过失造成渎职的构成要件是否起了预防作用是值得怀疑的，除个别的特殊情况外，一般来说，在企业活动中引入符合刑罚嫌疑的过失财产犯，在刑事政策上存在疑问。

3. 立法论上的原则的要件

根据德国前总理赫尔穆特·施密特的建议，作为立法论，目标是对特定的态度方法处以刑罚。他对于刑法上的保障禁止的要求是：(1)在固有的资产负债表(和利润表)之外的所有有关金融制度的营业；(2)不被认可的证券交易所允许的、没有市价的金融衍生品和伴随金融凭证的金融制度的相关交易；(3)通过金融制度立即出售有价证券和金融手段的卖出；(4)在金融投资和金融信用提供中获得利益，在法律上不受审查和监督而存续的企业和个人。[51]

吕德森(Luderssen)立即反驳了这些要求，其认为这里提出的刑罚法规是违反明确性的，是通过个别活动的重大法益侵害，以及应当唤起刑法是对民法的补充性的必要证明的注意，在这种情况下，根据民法上的规定足以应对弊端。吕德森得出结论："如果使用经济行政法进行巧妙地控制，那么也就不需要进行刑法上的控制了。"[52]

如果能够看得到经济行政法上的"巧妙"调控，那么原则上是可以赞同(吕德森的)这个想法的。但是应当注意，只要最可能的或大或小地控制被
339 认为是(某一)专门法的(领域)，该控制就已经限制了所有市场人士的行动自由领域，而不仅仅是刑事未遂犯的基础。但是，如果事实是这样的话，为了防止犯罪活动的措施——也是刑法上的措施——将成为进一步改革市场的目标。当然，如果抛开这一点，对于赫尔穆特·施密特的要求，吕德森的意见至少有部分是正当的。

---

[51] Die Zeit vom 15. 1. 2009, Nv. 4, S. 20.

[52] *Klaus Luderssen*, „Warnung vor neuem Finanzstrafrecht". in: FAZ v. 19. 1. 2009, Nr. 15, S. 2. ——, *Klaus Lüderssen*, „Finanzmarktkrise, Risikomanagement und Strafrecht", StV 2009, 486ff.

(1)免税措施(Steueroasen),这简直是财务大臣的“眼中钉”。但同时,免税措施也是一种警告。也就是说,租税的“螺丝钉”(Steuerschraube)在任何时候、无论任何影响,都没有要被“拧紧”的警告[53]。因此在法律上,将有利于享受免税政策的企业和人们的金融储蓄和金融信用供给进行入罪化是不恰当的。特别且关键的是免税政策与那场金融危机没有任何关系。

(2)利用民事和行政法上的措施,在禁止被认可的有价证券市场上进行不被允许的、没有市价的金融衍生品和金融凭证的交易方面,是否能够产生十分确定的效果呢?

(3)禁止立即抛售有价证券及金融手段,是势在必行的交易所改革核心,目的是避免交易所沦为赌场。除却有关该交易价格调节功能的溢美之词,同时其也是一种社会寄生的态度方法的禁止,这一点不应被否定。这里所寻求的是关于什么情况下刑法上的措施不应该从一开始就被排除的分析以及立法上采取对策的必要性。

(4)对于固有的资产负债表(和利润表)之外的交易禁止,从刑法上的结论来讲原则上也不应该予以排除。事实上,银行的自有资本规定已经意味着禁止提供使企业危机化的信用和风险的消除责任。所谓目的公司的设立,就是要摆脱这个禁令。因此,目前这个为了防止滋生出毁灭现实风险的强制性禁令,尚未以任何姿态表现出来。 *340*

四、结语

在自我反省的行为裁量发挥其作用,以及确定有关市场人士态度的法律框架的方向是妥当的情况下,即使是在经济活动中,社会伦理性的基准也变得很重要。但是,对于人类态度的美德,在唤起普遍注意的情况下,这个

[53]　综上所述,G20峰会在2009年4月2日的会议上过早地达成以下协议并不是一个好兆头,即为防止“非合作国家”的投资逃税,同时控制和监督银行及金融市场部门,发表一般性意见。「G20首脑会合,ロンドンで新たな『金融構築』で一致(Die G-20 einigen sich in London auf eine neue “Finanzarchitektu”)」in:FAZ 3. 4. 2009,Nr. 79,S. 2;シュルツ「貧しい者には金を,国には規制を」(*Schulz*,„Geld für die Armen,Regeln für Reichen”)in:FAZ v. 3. 4. 2009,Nr. 79,S. 3.

标准仍然没有约束力。作为持续经营的企业伦理,可以与企业联系起来加以定义。持续经营的原理必须具体化、制度化并且必须在法律框架下进行确立。该原理首先可以包含市场人员和市场秩序之间的相互作用。当企业采取了不能被社会所容忍的态度方法时,这种态度方法必须用民法和行政法上的规定来处理。但是,刑法上的制裁也不排除在这个框架之外。刑事制裁是对社会伦理以及民法和行政法上的对策无法充分抑制的侵害社会的态度方法的适当反作用,而超过这个限度来制御经济的话,则刑事制裁就是多余的、不适当的。[54] 在我看来,本文的结论应该能被读者认可的。就是说,读者是赞同刑法规制的必要性而反对刑法的臃肿化的。

[原标题为 *Harro Otto*, Ethik, rechtlicher Rahmen und strafrechtliche Sanktionen beim unternehmerischen Handeln (in: Fesrechrift für Volker Krey zum 70. Geburtstag, 2010, S. 375-405)]

[54] *Luderssen*, FS Amelung, 2008, S. 73ff., 80.

第十六章　意大利法中的法人责任*

[意]阿蒂利奥·尼斯科

2001 年,针对作为犯罪结果的法人责任,意大利制定的相关法律(Verantwortlichkeit juristischer Personen)开始实施。这些法律在解释论和实务上都提出了许多问题。本文在阐述相关法律规定重点的基础上,对意大利立法机关提出的"法人犯罪"(corporate crime)战略进行一般性的评价,并提出我自己的解决方案。 347

一、序

(一)《2001 年第 231 号委任立法令》

《2001 年第 231 号委任立法令》(decreto legislativo)[1]引入了作为犯罪结果的法人责任。[2] 但是,对于应当采取何种责任形式并不是没有争议。本法以维护欧盟财政利益和打击腐败为目标,采取了一系列国际性对

* アッティリオ・ニスコ(甲斐克則=福山好典訳)「イタリア法における法人の責任」早稲田法学 90 巻 1 号(2014)。

[1] 「法人,会社,社団及び法人格なき社団の行政責任の規律」,2001 年 6 月 8 日の委任立法令。

[2] *Castadldo* wistra, 2006, S. 361ff. ; *Giunta*, in: Jahrbuch für Italientisches Recht 20 (2007), S. 195ff.

策。[3] 这些对策的实施为采用法人制裁体系提供了契机。不过,这一法人制裁体系的发展并没有被具有国际起源的这些目标所左右。这一制裁体系独立于刑法典之外,具有自身独特规定,其与狭义刑法体系的关系目前还没有定论。下面,我将对这一制裁体系进行详细介绍。

(二)意大利法中“法人不具有犯罪能力”的教义

采用某种形式的法人责任,为意大利带来了转变。[4] “法人不具有犯罪能力”(*societas delinquere non potest*)这一原理在意大利刑法中根深蒂
348 固。[5] 确立法人的刑事责任(strafrechtliche Verantwortlichkeit),除了要面对这一传统理论的质疑外,在意大利宪法上也存在障碍(至今仍然存在),即《意大利宪法》第 27 条第 1 项规定,刑事责任由人承担。由于法人与实行行为的自然人属于不同主体,以此为出发点,第 231 号委任立法令似乎违反了这一规定。[6] 显然,这一推论的基础不仅有特定的刑事责任观,还有特定的法人观。[7] 然而,关于这两种视角,并无继续挖掘的余地。早在 20 世纪 70 年代已有观点指出,“法人不具有犯罪能力”这一原理是有意义的形势政策无法支付的代价[8]。20 世纪 90 年代的一些学说主张通过特别适用于法人的有效行政制裁,在不违反宪法关于人的责任的要求下打击经济犯罪。[9]

---

[3] 2000 年法律第 300 号(Gesetz Nr. 300/2000)のタイトル。

[4] *De Simone* in:Garuti,Responsabilita degli enti per illeciti amministrativi dipendenti da reato, 2002,S. 57ff.;*Paliero* in:FS für Tiedemann,2008,S. 504;*Pelissero* in:Antolisei/Grosso,Manuale di diritto penale. Leggi complementari,Bd. Ⅰ,13. Aufl. 2007,S. 845ff.

[5] *Pasculli*,La responsabilita da <reato” degli enti collettivi nell’ ordinamento italiano,2005, S. 19ff.

[6] *Alessandri*,Art. 27 comma 1°,in:Branca/Pizzorusso,Commentario della Constituzione,1991, S. 150ff.

[7] *Bricola* Rivista italiana di diritto e procedura penale,1970,S. 951ff. ドイツの学説において,このテーマについては,*Jakobs* in:FS für Lüderssen,2002,S. 559ff.

[8] 前注 7 *Bricola*,S. 951ff.

[9] *Paliero* Rivista trimestrale di diritto penale dell’economia,1996,S. 1173ff.

（三）2001 年法案的解决（方法）

2001 年的法案采取了特别的解决方案。一方面，立法者注意到采取促进法人处罚适用的刑事政策的必要性，特别是当集体性组织成为损害刑法所保护法益的危险源时，有必要对该组织自身进行制裁。但另一方面，立法者并没有解决对法人进行刑事处罚的合宪性这一理论问题。为了避免违宪行为，本法将法人责任规定为“刑法上的责任”[10]。但根据立法理由书[11]的记载，这一责任实际上是介于刑事责任和行政责任之间的一种“第三类型”（tertium genus）的特别行政责任。[12] 这一特殊责任以符合犯罪构成要件为前提，在符合犯罪构成要件的行为人（自然人）被判决有罪的刑事程序中一并查明。根据立法理由书，由于该法定制裁相当于《欧洲人权条约》第 6 条规定的“刑事上的罪责”（matière pènale），因此法人必须受刑事程序的各项保障。[13]

基于以上这些理由，本法将自然人相关的若干典型的刑法上的保障特别是罪刑法定主义（Gesetzlichkeitsprinzip）、责任主义（Schuldprinzip）的适用范围扩大至法人。根据立法理由书，这一责任的特征是兼顾“预防效率” 349
（präventive Effizienz）与“最高保障”（höchste Garantie），[14]具体反映在下文第二部分分析的归责标准。但是，对此仍然存在尚未解决的疑问及问题，这将放在第三部分进行说明。

二、规定的说明

（一）范围

以下首先讨论的是法人的责任范围，即什么样的集体、什么样的犯罪，

[10] 前注 1 及该法第 1 章（Capo Ⅰ）。

[11] Relazione al Decreto legislativo 8 giugno 2001 n. 231, in：前注 4 Garuti, S. 432ff.

[12] Relazione al Decreto legislativo · 前注 11, S. 439ff.

[13] Relazione al Decreto legislativo · 前注 11, S. 444.

[14] Relazione al Decreto legislativo · 前注 11, S. 435.

以及什么样的行为人能够成为规制对象。

1. 法人的范围

本法以法人、公司、社团以及不具有法人资格的社团,以及(1)国家及地方公共团体(例如,州、县及市、镇、村)、(2)公法上的非营利性组织、(3)具有"宪法上的关联性"的团体以外的所有团体为适用对象。[15] 这些概念在刑法上都有其定义。但是,"宪法上的关联性"这一表述目前仍然较为含糊,既可以认为是指其功能在宪法规范中存在连接点的所有团体,也可以理解为仅限于宪法明确提及的团体。[16] 迄今为止,这一问题在学说和判例上都没有解决。但是,我认为前者的观点失之于宽,因为几乎在一切活动中都可以找到与宪法规范的联系。如果按照后者的意见,那么在医疗保健业中,将不能再让私立医院承担责任。[17]

2. "前提性犯罪构成要件"的概念

法人责任的前提是符合犯罪构成要件。[18] 法人责任,被预先确定为符合法律上的"一览表"所列出的构成要件的结果,这一构成要件被称为"前提性犯罪构成要件"(vorausgesetzter Tatbestand)。最初,"一览表"仅限于对国家或者其他公法上的团体造成损害的欺诈、为取得公共补助金的欺诈、行贿
350 罪等少数犯罪的构成要件。随着时间的推移,构成要件的数量逐渐增加。目前,"一览表"包括公司关系罚则、洗钱、滥用市场、计算机犯罪、恐怖主义、奴隶性拘束、人工贩卖、女子割礼[19]、儿童色情、跨越国境等犯罪。[20] 2008年3月以后,该"一览表"终于扩展至过失犯罪,即违反劳动保护和安全规定

[15] 2001年委任立法令第231号(Decrto legislativo Nr. 231/2001)第1条。

[16] *Sgubbi*, Sanità pubblica e private. Rivista di diritto, economia e management 2/2008, 11; *Sgubbi/Manes* ius@ unibo. it 1/2009, S. 216ff.

[17] *Sgubbi* · 前注16,12。

[18] 2001年委任立法令第231号2条。

[19] 2001年委任立法令第231号24条以下。

[20] 2006年法律第146号(Gesetz Nr. 146/2006)。*Astrologo*, Responsabilita amministrativa delle società degli enti 3/2006, S. 111ff.

相关的过失致死伤。[21] 2009年7月,(犯罪组织及黑手党)等组织犯罪也被纳入其中。[22] 奇怪的是环境刑法(Umweltstrafrecht)至今还没有被列入。[23] 可以看到,法人的犯罪化是在经济刑法(Wirtschaftsstrafrecht)[24]之外进行的。立法者显示出逐渐扩大"前提性犯罪构成要件"的倾向,在最近几乎所有的修改中,对于法人的制裁相较于对自然人的刑法而言,变化令人吃惊!

3. 作为前提性犯罪构成要件下行为人的自然人

法人责任的另一前提是,该构成要件由法人内部或者在部门内部处于管理者、代表者或者掌控者地位的自然人来实现。事实上对法人进行管理、控制的自然人也在这一范围之中。[25] 这一自然人以"上位者"[26]为特点,可以称为上司(Vorgesetze)。另外,法人责任是可以通过受上司指挥、监督下的自然人实施的犯罪而产生的。[27] 这些行为人可以称为部下(Untergeordnete)。[28] 即使自然人未被特定化为行为人,也可以认定法人责任。[29] 基于这一原理,本法还预备了针对"组织化的无责任"(organisierte Unverantwortlichkeit)[30]的措施。然而,这一假设在实务中还从未获得应用。

(二)归责标准

为了将前提性构成要件归责于法人,本法制定了两个标准,"关心"(Interesse)或"利益"(Vorteil),以及"组织模式"(Organisationsmodelle),以下分 351
别作简要介绍:

---

[21] 2008年法律第81号(Gesetz Nr. 81/2008)。

[22] 2009年法律第94号(Gesetz Nr. 94/2009)。

[23] *P. Pisani/Insinga*, Responsabilità amministrativa delle società e degli enti 1/2010, S. 109ff.

[24] 「経済刑法」の概念については, *Tiedemann*, Wirtschaftsstrafrecht AT, 3. Aufl. 2010, S. 15.

[25] 2001年委任立法令第231号5条1項a号。

[26] 2001年委任立法令第231号6条によれば「Soggetti in posizione apicale」である。

[27] 2001年委任立法令第231号5条1項b号。

[28] 2001年委任立法令第231号7条によれば「Soggetti sottoposti all'altrui direzione」である。

[29] 2001年委任立法令第231号8条。

[30] *Heine*, Die strafrechtliche Verantwortlichkeit von Unternehmen, 1995, S. 31ff.; *Schünemann*, Unternehmenskriminalität und Strafrecht, 1979, S. 30ff.

1."关心"或"利益"

行为必须在法人"关心"的范围内或者为法人"利益"而实施。"关心"是指作为前提性构成要件之后隐藏的目的。作为前提性构成要件下的行为人具有通过该犯罪使法人获利的目标时,就存在该前提。与此相对,"利益"是指法人通过该犯罪取得的客观利益,与行为人的目标无关。[31] 在过失犯罪纳入其中后,产生了这些标准能否与过失犯罪共存的问题。追求(特定)目标被认为不符合过失的构成要件。[32] 而且,在违反劳动保护和安全规定的过失致死伤的构成要件中,"利益"这一标准也会陷入困境,因为导致员工死伤,对企业来说并不是某种客观利益。[33]

2."组织模式"

(1)概念

第二个归责标准是"组织模式"的不完善。"组织模式"一词是指能够降低行为在上述要件下被实行风险的、适当的组织对策。怠于建立"组织模式"本身并不会招致制裁。但是,在行为被实施的情况下,法人可因以下原因承担责任,包括:①该法人没有设置组织对策;②该法人现行组织对策没有得到有效实施;③该法人没有做好充分监督现行组织对策的准备。[34] 为了完成对组织模式有效性的控制任务,达到一定规模的法人必须任命管理机构,负责实现组织模式并监督其被遵守的情况。[35]

(2)内容

组织模式内容的具体化有各种各样的来源,可以分为以下三种:第一大

---

[31] Cassazione penale Nr. 3615/2006. *Astrologo* Indice penale,2003,649ff.;*Selvaggi*,L'interesse dell'ente collettivo,2006,S. 11ff.

[32] *Aldrovandi* Indice penale,2009,S. 495ff.;*Ielo*,Responsabilità amministrativa delle società e degli enti2/2008,S. 57ff.;*Lanzi* in:Curi,Sicurezza nel lavoro 2009. S. 35ff.

[33] *Sgubbi*·前注16,13。特拉尼地方法院(Tribunale di Trani)在2009年10月26日的判决中认为,通常而言相当多的组织性懈怠对于法人来说符合其经济利益,因为法人通过这样的懈怠节约了相应的组织性成本。

[34] 2001年委任立法令第231号6条および7条による。

[35] 2001年委任立法令第231号6条1項b号。この統制機関については,*Alagna* ius17@unibo. it 2/2008,S. 571ff.

来源是法律上的指令,本法规定了组织模式内容的最小限度。依其规定,组织模式包括:①确定存在犯罪风险的活动和部门;②为避免实施犯罪,预先确定决策下达和实施的经营程序;③确定资产管理方法,以防止资产被用以 352
实施犯罪;④预先确定控制机构的通报义务;⑤对逃避获得采用的组织对策的行为进行制裁,确立惩戒制度。[36]

第二大来源是民间团体的指南(Guideline)。本法预先规定,特定行业的代表团体可以公布指南,各行业内的法人可以将该指南作为范本用以确定实施"组织模式"。[37] 指南包括以下内容:①关于各行业风险管理的建议;②关于控制机构,特别是其结构及成员独立性的建议;③关于法人应当制定的伦理规范的建议;④关于对违反构成组织模式的制裁以及组织内部对违反行为的通报标准的建议。这些指南可以报告至司法部,司法部可对此提出意见(如果存在)。[38] 但是,这种官方的意见绝对不能理解为对被报告指南的质量保证。以这种"公认"指南为依据的组织模式,其本身不能当然评价为"适当"。同时,不依据指南的组织模式也可能是适当有效的。[39]

第三大来源是组织本身。组织模式的内容由各个法人规定。结果是,各个法人的管理者考察组织的具体情况,采取必要且最有可能获得实施的改善措施。[40] 通过这种多阶段的构造,最终在民间与国家的合力下形成所谓的"规制下的自主规制"(regulierte Selbstregulierung)[41]模式。

(3)理论上的定位与功能方法

通过组织模式,立法者实现了"适法制度"(Compliance-Programme)相

[36] 2001年委任立法令第231号6条および7条。

[37] 例えば,工業団体(「Confindustria」)のガイドラインである*Confindustria*,Linee guida per la costruzione dei modelli di organizzazione,gestione e controllo ex d. lgs. 231/2001,neue Fassung,31. 3. 2008,www. confindustria. it(2010年6月28日現在)を見よ。

[38] 2001年委任立法令第231号6条3項。

[39] *Pelissero*・前注4,S. 873。

[40] *Bastia*,in:Palazzo,Societas puniri potest. La responsabilità da reato degli enti collettivi,2003,S. 48ff.

[41] *Pieth* in:FS für Jung,2007,S. 718.

关的北美经验与“组织过失”[42]理论构想的协调。在意大利法中,“组织模式”是“适法制度”[43]的同义语。[44] 但与美国法不同的是,意大利法中的适
353 法制度应用于归责,并非专门应用于量刑。[45] 关于这一规定的基本思路,一是如果制裁仅限于威慑,那么不足以消灭法人犯罪,也不会对企业组织产生影响;二是在进行制裁时,有必要采取与企业相适应的特别形式的责任。这样立法者就可以按照其计划的那样兼顾效率和保障。

作为归责标准,组织模式具有两种功能。当犯罪行为由“上司”实施时,法人应当证明存在组织模式,并视情况证明其适当性。[46] 而且,法人必须证明行为人以不正当意图逃避组织模式的控制。[47] 当犯罪行为由“部下”实施时,举证责任应服从刑事诉讼的一般原则。[48] 尽管如此,判例有时还是会承认有利于检察工作的举证责任的转换。[49]

组织模式对于制裁的裁量也具有意义。即便是在经侦查确认法人未设置组织模式的情况下,如果法人在公开审理前采用了组织模式,该法人也可因此得到减轻处罚。[50]

3. 制裁

为保持内容完整,对制裁作简要概述。[51] 本法[52]规定了四种制裁,包括,(1)金钱制裁;(2)禁止经营及个别情况下的最终停止;(3)没收;(4)公布有罪判决。在最近的修改中,提高了金钱制裁的数额。但是,从经济角度

[42] *Tiedemann* NJW 1988,1172.

[43] *Sieber* in:FS für Tiedemann,S. 449ff.

[44] *Pelissero*・前注 4,S. 503ff.

[45] *Paliero/Piergallini*,Responsabilità amministrativa di società ed enti 3/2006,S. 167ff.

[46] 2001 年委任立法令第 231 号 6 条 1 項。

[47] 2001 年委任立法令第 231 号 6 条 1 項 c 号。

[48] 2001 年委任立法令第 231 号 7 条。

[49] Tribunale di Napoli,ordinanza 26. 6. 2007.

[50] 2001 年委任立法令第 231 号 12 条 2 項 b 号および17 条。

[51] *Pelissero*・前注 4,S. 885ff.

[52] 2001 年委任立法令第 231 号 9 条。

考虑,这并不是立法者深思熟虑的结果,因为这将大大损害员工和股东的利益。[53]

三、重点

在《2001 年第 231 号委任立法令》实施后,特别是在“前提性犯罪构成要件”扩充后,产生了一系列问题。限于篇幅,以下仅举出三点: 354

(一)责任的性质及其对实务的影响

第一个问题是关于责任的性质。本法实行后,学界对于是否存在真正意义上的法人刑事责任的问题进行了回答,存在各种各样的观点。[54] 通说主张的是法人的刑事责任说,理由是这一责任通过刑事程序查明,通过类似刑法的措施,从背后控制被实施制裁的犯罪行为。[55] 这一观点在最高法院(Kassationshof)审判的旁论中也有体现。[56] 对其他学说来说,刑事责任并不是问题,[57]其论据多种多样,在此不作详细展开。刑事责任的前提和效果是无法并存的,行政责任的法律定义为这一观点提供了论据。[58] 对于这一学说而言,组织过失绝不是刑法意义上的责任。[59] 本法之所以合乎宪法,正是因为本法没有预定刑事责任,而且不能预定。[60] 这一全貌值得注意。尽管有着各种各样的观点,却没有论者将这种新的责任形式评价为违

---

[53] *Sgubbi*・前注 16,12。金銭制裁の短所については,*Schünemann* in:FS für Tiedemann, S. 439f.

[54] *Guerrini*,La responsabilità da reato degli enti,2006,S. 79ff. ;*Pasculli*・前注 5,S. 136ff.

[55] *Donini*, I 1 volto attuale dell'illecito penale, 2004, S. 45ff. ; *Musco* Diritto e giustizia23/2001,8 f. ,82;*Padovani*,Diritto penale,Ⅸ. Aufl. 2008,S. 93;*Paliero* Corrieregiuridico,2001,848ff.

[56] *Cassazione* penale Nr. 3615/2005.

[57] *Marinucci* Rivista italiana diritto e procedura penale 2002, 1203ff. ; *Romano* Rivista delle società 2002,404ff.

[58] *Ruggiero*,Contributo allo studio della capacità penale,2007,S. 211.

[59] *Alessandri* Rivista trimestrale di diritto penale dell'economia,2002,S. 54ff. ;前注 57 *Romano*, 404ff.

[60] *Romano*・前注 57,S. 404ff.

宪,因为无论何人都把新法当作自己关于法人处罚这一主题的学说的论据。[61]

在这一讨论中,问题并不仅仅是理论上的精致性,责任性质问题有其实际意义。[62] 例如,在刑事程序中与法人对抗的民事当事人这一争议性问题,受害人是否有权在刑事诉讼中以犯罪为由向法人提出民事诉讼,要求赔偿损失? 根据《意大利刑法典》第 185 条,只有存在可罚性行为时才可以提出这一主张。根据 2001 年的立法令,是否在法人负有责任的情况下也可允许这一主张? 该法对此未置可否,这一问题至今也没有定论,原因就在于责任形式的二象性[63]。

(二)组织模式评价的逻辑错误

第二个问题是在将组织模式作为归责标准时可能出现的错误。对于某
355 一组织模式,法官需要探讨的是它是否能够避免行为被实施? 或者至少对行为实施造成困难? 这一方法的前提是回溯到行为的实行节点对组织模式进行评价。[64] 另外,不能忘记的是,法官必须根据与具体行为的关系来评估组织模式的适当性和有效性。例如,假设作为前提的犯罪是内幕交易(涉及企业信息架构的犯罪)时,即使对企业的财产结构进行调查,也没有多少意义。在员工死亡的情况下,即使进行资产调查亦是如此。[65]

在实务中,可以看到对比的倾向。根据判例,犯罪的实施是组织模式不当的充分证据。[66] 而且,脱离具体构成要件的构造,对组织的各个方面进

[61] *Pulitano* Rivista italiana di diritto eprocedura penale 2002,418.

[62] *Astrologo* Indice penale 2005,1003ff.;*Guerrini*·前注 54,S. 30ff.;*Stortoni/Tassinari* Indice penale 2006,8f.

[63] イタリアの株式会社の団体(「Assonime」)の経験的調査である *Assonime*, Indagine sull'attuazione del decreto legislativo 231/2001,Mai 2008,S. 5. www. assonime. it(2010 年 7 月 28 日現在)。*Fondaroli*,ius17@ unibo. it 2/2008,441ff.;*Grosso* Rivista italiana di diritto e procedura penale, 2004,S. 1335ff.

[64] *Ielo* in:Palazzo/Paliero,Commentario breve alle leggi penali complementari,2. Aufl. 2007, S. 2312f.

[65] *Ielo*,ilSole24ore,3. 3. 2008,S. 31.

[66] *Assonime*·前注 63,S. 8;*Sgubbi/Manes*·前注 16,S. 231ff.

行调查,导致了组织的一切不完善之处都被凸显。[67] 这样,组织过失就变成了集体的“存在”,这并不妥当。[68] 在实务中,目前仅有1个判例将组织模式评价为“适当”。[69]

(三)个人面临的新风险

第三个问题是法人责任超出预期地扩张至自然人刑事责任的风险,[70] 这并不是新法所期望的。必须反对的是,认为“某些犯罪与其说是特定个人的行为,不如说是组织不健全的结果,在此情况下采用法人责任是为了克服对自然人特别是企业管理者的归责困难”。[71] 只要组织模式要求了能够被评价为“保障人地位”的一系列控制机构,这样的目的就是偏离主题的。[72] 这种“保障人地位”以怠于避免犯罪为理由,创造出让控制负责人承担刑事责任的前提。而且,组织过失的框架正在被转用到自然人层面。根据这一框架,由于法人管理者及控制机构在降低犯罪风险方面采取了不适当的组织性对策,因而具有可罚性。[73] 356

四、个人观点

在意大利,法人责任制度几乎是实验性的采用,其在法律上的扩张和具

[67] *Ielo* in:Spagnolo,La responsabilità da reato degli enti collettivi,2006,S. 95.

[68] 在克劳斯·蒂德曼提出的概念中,与行为相关的“事前过失”(Vorverschulden)已经被当作问题(*Tiedemann* NJW 1988,S. 1173)。*Paliero*·前注4,S. 507。

[69] Tribunale di Milano,Entscheidung vom 17. 11. 2009. 在米兰地方法院(Tribunale di Milano)2007年9月13日所作判决中,所涉组织模式被评价为适当,但只涉及处罚尺度,参照*Assonime*·前注63,S. 7。

[70] 这种危险可以在比较法中找到证据。スイス刑法については,*Cassani* in:Berthoud,Diritto penal des affaires:La responsabilità pènale du fait d'altrui,2002,S. 68ff.;*Wohlers* in:FS für Riklin,2007,S. 301。

[71] *Sgubbi*·前注16,11。

[72] *Alddrovandi* Rivista trimestrale di diritto penale dell' economia,2007,S. 445ff.;*Gargani*,Diritto penale e processo 2002,S. 1065ff. 在德国,(尽管并非主流观点)肯定了适法官的保障人地位,BGH NJW 2009,3173。

[73] *Sgubbi*·前注16,11。已有判例认可《2001年第231号委任立法令》公布后以组织模式懈怠为由的管理者民事责任(Tribunale di Milano,Entscheidung vom 13. 2. 2008)。

体适用遇到了很大困难。立法者主张“预防效率”应与“保障”兼顾,实际却转向了效率优先。尽管本法具有不确定性,但正因为如此反而是有效率的。[74] 换言之,各企业及其代表团体通过顾问和专家与国家合作,使不明确的禁止和命令具体化。法官必须从自身立场出发,确定新的模糊范畴的界限。在此,简单描述随着 2001 年立法令的展开而趋于明朗的风险。

讨论的出发点是法人责任没有作为刑事责任来构筑。本法采用了“行政”责任的提法,这一点不容忽视。[75] 不论在何种程度上强调这一行政责任的特殊性,将其理解为“第三类型”,其始终不是刑事责任。因此,不能适用《意大利刑法典》总则的规定,特别是共犯的规定以及与犯罪的民事效果有关的规定。而且,法人责任规定内部不详之处,也必须通过《违反秩序法》[76]来填补。[77] 即便如此,也不排除在制裁可能对自然人生活造成重大干预的情况下,法人的“非刑事”责任必须注意若干刑法上的保障。但是,就法人的“非刑事”责任而言,没有必要适用这种无益于保障的刑事归责标准。

对于组织模式,必须理解这一宗旨。在法人身上并不能体现真正意义上的责任,[78]法人责任仅仅是对组织性缺陷的一种非难。因此,法人责任并不需要符合责任主义的归责标准,而仅仅是对“犯罪的组织性形态”(kriminelle Verbandsattitude)[79]进行制裁,并视情况采取必要的纠正手
357 段。[80] 组织模式,只不过是一种手段,不应采取与自然人责任相似的构筑。换言之,组织过失不属于也不需要属于刑事责任。

---

[74] 不明確性と「効率性」という新たな概念との関係については,*Sgubbi* Rivista italiana di diritto e procedura penale 2001, 1193ff. の批判的な論評を見よ。

[75] *Pulitanò*, in: Trimarchi, Rappresentanza responsabilità degli enti collettivi, 2007, S. 259ff.; *Stortoni/Tassinari*・前注 62, S. 10。

[76] 1981 年法律第 689 号(Gesetz Nr. 669/1981)。

[77] *Pulitanò*・前注 75, S. 259.

[78] *Schünemann*・前注 53, S. 430ff. およびそこに掲載された文献。

[79] *Schünemann*・前注 30, S. 22f.

[80] *Schünemann*・前注 53, S. 439ff.

与此相对,罪刑法定主义是法人责任应当符合、也必须符合的原则。[81]因此,不能通过一般性的法律命令将复杂且成本高昂的具体任务强加给民间团体来实现组织模式的功能性。在若干惩戒领域,组织对策应当根据法律和官方监管机构发出的命令来确定,例如劳动刑法(Arbeitstrafrecht)、资本刑法(Kapitalmarktstrafrecht)或者洗钱等情况。在这些情况下,为了避免犯罪发生,长期以来已经开发积累了一些特别的方法。在许多领域必须考虑的是,组织模式必须由个别的组织义务和对策进行补充[例如金融市场刑法(Finanzmarkstrafrecht)或劳动刑法领域]。此时与法人责任无关,企业采取一定的组织对策是预先确定的事情。值得追求的是使这些法律渊源与2001年第231号委任立法令更好地协调。

明确区分组织过失和责任,或者说明确区分法人的"非刑事"责任和自然人的刑事责任,最终将有助于抵御"污染"刑事归责标准的尝试。[82] 企业的组织义务的确可以作为保障人义务的依据,但是,不作为可罚性的基础前提并不是单纯抽取形式上的义务,[83]也不能等同于法人的归责标准。[84]

五、结语

法人责任是打击经济犯罪的必要条件。为此,有必要采取新的概念。[85] 但是,不能因此在刑法中掺入"暧昧模糊"的法律概念,[86]特别是为了抑制(经济犯罪)的必要性而将其作为刑法、行政法上的一种责任形式。

---

[81] 根据1981年第689号法律第1条以及《2001年第231号委任立法令》第2条,罪刑法定主义也适用于行政制裁。

[82] *Romano* Rivista italiana di diritto e procedura penale 1995,1037.

[83] *Sgubbi* Responsabilità penale per omesso impediment dell' evento,1975.

[84] 法律责任基于组织内部犯罪构成要件实现风险的增加,而根据《意大利刑法典》第40条,自然人责任需要查明不作为与结果的因果关系。*Picotti* Rivista trimestrale di diritto penale dell' economia,2007,663f.

[85] 关于这一概念的具体性和有效性问题至今仍未解决,德国对此存在多种观点。*Bussmann* NStZ 2006,S. 203ff. ;*Hefendehl* ZStW 119(2007),S. 816ff. ;*Sieber*・前注43,S. 473ff.

[86] 暧昧模糊的论证与法律理论是不能兼容的。*Puppo* Rivista internazionale di filosofia del diritto 2006,221.

本文介绍了意大利法秩序中的潜在风险。上述对于新的集体责任的批判，不是为了重启前一刑法时代的思想，相反，这种批判是为了促进对犯罪团体及其代表者制裁的正当执行。

（原标题为：*Attilio Nisco*，Verantwortlichkeit juristischer Personen im italienischen Recht，GA 2010，S. 525–534）

第十七章　芬兰法人刑事责任的规定*

[芬]雷莫·拉赫蒂

一、经济刑法强化、细分化的例证之一——法人刑事责任的引入 363

芬兰于 1972 年至 2003 年对刑法典进行了全面修订,其中经济刑法是核心部分。在这次修订中,对刑法典各则若干规定的讨论以及对各则的分章,目前还未结束,但 1889 年《芬兰刑法典》的再编纂于 2003 年事实上完成了。[1] 1990 年、1995 年、2003 年的三个法案对于经济刑法的规定进行了修改。有关具有真正刑事可罚性(echte Kriminalstrafbarkeit)意义的法人刑事责任的基本规定,设置于修改后《芬兰刑法典》(GBl. 743/1995)的第九章。刑法典总则中与之相关的、最为重要的各项规定,则是在 2003 年追加的。

经济刑法的目的、效果及界限对于法人刑事责任的规定具有重要影响。对于修改经济刑法的目的,应当以全面修改刑法的整体目的为背景进行观察。刑法委员会(Strafrechtskomittee)的修订工作被赋予的最重要任务是确

---

* ライモ・ラハティ(甲斐克則監訳;福山好典=天田悠=北尾仁宏訳)「フィンランドにおける法人の刑事責任の規定について」比較法学 48 巻 3 号(2015)。

[1] さしあたり,(2005 年 10 月 1 日現在の)フィンランド刑法を見よ。*Karin Cornils*, *Dan Frände* および*Jussi Matikkala*の翻訳と概論 Max-Planck-Institut für ausländisches und internationales Strafrecht,2006がある。

定什么具有可罚性，以及对于各犯罪应当予以何种程度的严格处罚。为了确定各种行为的可罚性及法定刑，一个模型被提出了。根据这个模型，首先要判断行为类型的不利益性及非难可能性，其次要对行为犯罪化产生的利益与不利益与其他处理方案进行比较衡量。该委员会特别强调了刑法制度的特征效果，即刑罚威慑的间接效果和象征意义。由于处罚规定的存在，不
364 管是谁都能了解社会中核心的禁令以及命令。刑罚威慑的客观存在以及其在实务中的运用，表明社会权威对于行为的否定，进而对社会法律观念及道德观念的形成产生影响。[2]

刑法典修订的准备工作反映了对于刑法制度一般预防效果以及正义(Gerechtigkeit)、人道主义(Humanität)原理重要性的理性信赖，后者是刑法正当性的基础所在。减少犯罪行为及其危害的前提，是对犯罪行为进行多方面且富有成效的打击，并建立有效的刑事防控体系。对于刑事防控体系的期待是具有可靠性(Glaubwurdigkeit)和可接受性(Akzeptierbarkeit)。换言之，这个体系的功能性、正确性和妥当性必须值得信赖。但是，法定刑以及个别刑罚的轻重，只不过是影响这个系统整体功能的一部分。因此，如果仅仅基于与传统财产犯罪的法定刑的平衡，根据经济刑法规定确定法定刑，那么显然无法有效实现对经济犯罪行为的预防和控制。整个刑事程序，即担负使行为人承担刑事责任这一职责的各种部门(监督官厅、警察厅、检察厅及审判所)的活动条件，对刑法系统的有效性具有决定性意义。

尽管如此，正如刑法委员会所言，具有刑罚震慑功能的刑法规定，对于减少和控制经济犯罪行为仍发挥着固有的重要作用。不过，在修订刑法时，芬兰是否像其他国家那样推动刑法系统统一管控经济活动中的滥用行为，或者促进劳动安全与环境保护？刑法是否只具有纯粹的象征意义？围绕这

[2] Komiteebericht 1976:72, Kapitel Ⅱ-Ⅳ. Lahti/Nuotio(Hrsg.), Criminal Law Theory in Transition/Strafrechtstheorie im Umbruch. Finnish Lawyers ‘ Publishing Company, Helsinki 1992; *Lahti*, Das Wirtschaftsstrafrecht in der Gesamtreform des Strafrechts in: Festschrift für Klaus Tiedemann, Carl Heymanns Verlag, 2008, S. 61ff.

些问题的批判性讨论还在活跃进行。[3]

按照欧盟的竞争法模式，在有关限制竞争的法律中将违反竞争法的课征金制度作为一种当然的行政处罚予以采纳。不过，对于以欧盟模式示范效应为由在竞争法和有价证券市场法领域特设惩罚性行政处罚，在刑法全面修订时并未实质上考虑。因此，在没有与经济刑法领域刑事处罚进行比较的基础上对惩罚性行政处罚的利弊进行系统探讨，是芬兰在这一问题上的一大缺憾。 365

二、芬兰的法人刑事责任

从法律体系的国际动向出发，刑法委员会提出的重要改革构想中包括与引入团体刑事责任有关的提案。也就是说，团体（法人）本身也可承担刑事责任。遵从这一构想，芬兰于 1995 年在刑法典中引入了法人刑事责任（《芬兰刑法典》第九章：743/1995）。[4]

对于法人活动中实施的犯罪，则是通过单行规定予以公布。这些犯罪最初是指：行贿罪（《芬兰刑法典》第十六章第 18 条：563/1998），补助金犯罪（《芬兰刑法典》第二十九章第 10 条），商业犯罪的大部分（《芬兰刑法典》第三十章第 13 条），洗钱及其他重大赃物关联犯罪（《芬兰刑法典》第三十三章第 8 条），配售犯罪、走私犯罪（《芬兰刑法典》第四十六章第 14 条），以及环境犯罪（《芬兰刑法典》第四十八章第 9 条）。尽管在广义的经济犯罪行为领域，这种新的刑事责任的必要性最为突出，但这些犯罪行为所对应的犯罪类型（如逃税犯罪、会计犯罪、债务人犯罪以及劳动犯罪）并未被全部纳入刑事责任范围。立法理由书中强调了平衡刑事政策的必要性与刑法谦抑主义的

[3] とりわけ研究コロキウム「フィンランド刑法典の 100 年（Finnisches strafgesetz 100 Jahre）」における批判的な諸論稿，in：Lahti/Nuotio（Hrsg.），Criminal Law Theory in Transition，a. a. O.（前注 2），特に Kap. Ⅱ ならびに *Hassemer*，Kennzeichen und Krisen des modernen Strafrechts，S. 113ff。

[4] *Riihijärvi*，Criminal Liability of Corporations－Finland，in：de Doelder/Tiedemann（eds.），La Criminalisation du Comportement Collectif，1996，S. 203ff.

意义。此后,法人刑事责任的领域不断扩大,特别是随着欧盟规则的扩大,这种责任形式也扩展到了劳动保护领域的犯罪。

在芬兰,关于法人刑事责任的规定已生效约 20 年。立法理由书中提出的极少对公司处以罚金刑的设想,在最初的数年间得到了验证。当时,法院根据《芬兰刑法典》第九章审理的团体责任案件只占少数。在 2003 年法律修订前,检察机关基于《芬兰刑法典》第九章对具有惩罚性质的起诉具有充
366 分的裁量空间,这是影响团体责任案件数量的原因之一。此后,法人被要求承担刑事责任的案件数量越来越多。最高法院判例 OGH(KKO) 2008:22 以及 2009:1 提供了先例。

实务中适用仍然相当少的原因之一,是《芬兰刑法典》第九章容易成为受到批判的象征性刑事立法的代表。第一,一般而言,对该犯罪类型追究刑事责任的案例相当罕见。第二,为适用这类非常棘手的规定,监督机关、侦查机关以及检察机关必须将团体责任的成立作为其工作的重点领域。为此,有必要组织管辖机关接受对于新责任形式原理的研修,在查明团体责任的前提情况和作出起诉判断上投入更多资源。

谦抑性地利用法人的刑事责任制度,除了要解决查明团体刑事责任的能力低下这一问题,还应当加强对发展替代性手段的支持力度。刑法委员会提出了多种手段,并以个人责任追究的实效性为中心。在引入公司刑事责任的同时,也应当强调公司活动中对于犯罪行为的个人责任,并强化规制措施推动对个人责任的追究更富实效。这一立足点在之后的规制方案中也得到了强调。因此,必须在使法人本身可以承担刑事责任的同时,针对以法人名义或者为法人利益而实施行为的一个或数个自然人的刑事责任,建构更加严密的责任分配原理。

这一出发点属于立法的准备工作,对其作进一步细化是适当的,而仅作立法上的明确是不够充分的。更为可取的方法是对于法人活动范围内的犯罪活动,将责任论贯彻始终,推动刑法理论研究进一步向前发展。而且,随着企业(更广义上说是组织)社会意义的增大,对于组织犯罪、公司犯罪及其

规制进行研究的必要性也在提高,这一动向是以福利国家为特征的刑法现代化的事例之一。在这一变化过程中,刑法系统不再继续维持统一的形态, 367
而是产生某种细分化系统,刑法系统是在法学的体系观点的意义上适用,还是在社会学的控制机制意义上适用,现在就没有那么重要了。

与此相对应,外国的法学学说对于刑法上的企业责任以及公司刑法上的各种问题的研究不断深化。这一考察与经济刑法密切相关。因为一般来说,受到关注的是企业活动或者营业活动内实施的犯罪,而经济犯罪正是其中的典型。值得注意的是,在这样的法律分析中,团体责任的要件、个人责任的要件以及制裁在相互并行的状态下进行探讨。在芬兰的讨论中,两种责任形式被作为一个新的责任体系下相互作用的组成部分,并且可以在平行的刑法理论思考模式的基础上进行评价。尽管在通过《芬兰刑法典》第九章时,并未努力推动这些不确定的责任形式相互适应、融为一体。

这里想和瑞典引入法人刑事责任的法案(1997 年)进行比较,这一法案没有通过。在瑞典,保全处分作为可对法人处以的制裁之一,具有与没收相同的效力。根据这一法案,判处公司罚款的可能性主要与在营业活动范围内进行的犯罪有关。对于这样的犯罪,可以根据企业责任(刑事责任分配)原理对自然人作出有罪判决。这一责任最重要的原理是基于法定,对于不太严重的犯罪,由法人承担刑事责任成为第一位的追诉选项。

瑞典为协调公司责任与个人责任而提出的这种规制方法,对芬兰立法的完善也有意义。对于政府机关而言,这样的规制方法易于适用并可一以贯之。这一决断与芬兰的公司责任模式基于相同的基本观点。考虑到法人
刑事责任与个人刑事责任相联系的原理,这些责任形式之间的选择必须比 368
以往更加明确。

三、企业、协会以及其他团体犯罪行为下的自然人责任以及自然人以外责任的相互作用

在引入法人刑事责任的同时,《芬兰刑法典》(578/1995)修改时,在劳动

犯罪及环境犯罪的新章节(《芬兰刑法典》第四十七章第7条及第四十八章第7条)增设了与个人刑事责任分配[也就是关于法人及其代表的责任(*Organund Vertreterhaftung*)]的有关规定。在讨论这一责任形式的要件时,应当关注由法人或相当于法人的组织在其活动中实行的犯罪。在古典的刑法一般理论中,刑事责任的分配,最重要的是与共犯、不作为责任以及过失等相关原则的联系。

对组织犯罪行为中个人刑事责任的规定值,是负责刑法全面修订的司法部项目组织(刑法项目)中刑事责任论领域的最后一个问题。刑法项目下设置的工作组制定了两个规制草案,根据始终得到多数意见支持的第1个草案,在有关未遂及共犯的章节中规定为他人实施的行为,同时在新《芬兰刑法典》中增加关于不作为的可罚性的总则规定。而根据第2个草案,应当在刑法典总则中插入相当于刑法典第四十七章第7条及第四十八章第7条的法条,广泛替代各则规定。2003年刑法典总则的修改中增设的相关规定(《芬兰刑法典》第五章第8条)如下:

为法人目的之行为

(1)公司、财团或者其他法人的法定机关或者管理层组成人员,以及在法人内部行使事实上决定权或者基于公务、业务、委托关系为其他法人目的之行为人,即使并不完全符合各则关于正犯的构成要件,只要法人符合该构成要件,就可以其活动范围内实施的犯罪行为为由予以处罚。

369 (2)犯罪行为发生在运营者的运营中或者可以视为法人活动的其他组织体活动范围内的,可以准用第1项规定[5]。

(3)存在其他规定时,不适用该规定。

下面要探讨的是刑事责任分配及其规制相关的法律问题,首先想要介

---

[5] 少数派赞同的规定如下:对于法人活动中犯罪行为的刑事责任分配(第1项与多数派支持的规定相同),在法人活动中或者为法人目的实施犯罪行为的情况下,因作为或不作为导致犯罪行为现实化的人,应当作为正犯判决有罪。在作出评价时,除根据犯罪构成要件推导出的前提情况外,还必须考虑该行为人在法人中的地位、其任务及权限的种类、范围及明确性,以及其职务上的适格性(第3项与多数派认可的第2项相同)。

绍的是问题背景。这一考察主要试图阐明的是团体刑事责任与个人刑事责任的关系以及对其产生影响的原理。我将以最高法院的判例为切入点进行探讨。

可以看出,法人活动范围内实施的犯罪行为下的个人可罚性与团体可罚性,存在传统共犯规定和不作为责任相关理论难以处理的特性。1995 年的修订从真正意义上的法人刑事可罚性着手,标志着在法人犯罪中承认了新的责任形式。因为,个人的可罚性在传统的法律实务和学说中已获得承认。劳动犯罪的章节和环境犯罪的章节中插入了有关个人责任分配的各则规定(《芬兰刑法典》第四十七章第 7 条及第四十八章第 7 条)。在《芬兰刑法典》总则修改时(2003 年),在共犯规定中插入了与之相关的基于法人目的之行为的规定(《芬兰刑法典》第五章第 8 条)。

但是,这个以德国刑法(《德国刑法典》第 14 条)为蓝本的新规定所涉及的问题,即使可以通过关于不作为的可罚性及共犯的新规定得到补充解释,这一新规定也并没有对责任分配的原理及基准给予充分的界定。随着《芬兰刑法典》第五章第 8 条的公布,以刑法总则中插入的规定为依据,企业活动相关的(经济法)犯罪行为具有与责任构成相关的特性得到普遍承认。这一规定明确了通常的行为人范围,强化了将事实上的事业管理者与处于机关地位的经营者等同视之的法律实务(OGH 2000:74 及 2001:80,85,86)。

理论上,应当探讨的是法人犯罪的特性以及法人犯罪中共同体刑事责 *370* 任与个人刑事责任之间的关系。当前,在法人委任范围内或者基于法人目的实施的犯罪中,个人刑事责任(机关或者代表人责任)与法人责任并行不悖。这些可以并行适用的责任形式事实上存在重复处罚的风险(可见 OGH 2002:39,参见 OGH 2009:1)。为了在刑事追诉中优先适用最合乎目的之责任形式,检察官拥有非常大的裁量空间,这在诉讼经济上是否适当,值得怀疑。

在已经进行的关于《欧洲统一刑事法典》(*Corpus Juris*)与欧洲犯罪的

研究项目中，关于企业经营者个人责任规制的提案对此提出了值得关注的模型。[6]

四、法人刑事责任的归属构造

虽然《芬兰刑法典》第九章对真正意义上的法人刑事可罚性归属构造作出了规定，但并未完全明确（参照附件资料）。最重要的是，一方面，法人因个人（例外情况下，即使匿名）行为人的行为而受到处罚，但另一方面，这种规定也认可了某种集团性的共同体责任及归属可能性。

第一，列举的责任主体包括公司、财团和其他法人。作为对犯罪行为的制裁，只存在共同体的罚金刑问题。只有在刑法典中对各犯罪类型作出特别规定的情况下，才可对法人追究刑事责任。这些犯罪类型中，较为典型的是商业犯罪、助成金犯罪、洗钱犯罪及环境犯罪等经济犯罪。

第二，犯罪活动发生在法人活动范围内，被认为是共同体责任的基本前提。但是，如果犯罪发生在公权力行使过程中，则不考虑这种责任形式。犯罪在法人活动范围内发生，包括行为人受法人委任，为法人目的实施行为，
371 行为人属于法人管理层，行为人与法人存在雇用或者业务上的关系，或者行为人基于法人代表的委托实施行为。但是，这样的个人行为人并不一定需要被发现或者受到处罚。

第三，共同体责任以上述（等同或者根据使用者责任）的责任成立为前提。尽管法定机关或者其他法人管理层成员必须参与或者允许实施犯罪行为，但在法人活动范围内，未履行为了防止犯罪所负必要注意义务的则应不在此列。在炼油厂案（OGH 2008：33）中，被告人是否属于公司管理层，换言之，在股份公司内部是否进行了足以称之为自主的重要决议，成为争议焦点。

[6] Delmas-Marty/Vervaele（eds.），The Implementation of The Corpus Juris Ⅰ-Ⅳ，Intersentia 2000-2001，Appendix Ⅲ，Article 12；Tiedemann（Hrsg.），Wirtschaftsstrafrecht in der Europäischen Union，Freiburg-Symposium，Carl Heymanns Verlag 2002，Kap. E，Art. 15.

第四,法人刑事责任的追诉及处罚,赋予了刑事追诉机关及法院广泛的裁量权。最初的10年中,这一规定在下级法院审理中仅仅适用了10次左右。换言之,法人刑事责任的法律规定仅具有象征意义。2003年新的法律修正减少了处罚相关的裁量空间,目的在于增加刑事追诉的案件数量。事实上,刑事追诉正在逐渐增多。

五、机构及其代表者责任规定的特点

那么,刑事责任的分配有哪些特点、性质?是否脱离了传统刑法的各项原则?要回答这一问题,就必须要对构成要件及刑事责任的基本构想进行分析。

从《芬兰刑法典》第四十七章第7条及第四十八章第8条的规定中,并不能直接看出其基本构想。前一法条的主旨可以表述为:“对于刑法典第四十七章规定应受处罚的雇佣者及其代理人的特定行为,因其作为或者不作为地违反了自身义务而应当被科处刑罚。”与此相对,后一法条则明确了对于《芬兰刑法典》第四十八章规定应受处罚的特定行为,因其作为或者不作为地违反了自身义务而应当被科处刑罚。此外,这两条法律规定还指明了 *372*
在责任分配时应当考虑的事项,即该自然人的地位,其任务及权限的种类、范围,其对于其他发生或持续的违法状态的参与等。

这些规定的目的记载于其立法理由书中。既提供这一模式,又确立法律实务依据的是《劳动保护法》(Arbeitsschutzgesetz)第48条第4项。与环境犯罪章节相同,劳动犯罪章节的立法理由书中也指出,为确定责任主体,对于企业内部以及其他组织化活动中发生的犯罪行为,有必要针对责任分配作出规定。劳动立法通常与公司形式的雇主以及公司内部结构有关,而环境保护立法通常与从事生产活动的企业有关。

同样地,为了推动劳动立法及环境保护立法产生效果而公布的处罚规定,首次针对上述责任人的不当作为或不作为,规定了更加特定化的命令或禁令。瑞典的学说认为,企业社会责任的背景是自然人或者自然人们以合乎目的之方法经营、组织并监督企业相关活动,因此,有必要将刑事责任分配给对最有可能防止犯罪行为的自然人或者自然人们。由此,应当明文规定对企业管理层人员追究刑事责任的可能性,而且除自己的直接行为外,当企业活动中其他的违法行为部分源于经营、组织及监督活动中的失职时亦应如此。为了让这一目标具有刑事政策性的依据,以“让真正的人承担刑事责任”为背景提出了前述构想。《芬兰刑法典》第四十七章第 7 条及第四十八章第 8 条的法案准备书中也表明了这一构想。

作为刑法上归责论的中心问题,值得探讨的是能否以较为理想的方式
373 实现公司的刑事归责原理与传统的个人刑事责任理论,特别是共犯、不作为及其责任理论的协调。在确定组织犯罪的责任主体时,对以往的刑事归责理论应当进行何种程度的修正?或者进行怎样的细化?与法治国家的刑法界限存在何种冲突?

刑法的近代化,原则上(例如,是个人的犯罪行为成为问题还是与此相对的组织的犯罪行为成为问题)将会进一步导致刑法和刑事诉讼法的独立,这倒不如说是刑事诉讼法对古典刑法的修正中产生的新犯罪现象。特别是在这两个基本选项之间,例如,由于根据人权规范而进行的进一步展开被设定了界限,实际上存在不同阶段的差异。

那么,当讨论公司刑事责任的分配时,以彻底且明确的形式确定与此相关的理论是否构成(具备固有的概念和原理的)独立的理论,我认为这一立场并不重要。但是,对这一问题进行分析仍然是适当的,在思考刑事责任分配特殊规定的必要性等情况下,这样的探讨是有意义的。

《芬兰刑法典》第四十七章第 7 条的法案理由书中,除对该法条进行论述外,还确认了处罚规定的适用遵从一般原理,故意与过失、共犯及不作为责任相关的各原理对责任分配都有重要影响。责任分配的判断,除以该犯罪构成要件为前提外,也基于以往的刑事责任一般原理,此时共犯、不作为责任以及与此有关的理论都具有特殊意义。我认为,《芬兰刑法典》第五章

第8条总则性的责任分配规定,以及《芬兰刑法典》第四十八章第7条分则性的责任分配规定,可以将前述考量或者补充具体化。

与刑事责任一般原理有关的其他特别问题和对组织犯罪的责任追究的考量也存在联系(例如,粗略来看存在非常多的责任主体)这一问题可以视为责任分配的典型问题,基于这一问题,中立性地讨论责任根据的定义、说明将会更加自然。此外,也可进一步讨论是否有必要对责任分配进行特别规定,如果有必要,那么哪些部分是必要的? 374

个人的刑事责任以比以前更加全面的形态覆盖了组织化活动中的违法行为,司法实务中对个人刑事责任原理的修正压力日益增加,这引来了法学界的批判。批判者认为,古典的责任原理正在被粉碎,到那时团体犯罪行为将被分阶段引入,与个人主义的犯罪概念“并驾齐驱”。由此,当法人活动中发生犯罪行为,在决定个人责任时,因果关系、正犯行为以及不作为责任等责任分配的范围将被扩大化。

刑法的一般倾向是一贯强调个人行为作为刑事责任前提的地位,例如,对于参与犯罪集团活动相关的责任扩张采取审慎立场。在国际刑事政策中,通过参见实效性论据或者预防性论据,在刑法和刑事诉讼法立法上形成变革呼声,组织犯罪成为最容易获得理解的领域。不过,即使《芬兰刑法典》第九章支持的归责模式为各种解释留有余地,但仍然无法否认的是,法人刑事责任的引入赋予了团体犯罪与个人刑事责任不同的行为概念、责任概念。

针对组织犯罪规制所作的批判,特别是基于罪刑法定原理、行为刑法原理以及责任原理等基本原理,对于如何设定刑法细分化的界限采用了不同的解释方法。一方面,对于自然人因组织活动中的违法行为而承担责任的问题,罪刑法定原理坚持从(议会通过的)法律出发,以明确充分且精密的责任依据为前提。另一方面,行为刑法原理和责任原理则更进一步,明确要求对于正犯及共犯,无论在主观上还是客观上,都应当对于组织中的法律违反存在有归责可能的参与。

因此,在某个人(与行为无关)未因其故意或过失被评价为与犯罪存在 375

协同的情况下,以对他人行为负责为前提的归责模式与行为刑法原理及责任原理并不一致。考虑到以上情况,有必要强调以下原理——在芬兰这样的国家,如果企业不存在可以评价为过失的怠于履行监督义务的行为,那么对其刑事责任应持否定态度。

六、对机构及代表人责任有关规定的进一步考察

刑法典全面修改时,本着罪刑法定主义原理,努力对法人活动(组织活动)中的犯罪行为处以刑罚时所使用的责任依据进行了具体化补足。在《芬兰刑法典》第五章第8条完成时被作为议题的替代方案中,对于根据分则规定将其具体化的必要性程度,进行了全方位的解释。

《芬兰刑法典》采用的第五章第8条虽然广义上以"为了他人的行为"为题,但实际上是以《德国刑法典》第14条为模板,对代表人的刑事责任进行规制。本条规定的目的是:只有具备一定地位、关系的人才可作为正犯处罚(身份犯),为了对处罚规定中的正犯构成要件作出限制性解释,明确并统一组织犯罪中共犯论上的责任状况评价,故作此规定。在法人实施符合构成要件的犯罪行为,且基于限缩性正犯构成要件的处罚规定只适用于法人自身的案件中,新规定将法人、法定代表人、作出法人决策的机构成员以及其他事实上为法人目的开展活动的自然人置于同一责任主体序列。

对于代表人责任规定的这一修改带来的直接效果是,在实务最重要的案件中,犯罪构成要件中的责任主体范围不再受限,或者更严谨地说,与该规定通过前相比,在个别犯罪构成要件或者因特别规定而未能扩大的情况
376 下,行为人的限定范围缩小了(例如财务犯罪、债务人犯罪、劳动犯罪、环境保护犯罪,最后与之相关的是《芬兰刑法典》第四十七章第7条、第四十八章第7条的规定)。

《芬兰刑法典》第五章第8条的代表人责任规定存在某种程度的间接影响。准确来说,该条规定列举了法人中行使事实上意思决定权的人被作为

正犯处罚的情形。对于事实上的经营者是否应当认定为责任主体,法律实务中一直摇摆不定,特别是逃税犯罪。在许多判例中,逃税犯罪被视为身份犯,而且在行为人范围尚未确定的情况下出现骗取税款问题时亦是如此(《芬兰刑法典》第二十九章第1~3条)。作为理由,税法及公司法中被认为存在相关责任规范。在此为法人行为的情况下,由于刑法规范未对承担责任的行为人范围作出限定,就出现了身份犯的类推适用问题。

不过,在该规定即将修改前,法律实务中在分配刑事责任时,并没有严格尊重公司法有关责任立场的规范,将事实上的经营者或者与之相当的人作为正犯作出有罪判决的案件越来越多。为了支持这样的观点,可以指出一些基于相同考虑而进行的法律修改,但是在后者中,事实上的经营者被当作具有公司机构地位的人(换言之,被作为该法禁止经营的客体),与破产法上的债务人概念等同看待。

《芬兰刑法典》第五章第8条在内容上的漏洞是,探讨目标责任主体分配刑事责任的影响力关系以及重要性时,缺乏相应事项的考量基准。在这样的探讨中,为了弥补该规定的不足,必须使用共犯、不作为责任以及与过失有关的一般原理。对于不作为和过失的可罚性,《芬兰刑法典》总则中使用了法律上的定义(《芬兰刑法典》第三章第2条以及第三章第6条),特别是前者所提出的法律定义是分配公司刑事责任时值得关注的解释路径。

例如,在会计犯罪、逃税犯罪以及债务人犯罪的情况下,企业或者机关 377
中谁对会计和财政行政以及与此有关的义务负有责任,对于正犯责任的确定具有最为重要的、决定性的意义。对于负有此种责任的人来说,是通过积极作为、不真正不作为还是部分作为、部分不作为的形式实现某一经济犯罪的构成要件并不重要。根据股份公司法,公司的董事和管理者被赋予了保障会计及财政行政合法性的第一位的义务,并规定了在为公司实施犯罪行为时董事及事业管理者相当于不真正不作为犯的责任依据(《芬兰刑法典》第三章第3条第2项)。这一责任被继续维持,而不考虑公司董事和事业管理者基于合意的分工(参见芬兰OGH 2001:85)。董事的消极并不能阻却责任,构成《芬兰刑法典》第三章第3条第2项规定的不作为的,参加决议的人员也会承担责任(参见芬兰OGH 2005:27)。被并非自营的企业雇用的会计人员如果在账簿上作虚假记载,也会被追究参与犯罪的责任。

从比较法的观点来看,“欧盟欺诈协定”(《1995年7月26日欧盟理事会与财政利益保护相关的95/C316/03协定》,Betrugsubereinkommen)中,有3条规定与企业经营者的刑事责任有关。这3条规定对第一责任主体的立法义务作出了清晰阐述,即对于企业内行使意思决定权的经营者或者其他人员指令下属实施该协定第1条定义的欺诈行为的,要求各成员国根据国内法追究其责任。协调欧盟各成员国立法的目的在内容上广泛而清晰地得到体现,在《科尔布斯-尤里斯草案》中也作出了规定。

> 第13条　企业经营者的刑事责任
>
> 企业经营者或者企业内部行使意思决定权、管理权的其他人
> 378 员,指令下属人员为企业目的实施前述第1~8条所列犯罪,如果故意发布指令,放任其违法行为,或者怠于履行必要监督,则应当承担刑事责任。
>
> 权限转移应当部分、准确、特殊且对于企业活动而言不可或缺,此外,接受权限的人应当实际处于可以履行相应任务的状态下。只有在满足前述条件时,关于管理权限及刑事责任转移的抗辩才是有效的。这一转移并不排除一般性的监督、经营、认识等义务,也不涉及企业内部一般性的劳务管理等典型的企业经营领域。

《欧洲统一刑事法典草案》(《科尔布斯-尤里斯草案》)的理由书中指出,对于这一问题欧盟各成员国法律规定存在差异。其中,瑞典立法草案主要对应的是《科尔布斯-尤里斯草案》,在其刑法典有关未遂及共犯的章节中,与《芬兰刑法典》第四章第8条第1项相同,对于以法人名义实施的违法行为,采纳了由负责执行(掌握管理业务)的经营者(*verkställande ledning*)承

担责任的规定。《欧洲统一刑事法典草案》第 13 条第 2 项同样规定,在因法人活动中存有瑕疵的管理而违反有关责任规定时,该责任由负责执行的经营者承担。该条第 3 项对于权利与责任转移的前提事项作出了详细规定。

在芬兰以外各国的立法中,经营者的概念获得了相当宽泛的定义,与芬兰的学说相比,一方面,或多或少地强调了企业经营者处于负有最大责任的地位。另一方面,这些国家的立法在内容上比《芬兰刑法典》第五章第 8 条、第四十七章第 7 条、第四十八章第 7 条更为具体和明确。鉴于此,对于法人内部负有责任的人员范围应当(基于机构或者管理层等的标准)给予更为统一的定义。

七、判例 OGH 2008:33 及 OGH 2009:1 的分析

判例 OGH 2008:33 及 OGH 2009:1 对于环境犯罪及有价证券犯罪中的刑事责任分配进行了重点分析。在这两个案例中,法院对于法人的刑事责任以及以法人名义活动的领导层的责任进行了探讨。 *379*

(一)OGH 2008:33(法人的刑事责任,环境犯罪)

由于公司雇员的过失,大量石油从炼油厂场地内向地表泄漏,进而进入海洋中,公司雇员因过失污染环境罪被判处刑罚。本案中,争议在于能否对公司判处罚金刑。

【案件解说】

本案中,下级法院根据《芬兰刑法典》第四十八章第 4 条对被追究个人责任的公司雇员以过失污染环境罪作出有罪判决。一审判决按照职位从低到高分别认定,操作人员 A 的不作为显而易见,但并不能评价为重大过失;负责污水设施管理的 B 不存在明显过失;制造责任人 C 不构成过失,同样生产部部长 D 的过失也不够显著。在以往通过泵转运石油时,已经发生过两次类似情况,即由于人员过失导致数百升石油泄漏到地表。下级法院认为,石油会进入海洋并非无法预见。

关于刑事责任分配的总则规定位于《芬兰刑法典》第五章第 8 条，环境犯罪的特别规定位于《芬兰刑法典》第四十七章第 7 条，而刑事责任分配则规定于进一步规制不真正不作为犯的《芬兰刑法典》第三章第 3 条第 2 项。

《芬兰刑法典》第四十八章第 1~4 条并未对行为人范围进行限制（参见《芬兰刑法典》第四十七章第 1 条关于劳动保护犯罪的规定）。因此，根据《芬兰刑法典》第四十八章第 4 条，OGH 2008：33 案件中下级法院对于在泵转运石油过程中忘记关闭阀门的最下级雇员 A（操作人员）作出有罪判决，这一点没有问题。操作人员的行为是导致向环境排放禁物的直接原因，这也是怠于履行注意义务的本质。但是，分配刑事责任的典型情况是：（除该人员外），考虑该人员的地位、业务以及权限的种类、范围，对于该下级人员的上级中的一人或者多人，特别是工厂负责人、处于指挥地位的人员以及
380 （或者）经营机构成员追究责任。

在下级法院判决有罪的人员中，能够发现个别人员存在导致更加严重环境污染的不作为。在案件处理中，记载了这些人的职位和义务。图尔库上诉法院（Appellationsgericht Turku）认定，一方面，D 和 C 对公司内部未能及时采取充分措施以避免上述损害负有责任。另一方面，事实上 B 可以通过调查以往的损害，改变用泵将石油在储油罐间转运的操作顺序，但 B 却忽视了这一机会。此外，上诉法院还确认了下级法院的补充理由，关于 C 的是核心监督部门的职能以及准备状态的责任，关于 D 的是责任关系不存在任何模糊之处，组织也处于实际发挥作用的状态，上诉法院在此分别强调了生产与调整的责任。下级法院认定，由于环境犯罪的发生仅仅限于一定的个别功能，因此公司组织中虽然出现了过失和责任范围不明确的问题，但不存在重大过失。

个人刑事责任与法人刑事责任是并行不悖又相互影响的。尽管如此，仍应关注有关免除法人有罪判决（Gesetzesblatt 61/2003）的《芬兰刑法典》第九章第 4 条第 2 项第 3 句（本文以考虑处罚的并科为前提）。

本案中，作为最高法院判例（免除有罪判决，《芬兰刑法典》第九章第 4

条),与下级法院的考虑不同,明确了能否对股份公司 Fotum Oil Oy 的后继股份公司 Neste Oil Oyj 判处公司罚金这一问题。不过,在所有的审级中,《芬兰刑法典》第九章第 2~3 条规定的法人刑事责任的前提条件是具备的。

最高法院对法人是否具有法人刑事责任的前提条件进行了检讨。针对
Neste Oil Oyj 的反对意见,本案判决强调,对于公司的若干名雇员在劳动过
程中触犯的过失污染环境罪,作出具有法律拘束力的有罪判决缺乏依据。 381
一方面,对违反环境立法的行为能否评价为公司活动中实施的过失污染环境罪,最高法院进行了检讨(《芬兰刑法典》第九章第 3 条)。另一方面,最高法院对上述形式的环境犯罪的客观性构成要件符合性(《芬兰刑法典》第四十八章第 4 条)进行了检讨。此外,最高法院还对能否构成过失污染环境罪表明了立场,给出肯定性结论,因为起诉书中记载的损害及其危险性是从事公司业务人员的过失导致的。

除了以上几点外,最高法院还和上诉法院一样,根据《芬兰刑法典》第九章第 2 条,就员工行为是否可以等同为公司行为进行了探讨。但是,最高法院对此作出了否定性结论,我对这一点感到惊讶。最高法院认定,在该炼油厂中,尽管 C 和 D 在各自活动范围内具有独立的意思决定权(他们是管理部门的组成人员,D 负责安全系统功能的推进和开发,C 负有环境保护的综合监督义务),但不具有作为“等同”原理适用基础的独立且重要的意思决定权。由于《芬兰刑法典》第九章第 2 条第 1 项规定的法定机构以及其他属于管理层的人员的问题,“等同”概念在法律文本中没有使用,尽管如此,本案中仍根据《芬兰刑法典》第九章第 2 条认定公司的过失。换言之,在公司活动中没有对预防犯罪履行必要的注意义务。具体来说,就是在泵转运石油时引起同类损害危险的过失已经发生两次的情况下,仍然没有对石油输送设施装配特别的保护、警报设备,进行石油转运的操作人员仍然被允许在阀门打开后离开现场,公司没有采取充分措施,防止因泵转运石油时的疏忽造成的后果。

在探讨公司罚金刑的有罪判决时,最高法院(参见 Gesetzesblatt 743/

1995;Gesetzesblatt 61/2003)以《芬兰刑法典》第九章第 4 条以往的文本为基
382 础,将犯罪的严重程度、通过犯罪对法人带来的其他结果以及法人防止此类犯罪发生采取的措施等值得考虑的因素纳入其中。由于大量石油到达地表造成大范围损害,仅凭此点就足以认定该犯罪属于重大犯罪。此外也必须考虑到,尽管能够以具有期待可能的费用构建具有实效的保护系统,但却无视已经发生的错误,继续将环境保护交由劳动者采取措施。

该公司为修复损害、提供补偿以及投资符合新规的环境技术共计花费约 400 万欧元,事件发生后,为了防止同种环境损害又花费了 17.1 万欧元,其中 4 万欧元是明确用于防止油污通过打开状态的阀门造成的损害。但是,最高法院认为,这些投资并不能作为考虑公司罚金刑时的减轻事由。

概括来说,一方面,最高法院的观点是公司的失职及其后果比较严重。另一方面,没有足够理由免除其罚金刑。在对公司罚金刑的计算说明理由后,最高法院对公司处以 50 万欧元(最高额为 85 万欧元,《芬兰刑法典》第九章第 5 条;Gesetzesblatt 971/2001)的公司罚金刑(参见《芬兰刑法典》第九章第 5~6 条)。

(二)OGH 2009:1(法人的刑事责任,有价证券市场罪、确定刑罚、没收利益)

A 是 C 股份公司的事业管理者、职员,B 是该公司的董事长。二人在 C 股份公司股票发行出售前,在招股说明书(*Notierungsprospekt*)中对收益及未来预期进行了不实及虚假申报,并在股票出售前将其作为内幕消息肆意运用,触犯有价证券市场有关的虚假申报罪及严重滥用内幕信息罪。本案的问题是刑罚的确定、犯罪所得利益的没收以及公司罚金刑的计算。

【案件解说】

本案诉讼过程中,首先,对 A、B 以及 C 股份公司按照有价证券市场虚
383 假申报罪(《芬兰刑法典》第五十一章第 4 条)及严重滥用内幕信息罪(《芬兰刑法典》第五十一章第 4 条)追究责任。其次,由于有价证券市场犯罪的

(客观)构成要件是在股份公司C的活动中为公司实现的,因此必须探讨自然人A、B的个人的刑法性,以及是否应当由作为公司的C承担法人刑事责任。就有价证券市场犯罪而言,根据特别规定(《芬兰刑法典》第五十一章第8条),尽管C的责任形式也存在问题,但在责任形式上与A、B并不相互排斥。

就个人的刑事责任及其分配而言,在有价证券市场犯罪的情况下,尽管在构成要件中并未限定行为人范围,但应当考虑《芬兰刑法典》第五章第8条(为法人目的之行为)的规定。对于有价证券市场犯罪中A、B的积极参与未能得到证实的部分,可以根据《芬兰刑法典》第三章第3条第2项不真正不作为犯的责任规定,将该项规定的结果视为法人活动中实施的犯罪。无论是A还是B均具有《芬兰刑法典》第三章第3条第2项(《股份公司法》第六章第2条第1项以及第17项规定的来源)下刑事责任所要求的公司法上的地位(A为公司的事业管理者、职员,B为公司董事长)。

基于以上各点,A与B属于公司管理层,在归责可能限度内具有构成有价证券市场犯罪的行为人责任地位。对于归责可能必须要说明的是,有价证券市场犯罪通常仅要求重大过失,但严重滥用内幕信息以及操纵股价犯罪要求故意。赫尔辛基上诉法院在OGH 2009:1案件中认为,(特别是)被告董事们本身知晓公司收益及财务状况,对于中期报告书中的虚假记载以及收益预测缺乏依据这一事实属于明知,尽管他们为了免除罪责(虚假申报罪相关)而在股票发行时雇用鉴定人提供协助,但并不能援引这一点(作为抗辩)。对于构成要件中目标的适当解释有关的错误,在免责判断时与《芬兰刑法典》第四章第2条的禁止的错误相同看待,即所谓的包含的错误。 384

就作为法人的公司的刑事责任而言,这一犯罪行为发生在公司的活动中,以及以公司名义或者为公司目的而实施的行为中(《芬兰刑法典》第九章第1条及第三章第1条),必须确认自然人A和B属于公司的管理层。因此,将其与犯罪行为人所属公司等同看待的需求(A与B属于法律规定上的公司机构)也得以通过《芬兰刑法典》第九章第2条第1项充分实现。

在 OGH 2009:1 案件中,公司在被判处公司罚金刑时,最为重要的是公司罚金刑仍由法院裁量决定。法院在计算公司罚金刑数额时,由于必须行使裁量权(最终确定为 10 万欧元),故而引发了议论。A 与 B 被判处 2 年 4 个月的自由刑,而且法院还判令二人作为连带债务人向国家支付通过犯罪获得的约 800 万欧元的利益。

八、若干结论

芬兰的经验表明,像法人真正意义上的刑事责任这样的新责任形式,需要相当长的时间才能在司法实务中获得认真对待。长期以来,芬兰检察机关非常消极,而且迄今为止也只有极少数案件由最高法院处理。因此,相比较而言,刑法理论上的问题解释大多不够明确。在刑事政策上,符合将来的制裁政策是什么还没有得到充分讨论。换言之,是否应当引入惩罚性行政制裁来代替法人的刑事责任?又如何规范个人责任和团体责任的关系?

《里斯本条约》扩大了欧盟的管辖范围,届时欧盟制裁法中形成的各原理能否在更大范围内对各成员国国内刑法的制裁体系产生影响?《里斯本条约》进一步强化相互承认的原理,在统一刑事制裁方面也扮演着重要角
385 色。行政处罚的地位以及科以该处罚的各项原理,如今也应当作为欧盟制裁法的重要部分进行评价。

附件资料:《芬兰刑法典》第九章(法人的可罚性);GBL. 743/1995(Cornils,F101frände 和 Matikkala 译,参见注 1)。

第九章第 1 条　适用范围

(1)以公司、财团或者其他法人活动范围内实施的犯罪行为为由,根据检察机关的控告对犯罪行为进行处罚,以本法预先规定的范围为限。

(2)本章规定不适用于行使公共权力时实施的犯罪行为。

第九章第2条 可罚性前提条件

(1)法人的法定机构或者其他属于法人管理层,或在法人内部事实上行使意思决定权的人,参与犯罪行为或者纵容犯罪行为发生,或者未遵守防止法人活动范围内犯罪行为发生的必要注意义务,应当对该法人判处公司罚金刑。

(2)在无法查明行为人时,或者行为人因其他理由未被判有罪时也可判处公司罚金。但是,在因亲告罪而缺乏受害者起诉的情况下,只有在因特别重要的公共利益要求提起公诉时,才可处以公司罚金。

第九章第3条 行为人与法人的关系

(1)如果犯罪行为是行为人以法人名义或者为法人利益而实施,且该行为人属于法人管理层,与法人存在雇用或者劳动关系,或者系受法定代表人委任实施,那么该行为视为在法人活动范围内实施。

(2)对于法人支付的公司罚金,法人对行为人不具有赔偿请求权,但公司法或财团法规定了赔偿请求权(Erstattungsanspruch)的除外。

(原文标题为 Raimo Lahti,Über die Regelung der Strafrechtlichen Verantwortung Juristischen Personen in Finland)

译者后记

企业是现代社会的经济细胞,是推动经济增长、技术创新和社会进步的重要力量。作为市场经济活动的主要参与者,企业以其内部组织和紧密协作提高生产效率,降低交易费用,同时又依照法律规定,获得一定的法律资格、承担相应的法律责任,为人们以财产联合体的形式拓展法律交往提供了可能。伴随着现代经济活动更加活跃和经济全球化的深化,以企业为主体的违法犯罪活动也持续增多,大型法人犯罪活动对经济和社会稳定带来强烈冲击,不但严重危害社会,也影响企业自身生存及职工生计。此外,企业经营管理更加精细化、专业化和复杂化,企业违法犯罪活动更加隐蔽,行政执法机关、司法机关调查取证、追诉处罚难度明显上升。针对猖獗的和隐蔽的法人犯罪,除了严厉刑事打击,人们也越来越认识到,应当加强企业端的自我监管和风险控制,并将相应的激励措施制度化。随着理论与实践的不断深化,加强法人犯罪治理、促进企业合法经营已然成为刑法研究中最引人注目的“蓝海”之一。

阐明法人犯罪的相关理论问题,推动企业刑法的理论发展,这正是本书原作的主要目标,书名“法人犯罪与刑事治理”直观地表明了这一点。本书是日本著名刑法学家甲斐克则教授关于法人犯罪与刑事治理的论文、译作合集,甲斐教授深入探讨了过失犯、不作为犯和损害公平竞争的企业串谋等基础教义学问题,还基于宏阔的比较法视野,介绍了美国、德国、英国、意大利、澳大利亚等的法人犯罪及其治理,同时对日本法人犯罪中的若干争议问题进行了深入分析。尤其是本书的前三章以过失不作为犯为中心,论证了企业缺陷产品的制造、销售和监管环节的刑事责任,并以药害艾滋病事件、三菱自工卡车轮胎脱落事件的裁判分析提供了鲜活例证,展现了精彩的教义学分析。通读全书不难发现,对于法人犯罪,甲斐教授的思考始终着眼于企业行为规范的刑法保障,而非企业形式上遵守相关法令。例如,他强调"如果只是遵守法律,那么就仅会追求形式逻辑上的符合,而不会遵循法律本来的目的开展活动,实施逃避法律规制的行为,更有甚者会陷入'只要不被发现就万事大吉'的思维方式"。企业自律的天然局限性决定了唯有确立真正的企业刑法,才能提供具有充分利益期待、能够被真实遵守的有力规范。

传统刑法以自然人为主要规制对象,虽然对法人犯罪有所涉及,但相关规定或是形单影只,或是散落其中,难以形成独立体系。总体而言,企业刑法仍是自然人刑法中艰难成长的"寄居蟹"。基于企业负责人在内的自然人意志与行为确定法人是否承担刑事责任,这种规范逻辑因与法人基于组织体独立意志和行为的刑事责任难以协调而饱受诟病。在此种架构下,刑法解释论能够为法人责任理论创造的空间也十分有限。企业刑法在一定程度上,就是在肯定法人犯罪行为可罚性的前提下,基于企业不同于自然人的独特属性,对建立于自然人行为范式之上的刑法理论进行检视、改造和创新。我们认为,为有效地预防法人犯罪,应当突出企业作为组织体的能动性,以制度化的激励措施促使企业合法经营,由国家给予企业推进适法程序以肯定和确认,吸引企业管理者和企业职工积极学习防范法人犯罪相关制度机制、充分信赖惩治法人犯罪相关规范的效力,一方面降低社会公众对于严惩法人犯罪的刑罚需求,另一方面避免因为企业决策环节或参与人的分散化而消解责任以致无人负责。当然,法人犯罪治理中的适法程序必须依托刑法理论(尤其是过失犯理论),依据法定程序,在法治的轨道上推进。其正当性只有在企业刑法的总体框架内才有可能得到充分证成，其成效也只有在企业刑法的全景视野下才能得到客观评价。

需要注意的是，本书有两个反复使用的核心概念：一是“法人犯罪”。我国现行刑法使用了“单位犯罪”的概念。对于法人实施的犯罪行为采用“单位”一词，主要是基于我国现实政治经济生活的用语习惯，即以单位泛指各种企事业单位、机关、团体，对于这些主体的所有制、隶属关系或法人资格则在所不问。在概念范畴上，单位犯罪的范围要大于企业或者法人。在组织功能上，单位也不是纯粹的经济组织，还承担着复杂的政治、文化和社会功能。考虑到本书属于译作，因此遵从原文表述使用“法人犯罪”的概念。二是“コンプライアンス”。原著书名中出现的“コンプライアンス”一词属于舶来词，其应对英文表述为 compliance，本意为服从、遵守，指向的是英美国家的企业为预防、发现违法犯罪行为或防止违法犯罪行为再度发生而主动实施的内部机制。我们认为，这一行为的主要目的是完善内部管理规范、弥补管理漏洞并形成违法犯罪行为预防机制，确保企业活动与行为符合刑法确立的底线要求。因此，我们根据上下文一般将“コンプライアンス”翻译为“适法”。

尽管本书内容已进行多次修改和完善，每一次重读译文，仍深感有晦涩难懂之处，对于本书的翻译质量，读者拥有最终话语权。我们也热切盼望着与各位读者展开交流互动，为构建具有中国特色的法人犯罪理论和企业刑法体系略尽绵薄之力。

图书在版编目(CIP)数据

法人犯罪与刑事治理 / (日) 甲斐克则著 ; 刘建利,
江溯, 张梓弦译. -- 北京 : 法律出版社, 2024
ISBN 978-7-5197-8997-8

Ⅰ. ①法… Ⅱ. ①甲… ②刘… ③江… ④张… Ⅲ.
①企业－经济犯罪－刑事侦察－中国 Ⅳ. ①D924.33

中国国家版本馆 CIP 数据核字(2024)第 070928 号

法人犯罪与刑事治理
FAREN FANZUI YU XINGSHI ZHILI

[日]甲斐克则 著
刘建利 江 溯 张梓弦 译

策划编辑 朱 峰
责任编辑 马秋婧
装帧设计 臧晓飞

出版发行 法律出版社
编辑统筹 辞书·融出版编辑部
责任校对 裴 黎 张翼羽
责任印制 吕亚莉
经 销 新华书店

开本 710 毫米×1000 毫米 1/16
印张 23 **字数** 316 千
版本 2024 年 11 月第 1 版
印次 2024 年 11 月第 1 次印刷
印刷 北京新生代彩印制版有限公司

地址:北京市丰台区莲花池西里 7 号(100073)
网址:www.lawpress.com.cn
投稿邮箱:info@lawpress.com.cn
举报盗版邮箱:jbwq@lawpress.com.cn

销售电话:010-83938349
客服电话:010-83938350
咨询电话:010-63939796

书号:ISBN 978-7-5197-8997-8
定价:88.00 元

凡购买本社图书,如有印装错误,我社负责退换。电话:010-83938349